Die ambulante Arzt-AG unter besonderer Berücksichtigung der gesellschaftsrechtlichen Binnenstruktur

AF820135

Europäische Hochschulschriften

Publications Universitaires Européennes
European University Studies

Reihe II
Rechtswissenschaft

Série II Series II
Droit
Law

Bd./Vol. 4690

PETER LANG
Frankfurt am Main · Berlin · Bern · Bruxelles · New York · Oxford · Wien

Maximilian Kuhn

Die ambulante Arzt-AG unter besonderer Berücksichtigung der gesellschaftsrechtlichen Binnenstruktur

PETER LANG
Internationaler Verlag der Wissenschaften

Bibliografische Information der Deutschen Nationalbibliothek
Die Deutsche Nationalbibliothek verzeichnet diese Publikation in der Deutschen Nationalbibliografie; detaillierte bibliografische Daten sind im Internet über <http://www.d-nb.de> abrufbar.

Zugl.: Köln, Univ., Diss., 2007

D 38
ISSN 0531-7312
ISBN 978-3-631-57443-0

© Peter Lang GmbH
Internationaler Verlag der Wissenschaften
Frankfurt am Main 2008
Alle Rechte vorbehalten.

Das Werk einschließlich aller seiner Teile ist urheberrechtlich geschützt. Jede Verwertung außerhalb der engen Grenzen des Urheberrechtsgesetzes ist ohne Zustimmung des Verlages unzulässig und strafbar. Das gilt insbesondere für Vervielfältigungen, Übersetzungen, Mikroverfilmungen und die Einspeicherung und Verarbeitung in elektronischen Systemen.

www.peterlang.de

Meinen Eltern

Vorwort

Diese Arbeit wurde im Sommersemester 2007 von der rechtswissenschaftlichen Fakultät der Universität zu Köln als Dissertation angenommen. Änderungen der Rechtslage sind bis Sommer 2007 berücksichtigt.

Besonderen Dank möchte ich an dieser Stelle meiner Doktormutter Frau Prof. Dr. Barbara Dauner- Lieb aussprechen, die mir ungeachtet ihrer zeitlichen Belastung stets ihre geduldige Hilfe angeboten hat und viel Verständnis sowie ein offenes Ohr für die Probleme und Sorgen eines Doktoranden bewies. Ihrem Bemühen ist es zu verdanken, dass diese Arbeit in so kurzem zeitlichen Rahmen zum Abschluss kommen konnte. Daneben möchte ich Herrn Prof. Dr. Christian Katzenmeier für die schnelle Erstellung des Zweitgutachtens danken.

Mein persönlicher Dank gilt jedoch meinen Eltern, die mich in jeder Lebenslage unermüdlich und selbstlos unterstützt und auch in schwierigen Zeiten an mich geglaubt haben. Ohne sie wäre diese Arbeit nicht entstanden.

Meiner Freundin Stefanie möchte ich dafür Dank sagen, dass Sie mit schier unendlicher Geduld jede Phase meiner Examina und dieser Arbeit begleitet und mir mit Ihrem Wesen jede „Doktorandenkrise" erleichtert hat.

Herrn Ron Keßeler danke ich dafür, dass er die mühevolle Aufgabe des Korrekturlesens ohne Zögern auf sich genommen hat und so ebenfalls einen Anteil am Gelingen dieser Arbeit trägt.

Düsseldorf, im Dezember 2007

Inhaltsverzeichnis

Abkürzungsverzeichnis

AG	Aktiengesellschaft
a.A.	andere Ansicht
AGBG	Gesetz zur Regelung des Rechts der Allg. Geschäftsbedingungen
AktG	Aktiengesetz
allg.	allgemein
allg. Ans.	allgemeine Ansicht
AnwBl.	Anwaltsblatt
ArbG	Arbeitsgericht
Art.	Artikel
Ärzte-ZV	Zulassungsverordnung für Vertragsärzte
ArztR	Arztrecht
AT	Allgemeiner Teil
Aufl.	Auflage
AuR	Arbeit und Recht
BÄK	Bundesärztekammer
BÄO	Bundesärzteordnung
BayVerfGH	Bayerischer Verfassungsgerichtshof
BB	Betriebs Berater
Bd.	Band
Beschl.	Beschluss
BetrVG	Betriebsverfassungsgesetz
BFH	Bundesfinanzhof
BGB	Bürgerliches Gesetzbuch
BGBl.	Bundesgesetzblatt
BGH	Bundesgerichtshof
BGHZ	Entscheidungssammlung BGH Zivilsachen
BO	Berufsordnung
BORA	Berufsordnung für Rechtsanwälte
BOStB	Berufsordnung für Steuerberater
BRAO	Bundesrechtsanwaltsordnung
BRD	Bundesrepublik Deutschland
BSG	Bundessozialgericht
BSGE	Entscheidungssammlung des Bundessozialgerichts
bspw.	beispielsweise
BT	Besonderer Teil
BT-Drs.	Bundestagsdrucksache
BVerfG	Bundesverfassungsgericht
BVerfGE	Bundesverfassungsgerichtsentscheidung

BVerfGG	Bundesverfassungsgerichtsgesetz
BVerwG	Bundesverwaltungsgericht
B-W	Baden-Württemberg
bzgl.	bezüglich
d.h.	das heißt
DB	Der Betrieb
ders.	derselbe
dies.	dieselben
DMW	Deutsche Medizinsche Wochenschrift
DrittelbG	Drittelbeteiligungsgesetz
Drs.	Drucksache
DStR	Deutsches Steuerrecht
DVBl	Deutsches Verwaltungsblatt
EGBGB	Einführungsgesetz zum BGB
EStG	Einkommensteuergesetz
ff	folgende
FS	Festschrift
GbR	Gesellschaft bürgerlichen Rechts
GewO	Gewerbeordnung
GewStG	Gewerbesteuergesetz
GG	Grundgesetz
ggf.	gegebenenfalls
GKV	Gesetzliche Krankenversicherung
GmbH	Gesellschaft mit beschränkter Haftung
GmbHG	Gesetz betreffend die Gesellschaften mit beschränkter Haftung
GmbHR	GmbH Rundschau
GMG	Gesundheitsmodernisierungsgesetz
GRUR	Gewerblicher Rechtsschutz und Urheberrecht
GVBl	Gesetz- und Verordnungsblatt
h.Lit	herrschende Literatur
h.M.	herrschende Meinung
Hdb	Handbuch
HeilBerG	Heilberufsgesetz
HessVGH	Hessischer Verwaltungsgerichtshof
HKaG	Heilberufe-Kammerbesetz
HKG	Kammergesetz für die Heilberufe (in Niedersachsen)
HS	Halbsatz
HV	Hauptversammlung
HWG	Heilmittelwerbegesetz
i.E.	im Ergebnis
iVm	in Verbindung mit

JR	Juristische Rundschau
JZ	Juristenzeitung
KassKomm	Kasseler Kommentar zum Sozialversicherungsrecht
KG	Kommanditgesellschaft
KG aA	Kommanditgesellschaft auf Aktien
KGH	Kammergsetz für die Heilberufe (in Hamburg)
KGHB	Gesetz über die Kammern für Heiberufe (in Sachsen-Anhalt)
KHG NW	Krankenhausgesetz Nordrhein-Westfalen
KHuR	Krankenhaus und Recht
KK StPO	Karlsruher Kommentar stopp
KölnKomm AktG	Kölner Kommentar zum Aktiengesetz
KStG	Körperschaftssteuergesetz
MB/KK	Musterbed. für Krankheitskosten- und Krankenhaustagegeldvers.
MBO-Ä	Musterberufsordnung für Ärzte
MedR	Medizin Recht
MitbestG	Mitbestimmungsgesetz
MüKo	Münchener Kommentar (BGB, AktG, StGB, ZPO)
MVZ	Medizinisches Versorgungszentrum
mwN	mit weiteren Nachweisen
NJW	Neue Juristische Wochenschrift
NJW-RR	NJW-Rechtsprechungs-Report
NRW	Nordrhein-Westfalen
NStZ	Neue Zeitschrift für Strafrecht
NVersZ	Neue Zeitung für Versicherungsrecht
NZG	Neue Zeitschrift für Gesellschaftrecht
NZS	Neue Zeitschrift für Sozialrecht
OLG	Oberlandesgericht
OVG NW	Oberverwaltungsgericht Nordrhein-Westfalen
PartGG	Partnerschaftsgesellschaftsgesetz
RA-AG	Rechtsanwalts-Aktiengesellschaft
Rn.	Randnummer
RVO	Reichsversicherungsordnung
S.	Seite
s.o.	siehe oben
s.u.	siehe unten
SGB V	Sozialgesetzbuch V
sog.	so genannt
Solz	Solidaritätszuschlag
SolzG	Solidaritätszuschlaggesetz
st. Rspr.	ständige Rechtsprechung

StBerG	Steuerberatergesetz
StGB	Strafgesetzbuch
StPO	Strafprozessordnung
UStG	Umsatzsteuergesetz
UWG	Gesetz gegen den unlauteren Wettbewerb
VersR	Versicherungsrecht
vgl.	vergleiche
Vorb.	Vorbemerkung
VVG	Versicherungsvertragsgesetz
WiB	Wirtschaftsrechtliche Beratung
WM	Wertpapiermitteilungen, Zeitschrift für Wirtschafts- und Bankrecht
WPO	Wirtschaftsprüferordnung
WRP	Wettbewerb in Recht und Praxis
z.B.	zum Beispiel
ZGR	Zeitschrift für Unternehmens- und Gesellschaftsrecht
ZHR	Zeitschrift für das gesamte Handels- und Wirtschaftsrecht
ZIP	Zeitschrift für Wirtschaftsrecht
ZMGR	Zeitschrift für das gesamte Medizin- und Gesundheitsrecht
ZPO	Zivilprozessordnung
ZZP	Zeitschrift für Zivilprozeß

1. Kapitel Einleitung

A. Problemaufriss

Ziel der vorliegenden Arbeit ist es, die Tauglichkeit der Gesellschaftsform Aktiengesellschaft als Kooperations- bzw. Organisationsform für die ambulante ärztliche Berufsausübung zu untersuchen. Die ärztliche Berufsausübung lässt sich traditionell in zwei Sparten unterteilen, die ambulante Behandlung auf der einen Seite und die stationäre auf der anderen. Soweit es um die ambulante Versorgung geht, findet diese bislang im Wesentlichen in eigener Einzelpraxis oder in Gemeinschaftspraxen in der Rechtsform der GbR oder Partnerschaftsgesellschaft statt.[1] Die Zulässigkeit einer ambulanten Arztpraxis in der Rechtsform der Kapitalgesellschaft[2] mit angestellten Ärzten ist dagegen ein umstrittenes Thema im Bereich des medizinischen Organisationsrechtes.[3]
Von den Kritikern ambulanter ärztlicher Berufsausübung in der Rechtsform der AG wird das Argument angeführt, die Gesellschaft könne keine ausreichende Gewähr für die berufliche Unabhängigkeit der angestellten Ärzte bieten.[4] Daneben wird die Gefahr gesehen, dass es in einer Arzt-AG zu Verstößen gegen die Schweigepflicht,[5] das Werbeverbot[6] und das sonstige Berufsrecht kommen könne,[7] sowie dass eine Kommerzialisierung des Arztberufes zu befürchten sei.[8] Bemerkenswert ist, dass bis auf wenige Ausnahmen keine derartigen Vorbehalte gegenüber stationären Einrichtungen in der Rechtsform der Kapitalgesellschaft formuliert wurden. Im Falle von Krankenhäusern und Kliniken existiert beispielsweise keine wissenschaftliche Diskussion darüber, ob bei Kapitalbeteili-

---

[1] *Quaas/ Zuck*, Medizinrecht, § 14, Rn. 1

[2] Die gleiche Problematik stellte sich auch bei anderen freien Berufen wie z.B. den Rechtsanwälten. Siehe ausführlicher unten Kapitel 2 A

[3] Dem Grund nach befürworten die Zulässigkeit einer ärztlichen Kapitalgesellschaft: BGH ZIP 1994, 381 f.; *Katzenmeier*, MedR 1998, 113, 113; *Taupitz*, NJW 1992, S. 2317 f.; *Henssler*, ZIP 1994, 844 f.; *Ratzel*, in Ratzel/ Lippert, MBO, 4. Aufl., § 23 a-d, Rn. 2; *Quaas/ Zuck*, Medizinrecht, § 14, Rn. 37; *Braun/ Richter*, MedR 2005, 685, 685; *Stehle*, DStR 1983, 100, 101; *Damm*, in FS für Brandner 1996, 31, 54
In Bezug auf die entgegenstehende Landesrechtliche Situation wurden die Verbote der Arzt-AG bestätigt von: BayVerfGH, DVBl 2000, 1052 f.; OVG Münster, MedR 2001, 150 f; AG Saarbrücken, GmbHR 1989, 297, 297; AG Hannover, GmbHR 1994, 120, 120

[4] BayVerfGH, DVBl 2000, 1052, 1054; OVG Münster, MedR 2001, 150, 153; siehe auch *Wigge*, in Schnapp/ Wigge, Handbuch des Vertragsarztrechts, 2. Aufl., § 6, Rn. 118; *Saenger*, NZS 2001, 234, 235; für die Rechtsanwaltsgesellschaft *Michalski*, Das Gesellschafts- und Kartellrecht der berufsrechtlich gebundenen freien Berufe, S. 352

[5] Siehe hierzu ausführlich Kapitel 3, C. I

[6] Siehe hierzu Kapitel Kapitel 5, A.

[7] Vgl. *Meyer/ Kreft*, GmbHR 1997, 193, 193

[8] OVG Münster, MedR 2001, 150, 153; BayVerfGH, DVBl 2000, 1052, 1054; AG Saarbrücken, GmbHR 1989, 297, 297; AG Hannover, GmbHR 1994, 120, 120

gung nichtärztlicher Dritter die Unabhängigkeit der angestellten Ärzte gefährdet sein könnte- ein Argument, das hingegen immer wieder gegen ambulante Ärztekapitalgesellschaften vorgetragen wird.[9] Ähnliches gilt auch hinsichtlich anderer, gegen die ambulante ärztliche Behandlung unter dem Dach einer Kapitalgesellschaft vorgetragenen Argumente.[10] Wie es zu dieser unterschiedlichen Wahrnehmung bezüglich der Gefahren für die Qualität der ärztlichen Leistungen und hinsichtlich der Wahrung ärztlichen Standesrechts innerhalb ambulanter und stationärer Ärztekapitalgesellschaften kommt, ist rechtlich und tatsächlich kaum nachvollziehbar. Immerhin sollte es keinen Unterschied machen, ob nichtärztliche Aktionäre einer Klinik-AG oder einer ambulanten Arzt-AG versuchen, ihren Einfluss auf die Gesellschaft und die ärztliche Berufsausübung geltend zu machen. Dennoch, es muss klar sein, dass sich aus der Tatsache, dass im Falle der stationären Berufsausübung ein regelungs- und diskussionsarmer Raum vorliegt, nur bedingt unmittelbare, rechtliche Schlüsse für die ambulante Arzt-AG ziehen lassen. Vielmehr muss die hier zu führende Diskussion auf die gegen die Arzt-AG vorgebrachten Argumente kritisch eingehen. Der Kontroverse kann also nicht einfach unter Hinweis auf die „unproblematische" Rechtslage in Kliniken begegnet werden.

Anders als eine herkömmliche Aktiengesellschaft wird sich demzufolge eine Arzt-AG nicht lediglich den Vorgaben des AktG unterwerfen können, gleichzeitig müssen die berufsrechtlichen Regelungen für Ärzte eingehalten werden. Die sich somit stellende, und im Rahmen dieser Arbeit zu beantwortende Frage lautet also, ob es berufsrechtliche Besonderheiten des Arztberufes, wie z.B. die ärztliche Unabhängigkeit, gibt, die eine Berufsausübung in der Rechtsform der AG ausschließen oder zumindest Modifikationen der Gesellschaft gegenüber herkömmlichen Aktiengesellschaften erforderlich machen. Hierzu fehlt bislang in weiten Teilen eine wissenschaftliche Analyse.

Die Bedeutung einer Aufarbeitung der Thematik erklärt sich am besten vor dem Hintergrund der aktuellen Lage des deutschen Gesundheitswesens. Ein nennenswerter Wettbewerb zwischen medizinischen Versorgungsformen fand hier lange Zeit nicht statt, da sich die ambulante Versorgung auf niedergelassene Ärzte beschränkte. Andere -ggf. bessere und günstigere- Versorgungsformen hatten lange Zeit keine Möglichkeit, mit den niedergelassenen Ärzten in Konkurrenz zu treten und so den Gesundheitsmarkt zu beleben. Spürbare Folge

---

[9] So existieren börsennotierte Klinik-Aktiengesellschaften, wie das Rhön-Klikium, bei denen wie selbstverständlich davon ausgegangen wird, dass auch Nichtärzte Aktionäre sein dürfen und dies auch sind, ohne dass bezüglich einer möglichen standeswidrigen Einflussnahme Zweifel geäußert werden.

[10] Ähnlich auch Attermayer, Die ambulante Arztpraxis in der Rechtsform der GmbH, S. 95

hiervon ist es, dass die Kosten der Gesundheitsversorgung seit Jahren ansteigen,[11] ohne dass damit eine nennenswerte Verbesserung der ärztlichen Versorgung einhergehen würde. Ein weiteres Problem des Gesundheitsmarktes ist die Abwanderung qualifizierter Ärzte ins Ausland, wo sie bessere Arbeitsbedingungen und höhere Bezahlung erwarten. Ärzte lassen sich dort nieder, wo sie die attraktivsten Bedingungen zur Ausübung ihres Berufes finden. In diesem Kontext steht Deutschland in einem internationalen Wettbewerb um die besten Ärzte. Hier wird es nicht zuletzt darauf ankommen, wo die geringsten bzw. für den Arztberuf sinnvollsten Regulierungen der ambulanten Berufsausübung bestehen. Trotz der wünschenswerten und erforderlichen Öffnung des Gesundheitsmarktes für neue Versorgungsformen, das Wesen des ärztlichen Berufes als Dienst am Menschen erfordert gewisse Einschränkungen kapitalistischer Gestaltungsfreiheit, da unser Gesellschaftsrechtssystem als Ausdruck freier Marktwirtschaft nicht ohne weiteres dazu geeignet ist, dem Beruf des Arztes in einer vernünftigen und angemessenen Form gerecht zu werden. Ein modernes Gesundheitsrecht muss dabei vielen Bedürfnissen Rechnung tragen. Am wichtigsten sind hier ohne Zweifel die Interessen der Patienten, die sich oftmals in einer Notlage an die Ärzte wenden und erkennbar vor einer Aufweichung ärztlicher Standards zu schützen sind. Daneben müssen jedoch auch die Interessen der Ärzteschaft, die selbstverständlich den Druck des sich verschärfenden Wettbewerbs und steigender Kosten im Gesundheitswesen spüren, ausreichende Beachtung finden. Gerade jungen Ärzten und Berufseinsteigern, die sich noch nicht erfolgreich etabliert haben, ist an einer möglichst frei gestaltbaren Berufsausübung gelegen, die ihnen ein möglichst ökonomisches Agieren am Markt ermöglicht. An letzter Stelle, jedoch nicht zu vernachlässigen, sind die Bedürfnisse der externer Kapitalgeber, ohne die sich wegen der hohen Investitionskosten[12] kaum eine ärztliche Berufsausübung vorstellen lässt. Speziell die Aktiengesellschaft kann hier, vorbehaltlich der berufsrechtlichen Zulässigkeit, durch die Aufnahme berufsfremder Aktionäre eine interessante Alternative zur Fremdkapitalaufnahme in Form von Krediten bieten.

Dementsprechend soll es Ziel dieser Arbeit sein, in Auseinandersetzung mit den Grundsätzen ärztlicher Berufstätigkeit einen rechtlichen Rahmen für die Arzt-AG zu formulieren und die wesentlichen Besonderheiten dieser Rechtsform speziell für Ärzte zu untersuchen. Als Leitbild dieses rechtlichen Rahmens soll da-

---

[11] So stiegen die Ausgaben vom Jahr 2002 von 227 875 kontinuierlich auf 233 983 im Jahre 2004 (Quelle: Statistsisches Bundesamt www.destatis.de, Stand 16.08.2006)

[12] In den Jahren 2000/ 2001 lag das durchschnittliche Investitionsvolumen aller Arztgruppen bei 173.000 EUR für die Neugründung einer Einzelpraxis. (Quelle: *Bicanski/ Caesar*, Die Finanzierung der Arztpraxis, S. 17)

bei stets ein angemessener Ausgleich zwischen den -teilweise gegenläufigen- Interessen oben genannter Gruppen dienen.

B. Gang der Darstellung

Zu Beginn der Arbeit sollen allgemeine, für das Verständnis der Arbeit wichtige, Begrifflichkeiten des Arztrechts erläutert werden. Im folgenden Kapitel wird sodann eine rechtliche Bestandsaufnahme für Ärzte-Aktiengesellschaften durchgeführt. Zum einen wird hier geprüft, in welchen Bundesländern noch Verbote der Arzt-AG bestehen, zum anderen, welchen gesellschaftsrechtlichen Regelungen die Arzt-AG in den übrigen Ländern unterworfen ist. Anschließend soll geklärt werden, in wieweit die Regelungen der MBO Eingang in die tatsächliche Rechtslage in den Ländern gefunden haben und somit aktuell gültiges Recht darstellen.[13]

Kernstück der Arbeit werden inhaltlich die folgenden Kapitel. Zunächst wird in Kapitel 3 umfassend die zur Sicherung der ärztlichen Berufspflichten erforderliche gesellschaftsrechtliche Binnenstruktur der Arzt-AG untersucht. Dabei wird im ersten Schritt versucht, an Hand der einzelnen, den Arzt treffenden Berufspflichten, wie der Schweigepflicht und der ärztlichen Unabhängigkeit, zu erarbeiten, wie eine sinnvolle und angemessene Organ- und Gesellschaftsstruktur einer Ärzte-AG aussehen könnte. Hierzu soll, sofern möglich, ein Vergleich mit der Rechtslage bei der Rechtsanwalts-AG vorgenommen werden, um einen umfassenden Überblick über die Thematik zu erhalten. Breiten Raum nimmt gerade auch die aktienrechtliche Umsetzbarkeit der für nötig erachteten Maßnahmen ein, da ohne diese eine Arzt-AG nicht entstehen kann. Ferner wird auf die Sicherbarkeit der ärztlichen Berufspflichten in mitbestimmten Gesellschaften eingegangen. Diese hier gewonnenen Ergebnisse werden in einem weiteren Kapitel in Verhältnis zu den geltenden Regelungen gestellt und Abweichungen der Rechtsnormen auf ihre materielle Haltbarkeit hin untersucht. Das ärztliche Werberecht sowie die Firmierungsvorschriften für Ärzte werden umfassend in Kapitel 5 behandelt, da diese Themen zum einen praktisch äußerst relevant sind und zu anderen Gegenstand der Zulässigkeitsdiskussion sind. Eine Erörterung ist daher erforderlich. Logisch daran anknüpfend wird in Kapitel 6 der Frage nachgegangen, welche Konsequenzen sich aus einer berufsrechtswidrigen Ausgestaltung sowohl der Satzung der AG als auch der Arbeitsverträge der angestellten Mediziner ergeben.
Im folgenden Kapitel 7 wird, unter Berücksichtigung der Ergebnisse der vorherigen Kapitel, die Zulässigkeitsproblematik der Arzt-AG noch einmal aufgegrif-

---

[13] Zum Verhältnis der MBO zu den Länderreglungen siehe 2. Kap, C, I

fen und die Verfassungskonformität noch bestehender landesrechtlicher Arzt-AG Verbote untersucht, wobei speziell auf zwei Urteile, die die Verbotsnormen bestätigt haben, eingegangen wird.
Kapitel 8 befasst sich ausführlich mit den Möglichkeiten einer Arzt-AG, gegenüber privaten und gesetzlichen Krankenkassen ihre Leistungen abzurechnen.
Inhaltlichen Abschluss der Arbeit bildet die in Kapitel 9 behandelte -auch praktisch relevante- Gegenüberstellung der Vor- und Nachteile der Rechtsform „Aktiengesellschaft" für ärztliche Kooperations- und Organisationsformen. Neben allgemeinen Aussagen hierzu bildet die Analyse der steuerlichen Situation einer Arzt-AG den Schwerpunkt des Kapitels.
In Kapitel 10 werden abschließend die Ergebnisse der Arbeit nach Themenkreisen dargestellt und eine letztendliche Stellungnahme hinsichtlich der erforderlichen Gesellschaftsstruktur der Arzt-AG gegeben.

C. Grundlegende Daten zum Arztwesen in Deutschland

Die ärztliche Berufsausübung befindet sich im Wandel. Die folgenden Zahlen stellen einige grundlegende Daten dar, die zum Verständins der Lage unseres Arztwesens beitragen. Da an verschiedenen Stellen der Arbeit auf diese Daten bezug genommen wird, sollen sie hier vorab dargestellt werden.
In der Bundesrepublik Deutschland standen im Jahr 2005 einer Zahl von 134.798 niedergelassen oder dort angestellten Ärzten 146.511 in Kliniken und Krankenhäusern angestellten Ärzten gegenüber.[14] Daneben übten weitere 26.268 Ärzte ihren Beruf als Angestellte in Körperschaften, Behörden oder der Industrie aus.[15]
Speziell unter den ambulant tätigen Ärzten existiert in einigen Gebieten, vornehmlich in den neuen Bundesländern, ein Ärztemangel in bestimmten Bereichen. So herrscht in einigen ländlichen Gebieten schon jetzt ein Mangel an Fachärzten für Allgemeinmedizin und facharztlosen Hausärzten. Bundesweit sank die Zahl der niedergelassenen Ärzte ohne Gebietsbezeichnung und der praktischen Ärzte zwischen 2004 und 2005 um 16,7 %.[16] Dieser Trend wird sich weiter verstärken.[17] Hinzu kommt, dass auch in vielen Facharztbereichen ein struktureller Versorgungsmangel erkennbar wird.[18] Mit ursächlich hierfür ist die Abwanderung gut ausgebildeter Ärzte ins Ausland, die nicht durch einen Ärzte-

---

[14] Quelle: Bundesärztekammer www.bundesaerztekammer.de /30/Aerztestatistik, Stand 04.05.2006
[15] Quelle: Bundesärztekammer www.bundesaerztekammer.de /30/Aerztestatistik, Stand 04.05.2006
[16] Quelle: Bundesärztekammer www.bundesaerztekammer.de /30/Aerztestatistik, Stand 04.05.2006
[17] Stellungnahme des Deutschen Ärztetag in seinem Beschlussprotokoll vom 108. Deutschen Ärztetag, S. 12, Quelle: www.bundesärztekammer.de, Stand 23.05.2005
[18] Stellungnahme des Deutschen Ärztetages in seinem Beschlussprotokoll vom 108. Deutschen Ärztetag, S. 12, Quelle: www.bundesärztekammer.de, Stand 23.05.2005

zuzug aus dem Osten kompensiert werden kann. Gleichzeitig sinken die Zahlen der Studienabsolventen im Fach Humanmedizin stark. Schlossen im Jahr 1994 noch 11.978 Studenten ein Studium im Fach Humanmedizin erfolgreich ab, so sank diese Zahl bis zum Jahr 2004 auf 8.896.[19] Dementsprechend stieg das Durchschnittsalter niedergelassener Vertragsärzte von 1994 bis 2004 von ca. 47 auf knapp 51 Jahre.[20] Die ambulante Gesundheitsversorgung in Deutschland ist also in Gefahr. Es ist erforderlich, den Ärzten durch Verbesserung ihrer Arbeitsbedingungen einen Anreiz zu bieten, ihre Tätigkeit in Deutschland auszuüben und Berufseinsteigern im ambulanten Arztberuf in Deutschland wieder eine Perspektive zu bieten. Neue Formen ärztlicher Versorgung könnten hier helfen.
Auch in der stationären Versorgung ist die Lage nicht wesentlich besser. Die meisten Krankenhäuser können ihren Ärztebedarf nicht mehr decken.[21] Auch dieser Ärztemangel wird Auswirkungen auf die medizinische Versorgung der Bevölkerung haben. Der Effekt könnte jedoch durch neue Versorgungsformen im ambulanten Bereich teilweise aufgefangen werden, wenn in ausgewählten Bereichen anstatt stationärer Behandlung alternativ ambulante Therapien angeboten werden. Die Arzt-AG könnte hier als konkurrenzfähige Organisationsplattform dienen.

Dass neue Organisationsformen bzw. der Zusammenschluss mehrerer Ärzten für diese attraktiv sind und aus Rationalisierungsgründen und zur Mitnahme von Synergieeffekten verstärkt gewählt werden, verdeutlichen folgende Zahlen. Seit Jahren steigt die Zahl der Ärzte, die sich in Gemeinschaftspraxen zusammengeschlossen haben.[22] Im Jahr 2005 waren rund 41.000 Vertragsärzte in einer Gemeinschaftspraxis organisiert. Das entspricht mehr als einem Drittel aller Vertrags- bzw. Kassenärzte[23] und stellt ein Plus von ca. ca 6 % gegenüber dem Vorjahr dar.[24] Daneben stieg die Zahl der durch das Gesundheitsmodernisierungsgesetz eingeführten Medizinischen Versorgungszentren (MVZ)[25] von 2004 bis Mitte 2006 kontinuierlich von 7 auf 491 an.[26] Mittlerweile sind in MVZ 1934

[19] Quelle: Bundesärztekammer www.bundesaerztekammer.de /30/Aerztestatistik, Stand 04.05.2006
[20] Quelle: Bundesärztekammer www.bundesaerztekammer.de /30/Aerztestatistik, Stand 04.05.2006
[21] So *Kopetsch* unter www.kbv.de/themen/6078.html, Stand, 27.08.2003
[22] So *Munte/ Ehlers/ Walter*, Kooperative Berufsausübung zwischen Ärzten und anderen Heilberufen, S. 25
[23] 2005 waren 118.834 niedergelassene Ärzte Vertragsärzte, Quelle: Statistische Informationen aus dem Bundesarztregister, www.kbv.de, Stand 27.07.2006
[24] Quelle: Statistische Informationen aus dem Bundesarztregister, www.kbv.de, Stand 27.07.2006
[25] Diese sind fachübergreifende Ärztekooperationen, siehe ausführlich 2. Kap., B., II., 1.
[26] Quelle: Kassenärztliche Bundesvereinigung www.kbv.de/themen/7178.html, Stand 27.07.2006

Ärzte tätig, teilweise sogar in MVZ mit der Rechtsform GmbH.[27] Der Trend setzt sich weiter fort.
Ein Bedürfnis der Ärzte nach Kooperation mit anderen Ärzten besteht also erkennbar, gerade wenn neue rechtliche Organisationsformen zur Verfügung stehen. Die Arzt-AG ist eine solche, bislang kaum beachtete Alternative zu den herkömmlichen Gesellschaftsformen für Ärzte, die ggf. einen kleinen Beitrag dazu leisten kann, den Gesundheitsstandort Deutschland dauerhaft zu sichern.

D. Begrifflichkeiten ärztlicher Berufsausübung

Einleitend sind einige Begrifflichkeiten ärztlicher Berufsausübung zu erklären, um ein einheitliches Verständnis der Fachtermini zu gewährleisten.

I. Berufsausübungs- und Organisationsgemeinschaften

Soweit die gemeinschaftliche ärztliche Berufsausübung betroffen ist, muss zunächst begrifflich danach unterschieden werden, ob es sich bei der ärztlichen Kooperation um eine Berufsausübungs- oder Organisationsgemeinschaft handelt.
Eine Berufsausübungsgesellschaft wird gemeinhin dadurch gekennzeichnet, dass sich mehrere Ärzte zum Zwecke gemeinsamer Berufsausübung zusammenschließen und nach außen hin als Einheit auftreten und Verträge gemeinsam schließen.[28] Hier steht also die gemeinsame ärztliche Berufsausübung im Vordergrund. Der Patient wendet sich dabei für die Behandlung nicht an einen bestimmten Arzt, sondern an die Gemeinschaft.
Im Gegensatz dazu steht die Berufsorganisationsgemeinschaft, in welcher sich Ärzte zur Verbesserung der äußeren Rahmenbedingungen zusammenschließen, ohne ihren Beruf gemeinschaftlich ausüben zu wollen. Beispiel hierfür ist die Praxisgemeinschaft, wo zwei oder mehr Ärzte unter Beibehaltung ihrer beruflichen und rechtlichen Eigenständigkeit Praxisräume gemeinsam nutzen oder sich gemeinsames Personal teilen.[29] Berufsrechtlich problematisch ist allein die Berufsausübungsgesellschaft, weshalb sie den Gegenstand der Arbeit darstellen wird. Es geht also um eine Arzt-AG, in der sich mehrere Ärzte, nach außen hin als Einheit zusammenschließen, um gemeinsam den ärztlichen Beruf auszuüben.

---

[27] Quelle: Kassenärztliche Bundesvereinigung www.kbv.de/themen/7178.html, Stand 27.07.2006

[28] *Uhlenbruck*, in Laufs/Uhlenbruck, Handbuch des Arztrechts, 3. Aufl., § 18, Rn. 12; *Quaas/ Zuck*, Medizinrecht, § 14, Rn. 4; *Rieger*, in Rieger, Lexikon des Arztrechtes, Stand 2005, 2050, Rn. 1; *Attermeyer*, Die ambulante Arztpraxis in der Rechtsform der GmbH, S. 4; *Eisenberg*, Ärztliche Kooperations- und Organisationsformen, S. 61

[29] *Uhlenbruck*, in Laufs/Uhlenbruck, Handbuch des Arztrechts, 3. Aufl., § 18, Rn. 9; *Quaas/ Zuck*, Medizinrecht, § 14, Rn. 14; *Eisenberg*, Ärztliche Kooperations- und Organisationsformen, S. 119

Als Rechtsform für die gemeinsame ärztliche Berufsausübung kommt dabei zunächst die BGB-Gesellschaft in Betracht.[30] Daneben existiert seit der Einführung des PartGG am 01.07.1995 noch die Möglichkeit, ärztliche Zusammenschlüsse als Partnerschaftsgesellschaft zu betreiben.[31]
Was die Rechtsform der Kapitalgesellschaft betrifft, so liegt eine uneiheitliche Rechtslage vor. In einigen Bundesländern sind Ärzte-Kapitalgesellschaften mittlerweile zulässig,[32] die übrigen Bundesländer haben die Ärzte- Kapitalgesellschaft hingegen verboten.[33] Bezüglich weiterer Einzelheiten hierzu wird auf Kapitel 2 verwiesen.

II. Heilkunde- AG und Arzt- AG

Soweit es um die Heilkunde unter dem Dach einer Kapitalgesellschaft geht, werden ferner die Begriffe Heilkunde-Kapitalgesellschaft und Ärzte-Kapitalgesellschaft verwandt. Bei der Heilkunde-Kapitalgesellschaft handelt es sich um den Überbegriff, welcher sowohl ärztliche Tätigkeit als auch allein die sonstige heilkundliche Berufsausübung[34] erfasst. Der Begriff Arzt-Kapitalgesellschaft hingegen findet für solche Gesellschaften Anwendung, bei denen (auch) ärztliche Leistungen durch Gesellschafter-Ärzte oder angestellte Ärzte erbracht werden.[35] Die vorliegende Arbeit bezeichnet dementsprechend als Arzt-Kapitalgesellschaft eine Gesellschaft, in der ausschließlich oder gemeinsam mit anderen Leistungen ärztliche Behandlungen erbracht werden.[36] Ärztliche Leistungen werden als solche Tätigkeiten definiert, die ärztliches

---

[30] *Rieger*, in Rieger, Lexikon des Arztrechtes, Stand 2005, 2050, Rn. 5; *Uhlenbruck*, in Laufs/Uhlenbruck, Handbuch des Arztrechts, 3. Aufl., § 18, Rn. 13; *Eisenberg*, Ärztliche Kooperations- und Organisationsformen, S. 63

[31] *Uhlenbruck*, in Laufs/Uhlenbruck, Handbuch des Arztrechts, 3. Aufl., § 18, Rn. 13; *Eisenberg*, Ärztliche Kooperations- und Organisationsformen, S. 143

[32] Vgl. die Regelungen § 23 a BO Baden- Württemberg 2005; § 23 a BO Saarland 2005; § 23 a BO Rheinland-Pfalz 2006; § 23 a BO Hessen 2005; § 23 a I BO Ärztekammer Nordrhein 2005; § 23 a BO Ärztekammer Westfalen-Lippe 2004; § 23 a BO Hamburg 2005; § 23 a BO Sachsen 2004; §§ 23 a ff BO 2004 Sachsen-Anhalt; § 23 a BO Mecklenburg- Vorpommern 2006; § 23 a BO Thüringen 2004

[33] § 18 I S. 2 HKaG Bayern; § 29 II HBerG Schleswig- Holstein; § 4a IV Kammergesetz Berlin; § 20 II HBerG Rheinland Pfalz; § 31 II HeilBerG Brandenburg; § 17 I BO Niedersachsen 2005; § 17 I BO Bremen 2004

[34] So z.B. Heilpraktiker

[35] *Taupitz*, NJW 1996, 3033, 3034; *Attermeyer*, Die ambulante Arztpraxis in der Rechtsform der GmbH, S. 6

[36] Von *Saenger* wird unter den Begriff Arzt-AG einschränkend nur eine solche Gesellschaft subsumiert, in der die Ärzte selbst und ausschließlich Gesellschafter und nicht lediglich Angestellte sind (*Saenger*, MedR 2006, 138, 138). Diese Auslegung des Begriffs Arzt- AG mischt jedoch unnötigerweise standesrechtliche Fragen mit reinen Begrifflichkeitsfragen. Ob ärztliche Leistungen nur von Gesellschafter oder auch von anderen, auschließlich angestellten Ärzten erbracht werden dürfen, ist hingegen eine standesrechtliche Frage, die im Verlauf der Arbeit erst noch geklärt werden soll.

Fachwissen erfordern oder aufgrund ihrer Komplikationsanfälligkeit oder Gefährdungsgeneigtheit von einem Arzt ausgeführt werden müssen.[37]

III. Unterscheidung von stationären und ambulanten Angeboten

Die letzte wesentliche und damit zum Verständnis der Arbeit wichtige Begriffsunterscheidung ist die zwischen ambulanten und stationären Angeboten. Die vorliegende Arbeit behandelt thematisch allein die Auswirkungen der Rechtsform Aktiengesellschaft auf ambulante ärztliche Tätigkeitsformen. Die oben schon angesprochenen Unterschiede werden an jeweils geeigneter Stelle angespochen.

Zunächst muss jedoch erörtert werden, wann ein ärztlicher Betrieb als stationäre und wann als ambulante Einrichtung zu gelten hat. Hierzu ist anzumerken, dass eine einheitliche Definition zur Abgrenzung nicht existiert. Zwar ordnet § 2 Nr. 1 KHG Krankenhäuser als Einrichtungen ein, „in denen durch ärztliche und pflegerische Hilfeleistungen Krankheiten, Leiden und Körperschäden festgestellt, geheilt und gelindert werden sollen .... und in denen die zu versorgenden Personen untergebracht und verpflegt werden können." Gerade das Kriterium der Unterbringung und Verpflegung der Patienten ist jedoch wenig greifbar, da das Gesetz weder Art noch Maß festlegt. Aus diesem Grund wird die Abgrenzung von stationär und ambulant durch Rechtsprechung und Literatur anhand Abwägung einiger indizieller Kriterien jeweils als Einzelfallentscheidung durchgeführt.[38] Die wesentlichen Grundsätze der Abgrenzung sollen hier dargestellt werden:

Maßgebliches Abgrenzungsmerkmal zur ambulanten Versorgung ist, entsprechend der Einordnung des § 2 Nr.1 KHG die Unterbringungs- und Verpflegungsmöglichkeit für die Patienten.[39] Entgegen einer früheren Auslegung kommt es heute nicht mehr nur auf die tatsächliche Aufnahme des Patienten über eine gewisse Dauer an, vielmehr entscheidend ist die Möglichkeit dazu.[40] Somit fallen auch teilstationäre Einrichtungen wie Tages- und Nachtkliniken[41] grds. unter den Klinikbegriff, da auch hier die Möglichkeit zur stationären Auf-

---

[37] *Weimer*, MedR 2004, 112, 113

[38] Vgl. BVerfG WRP 2003, 1425; BGH GRUR 1996, 802, 803; OLG Köln, NJW 1994, 3017, 3018; *Quaas/ Zuck*, Medizinrecht, § 23, Rn. 36; *Pant/ Prütting*, KHG NW, 2. Aufl., § 12, Rn. 5; *Krauskopf/ Feuerstein*, Krankenhausfinanzierungsgesetz, Anm. § 2; *Husmann*, in Rau/ Dürrwächter, UStG, Bd. 3, § 4 Nr. 16, Rn. 31

[39] BGH GRUR 1996, 802, 803; *Quaas/ Zuck*, Medizinrecht, § 23, Rn. 36; *Pant/ Prütting*, KHG NW, 2. Aufl., § 12, Rn. 5

[40] BGH GRUR 1996, 802, 803; *Genzel*, in Laufs/ Uhlenbruck, Handbuch des Arztrechts, 3. Aufl., § 83, Rn. 11; *Quaas/ Zuck*, Medizinrecht, § 23, Rn. 36; *Pant/ Prütting*, KHG NW, 2. Aufl., § 12, Rn. 5

[41] In Tages- und Nachtkliniken werden Patienten lediglich für einen bestimmten Tages- oder Nachtzeitraum untergebracht wohingegen eine vollstationäre Behandlung die Unterbringung für zumindest einen ganzen Tag voraussetzt, vgl. *Quaas/ Zuck*, Medizinrecht, § 23, Rn. 55

nahme und Versorgung besteht.[42] Für die Einordnung als stationäre Einrichtung ist es hingegen unerheblich, dass neben dem stationären Angebot auch ambulante Leistungen erbracht werden. Dies gilt zumindest solange, wie die Einrichtung nicht ganz überwiegend der ambulanten Behandlung Kranker dient.[43] Von einer Klinik oder einem Krankenhaus kann nur dann gesprochen werden, wenn ein nicht unwesentlicher Teil der Gesamtleistung der Einrichtung auf stationäre Leistungen entfällt, was eine Frage des Einzelfalls ist.[44]
Die Anzahl der Zimmer kann lediglich im Rahmen einer Gesamtschau zu Bewertung herangezogen werden.[45] Selbst bei einer geringen Zimmeranzahl kann eine stationäre Einrichtung vorliegen, wenn sich dies aus dem pflegerischen Versorgungs- und Unterbringungsaufwand im Verhältnis zum ambulanten Aufwand ergibt.[46] Für diese Beurteilung kommt es vor allem auf die apparative, personelle und sachliche Ausstattung der Einrichtung an. Dabei liegt die Annahme einer Klinik umso näher, je weniger die betreffende Ausstattung in herkömmlichen ambulanten Praxen zu finden ist.[47]
Ein Indiz gegen die Einstufung als Klinik kann es dagegen sein, wenn die vorhandenen Zimmer aus medizinischer Sicht zur Behandlung und Pflege nicht erforderlich sind, sondern wenn auf Grund einer langen Anreise der Patienten Übernachtungsmöglichkeiten zur Verfügung gestellt werden.[48] Die Versorgung und Unterbringung muss also medizinisch indiziert sein und darf sich nicht lediglich aus Gründen der Bequemlichkeit ergeben.
Die vorliegende Arbeit befasst sich also allein mit solchen Arzt-Akteingesellschaften, die überwiegend eine ambulante Behandlung zum Gegenstand haben und stationäre Leistungen nicht in dem erforderlichen Umfang anbieten oder in denen die Unterbringung in der Einrichtung nicht medizinisch indiziert ist, sondern als Zusatzdienstleistung für die Patienten angeboten wird.

Nachdem in diesem Kapitel einige grundlegende Fragen bezüglich des Arztberufs erläutert wurden, muss nun im folgenden Kapitel untersucht werden, welche rechtlichen Regelungen für die Arzt-AG derzeit bestehen.

---

[42] *Krauskopf/ Feuerstein*, Krankenhausfinanzierungsgesetz, Anm. § 2; Pant/ Prütting, KHG NW, 2. Aufl., § 12, Rn. 5

[43] *Husmann*, in Rau/ Dürrwächter, UStG, Bd. 3, § 4, Nr. 16, Rn. 31; *Quaas/ Zuck*, Medizinrecht, § 23, Rn. 58

[44] BGH GRUR 1996, 802, 803; *Husmann*, in Rau/ Dürrwächter, UStG, Bd. 3, § 4 Nr. 16, Rn. 29.1

[45] So wurde von BVerfG WRP 2003, 1425 auch eine Einrichtung mit lediglich sieben Zimmern als Klinik bezeichnet

[46] BVerfG WRP 2003, 1425; BGH GRUR 1996, 802, 803

[47] BGH GRUR 1996, 802, 803

[48] So OLG Köln, NJW 1994, 3017, 3018; zwar wurde das Urteil durch BGH GRUR 1996, 802 aufgehoben, der BGH widersprach der Argumentation des OLG Köln insoweit jedoch gerade nicht.

2. Kapitel Rechtliche Grundlagen einer Arzt-AG

Dieses Kapitel soll dazu dienen, die derzeit aktuellen Rechtsnormen, die direkt die Arzt-AG betreffen, herauszuarbeiten und inhaltlich zu analysieren. Nach einer kurzen Darstellung der historischen Entwicklung der Arzt-Kapitalgesellschaft werden, der besseren Übersichtlichkeit halber, zunächst die Normen betrachtet, die Aussagen über dierechtliche Zulässigkeit („ob“) der Arzt-AG enthalten. Daran anknüpfend können die Regelungen untersucht werden, die inhaltliche bzw. gesellschaftsrechtlich relevante Vorgaben („wie“) für die Arzt-AG enthalten.

A. Historische Entwicklung der Rechtslage

Die Frage der Zulässigkeit einer ambulanten Arztpraxis bzw. Kooperation in der Rechtsform der Kapitalgesellschaft war, und ist wie gesagt noch immer, ein umstrittenes Thema im Bereich des medizinischen Standesrechtes.[49] Der Streit wurde ursprünglich nicht lediglich im Bereich des Arztrechts geführt, auch bei den anderen freien Berufen wie z.B. den Rechtsanwälten war die Berufsausübung in kapitalgesellschaftlicher Rechtsform nicht selbstverständlich sondern wurde zunächst überwiegend für unzulässig erachtet.[50] Kernpunkt der Diskussion war und ist die Frage, ob sich die Freiberuflichkeit der Ärzte oder Anwälte und die sich daraus ergebenden Berufspflichten mit der Berufsausübung in einer auf Gewinnerzielung ausgerichteten Kapitalgesellschaft vertragen.[51] Insbesondere wurde die Gefahr gesehen, dass sich das in der Bevölkerung und beim Gesetzgeber angeblich noch vorhandene Bild des niedergelassenen Arztes in seiner eigenen Praxis, der ausschließlich am Wohle seiner Patienten interessiert ist, hin zu einem Gewinn orientiert denkenden und handelnden angestellten Arzt in einer GmbH bzw. AG verschieben könne,[52]womit ein Ansehensverlust einherginge. Daneben wurde als weiterer Grund für eine Unzulässigkeit von Arzt- bzw. Rechtsanwalts- AG die bis dahin fehlende gesetzliche Erlaubnis angeführt.[53]

---

[49] Vgl. oben Fn. 3

[50] Vgl. nur *Henssler*, in Henssler/ Prütting, BRAO, 2. Aufl., Vor § 59 c, Rn. 2; *Feurich*, in Feurich/ Weyland, BRAO, 6. Aufl., § 59 c, Rn. 1; *Römermann*, in Hartung/ Holl, BRAO, 2. Aufl., Vor § 59 c, Rn. 3

[51] Für Ärzte OVG Münster, MedR 2001, 150, 152; BayVerfGH, DVBl 2000, 1052, 1054; *Kremer*, GmbHR 1983, 259, 265; zu den Argumenten gegen die RA-Kapitalgesellschaft *Henssler*, in Henssler/ Prütting, BRAO, 2. Aufl., Vor § 59 c, Rn. 2; *Feurich*, in Feurich/ Weyland, BRAO, 6. Aufl., § 59 c, Rn. 1; *Römermann*, in Hartung/ Holl, BRAO, 2. Aufl., Vor § 59 c, Rn. 3

[52] BayVerfGH, DVBl. 2000, 1052, 1054 ; *Seibert*, Die Partnerschaft, S. 41; kritisch auch *Kremer*, GmbHR 1983, 259, 265

[53] Siehe das Urteil BGH ZIP 1994, 381 f.; für die Rechtsanwälte siehe *Henssler*, in Henssler/ Prütting, BRAO, 2. Aufl., § 59 c, Rn. 2

Lange Zeit schien daher die Führung einer Praxis in der Rechtsform der GmbH oder AG als schlechthin indiskutabel und ohne weiteres unzulässig.[54]
Den Wendepunkt für die Arzt-AG brachte erst ein Urteil des BGH zur Zulässigkeit einer Zahnbehandlungs-GmbH aus dem Jahre 1993.[55] Beklagte war eine bereits eingetragene GmbH, die gemäß ihrem Unternehmensgegenstand die Durchführung ambulanter Zahnbehandlung durch approbierte Zahnärzte anbieten wollte. Die klagende Zahnärztekammer berief sich darauf, dass die Führung einer Praxis in der Rechtsform der GmbH nicht statthaft sei. In diesem grundlegenden Urteil vom 25.11.1993 entschied der BGH, dass die ambulante Zahnbehandlung durch bei einer Kapitalgesellschaft angestellte Ärzte nicht per se unzulässig sei.[56] Das Gericht stellte fest, dass es für die Beurteilung der Frage nicht darauf ankomme, ob gesetzliche Bestimmungen existierten, die eine (zahn-) ärztliche Tätigkeit in kapitalgesellschaftlicher Rechtsform erlaubten, sondern vielmehr darauf, ob gesetzliche Regelungen dem, in verfassungsrechtlich haltbarer Weise, entgegenstünden.[57] Derartige Regelungen sah das Gericht für den zahnärztlichen Bereich nicht.[58]
Dieses Urteil hatte Auswirkungen nicht nur für den (zahn-) ärztlichen Bereich, auch hinsichtlich der Rechtsanwalts- Kapitalgesellschaft kam es zu einem Meinungsumschwung.[59] Letztendlich wurde durch Gesetz vom 31.08.1998[60] die Rechtsanwalts- GmbH ausdrücklich in der BRAO zugelassen. Auf eine ausdrückliche gesetzliche Regelung der Anwalts-AG wurde hingegen bewusst verzichtet.[61] Dennoch wird, unter Verweis auf die oben zitierte Rechtsprechung des BGH, eine Anwalts-AG in Literatur und Rechtsprechung für zulässig gehalten.[62]
Im Arztrecht entwickelte sich die Situation hingegen anders. Die Rechtsprechung des BGH veranlasste einige Bundesländer dazu, in den jeweiligen Kammer- und Heilberufsgesetzen Verbote von Heilberufsgesellschaften kapitalge-

---

[54] *Kremer*, GmbHR 1983, 259, 265
[55] BGH ZIP, 1994, 381 f.
[56] BGH ZIP, 1994, 381 f.
[57] BGH ZIP, 1994, 381, 382
[58] BGH ZIP, 1994, 381, 382
[59] BayObLG, WiB 1995, 115 f.; vgl. auch *Henssler*, in Henssler/ Prütting, BRAO, 2. Aufl., Vor § 59 c, Rn. 2; *Feurich*, in Feurich/ Weyland, BRAO, 6. Aufl., § 59 c, Rn. 1; *Römermann*, in Hartung/ Holl, BRAO, 2. Aufl., Vor § 59 c, Rn. 3
[60] BGBl. I S. 2600
[61] *Henssler*, in Henssler/ Prütting, BRAO, 2. Aufl., Vor § 59 c, Rn. 16; *Römermann*, in Hartung/ Holl, BRAO, 2. Aufl., Vor § 59 a, Rn. 90;
[62] So die ganz h.M. BGH NJW 2005, 1568, 1570; BayObLG NZG 2000, 649 f.; *Henssler*, in Henssler/ Prütting, BRAO, 2. Aufl., Vor § 59 c, Rn. 18; *Römermann*, in Hartung/ Holl, BRAO, 2. Aufl., Vor § 59 a, Rn. 91; *Feurich*, in Feurich/ Weyland, BRAO, 6. Aufl., § 59 a, Rn. 34; *Schumacher*, AnwBl 2000, 409, 409; *Heublein*, AnwBl 1999, 304, 304

sellschaftsrechtlicher Form einzuführen.[63] Das bayerische Kammergesetz etwa statuiert seit 1993 in Reaktion auf das Urteil in Art. 18 Abs.1, dass „die Führung einer ärztlichen Praxis in der Rechtsform einer juristischen Person des Privatrechtes" nicht statthaft ist.[64] Weitere Bundesländer erließen ähnliche Regelungen.[65]

In der Literatur stießen und stoßen diese Regelungen auf erhebliche verfassungsrechtliche Bedenken in Hinblick auf Art 12 Abs.1 GG.[66] Es seien keine ausreichend konkreten Gefahren ersichtlich, die ein Verbot der ambulanten Arzt- Kapitalgesellschaft rechtfertigen könnten.[67] Daneben werden vielfach die genannten Regelungen wegen eines Verstoßes gegen Art. 3 Abs.1 GG für grundgesetzwidrig erachtet, da die Gründung rein ambulanter Arztpraxen als juristische Personen untersagt werde, wohingegen Krankenhäuser ohne weiteres in der Rechtsform der AG geführt werden dürften obwohl dort auch ambulante Leistungen angeboten würden.[68]

Demgegenüber vertraten das OVG Münster sowie der BayVerfGH, welche die Verbotsnormen der jeweiligen Bundesländer zu überprüfen hatten,[69] die Ansicht, dass diese weder gegen das Grundrecht der Berufsfreiheit noch gegen den Gleichheitsgrundsatz verstießen.[70] Dem Gesetzgeber obliege es, leitbildhaft die Berufsbilder in Deutschland gesetzlich zu fixieren und neue Berufsbilder zu schaffen oder zu verhindern. Der ärztliche Beruf sei kein Gewerbe sondern ein

---

[63] S.u. zu den heutigen Regelungen 2. Kap., B, I,

[64] GVBl. 1993, 511

[65] Siehe ausführlich zu den Verboten unten 2. Kap., B, I, Heute besteht außer in Bayern noch in folgenden Bundesländern ein Verbot der Kapitalgesellschaft: Berlin (4 a IV S. 1 KaG); Brandenburg (§ 31 II S. 1 HeilBerG); Niedersachsen (§ 32 I HKG); Rheinland Pfalz (§ 20 II HBerG); Bremen (§ 27 II HBerG iVm. BO Bremen) sowie Schleswig- Holstein (§ 29 II HBerG)

[66] So z.B. *Emmerich*, in Scholz, GmbHG, 9. Aufl., § 1, Rn. 14; *Quaas/ Zuck*, Medizinrecht, § 15, Rn. 35; *Taupitz*, NJW 1992, 2317, 2319 f.; ders. NJW 1996, 3033, 3042 ; *Katzenmeier*, MedR 1998, 113, 116 ; *Laufs*, MedR 1995, 11, 13; *Saenger*, NZS 2001, 234, 236; *Ratzel/ Lippert*, MedR 2004, 525, 526; *Eisenberg*, Ärztliche Kooperations- und Organisationsformen, S. 277; *Attermeyer*, Die ambulante Arztpraxis in der Rechtsform der GmbH, S. 49 f.; vgl. auch *Hufen*, NJW 2004, 14, 17 (mit dem zutreffenden Hinweis, dass gerade im Bereich des Gesundheitswesens gesetzliche Verbote oftmals nicht ausreichend unter dem Blickwinkel des mildesten Mittels überprüft würden); *Lang*, Steuerliche Aspekte der Praxisführung, Zentralinstitut für die kassenärztliche Versorgung in der BRD, S. 36

[67] *Katzenmeier*, MedR 1998, 113, 116; *Taupitz*, NJW 1992, 2317, 2322 f.; ders. NJW 1996, 3033, 3042; *Laufs*, MedR 1995, 11, 13; *Ratzel/ Lippert*, MedR 2004, 525, 526; *Eisenberg*, Ärztliche Kooperations- und Organisationsformen, S. 251 f.

[68] So z.B. *Quaas/ Zuck*, Medizinrecht, § 15, Rn. 35; *Katzenmeier*, MedR 1998, 113, 116; *Taupitz*, NJW 1996, 3033, 3042; *ders.* JZ 1994, 1100, 1102; *Eisenberg*, Ärztliche Kooperations- und Organisationsformen, S. 273; *Attermeyer*, Die ambulante Arztpraxis in der Rechtsform der GmbH, S. 71

[69] BayVerfGH Art. 18 I s.2 BayHKaG; OVG Münster § 29 II s.1 HeilBerG NW
Soweit ersichtlich handelt es sich hierbei um die einzigen Stimmen, die eine Verfassungskonformität der Arzt-GmbH (AG)- Verbote bejahen.

[70] OVG Münster, MedR 2001, 150, 153 ; BayVerfGH DVBl. 2000, 1052, 1053

freier Beruf.[71] Wenn der Gesetzgeber daran festhalten wolle, dass in Deutschland die ambulante Versorgung der Patienten im Wesentlichen durch niedergelassene Ärzte in eigener Praxis erfolge und gerade nicht durch angestellte Ärzte einer Kapitalgesellschaft, so sei dieses Ziel von der gesetzgeberischen Entscheidungsfreiheit abgedeckt.[72] Daher seien die Verbotsnormen für ärztliche Kapitalgesellschaften verfassungsrechtlich nicht zu beanstanden.[73]

Unterstützung hat die Idee der Ärzte- Kapitalgesellschaft auf dem 107. Deutschen Ärztetag 2004 in Bremen gefunden. Dort wurde eine neue Musterberufsordnung für Ärzte (MBO-Ä) verabschiedet, die nunmehr die Ärzte-Kapitalgesellschaft als zulässig betrachtet.[74] Die MBO- Ä entfaltet für die Ärzte jedoch keine Rechtsverbindlichkeit.[75] Einige Landesärztekammern haben sich den Vorschlägen der MBO- Ä angeschlossen, und die entsprechenden Normen in ihre, für die Ärzte nun verbindlichen, Landesberufsordnungen integriert.[76] In diesen Bundesländern ist die Arzt-AG ausdrücklich zulässig.
Die Ärztegesellschaft als juristische Person befindet sich also gerade in einem Anerkennungsprozess, an dessen Ende, soweit voraussehbar, ihre rechtliche und tatsächliche Etablierung unter bestimmten Voraussetzungen stehen wird.

B. Zulässigkeit der Arzt- AG

Nachdem ein kurzer Überblick über die Entwicklung der Ansichten zur Arzt-Kapitalgesellschaft gegeben wurde, soll nun genau herausgearbeitet werden, in welchen Bundesländern die Arzt-AG, vorbehaltlich der verfassungsrechtlichen Tragfähigkeit der Verbote, unzulässig ist. Nach der im Zahnarzturteil durch den BGH vertretenen Auffassung kommt es für die Zulässigkeit einer Ärzte-Kapitalgesellschaft nicht darauf an, ob Rechtsnormen existieren, die positiv eine Erlaubnis enthalten.[77] Vielmehr müsse umgekehrt geprüft, ob verfassungsrechtlich haltbare Rechtsvorschriften eine Arzt-AG verbieten. Ist dies nicht der Fall, sei sie standesrechtlich zulässig.

---

[71] BayVerfGH DVBl. 2000, 1052, 1054

[72] OVG Münster, MedR 2001, 150, 153. Zu den weiteren Einzelheiten des Streitstandes und den jeweiligen Argumenten sei auf die ausführliche Darstellung im 7. Kapital verwiesen

[73] BayVerfGH DVBl. 2000, 1052, 1055; OVG Münster, MedR 2001, 150, 153

[74] § 23 a MBO-Ä 2004

[75] Vgl. ausführlich hierzu unten 2. Kap., C, I

[76] Vgl. § 23 a BO Baden- Württemberg 2005; § 23 a BO Saarland 2005; § 23 a BO Rheinland-Pfalz 2006; § 23 a BO Hessen 2005; § 23 a I BO Ärztekammer Nordrhein 2005; § 23 a BO Ärztekammer Westfalen-Lippe 2004; § 23 a BO Hamburg 2005; § 23 a BO Sachsen 2004; §§ 23 a ff BO 2004 Sachsen-Anhalt; § 23 a BO Mecklenburg- Vorpommern 2006; § 23 a BO Thüringen 2004

[77] Vgl. BGH ZIP 1994, 381, 382

Dem ist zuzustimmen. Das Grundrecht der Berufsfreiheit wird nicht unter einem Erlaubnisvorbehalt gewährt, sondern kann lediglich durch eine verfassungskonforme Rechtsnorm eingeschränkt werden. Es muss also geprüft werden, ob Rechtsvorschriften die ambulante ärztliche Tätigkeit in einer AG untersagen.

I. Unzulässigkeit nach landesrechtlichen Regelungen

Grundsätzlich liegt die Zuständigkeit für das ärztliche Standes- und Berufsrecht nach allgemeiner Ansicht bei den Bundesländern.[78] Daher ist es sinnvoll, zunächst zu überprüfen, ob landesrechtliche Vorschriften die ärztliche Berufstätigkeit in einer Arzt- AG verbieten. Als Rechtsquellen für AG-Verbote kommen zunächst die Heilberufs- und Kammergesetze der Bundesländer in Betracht. In diesen bestimmen die Länder den Rahmen für die Ausübung und Organisation des Arztberufes, also grundsätzlich auch die Frage nach den möglichen Rechtsformen ärztlicher Berufsausübung.
Auch in den Berufsordnungen der einzelnen Landesärztekammern könnten Verbote von Aktiengesellschaften im ambulanten Arztwesen zu finden sein.[79]

1. Bundesländer mit Verboten in den Heilberufsgesetzen

In Schleswig-Holstein, Bayern und Berlin hat der Gesetzgeber die Regelung der Rechtsformfrage in den Heilberufsgesetzen vorgenommen.

In Schleswig-Holstein und Bayern bestimmen die Heilberufsgesetze ausdrücklich, dass „die Führung einer ärztlichen oder zahnärztlichen Praxis in der Rechtsform einer juristischen Person des privaten Rechts" nicht statthaft ist.[80] Daraus ergibt sich, dass die „Führung" einer Praxis in kapitalgesellschaftlicher Rechtsform jedermann, Ärzten als auch Nichtärzten, untersagt ist. Dies betrifft sowohl die Gründung der Gesellschaft als auch die ärztliche Berufsausübung in ihr.[81] Es verbietet sich also auch eine Anstellung von Ärzten in einer durch Nichtärzte geleiteten Arzt-AG.[82]
In Berlin existiert anstatt eines ausdrücklichen Verbotes der Ärzte-Kapitalgesellschaft ein sog. Niederlassungsgebot für ambulant tätige Ärzte. Hier

---

[78] BVerfGE 71, 162, 171; 98, 265, 303; *Degenhart*, in Sachs GG, 3. Aufl., Art. 74, Rn. 70; *Butzer*, MedR 2004, 177, 179; *Wigge*, MedR 2004, 123, 124

[79] Dies gilt jedoch nicht für die Musterberufsordnung der Deutschen Ärzte MBO-Ä 2004, da diese wie erwähnt keine Bindungswirkung entfaltet.

[80] § 18 I S. 2 HKaG Bayern; § 29 II HBerG Schleswig- Holstein

[81] *Taupitz*, NJW 1996, 3033, 3035; Attermeyer, Die ambulante Arztpraxis in der Rechtsform der AG, S. 25

[82] Vgl. *Taupitz*, NJW 1996, 3033, 3034; a.A. *Narr*, Ärztliches Berufsrecht, Rn. B 16 der davon ausgeht, dass Ärzte in einer von Nichtärzten gegründeten GmbH tätig sein dürfen; Eine solche Auslegung widerspräche jedoch dem Grundgedanken der Norm die ja gerade jegliche ärztliche Tätigkeit in der Rechtsform der Kapitalgesellschaft verhindern soll.

wird die Ausübung ambulanter ärztlicher Tätigkeit in den Heilberufe- und Kammergesetzen an die „Niederlassung in eigener Praxis“ gebunden.[83] Damit ist die Tätigkeit eines Arztes als Angestelltem einer juristischen Person ausgeschlossen, da niedergelassen nach herkömmlicher Auffassung nur der selbstständige, in seiner Praxis tätige Arzt ist.[84] Die AG selbst ist, auf Grund des nur auf die Ärzte bezogenen Wortlautes, von der Norm eigentlich nicht erfasst. Da jedoch eine Anstellung von Ärzten nicht in Betracht kommt, wird damit faktisch auch die Arzt-AG ausgeschlossen.[85]

In diesen drei Ländern existiert also ein gesetzliches Verbot der Arzt-AG. Vorbehaltlich der Verfassungskonformität der Verbote[86] ist hier die ärztliche Berufsausübung in einer Arzt-AG nicht gestattet.

2. Bundesländer mit Verboten in den Berufsordnungen

Daneben kommen als Rechtsquellen für ein Arzt-AG-Verbot wie erwähnt die Berufsordnungen der Landesärztekammern in Betracht.

In Bereich der Ärztekammer Nordrhein existiert beispielsweise ein partielles Verbot.[87] Hier bestimmt § 17 Abs.1 BO Nordrhein, dass die Ausübung ambulanter ärztlicher Tätigkeit an die Niederlassung in *„einer“* Praxis gebunden ist. Im Gegensatz zur MBO-Ä 2004 fehlt jedoch eine vergleichbare Regelung zum dortigen § 23 a MBO-Ä 2004, der die Führung einer Praxis in der Rechtsform einer juristischen Person des Privatrechtes ausdrücklich erlaubt. Fraglich ist, ob dies zu bedeuten hat, dass hier eine kapitalgesellschaftliche Rechtsform nicht statthaft ist. Hier muss differenziert werden. Nach § 23 a BO Nordrhein, welcher die Regelung des § 23 b MBO-Ä aufgreift, ist im Gebiet der Ärztekammer Nordrhein eine medizinische Kooperationsgemeinschaft zwischen Ärzten und Angehörigen anderer Heilberufe in der Rechtsform einer juristischen Person des Privatrechtes erlaubt.[88] Da die Regelung des § 23 a MBO nicht übernommen wurde und die Ausübung ärztlicher Tätigkeit an die Niederlassung in eigener Praxis gebunden ist, liegt die bemerkenswerte Situation vor, dass Ärzte sich hier

---

[83] Vgl. § 4a IV Kammergesetz Berlin

[84] BGH VersR 1993, 428; BGH VersR 1994, 207; *Prölss*, in Prölss/ Martin, MB/KK 27. Aufl., § 4, Rn. 8; *Attermeyer*, Die ambulante Arztpraxis in der Rechtsform der GmbH, S. 27

[85] *Taupitz*, NJW 1992, 2317, 2321; *Laufs* MedR 1995, 11, 12; *Attermeyer*, Die ambulante Arztpraxis in der Rechtsform der GmbH, S. 28

[86] Diese wird ausführlich in Kapitel 7 behandelt.

[87] In NRW existieren als einzigem Bundesland zwei verschiedene Ärztekammern, die jeweils eigene Berufsordnungen erlassen haben, nämlich die Ärztekammer Nordrhein und die Ärztekammer Westfalen - Lippe.

[88] Vgl. § 23 a BO Ärztekammer Nordrhein, der dem § 23 b MBO-Ä entspricht

zwar mit Physiotherapeuten, Hebammen und ähnlichen Heilberufen zu einer Heilkunde- AG zusammenschließen können, nicht jedoch eine Nur- Ärzte-AG gründen dürfen.
Es stellt sich also die Frage, ob die Zulassung solcher Kooperations- Kapitalgesellschaften konkludent auch die Zulassung reiner Ärzte- Kapitalgesellschaften einschließt.

Dies kann indes nicht angenommen werden. Gemäß dem neu gefassten § 29 Abs.2 S. 3 HeilberufeG NRW, welche die vorrangige Rechtsnorm darstellt, setzt nämlich die Führung einer Praxis in kapitalgesellschaftlicher Rechtsform voraus, dass *„die Kammern in der Berufsordnung Anforderungen festgelegt haben, die insbesondere gewährleisten, dass die heilkundliche Tätigkeit eigenverantwortlich, unabhängig und nicht gewerblich ausgeübt wird."* Laut Gesetzesbegründung soll dies bewirken, dass in der Berufsordnung ausdrücklich zusätzliche Anforderungen enthalten sein müssen, damit eine ambulante ärztliche Tätigkeit in der Rechtsform einer juristischen Person des Privatrechtes ausgeübt werden kann.[89] Eine solche ausdrückliche Regelung liegt zumindest für Einmann-AG sowie für Nur-Ärzte-AG nicht vor. Die Selbstverwaltungsautonomie der Ärztekammer als Selbstverwaltungsorgan der Ärzte begrenzt sich jedoch auf den gesetzlich abgesteckten Rahmen der Ermächtigung durch die Kammergesetze.[90] Von der Ermächtigungsgrundlage gedeckt ist also lediglich eine solche Auslegung der Berufsordnung, nach der die Nur- Ärzte- Gesellschaft oder Einmann- Gesellschaft nicht zugelassen ist. Im Gebiet der Ärztekammer Nordrhein sind also lediglich fachübergreifende Heilkunde-Kapitalgesellschaften zulässig. Die Einmann- Arzt-AG ist hier - vorbehaltlich der verfassungsrechtlichen Rechtfertigung - ebenso unzulässig wie die Nur-Ärzte-AG bzw. wie ein Zusammenschluss mit heilberufsfremden Personen.
Im Gebiet Nordrhein kann wegen der strikten Begrenzung auf die fachübergreifende Heilkunde –AG also gesagt werden, dass eine Arzt-AG im weiten Sinne des Wortes nicht zulässig ist.

3. Ergebnis

Die Arzt-AG ist standesrechtlich unzulässig in Bremen, Berlin, Schleswig-Holstein sowie mit Einschränkungen im Gebiet der Ärztekammer Nordrhein.
In allen übrigen Ländern ist die Arzt-AG somit zulässig.[91]

---

[89] Landtag Nordrhein-Westfalen Drs. 13/6594, S. 19

[90] *Battis/ Gusy*, Einführung in das Staatsrecht, 3. Aufl., Rn. 267; *Stein/ Frank*, Staatsrecht, 18. Aufl., S. 151; *Badura*, Staatsrecht, 3. Aufl., S. 318

[91] Vgl. § 23 a BO Baden- Württemberg 2005; § 23 a BO Saarland 2005; § 23 a BO Rheinland-Pfalz 2006; § 23 a BO Hessen 2005; § 23 a BO Ärztekammer Westfalen-Lippe 2004; § 23 a BO Hamburg 2005; § 23 a BO Sach-

II. Zulässigkeit der Arzt- AG nach bundesrechtlichen Regelungen

Für die Bundesländer, in denen die Ärzte- Kapitalgesellschaft nach Landesrecht unzulässig ist, stellt sich die Frage, ob möglicherweise bundesgesetzliche Erlaubnisnormennormen existieren, die die landesrechtlichen Rechtsformverbote (kompetenzmäßig) überlagern oder verdrängen und eine ambulante ärztliche Berufsausübung in Rechtsform einer Kapitalgesellschaft bundesweit ermöglichen. In Betracht kommt hier § 95 Abs.1 SBG V n.F.[92]

1. Bedeutung des § 95 Abs. 1 SGB V

§ 95 Abs.1 SGB V ist Teil des Vertrags- oder Kassenarztrechts. [93] Dieses bestimmt, unter welchen Voraussetzungen ein Arzt an der Versorgung der Patienten gesetzlicher Krankenkassen teilnehmen darf.
Im vorliegenden Kontext wesentlich an der Einführung der MVZ ist die durch § 95 Abs.1 S. 3 SGB V eröffnete Möglichkeit, die vertragsärztliche Versorgung auch in Form einer juristischen Person des Privatrechtes zu organisieren.[94] Ursprünglich war die vertragsärztliche Versorgung auf niedergelassene Vertragsärzte oder auf gesondert ermächtigten Ärzte beschränkt. Dies schloss aus, dass sich, unabhängig von der standesrechtlichen Zulässigkeit nach Landesrecht, juristische Personen an der kassenärztlichen Versorgung beteiligen konnten.[95] Nach der neuen Fassung des § 95 Abs.1 SGB V sind neben den niedergelassenen Vertragsärzten auch sog. Medizinische Versorgungszentren (MVZ) in kapitalgesellschaftlicher Rechtsform zur vertragsärztlichen Versorgung berechtigt. Nach der Definition des § 95 Abs.1 SGB V handelt es sich bei MVZ um *„fachübergreifende, ärztlich geleitete Einrichtungen, in denen Ärzte...als Angestellte oder Vertragsärzte tätig sind.*“[96]

---

sen 2004; §§ 23 a ff BO 2004 Sachsen-Anhalt; § 23 a BO Mecklenburg- Vorpommern 2006; § 23 a BO Thüringen 2004, BO Niedersachsen § 17 Abs. 5, BO Bremen § 23 a

[92] § 95 I SGB V n.F. (geändert durch das Gesundheitsmodernisierungsgesetzt v. 14.11.2003, BGBl. I 2190) lautet: „An der vertragsärztlichen Versorgung nehmen niedergelassene Ärzte und zugelassene medizinische Versorgungszentren.... teil. ..... Die medizinschen Versorgungszentren können sich aller zulässigen Organisationsformen bedienen; .....“

[93] Früher wurde statt „Vertragsarzt“ der geläufigere Begriff „Kassenarzt“ verwandt. Im Folgenden werden beide Begriffe gleichbedeutend angewendet.

[94] *Hess*, in KassKomm SGB V, § 95, Rn. 9 d); *Krauskopf*, in Krauskopf, Soziale Krankenversicherung Komm., § 95 SGB V, Rn. 39; *Hiddemann/ Muckel*, NJW 2004, 7, 10; *Rau*, MedR 2004, 667, 667; *Fiedler/ Weber*, NZS 2004, 358, 361; *Orlowski/ Wasem*, Gesundheitsreform 2004, S. 83

[95] Der angestellte Arzt ist nach st. Rspr. nicht „niedergelassen“, vgl. nur OLG München, NJW-RR 1998, 1441; OLG Düsseldorf, VersR 1994, 207

[96] Siehe zu den Voraussetzungen im Einzelnen unten 8. Kap., A, I., 2

Vertragsarztrechtlich ist die Arzt-AG damit auf Bundesebene anerkannt.[97] Zumindest gegenüber den Ländergesetzen, welche die Rechtsform der juristischen Person des Privatrechtes für ambulante Arztpraxen ausschließen, stellt § 95 Abs.1 S. 3 SGB V eine diesen entgegenstehende Norm dar. Es stellt sich somit die im Folgenden zu beantwortende Frage, ob diese vertragsarztrechtliche Zulassung einen Einfluss auf die standesrechtlichen Rechtsformverbote der betreffenden Bundesländer entfaltet.

2. Überlagerung der landesrechtlicher Rechtsformverbote?

Teilweise wird vertreten, dass § 95 Abs.1 S. 3 SGB V eine die standesrechtlichen Rechtsformverbote überlagernde Wirkung entfalte. Im kassenärztlichen Bereich dürften also auch in den Bundesländern MVZ in kapitalgesellschaftlicher Rechtsform gegründet werden, in denen dies standesrechtlich nicht zulässig sei.[98]

Demgegenüber geht die h.M.davon aus, dass eine Verdrängung standesrechtlicher Rechtsformverbote durch § 95 Abs.1 S. 3 SGB V nicht stattfindet.[99]

Bevor detailliert auf die Ansichten und die vorgebrachten Argumente eingegangen wird, soll zunächst, aus Gründen der dogmatischen Reihenfolge, überprüft werden, ob § 95 Abs.1 S. 3 SGB V überhaupt wirksam ist. Eine rechtliche Auswirkung von § 95 Abs.1 S. 3 SGB V auf die landesrechtliche Situation kommt nämlich von vorneherein nur dann in Betracht, wenn die Norm verfassungsrechtlichen Bestand hat, was teilweise bestritten wird.[100]

a) Wirksamkeit des § 95 Abs. 1 S. 3 SGB V?

Problematisch könnte hier das Vorliegen einer grundgesetzlichen Regelungskompetenz des Bundes für Rechtsformen ärztlicher Kooperationen sein. Ohne diese wäre § 95 Abs.1 S. 3 SGB V wegen formeller Verfassungswidrigkeit von vorneherein nichtig.[101]

---

[97] *Hess*, in KassKomm SGB V, § 95, Rn. 9 d); *Wigge*, in Schnapp/ Wigge, Handbuch des Vertragsarztrechts, 2. Aufl., § 6, Rn. 118; *Butzer*, MedR 2004, 117, 181; *Orlowski*, MedR 2004, 202, 203; *Rau*, MedR 2004, 667, 669

[98] *Klose*, BB 2003, 2702, 2703; *Fiedler/ Weber*, NZS 2004, 358, 361; *Rau*, MedR 2004, 667, 669; *Künnemann*, Deutsches Ärzteblatt 2004, S. A1151, A1152;

[99] *Hess*, in KassKomm SGB V, § 95, Rn. 9 d); *Quaas/ Zuck*, Medizinrecht, § 47, Rn. 23; *Wigge*, in Schnapp/ Wigge, HdB. des Vertragsartzrechts, 2. Aufl., § 6, Rn. 113; *Butzer*, MedR 2004, 177, 181; *Häußermann/ Dollmann*, MedR 2005, 255, 258; *Bedei*, Der Arzt in der vertragsärztlichen Versorgung, Zentralinstitut für die kassenärztliche Versorgung in der BRD, S. 39

[100] *Butzer*, MedR 2004, 177, 181

[101] Dies ist Folge aus der herrschenden Nichtigkeitstheorie, st. Rspr. seit BVerfG 1, 14, 17; *Schlaich/ Korioth*, Das Bundesverfassungsgericht, Rn. 379; *Starck*, in Umbach/ Clemens/ Dollinger, BVerfGG, § 95, Rn. 25; a.A. die sog. Vernichtbarkeitstheorie, *Götz*, NJW 1960, 1177 ff mwN

aa) Grundsatz der Länderzuständigkeit

Grundsätzlich liegt die Zuständigkeit für das Berufs- und Standesrecht der Ärzte nach allgemeiner Ansicht ausschließlich bei den Ländern.[102] Die grundgesetzliche Kompetenzordnung der Art. 70 ff GG sieht vor, dass den Ländern dann die Gesetzgebungskompetenz zufällt, wenn nicht der Bund entweder nach Art. 73 GG die ausschließliche oder nach Art. 74 Abs.1 GG die konkurrierende Kompetenz besitzt. Ein Kompetenzzuweisung an den Bund findet für den Bereich des ärztlichen Berufsrechtes aber nicht statt.[103]. Davon unberührt bleibt jedoch die Tatsache, dass das ärztliche Berufsrecht ausschließlich in die Zuständigkeit der Bundesländer fällt.[104]

Dessen ungeachtet wird teilweise versucht, die Kompetenz des Bundes für § 95 Abs.1 S. 3 SGB V aus Art. 74 Abs.1 Nr 12 herzuleiten.[105] Der Bund habe die konkurrierende Gesetzgebungszuständigkeit für den Bereich des Sozialversicherungsrechts. Die Regelung eines MVZ, als sozialversicherungsrechtlichem Instrument, sei untrennbar mit seiner Rechtsform verbunden, weshalb die Rechtsform in diesem Falle schwerpunktmäßig dem Sozialversicherungsrecht zuzuordnen sei.[106]

Dem kann nicht zugestimmt werden. Der Bundesgesetzgeber hat für den Bereich des ärztlichen Berufsrechts, zu dem die möglichen Rechtsformen ärztlicher Berufsausübung gehören, wie gesagt keine Kompetenz. Ob der Bund im vorliegenden Fall wegen eines unerlässlichen Zusammenhangs der Regelungen die Rechtsform mitregeln darf, ist dogmatisch gesehen vielmehr eine Frage der Bundeskompetenz kraft Sachzusammenhangs.[107]

---

[102] BVerfGE 71, 162, 171; 98, 265, 303; *Degenhart*, in Sachs GG, 3. Aufl., Art. 74, Rn. 70; *Butzer*, MedR 2004, 177, 179; *Wigge*, MedR 2004, 123, 124

[103] Daneben wurde in der Literatur überlegt (wenn auch einhellig zurückgewiesen), ob nicht er Bund die konkurrierende Gesetzgebungzuständigkeit nach Art. 74 I Nr. 19 unter dem Gesichtspunkt Zulassung zu den Heilberufen habe, vgl. *Butzer*, MedR 2004, 177, 179; *Sodan*, NZS 2001, 169, 170; *Fiedler/ Weber*, NZS 2004, 358, 361; *Engelmann*, MedR 2002, 561, 561. Das Bundesverfassungsgericht hat sich nämlich schon früh dafür ausgesprochen, dass unter Art 74 I Nr. 19 GG im Wesentlichen nur die Vorschriften über die Erteilung, Zurücknahme und den Verlust der Approbation fallen. (BVerfG 4, 74, 83 auch *Clemens*, in Umbach / Clemens, GG Komm., Bd. I, Anh. Art. 12, Rn. 17).[103] Damit sind solche Gesetzgebungsgegenstände nicht von Art. 74 I Nr. 19 GG gedeckt, die zwar „Zulassungen" zu ärztlichen Berufen im weitesten Sinn betreffen, sich aber nicht auf persönliche Voraussetzungen der Ärzte beziehen, sondern vielmehr mit der Art und Weise der Berufsausübung in Zusammenhang stehen (*Pestalozza*, in, v. Mangoldt/ Klein/ Pestalozza, Das Bonner GG, Bd. 8, 3. Aufl., Art. 74, Rn. 1326).[103]In diesem Sinne sind auch Regelungen über die Rechtsformwahl zu verstehen. Sie betreffen zwar allgemeinsprachlich gesehen die „Zulassung" zur ärztlichen Berufsausübung, beziehen sich jedoch nicht auf die persönlichen Voraussetzungen des Arztes.

[104] *Butzer*, MedR 2004, 177, 179; *Fiedler/ Weber*, NZS 2004, 358, 361

[105] *Rau*, MedR 2004, 664, 668; i.E. *Häßermann/ Dollmann*, MedR 2005, 255, 258

[106] *Rau*, MedR 2004, 664, 668

[107] so zutreffend *Butzer*, MedR 2004, 177, 179; *Fiedler/ Weber*, NZS 2004, 358, 361

bb) Bundeskompetenz kraft Sachzusammenhang

Es stellt sich also die Frage, ob der Bund unter dem Gesichtspunkt der Bundeskompetenz kraft Sachzusammenhang zur Regelung der Rechtsformen von MVZ befugt ist.[108]

Diese stützt und ergänzt eine Zuständigkeit des Bundes, wenn die dem Bund ausdrücklich zugewiesene Materie verständigerweise nicht geregelt werden kann, ohne dass zugleich in eine nicht zugewiesene Materie übergegriffen wird.[109] Dabei muss der Einfall in die Länderkompetenz laut BVerfG unerlässliche Voraussetzung für die Regelung der Bundesmaterie sein.[110] Bloße Zweckmäßigkeitserwägungen reichen hierfür, wie das BVerfG in einem späteren Urteil ausführt, nicht aus.[111]

(1) Meinungsstand

Soweit die Problematik schon erörtert wurde, haben sich zwei Ansichten herausgebildet.

Von Butzer wird eine Bundeskompetenz kraft Sachzusammenhang verneint, da seiner Ansicht nach die Regelungen des Bundes zur Rechtsform von Kassenarztpraxen weit über den Bereich der Sachnähe zur Sozialversicherung hinausgingen und eher als ein „aliud" zu dieser Materie anzusehen seien.[112] Die bundesgesetzlichen Vorschriften über die ambulante Versorgung innerhalb der gesetzlichen Krankenversicherung ließen sich eindeutig von den berufsrechtlichen Vorschriften über die Art und Weise der Ausübung des Arztberufes trennen. Eine notwendige Verzahnung der beiden Materien und damit der notwendige Sachzusammenhang fehle völlig. Die Regelung sei somit verfassungswidrig.[113]

Demgegenüber geht eine andere Ansicht davon aus, dass der Bundesgetzgeber eine Kompetenz kraft Sachzusammenhang zur Regelung der möglichen Rechtsformen von MVZ hat.[114] Aus Art. 74 Abs.1 Nr. 12 GG ergebe sich, dass der Gesetzgeber die Zuständigkeit des Sozialversicherungsrechts habe. Die Bestim-

---

108 Der Begriff wird teilweise durch Rspr. und Lit. unterschiedlich verwendet (vgl. dazu *Pestalozza*, aaO, Art 70 Rn. 109). Im Folgenden wird der Begriff als „Kompetenzergänzung" verstanden.

109 St. Rspr., vgl. nur BVerfGE 3, 407, 421; *Sannwald*, in Schmidt-Bleibtreu/ Klein, GG, 10. Aufl., Vorb. Art. 70, Rn. 27

110 BVerfGE 3, 407, 421; zwischenzeitlich wurde das Merkmal „Unerlässlichkeit" nicht mehr durch das BVerfG Verwendet, z.B. durch BVerfGE 41, 291, 312, dann aber wieder aufgegriffen durch BVerfGE 98, 265, 299

111 BVerfGE 26, 246, 247; *Kunig*, in von Münch/ Kunig, GG, 5. Aufl. Bd. III, Art. 70, Rn. 24

112 *Butzer*, MedR 2004, 177, 180

113 *Butzer*, MedR 2004, 177, 181

114 *Fiedler/ Weber*, NZS 2004, 358, 361; unentschieden *Wigge*, MedR 2004, 123, 125; i.E. offenbahr auch für eine Verfassungskonformität, wenngleich ohne Begründung zur Gesetzgebungskompetenz *Hess*, in KassKomm SGB V, § 95, Rn. 9 d); *Quaas/ Zuck*, Medizinrecht, § 47, Rn. 22

mung der möglichen Rechtsformen sei erforderlich, um ein neues sozialversicherungsrechtliches Organisationsmodell einzuführen, welches andernfalls unvollständig geregelt sei.[115] Dies gelte umso mehr, als Kapitalgesellschaften als MVZ, unter dem Blickwinkel der fachübergreifenden Versorgung als Leitgedanke der MVZ, wegen ihrer angeblich besseren Eignung gegenüber MVZ in Rechtfsorm der BGB- Gesellschaft zu bevorzugen seien.[116]

(2) Stellungnahme

Der zweiten Ansicht ist zuzustimmen. Die Regelung der Rechtsformmöglichkeiten für die medizinischen Versorgungszentren war eine unerlässliche Voraussetzung für deren erfolgreiche Einführung. Der Gesetzgeber wollte mit den MVZ ein völlig neues, sozialversicherungsrechtliches Organisationsgefüge dem Bereich des Kassenarztwesens zugänglich machen. Dies ist im Rahmen seiner Gesetzgebungskompetenz für den Sozialversicherungsbereich nach Art. 74 Abs.1 Nr. 12 GG nicht zu beanstanden. Es sollte jedoch nicht irgendeine neue Ärztekooperationsform eingeführt werden, sondern vielmehr nur eine solche, die eine medizinische Versorgung „aus einer Hand" anbietet.[117] Damit einhergehen musste jedoch zwangsläufig eine Regelung hinsichtlich der zulässigen Rechtsformen der neuen MVZ. Eine Norm, welche die Kooperation von Ärzten und anderen Leistungserbringern miteinander vorsieht, ist nicht denkbar ohne eine gleichzeitige Regelung der berufsorganisatorischen Grundlagen dieses Zusammenschlusses.[118] Das gilt umso mehr, als die Zulassung von Kapitalgesellschaften als MVZ auch praktisch geboten ist.[119] AG und GmbH stellen unter Hinblick auf die Zielsetzung der MVZ die am besten geeigneten Rechtsformen dar. Die Gründung eines MVZ in Form einer Partnerschaftsgesellschaft nach dem PartGG kommt in den meisten Fällen nicht in Betracht, weil diese Rechtsform nur Freiberuflern offen steht. Andere Leistungserbringer des SGB V, die § 95 SGBV ausdrücklich als Gesellschafter vorsieht,[120]wären ausgeschlossen.[121] Für sie käme nur die Gesellschaft bürgerlichen Rechts in Frage. Die GbR ist jedoch als Kooperationsform für ein MVZ eher ungeeignet, da die vertraglich nicht abdingbare Kündigungsmöglichkeit der Gesellschafter nach § 723 Abs.3 BGB

---

[115] *Fiedler/ Weber*, NZS 2004, 358, 361; so *Rau* auch wenn dieser sich grundsätzlich für eine Originäre Kompetenz des Bundes ausgesprochen hat, MedR 2004, 664, 668

[116] *Fiedler/ Weber*, NZS 2004, 358, 361

[117] Vgl. BT- Drs 15/ 1525, S. 108; *Wigge*, MedR 2004, 123, 125

[118] *Rau*, MedR 2004, 667, 668

[119] *Fiedler/ Weber*, NZS 2004, 358, 361

[120] *Hess*, in KassKomm, Stand 2005, § 95, Rn. 9d; *Künnemann*, Deutsches Ärzteblatt, 2004, S. A1151, A1152

[121] Zu nennen sind hier Krankenhäuser, Vorsorge- und Reha-Einrichtungen (§ 111 SGB V), Heilmittel- und Hilfsmittelerbringer (§§ 124, 126 SGB V), Krankenhausapotheken (§ 129a SGB V) etc.

nicht die erforderliche unternehmerische Stabilität zur Erfüllung von Aufgaben in der sozialversicherungsrechtlichen Leistungserbringung gewährleisten kann.[122] Ein MVZ, welches mit einer Fluktuation seiner Träger bedroht ist, kann sich auf eine langfristige und verlässliche Tätigkeit nicht in gleichem Maße einstellen, wie dies eine Gesellschaft mit stabiler Trägerschaft vermag. Aus kassenarztrechtlicher Sicht war es also erforderlich, den MVZ eine Rechtsform zu ermöglichen, die die erforderliche unternehmerische Stabilität gewährleisten kann, wie beispielsweise die AG.[123] Es geht also nicht lediglich um eine Zweckmäßigkeitsüberlegung, sondern vielmehr um eine unerlässliche Regelung zur Definition eines sozialversicherungsrechtlichen Instrumentes.
Der Bund hat also die Kompetenz kraft Sachzusammenhang zur sozialversicherungs-rechtlichen Regelung der möglichen Rechtsformen von MVZ.

cc) Ergebnis

§ 95 Abs.1 S. 3 SGB V ist also aus kompetenzrechtlichen Gründen nicht zu beanstanden und ist somit wirksam.
An dieser Stelle ist nun auf die eingangs erwähnte Problematik zurückzukommen, ob § 95 Abs.1 S. 3 SGB V zu einer Überlagerung bzw. Verdrängung der standesrechtlichen Rechtsformverbote führen kann.

b) Überlagerung der landesrechtlichen AG-Verbote?

Festzustellen ist zunächst, dass die sozialversicherungsrechtliche Zulässigkeit von Aktiengesellschaften wenn überhaupt nur Einfluss auf den kassenärztlichen Bereich haben kann. Für Nicht-Kassenärzte (z.B. Privatärzte) kommt eine Verdrängung der landesrechtlichen Rechtsformverbote durch § 95 Abs.1 S. 3 SGB V nicht in Betracht, [124] da eine Bundeskompetenz kraft Sachzusammenhang für andere als Vertragsärzte in Zusammenhang mit dem Kompetenztitel „Sozialversicherung" nicht besteht. Hier fehlt schon der erforderliche Sachzusammenhang mit der Sozialversicherung, da Privatärzte nicht dem Regelungsbereich sozialversicherungsrechtlicher Normen unterfallen.

---

122 *Fiedler/ Weber*, NZS 2004, 358, 362; zur Kündigungsmöglichkeit *Schmid*, in Münchener Hdb Gesellschaftsrecht, 2. Aufl., Bd. 1, § 24, Rn. 61

123 Ein Abfluss des Grundkapitals durch Kündigung ist hier nicht möglich, da das deutsche Aktienrecht einen Austritt von Aktionären nicht kennt, vgl. *Schmidt*, Gesellschaftsrecht, 4. Aufl., § 28 I, 1 b). Dadurch ist die AG besser als die GbR vor ungewolltem Kapitalabfluss geschützt.

124 *Wigge*, MedR 2004, 123, 125

aa) Meinungsstand

Wie schon oben erwähnt, wird die Ansicht vertreten, dem Wortlaut des § 95 Abs.1 S. 3 SGB V lasse sich entnehmen, dass künftig landesgesetzliche AG-Verbote in Bezug auf MVZ keine Gültigkeit mehr entfalten sollen.[125] Dies ergebe sich aus dem Wortlaut der Norm. § 95 Abs.1 S. 3 SGB V nenne als mögliche Rechtsformen „alle zulässigen" Rechtfsormen. Zulässig bedeute in diesem Zusammenhang, dass die Rechtsform überhaupt gesellschaftsrechtlich zulässig sein muss. Allein dies entspreche der gesetzgeberischen Intention, die Gründung von MVZ in allen möglichen Rechtsformen zu ermöglichen.[126] Diese Wortlautauslegung wird mit dem Argument unterstützt, dass es dem Willen des Bundesgesetzgebers entspreche, dass MVZ im gesamten Wirkungskreis des Gesetzes in der Rechtsform der Kapitalgesellschaft gegründet werden können. Die Gesetzesbegründung sehe nämlich ausdrücklich die Rechtsform der Kapitalgesellschaft vor.[127] Diese Gesellschaftsform sei aber nur dann für MVZ- Gründer interessant, wenn sie rechtlich auch umgesetzt werden könne. Also müsse es den MVZ- Gründern auch bei berufsrechtlich entgegenstehenden Vorschriften gestattet sein, die bundesgesetzlich vorgesehenen Rechtsformen zu wählen.[128]

Demgegenüber geht die h.M., leider ohne ausführliche Begründung davon aus, dass maßgeblich für die Zulässigkeit einer Kapitalgesellschaft als Rechtsform für ein MVZ allein das Standes- und Berufsrecht der Bundesländer sei.[129] Soweit das Gesetz „alle zulässigen" Rechtsformen erlaube, beziehe sich dies auch auf die berufsrechtliche Zulässigkeit nach Landsrecht.[130]

bb) Stellungnahme

Die erste Ansicht ist abzulehnen. Entscheidend für die Zulässigkeit einer Rechtsform für ärztliche Organisationsformen wie MVZ ist allein die landesrechtliche Rechtslage.

Soweit die Gegenansicht darauf abstellt, „zulässig" müsse als gesellschaftsrechtliche Zulässigkeit gelesen werden, so überzeugt dies nicht. Die gesellschafts-

---

[125] *Klose*, BB 2003, 2702, 2703; *Fiedle / Weber*, NZS 2004, 358, 361; *Künnemann*, Deutsches Ärzteblatt 2004, A1151, A1152; i.E. auch *Rau*, MedR 2004, 667, 669

[126] *Fiedler/ Weber*, NZS 2004, 358, 361; *Klose*, BB 2003, 2702, 2703

[127] Vgl. BT-Drs. 15/1525, S. 108

[128] *Fiedler/ Weber*, NZS 2004, 358, 361; *Klose*, BB 2003, 2702, 2703; *Künnemann*, Deutsches Ärzteblatt 2004, A1151, A1152; i.E. auch *Rau*, MedR 2004, 667, 669

[129] *Hess*, in KassKomm SGB V, § 95, Rn. 9 d); *Quaas/ Zuck*, Medizinrecht, § 47, Rn. 23; *Wigge*, in Schnapp/ Wigge, HdB. des Vertragsartzrechts, 2. Aufl., § 6, Rn. 113; *Butzer*, MedR 2004, 177, 181; *Häußermann/ Dollmann*, MedR 2005, 255, 258; *Bedei*, Der Arzt in der vertragsärztlichen Versorgung, Zentralinstitut für die kassenärztliche Versorgung in der BRD, S. 39

[130] *Hess*, in KassKomm SGB V, § 95, Rn. 9 d); *Quaas/ Zuck*, Medizinrecht, § 47, Rn. 23;

rechtliche Zulässigkeit eines Unternehmens ist ohnehin Voraussetzung für deren Gründung und damit eine Selbstverständlichkeit, die nicht erwähnt zu werden braucht.

Abgesehen davon sprechen auch noch verfassungsrechtliche Erwägungen gegen eine Ausweitung der Reichweite des § 95 Abs.1 S. 3 SGB V. Der Bundesgesetzgeber hat nur die Kompetenz zur Regelung des Sozialversicherungsrechtes. Der erfolgte Übergriff in die Landesgesetzgebungskompetenz durch den Bund mittels eines Sachzusammenhanges ist auf Grund der von Verfassung wegen eigentlich anders gewollten Zuständigkeitsverteilung äußerst restriktiv zu handhaben.[131] Der Bund muss nicht nur bei der Problematik des „ob" eines Kompetenzübergriffs Zurückhaltung üben, sondern auch dann, wenn es darum geht, in welchem Umfang und in welche Tiefe er in die fremde Materie eingreift. Es ist also wieder zu fragen, ob der Bund seinen Kompetenztitel (Sozialversicherungsrecht) nicht sinnvoll wahrnehmen kann, wenn nicht gleichzeitig die in Frage stehende Ländermaterie mitgeregelt wird.[132] Der Einfall in die Länderkompetenz muss also unerlässliche Voraussetzung für die Regelung der Bundesmaterie sein.[133] Unerlässlich war der Übergriff in die Materie des Arztrechts jedoch nur deshalb, um dem Bund eine möglichst vollständige und sinnvolle Sozialversicherungsregelung zu ermöglichen. Nicht zwingend ist dagegen die bundesweite Statthaftigkeit eines MVZ in Rechtsform einer Kapitalgesellschaft. Die Einführung der MVZ macht auch dann Sinn, wenn die möglichen Rechtsformen nicht in allen Bundesländern einheitlich geregelt sind.

Die Regelung des § 95 Abs.1 S. 3 SGB V überlagert die landesrechtlichen Rechtsformverbote also nicht. Diese sind weiterhin maßgeblich für die Beurteilung der Zulässigkeit der Arzt-AG

III. Ergebnis

Vorbehaltlich der verfassungsrechtlichen Tragfähigkeit der Verbotsnormen ist die Arzt- AG also in Niedersachsen, Bremen, Berlin, Rheinland- Pfalz, Brandenburg, Schleswig-Holstein und Bayern berufsrechtlich unzulässig.

Die übrigen Bundesländer haben mittlerweile die Arzt- Kapitalgesellschaft ausdrücklich zugelassen.[134] Es muss daher im Folgenden überprüft werden, ob und

---

[131] *Degenhart*, Staatsrecht I, 20. Aufl., Rn. 137

[132] *Degenhart*, in Sachs, GG, Art. 70, Rn. 38; *ders*, Staatsrecht I, 20. Aufl., Rn. 137

[133] BVerfGE 3, 407, 421; zwischenzeitlich wurde das Merkmal „Unerlässlichkeit" nicht mehr durch das BVerfG Verwendet, z.B. durch BVerfGE 41, 291, 312, dann aber wieder aufgegriffen durch BVerfGE 98, 265, 299

[134] Vgl. §§ 23 a, 23 b BO Sachsen-Anhalt 2004; §§ 23 a, 23 b BO Mecklenburg-Vorpommern 2006; §§ 23a, 23b BO Thüringen 2004; §§ 23 a, 23 b BO Sachsen 2004; §§ 23 a, 23 b BO Westfalen- Lippe 2004; §§ 23 a,

welche gesellschaftsrechtlich relevanten Regelungen diese Bundesländer für die Arzt- AG geschaffen haben.

C. Materielle Regelungen zur Arzt-AG

Nachdem im vorherigen Abschnitt erörtert wurde, „ob" die Arzt- AG zulässig ist, soll Gegenstand der Prüfung nun sein, „wie" sie nach der rechtlichen Konzeption der Bundesländer, welche sie zugelassen haben, gestaltet sein muss. Es sind also die Vorschriften zu untersuchen, die unmittelbar die organschaftliche Struktur bzw. die satzungsmäßige Ausgestaltung einer Arzt-AG beeinflussen.
Als wesentliche Rechtsquellen kommen dabei die Landesberufsordnungen für Ärzte in Betracht.[135] Die meisten Landesberufsordnungen leiten sich inhaltlich von der Musterberufsordnung für Ärzte, der MBO- Ä ab, weshalb hier stellvertertend für die jeweiligen Bundeslandregelungen die MBO-Ä vorgestellt werden soll.

I. Die MBO-Ä

Seit dem Jahre 2004 enthält die Musterberufsordnung für Ärzte MBO-Ä eine ausdrückliche Regelung für Ärztekapitalgeselschaften, §§ 23 a und b MBO-Ä. Bevor die Regelungen der MBO-Ä über Ärztekapitalgesellschaften inhaltlich dargestellt werden, soll der Regelungsmechanismus der MBO-Ä im System des deutschen Arztrechts erläutert werden.
Zunächst ist festzustellen, dass die Musterberufsordnung der Deutschen Ärzte eine für Ärzte und Dritte unverbindliche Norm darstellt. Sie wird durch die Bundesärztekammer erlassen. Die Bundesärztekammer (BÄK) ist eine als privatrechtlicher Verein organisierte Arbeitsgemeinschaft der Landesärztekammern. Sie ist, anders als die einzelnen Landesärztekammern, nicht zur verbindlichen Rechtssetzung befugt, da sie kein Selbstverwaltungsorgan ist. Daher können die Normen der BÄK, also auch die MBO-Ä, nicht als öffentlich- rechtliche Satzungen angesehen werden.[136] Ihnen kommt somit keine direkte Regelungswirkung zu. Vielmehr bedarf es noch eines Inkorporationsaktes in das Satzungs-

---

23 b BO Rheinland- Pfalz 2006; §§ 23 a, 23 b BO Hessen 2005; §§ 23 a, 23 b BO Saarland 2005; §§ 23 a, 23 b BO Hamburg 2005; §§ 17 ff BO Ärztekammer Nordrhein 2005; § 23 a BO Baden- Württemberg

[135] Nicht hingegen herangezogen werden kann § 95 I SGB V da dieser, wie schon erwähnt, nur sozialversicherungsrechtliche Bedeutung hat und eine Analogiebildung zu ihm die grundgesetzliche Kompetenzverteilung zu Lasten der Länder beeinträchtigen würde.

[136] *Tettinger*, Kammerrecht, S. 23; *Sickor*, Normenhierarchie im Arztrecht, S. 171

recht der Landesärztekammern,[137] welche durch die Heilberufs- und Kammergesetze eine entsprechende Satzungsbefugnis zum Erlass von Berufsordnungen für Ärzte erhalten haben.
Direkte Auswirkungen auf die Gestaltung einer AG sowie deren Besetzung von Organen kommt der MBO-Ä also nur mittelbar zu, sofern die Landesärztekammern die Vorschläge der MBO-Ä in ihren Landesberufsordnungen umgesetzt haben.[138] Die meisten Bundesländer setzen die Vorschläge der MBO-Ä jedoch wortlautgetreu um, [139] weshalb es Sinn macht, die aktuelle Rechtslage, vorbehaltlich ihrer verfassungsrechtlichen Rechtfertigung, an Hand dieser Normen darzustellen.
Eine wesentliche Neuerung erfolgte durch eine Änderung der MBO-Ä im Jahre 2004, nämlich die grundsätzliche Anerkennung einer ambulanten Arztpraxis in der Rechtsform der Kapitalgesellschaft in §§ 23 a; 23 b MBO-Ä 2004.[140] Diese Normen sind ihrem Sinn und Zweck sowie ihrem Inhalt nach vergleichbar mit den Regelungen der Rechtsanwalts-GmbH nach §§ 59 c ff BRAO.

1. Gesellschafterkreis

Aus §§ 23 b Abs.1 S. 1 u. 23 a Abs.1 S. 2 MBO-Ä 2004 ergibt sich eine Beschränkung des möglichen Gesellschafterkreises auf Angehörige akademischer Heilberufe und anerkannter Ausbildungsberufe im Gesundheitswesen, also im Wesentlichen auf Ärzte, Physiotherapeuten, Hebammen, Sprachtherapeuten und ähnliche Berufe.[141] Die Gesellschafter müssen darüber hinaus in der Gesellschaft selbst tätig sein, wobei die Mehrheit der Gesellschaftsanteile und Stimmrechte in den Händen von Ärzten sein müssen.[142] Andere Berufsangehörige können lediglich Minderheitsgesellschafter sein.[143] Wegen des Erfordernisses

---

[137] *Sickor*, Normenhierarchie im Arztrecht, S. 178; *Lippert*, in Ratzel/Lippert, MBO, 4. Aufl., § 1, Rn. 3; *dies.* MedR 2004, 525, 525; *Häußermann/ Dollmann*, MedR 2005, 255, 255; *Attermeyer*, Die ambulante Arztpraxis in der Rechtsform der GmbH, S. 76

[138] Die Landesärztekammern sind die Selbstverwaltungsorgane der Ärzteschaft auf Landesebene und haben im Rahmen der gesetzlichen Ermächtigung eine Satzungsbefugnis für ihre Mitglieder vgl. *Badura*, Staatsrecht, 3. Aufl., S. 318, 325; *Sickor*, Normenhierarchie im Arztrecht, S. 152; *Kiesecker*, in Rieger, Lexikon des Arztrechtes, 420 (Ärztekammer), Rn. 1; *Attermeyer*, Die ambulante Arztpraxis in der Rechtsform der GmbH, S. 23.

[139] Siehe hierzu unten 2. Kap., C, II

[140] Zentrale Vorschrift ist § 23 a MBO-Ä 2004: „ Ärzte können auch in der Form einer juristischen Person des Privatrechtes ärztlich tätig sein." Das Merkmal des früheren § 17 MBO-Ä , die Bindung der ärztlichen Niederlassung an „die *eigene* Praxis" wurde ersetzt durch „in *einer* Praxis". § 17 steht nun neben § 23 a MBO-Ä 2004, widerspricht diesem auf Grund der Änderung jedoch nicht, vgl. *Ratzel/ Lippert*, MedR. 2004, 525, 525, Attermeyer, Die ambulante Arztpraxis in der Rechtsform der GmbH, S. 75

[141] *Ratzel*, in Ratzel/ Lippert, MBO Komm., 4. Aufl., § 23 a- d, Rn. 3; *Saenger*, MedR 2006, 138, 140; *Häußermann/ Dollmann*, MedR 2005, 255, 259

[142] *Ratzel*, in Ratzel/ Lippert, MBO Komm., 4. Aufl., § 23 a- d, Rn. 3; *Saenger*, MedR 2006, 138, 140

[143] Vgl. § 23 a I b) MBO-Ä 2004; *Saenger*, MedR 2006, 138, 140; *Häußermann/ Dollmann*, MedR 2005, 255, 259

der aktiven Tätigkeit in der Gesellschaft, müssen Ärzte, die aus Altersgründen ihre Tätigkeit aufgeben, aus der Gesellschaft ausscheiden. Der Kreis der Aktionäre ist also nach dem System der MBO-Ä 2004 stark eingeschränkt.

2. Geschäftsführung

Auch die Geschäftsführung muss mehrheitlich von Ärzten ausgeführt werden.[144] Im Falle der AG muss der Vorstand dieses Kriterium erfüllen. Die Ernennung eines externen, nicht ärztlichen Geschäftsführers bzw. Vorstandes verbietet sich danach also, wenn nicht mindestens zwei weitere Ärzte Aufgaben der Geschäftsführung übernehmen, um dem Mehrheitserfordernis Rechnung zu tragen. Daneben muss die Gesellschaft verantwortlich von einem Arzt geführt werden, § 23 a Abs.1 a) MBO-Ä. Dies widerspricht auf den ersten Blick der Möglichkeit, einen Mehrpersonen-Vorstand zu bilden, den die MBO jedoch offensichtlich auch vorsieht.[145] Daher wird einhellig vertreten, dass der 1. HS so gelesen werden muss, dass *Ärzten* stets die Führung der AG obliegt.[146]

3. Firmierung

Im Übrigen enthält die MBO-Ä auch hinsichtlich der Firmierung der juristischen Person einige Einschränkungen.
Sofern es sich um eine reine Ärztegesellschaft handelt, darf die Firma nur die Namen der aktiven Arzt-Gesellschafter beinhalten, Phantasie- oder Sachfirmen sind also nicht denkbar, § 23 a Abs.2 MBO-Ä.
Im Falle einer fachübergreifenden AG ist es darüber hinaus nach § 23 b Abs.1 g) MBO-Ä zwingend erforderlich, dass der Name mindestens eines ärztlichen Gesellschafters in der Firma enthalten ist, die daneben den Zusatz „Medizinische Kooperationsgemeinschaft" enthalten muss.

4. Regelungen speziell für Kooperationsformen

Zusätzlich zu den eben erörterten Voraussetzungen müssen Arztkooperationen in Rechtsform der AG gemäß § 18 MBO- Ä (für nur- ärztliche Kooperationsformen) sowie § 23 b MBO-Ä (für Kooperationen zwischen Ärzten und anderen Fachberufen) noch weitere Voraussetzungen erfüllen.
Insbesondere sieht § 18 Abs.2 MBO bzw. § 23 Abs.1 u. 2 MBO vor, dass juristische Personen als Rechtsform nur in Frage kommen, wenn die eigenverantwortliche, medizinisch unabhängige sowie nicht gewerbliche Berufsausübung

---

[144] Vgl. § 23a I a) 2. HS MBO-Ä 2004 ; *Saenger*, MedR 2006, 138, 142
[145] *Saenger*, MedR 2006, 138, 142
[146] Für die GmbH *Saenger*, MedR 2006, 138, 142

und die freie Arztwahl gewährleistet bleibt. Darüber hinaus muss jeder Arzt gewährleisten, dass die Berufspflichten Beachtung finden.

Die MBO-Ä bringt somit Reglementierungen für juristische Personen mit sich, die an die Vorschiften der §§ 59 c ff. BRAO angelehnt sind. Ob die Normierungen der MBO-Ä zum Schutze der ärztlichen Berufspflichten sachlich gerechtfertigt sind, wird sich im Verlaufe der Untersuchung zeigen. Zunächst muss jedoch noch erörtert werden, welche Landesberufsordnungen die Regelungen der MBO-Ä aufgreifen bzw. welche Unterschiede bestehen. Erst dann kann von einem verlässlichen Überblick über die aktuelle Rechtslage ausgegegangen werden.

II. Die Länderregelungen

Wie schon erwähnt sind allein maßgeblich die Regelungen, welche die Landesärztekammern in den jeweiligen Berufsordnungen erlassen haben.

1. Länderregelungen, welche die MBO-Ä wortgenau aufgreifen

Einige der Länder, welche die Zulässigkeit der Führung einer ambulanten Arztpraxis als AG grundsätzlich anerkannt haben, übernahmen diesbezüglich alle einschlägigen Normen der MBO-Ä in ihre Berufsordnungen. Da dort nun ein Inkorporationsakt stattgefunden hat, sind in diesen Ländern die Regelungen der MBO-Ä geltendes Recht geworden. Diese Länder sind Sachsen-Anhalt, Mecklenburg-Vorpommern, Thüringen, Sachsen, das Gebiet der Ärztekammer Westfalen- Lippe, Rheinland-Pfalz, Hessen sowie das Saarland.[147] Insoweit sei wegen der einzelnen dort statuierten Voraussetzungen für juristische Personen und den damit einhergehenden Einschränkungen der Rechtsformfreiheit auf die oben erfolgten Ausführungen zur MBO-Ä verwiesen.

2. Länderregelungen, welche die MBO-Ä 2004 mit Änderungen aufgreifen

Die Berufsordnung des Landes Hamburg sieht im Wesentlichen auch eine Übernahme der MBO-Ä für den hier relevanten Bereich vor.[148] Im Unterschied zur Musterberufsordnung enthält die Hamburgische Berufsordnung jedoch eine Erleichterung bzw. Ausnahmeregelung für juristische Personen. Nach § 23 a Abs.3 BO Hamburg kann nämlich eine in der ambulanten Heilkunde tätige ju-

---

[147] Vgl. §§ 23 a, 23 b BO Sachsen-Anhalt 2004; §§ 23 a, 23 b BO Mecklenburg-Vorpommern 2006; §§ 23a, 23b BO Thüringen 2004; §§ 23 a, 23 b BO Sachsen 2004; §§ 23 a, 23 b BO Westfalen- Lippe 2004; §§ 23 a, 23 b BO Rheinland- Pfalz 2006; §§ 23 a, 23 b BO Hessen 2005; §§ 23 a, 23 b BO Saarland 2005

[148] Vgl. §§ 23 a, 23 b BO Hamburg 2005

ristische Person, welche die engen Voraussetzungen des § 23 a Abs.1 BO Hamburg bzw. des § 23 a Abs.1 MBO-Ä nicht erfüllt, eine Ausnahmegenehmigung durch die Ärztekammer erhalten. Voraussetzung hierfür ist, dass berufsrechtliche Belange nicht beeinträchtigt werden und die Beachtung der Berufsordnung sichergestellt ist.

3. Länderregelungen ohne Einschränkungen für juristische Personen

In Baden-Württemberg wurden für Ärztegesellschaften keine besonderen Pflichten und Voraussetzungen normiert.[149] Sogar hinsichtlich der Namensgebung werden in der BO B-W keine zwingenden Firmierungsmerkmale für juristische Personen genannt. In § 23 a Abs.2 BO- B-W ist vielmehr die Rede davon, dass, *„unbeschadet des Namens der Gesellschaft, alle ärztlichen Gesellschafter sowie alle ärztlichen Angestellten angezeigt werden können.*" Dem lässt sich entnehmen, dass hier, entgegen der Regelungen in den anderen Ländern, für Ärzte-Kapitalgesellschaften nicht der Grundsatz der Namensfirma gilt. Ob sich daraus eine echte Firmierungsfreiheit ergibt, wird noch zu erörtern sein.[150] Lediglich für Berufskooperationen von Ärzten mit Angehörigen anderer Fachrichtungen (medizinische Kooperationsgemeinschaft) gelten in Baden-Württemberg dieselben Vorschriften, die auch in § 23 b MBO-Ä 2004 festgelegt wurden.[151]

D. Ergebnis von Kapitel 2

Die rechtliche Bestandsaufnahme zur Arzt-AG hat im Wesentlichen folgende Ergebnisse erbracht:
Unzulässig ist die Arzt- AG, vorbehaltlich der in Kapitel 7 zu prüfenden verfassungsrechtlichen Wirksamkeit der Verbotsnormen, in Niedersachsen, Bremen, Berlin, Rheinland- Pfalz, Brandenburg, Schleswig-Holstein und Bayern.
In allen anderen Bundesländern ist die Arzt- AG grundsätzlich anerkannt. Es existieren dort jedoch die eben dargstellten Vorschriften in den Berufsordnungen, welche Einfluss auf die Zusammensetzung der gesellschaftrechtlichen Organe und die Firmierung haben. Hiermit geht eine Einschränkung der Gestaltungsfreiheit der Gründer einher. Alle Einschränkungen der Gestaltungsfreiheit für Ärzte-Kapitalgesellschaften bedeuten einen nicht unerheblichen Eingriff in die durch Art. 12 Abs.1 GG geschützte Berufsfreiheit, genauer in die Berufsaus-

---

[149] Dort heißt es einfach in § 23 a BO B-W 2005:
Abs. I: „Ärztinnen und Ärzte können auch in der Form einer juristischen Person des Privatrechts ärztlich tätig sein."
Abs. II: „ Unbeschadet des Namens der Gesellschaft können die Namen und Arztbezeichnungen aller ärztlichen Gesellschafter und der angestellten Ärzte angezeigt werden."

[150] Vgl. 5. Kap., B, 4

[151] Vgl. insoweit oben 2. Kap., B, I, 4

übungsfreiheit.[152] Auch die Ergebnisse bezüglich der materiell- inhaltlichen Anforderungen der Berufsordnungen an die Arzt- AG stehen damit unter dem Vorbehalt, dass die geprüften Normen in verfassungsrechtlicher Hinsicht Bestand haben. Um dies beurteilen zu können, muss erörtert werden, welchem Ziel und Zweck die inhaltlichen Beschränkungen - als Beispiel sei hier das Erfordernis der mehrheitlichen Kapitalbeteiligung von Ärzten an der Arzt-AG genannt -[153] dienen. Sodann kann untersucht werden, ob die Ziele auch mit milderen, die Gestaltungsfreiheit weniger beeinträchtigenden Mitteln erreicht werden können. Diese Problematik ist Thema der folgenden Kapitel.

---

[152] *Rittstieg*, Alternativkommentar zum GG, Art. 12, Rn. 78; Vgl. im übrigen zur Berufsfreiheit ausführlich unten 3. Kapitel, C, II

[153] Vgl. § 23 a I MBO-Ä

3. Kapitel Anforderungen an die Binnenstruktur der Arzt-AG

Ein wesentlicher Angriffspunkt der Gegner der Arzt-Kapitalgesellschaft und einer der Hauptgründe für die eben dargestellten Begrenzungen der Gestaltungsfreiheit war und ist vor allem die Behauptung, dass die korrekte Einhaltung der ärztlichen Pflichten, hauptsächlich der Schweigepflicht und des Gebots der ärztlichen Unabhängigkeit, durch die Rechtsform der Kapitalgesellschaft bedroht sei.[154] Im Folgenden soll nachgewiesen werden, dass sowohl die Schweigepflicht als auch die ärztliche Unabhängigkeit in einer Aktiengesellschaft bei einer, hier zu erarbeitenden, Ausformung der Organe bzw. der Satzung nicht in Gefahr sind.
Wenn das geleistet ist, kann im Wege eines Vergleiches bestimmt werden, welche der Regelungen der MBO-Ä bzw. der Landesberufsordnungen verhältnismäßig und damit verfassungskonform sind.

A. Problemstellung

Das Verhältnis zwischen Arzt und Patient ist auf Grund der besonderen Vertrauenssituation und der erheblichen Bedeutung einer fachgerechten, am Patientenwohle orientierten Behandlung durch die Berufspflichten der Schweigepflicht und dem Gebot der ärztlichen Behandlungsfreiheit geschützt. Als vornehmste Pflicht des Arztes gilt es seit jeher, Leben zu schützen und das Wohl des Kranken voranzustellen. Diese grundlegende Pflicht ist Ausgangspunkt und gleichzeitig Überprüfungsmaßstab für die ärztlichen Berufspflichten. Der „Gesundheitsmarkt" kann nicht einfach ein freier Markt sein, da er dem Wohle des öffentlichen Interesses zu dienen bestimmt ist, welches mit den allgemein gültigen marktwirtschaftlichen Regeln nicht immer in Einklang zu bringen ist.[155]
Es ist also ersichtlich, dass die Berufspflichten, und hier speziell die ärztliche Schweigepflicht und die Unabhängigkeit, auf die noch näher einzugehen sein wird, für jeden an der gesundheitlichen Versorgung teilnehmenden Arzt, Geltung beanspruchen müssen. Dabei erlangen die Berufspflichten nicht nur Gültigkeit für den jeweils behandelnden Arzt, es muss insbesondere auch berücksichtigt werden, inwieweit ärztliche Aktiengesellschaften die Einhaltung dieser Pflichten beeinträchtigen und welche gesellschaftsrechtlichen Maßnahmen ge-

---

[154] BayVerfGH, DVBl 2000, 1052, 1054; OVG Münster, MedR 2001, 150, 153; siehe auch *Wigge*, in Schnapp/ Wigge, Handbuch des Vertragsarztrechts, 2. Aufl., § 6, Rn. 118; *Saenger*, NZS 2001, 234, 235; vgl. zu den Bedenken gegenüber Rechtsanwalts-Kapitalgesellschaften *Henssler*, in Henssler/ Prütting, BRAO, 2. Aufl., Vor § 59 c, Rn. 2; *Feurich*, in Feurich/ Weyland, BRAO, 6. Aufl., § 59 c, Rn. 1; *Römermann*, in Hartung/ Holl, BRAO, 2. Aufl., Vor § 59 c, Rn. 3

[155] *Häußermann/ Dollmann*, MedR 2005, S. 255, 258;

troffen werden können bzw. getroffen werden müssen, um dem entgegenzuwirken.
Im folgenden Kapitel soll daher untersucht werden, ob zwingende oder fakultative Vorgaben des Aktienrechtes zu einer Kollision mit dem ärztlichen Berufsrecht führen können, und ob einer Gefährdung arztrechtlicher Normen gegebenenfalls mit aktienrechtlichen Instrumenten und Mitteln vorgebeugt werden kann.

B. Ärztliches Berufsrecht

Das ärztliche Standesrecht regelt die Rechte und Pflichten der Ärzte im Hinblick auf die Patienten und untereinander, wobei es unerheblich ist, ob diese als selbständige, angestellte oder beamtete Ärzte tätig sind. Entscheidend für die Anwendung der Berufsregeln ist vielmehr unstreitig allein die Ausübung des Berufes *Arzt*.[156] Auch für in Kliniken angestellte Ärzte hat das Berufsrecht Geltung. Ebenso unterliegen die in einer Aktiengesellschaft angestellten Ärzte generell den Berufspflichten und müssen diese beachten. Eine Anstellung von Ärzten in einer AG zum Zwecke ärztlicher Tätigkeit kann daher nur erfolgen, wenn die AG als rechtliche Plattform der Berufsauübung die Einhaltung berufsrechtlicher Besonderheiten, insbesondere der Schweigepflicht und der ärztlichen Unabhängigkeit, gewährleisten kann. Hierfür kann es erforderlich werden, dass die durch das Aktienrecht vorgesehene Satzungs- bzw. Organstruktur zum Schutze der genannten Berufspflichten modifiziert wird.

C. Die Möglichkeiten einer berufsrechtlichen Modifizierung der Arzt- AG

Es stellt sich also die Frage, inwieweit eine Aktiengesellschaft überhaupt von den gesellschaftsrechtlichen Vorgaben des Aktiengesetzes abweichen kann.
Anders als im Falle einer GmbH, bei welcher die Gesellschafter verhältnismäßig wenige Vorgaben des Gesellschaftsrechtes bei der Ausformung des Gesellschaftsvertrages beachten müssen,[157] gilt im Recht der Aktiengesellschaft der Grundsatz der Satzungsstrenge.[158] Er ergibt sich unmittelbar aus § 23 V AktG. Danach darf die Satzung von den Vorschriften des Aktiengesetzes nur dann abweichen, wenn dies dort ausdrücklich zugelassen ist. Gleichermaßen sind Ergänzungen der Satzung nur insoweit statthaft, als das (Aktien-) Gesetz keine ab-

---

[156] Vgl. statt vieler *Laufs*, in Laufs/ Uhlenbruck, Handbuch des Arztrechtes, 3. Aufl., § 3, Rn. 11; *Attermeyer*, Die ambulante Arztpraxis in der Rechtsform der GmbH, S. 147

[157] *Lutter/ Bayer*, in Lutter/ Hommelhoff, GmbHG, 16. Aufl., § 3, Rn. 26; *Hueck/ Windbichler*, Gesellschaftsrecht, 20. Aufl., § 22 Rn. 2

[158] *Wiesner*, in Münchener Hdb des Gesellschaftsrechts, 2. Aufl., Bd. 4, § 6, Rn. 9; *Schmidt*, Gesellschaftsrecht, 4. Aufl., § 26, III, 1. c)

schließende Regelung enthält.[159] Zwingend, und damit im Wesentlichen einer satzungsmäßigen Modifikation entzogen, sind insbesondere solche Normen des Aktiengesetzes, die die Zusammensetzung und Zuständigkeit der Organe regeln, die Verschwiegenheitspflicht der Verwaltungsratsmitglieder nach § 93 Abs.1 S. 2 AktG oder Bestimmungen über Minderheitenrechte.[160]
Genau hier liegt eine Problematik der Arzt-AG. Da sie nach dem AktG nicht frei gestaltbar ist, ist es denkbar, dass zwingende Vorgaben des Aktienrechtes entweder zu einer Gefährdung der Schweigepflicht oder der ärztlichen Unabhängigkeit in der AG führen. Zu denken sei hier nur an eine Beeinträchtigung der ärztlichen Schweigepflicht durch die Auskunftsrechte der einzelnen Organe.[161] Im Bereich der ärztlichen Unabhängigkeit sind Spannungspunkte insbesondere dann ersichtlich, wenn das Gesetz Weisungs- und Leitungsmöglichkeiten der Organe gegenüber den ärztlichen Berufsausübenden vorsieht.
Die Vorgaben des Aktiengesetzes müssen also genau daraufhin untersucht werden, ob sie aus Sicht der Berufspflichten entweder von vorneherein unproblematisch sind oder ob sie durch gesetzlich zugelassene Satzungsmodifikationen „arztpflichtkompatibel" ausgestaltet werden können.

I. Die ärztliche Schweigepflicht

Als eine bedeutende Berufspflicht der Ärzte soll zunächst die Schweigepflicht untersucht werden. Nach einer allgemeinen Einführung hierzu muss geprüft werden, ob die einzelnen Organe Auskunfts bzw. Einsichtsrechte haben, mit Hilfe derer sie schweigepflicht- relevante Daten erlangen können. Sollte dies der Fall sein, könnten sich daraus Konsequenzen für die Besetzung der Organe ergeben.

1. Allgemeines

a) Entwicklung und geschützte Rechtgüter

Die ärztliche Schweigepflicht ist eine der ältesten und vornehmlichsten Pflichten der Ärzte und hat ihren Ursprung im Hippokratischen Eid.[162]Heutzutage er-

---

[159] RGZ 49, 77, 80; Hüffer, AktG, 7. Aufl., § 23 V Rn. 37; *Pentz*, in MüKo AktG, 2. Aufl., Bd. 1, § 23, Rn. 157

[160] Hinsichtlich Organzuständigkeit vgl. *Wiesner*, Münchener Hdb des Gesellschaftsrechts, 2. Aufl., Bd. 4, § 6, Rn. 7; *Timm*, DB 1980, 1201, 1204; bzgl. der Verschwiegenheitspflichten siehe BGHZ 64, 325, 326; OLG Düsseldorf, AG 1974, 51, 52; *Säcker*, FS Rob. Fischer, 1979, 635, 636, wonach die Verschwiegenheitspflicht weder erleichtert noch verschärft werden kann; bzgl. des zwingenden Charakters der Minderheitenrechte siehe *Hüffer*, AktG, 7. Aufl., § 23, Rn. 36; *Pentz*, in MüKo AktG, 2. Aufl., Bd. 1, § 23, Rn. 156

[161] Vgl. sogleich unten 3. Kap. C. I

[162] „Was ich auch bei der Behandlung sehe und höre oder außerhalb der Behandlung im Leben der Menschen, soweit man es nicht ausplaudern darf, werde ich darüber schweigen, in der Überzeugung, dass hier Schweigen

gibt sich die Pflicht des Arztes, über seine Patienten Stillschweigen zu bewahren, vor allem aus § 203 StGB, den Berufsordnungen sowie aus dem Recht der Patienten auf informationelle Selbstbestimmung und Achtung der Intimsphäre aus Art. 2 Abs.1 GG iVm Art. 1 Abs.1 GG.[163] Insbesondere die strafrechtliche und die berufsrechtliche Schweigepflicht sind nahezu identisch, wobei ein Verstoß gegen berufsrechtliche Vorschriften nicht zwangsläufig strafrechtliche Sanktionen nach sich ziehen muss.
Als geschütztes Rechtsgut wird in Rechtsprechung und Literatur hauptsächlich die Geheim- und Individualsphäre des Einzelnen betrachtet, seit einer Entscheidung des BVerfG aus dem Jahre 1972[164] ist weitgehend anerkannt, dass die Schweigepflicht daneben auch der Funktionstüchtigkeit des Arztberufes zu dienen bestimmt ist.[165] Dafür lässt sich anführen, dass eine sachgerechte Behandlung absolute Offenheit des Patienten dem Arzt gegenüber erfordert. Hierzu wird der Patient jedoch nur bereit sein, wenn die Verschwiegenheit des Arztes gewährleistet ist.

Die hohe Bedeutung ärztlichen Schweigens wird in neuerer Zeit noch vor einem anderen Hintergrund deutlich. So führen neue Diagnosemethoden - insbesondere die Genomanalyse - dazu, dass mit verhältnismäßig geringem Aufwand eine Vielzahl von Informationen über einen Patienten gewonnen werden können, ohne dass dieser etwas davon erfahren muss.[166] Die Brisanz und Reichweite derartiger Informationen macht deutlich, wie wichtig ein ausreichender Schutz der Schweigepflicht sowohl innerhalb als auch außerhalb der AG ist.[167]

b) Umfang und Inhalt

In sachlicher Hinsicht ist von der Schweigepflicht all das umfasst, was dem Arzt in seiner Eigenschaft als solcher vom Patienten anvertraut wird, also alle Kennt-

---

heilige Pflicht ist" so aus dem Eid des Hippokrates zur Schweigepflicht, abgedruckt bei *Deutsch/ Spickhoff*, Medizinrecht, 5. Aufl., Rn. 1299

[163] BVerfGE NJW 1972, 1123, 1124; *Lenckner*, in Schönke/ Schröder, StGB, 25. Aufl., § 203, Rn. 3; *Tröndle/ Fischer*, StGB 52. Aufl., § 203, Rn. 2; *Kiesecker*, in Rieger, Lexikon des Arztrechtes, Stand 2002, 4740, Rn 1; *Kreuzer*, NJW 1975, 2232, 2233

[164] BVerfGE NJW 1972, 1123

[165] *Deutsch/ Spickhoff*, Medizinrecht, 5. Aufl., Rn 471; *Quaas/ Zuck*, Medizinrecht, § 12, Rn. 62; *Ulsenheimer*, in Laufs/ Uhlenbruck, Hdb. des Arztrechts, 3. Aufl., § 70, Rn. 1

[166] Die Genomanalyse (prädikative genetische Diagnostik) erlaubt zuverlässige Aussagen über die Wahrscheinlichkeit und Häufigkeit des späteren Auftretens einer Krankheit, *Quaas/ Zuck*, Medizinrecht, § 75, Rn. 100

[167] Zu denken sei hier nur an ein genetisch gesteigertes Krebsrisiko und die darauf basierende Ablehnung des Betroffenen durch private Krankenkassen, wenn diese in den Besitz der Information gelangen.

nisse, die in einem inneren Zusammenhang mit seiner Berufstätigkeit stehen und an deren Geheimhaltung der Patient ein Interesse hat.[168]
Der Arzt verletzt seine Pflicht immer dann, wenn das Patientengeheimnis in irgendeiner Weise an einen anderen gelangt. Auch die Weitergabe von Patientenkorrespondenz und Arztunterlagen verletzt somit die Schweigepflicht.[169]
In persönlicher Hinsicht ist der Arzt gegenüber jedermann zum Schweigen verpflichtet. Bedeutsam ist vor allem, dass dies nach allgemeiner Ansicht grundsätzlich auch gegenüber anderen Ärzten gilt, obwohl auch diese ihrerseits zur Geheimhaltung verpflichtet wären.[170] Auf die Geheimnisträgerschaft der Person, der das Geheimnis eröffnet werden soll, kommt es nicht an.
Nicht gebunden an die Schweigepflicht ist der Arzt aber bei solchen Adressaten, die seine „berufsmäßig tätigen Gehilfen" (so § 203 Abs.3 StGB) bzw. seine „Mitarbeiter" (§ 9 Abs.3 MBO-Ä) sind. Diese unterliegen selbst einer vom Arzt abgeleiteten, mit dessen deckungsgleichen, Schweigepflicht. Dazu gehören all die Personen, die innerhalb des beruflichen Wirkungskreises des Arztes eine auf seine Berufsausübung bezogene, unterstützende Tätigkeit ausüben.[171] Vor allem Arzthelferinnen, mit der Abrechnung betraute Angestellte und Pflegepersonal sind hier zu nennen, nicht hingegen Chauffeure oder Putzfrauen, da hier ein Zusammenhang mit der ärztlichen Tätigkeit zu verneinen ist. Gegenüber seinen berufsmäßig tätigen Gehilfen ist der Arzt zur Weitergabe von Patientendaten berechtigt, jedoch nur in soweit die Gehilfen die Angaben zur Erfüllung ihrer Aufgaben benötigen.[172]Die Schweigepflicht des Arztes besteht nach allgemeiner Ansicht vor allem auch dann nicht, wenn eine ausdrückliche oder stillschweigende Befreiung durch den Patienten vorliegt.[173] Diese Grundsätze der Schweigepflicht gelten überall dort, wo ärztliche Tätigkeiten ausgeübt werden, also in Krankenhäusern, bei niedergelassenen Ärzten und in Ärztekapitalgesellschaften.

---

[168] *Lenckner*, in Schönke/ Schröder, StGB, 25. Aufl., § 203, Rn. 13; *Ulsenheimer*, in Laufs/ Uhlenbruck, Handbuch des Arztrechtes, 3. Auflage, § 70, Rn. 5; *Kiesecker*, in Rieger, Lexikon des Arztrechtes, Stand 2002, 4740, Rn. 14; *Niedermair*, in Roxin/ Schroth, Medizinstrafrecht, 2. Aufl., S. 393, 396

[169] *Lenckner*, in Schönke/ Schröder, StGB, 25. Aufl., § 203, Rn. 19; *Langkeit*, NStZ 1994, 6, 6; *Lippert*, in Ratzel/ Lippert, MBO Kommentar, 4. Aufl., § 9 Rn. 4

[170] So die ganz h.M. *Laufs*, NJW 1975, 1433, 1434; *Kiesecker*, in Rieger, Lexikon des Arztrechtes, Stand 2002, 4740, Rn. 35; *Gropp*, JR 1996, 478, 479; *Grömig*, NJW 1970, 1209, 1210; *Andreas/ Debong/ Bruns*, Handbuch Arztrecht in der Praxis, S. 37

[171] *Tröndle/ Fischer*, StGB, 52. Aufl. § 203, Rn. 21; *Kiesecker*, in Rieger, Lexikon des Arztrechtes, Stand 2002, 4740, Rn. 6; *Kleinwefers/ Wilts*, NJW 1964, 428, 430

[172] *Rieger*, DMW (116) 1991, 1569, 1569; Teils wird hier schon die Tatbestandsmäßigkeit nach § 203 StGB verneint, teils wird lediglich ein Einverständnis des Patienten vermutet, vgl. *Lenckner*, in Schönke/ Schröder, StGB, 25. Aufl., § 203, Rn. 19; *Langkeit*, NStZ 1994, S. 6, 6

[173] Vgl. nur OLG Hamm, MedR 1995, 328; *Deutsch/ Spickhoff*, Medizinrecht, 5. Aufl., Rn. 481; *Quaas/ Zuck*, Medizinrecht, § 12, Rn. 65; *Ulsenheimer*, in Laufs/ Uhlenbruck, Hdb des Arztrechts, 3. Aufl., § 71, Rn. 7; ob auch ein formularmäßiger Ausschluss in AGB zulässig ist, wird noch zu klären sein.

Verstößt ein Arzt gegen seine Schweigepflicht, so kommen als Sanktionen sowohl eine strafrechtliche Verfolgung gemäß § 203 StGB, berufsrechtliche Maßregeln, etwa in Form von Bußgeldern, sowie vertragliche Schadenersatzansprüche des Patienten in Betracht.[174]

Im Rahmen der vorliegenden Arbeit lautet die entscheidende Frage bzgl. der Schweigepflicht, ob die einzelnen Organe untereinander oder von den einzelnen Mitarbeitern Informationen erlangen können, die schweigepflicht-geschützte Patientendaten enthalten. Wenn dies der Fall, muss überprüft werden, ob diese Informationsrechte satzungsmäßig abdingbar sind oder ob sich daraus Konsequenzen für Organstruktur in der AG ergeben.
Darüber hinaus muss in einer juristischen Person natürlich auch gewährleistet sein, dass keine Informationen über Patienten an unbefugte Dritte außerhalb der AG gegeben werden. Die Frage nach dem Schutz der Schweigepflicht in einer Arzt-AG stellt sich also in zweierlei Ausprägung: zum einen muss die Schweigepflicht innerhalb der Gesellschaft eingehalten werden, zum anderen nach außen hin.

2. Der Vorstand

a) Informationsrechte des Vorstandes nach dem AktG

Der Vorstand hat nach § 76 Abs.1 AktG die Gesellschaft unter eigener Verantwortung zu leiten. Ihm obliegt gemäß § 77 Abs.1 AktG die Aufgabe der Geschäftsführung. Darunter wird jedwede tatsächliche oder rechtsgeschäftliche Tätigkeit für die AG verstanden.[175] Insbesondere gehört dazu die Verwaltung aller routinemäßigen Abläufe der Aktiengesellschaft.[176] Daher ist es dem Vorstand nach allgemeiner Ansicht gestattet, im Rahmen seiner Geschäftsführung alle Unterlagen der AG einzusehen und sich bei Mitarbeitern über Einzelheiten deren Tätigkeit zu informieren.
Zu den Unterlagen gehören im Falle der Arzt-AG in erster Linie die Patientenkarteien, welche die persönlichen Daten der Patienten enthalten. Der Vorstand hat das Recht, diese Daten einzusehen.
Die Befugnis des Vorstandes zur Einsichtnahme in die Unterlagen der AG sowie sein Recht zur Information über das Tagesgeschäft kann auch nicht durch

---

[174] Die Schweigepflicht ist auch eine zivilrechtliche Pflicht des Arztes aus dem Behandlungsvertrag, vgl. *Deutsch/ Spickhoff*, Medizinrecht, 4. Aufl., Rn. 471; *Kiesecker*, in Rieger, Lexikon des Arztrechtes, Stand 2002, 4740, Rn. 125

[175] *Mertens*, in KölnKomm AktG, 2. Aufl., Bd. II, § 77 Rn. 2; *Hefermehl*, in Geßler/ Hefermehl/ Eckhardt/ Kropff, AktG Bd. II, § 77, Rn. 1; *Hüffer*, AktG, 7. Aufl., § 76, Rn. 7

[176] *Wiesner*, in Münchener Hdb des Gesellschaftsrechtes, § 19, Rn. 13

die Satzung oder andere Maßnahmen beschränkt werden, da ansonsten dem Vorstand die Erfüllung seiner Kernaufgabe, die Geschäftsführung, unmöglich gemacht würde.

Fraglich ist indes, ob die normale Geschäftsführungstätigkeit es mit sich bringt, dass der Vorstand sich über die einzelnen ärztlichen Behandlungsabläufe und Patientendaten informiert. Dies ist eher unwahrscheinlich. Die einzelne ärztliche Behandlung ist das Tagesgeschäft der Gesellschaft. Die Geschäftsführung hingegen umfasst im Wesentlichen die Wahrnehmung originärer Führungsfunktionen, also solcher Aufgaben, die für das reibungslose Funktionieren der AG wichtig sind.[177] Hierzu zählen im Normalfall nicht die Details zu ärztlichen Behandlungsabläufen.
Das schließt jedoch keineswegs aus, dass der Vorstand sich auch über solche Vorgänge informieren kann, die nicht direkt zur Geschäftsführung im engeren Sinne gezählt werden. Gerade bei risikoreichen oder ethisch umstrittenen Behandlungsmethoden, die auch die Außendarstellung der Gesellschaft betreffen können, scheint es nicht unwahrscheinlich, dass der Vorstand im Rahmen der Geschäftsführung auch über Details der Behandlung Kenntnis erlangen will. Gleiches gilt in Haftungsfällen. Es bleibt jedoch festzuhalten, dass der Vorstand in den wenigsten Fällen ein echtes Interesse an einer Information über die tägliche ärztliche Tätigkeit im Detail haben wird. Relevant ist im vorliegenden Zusammenhang jedoch ausschließlich, dass sich der Vorstand jede gewünschte Information über Patientendaten und Behandlungsdetails beschaffen kann, wenn er dies wünscht.

Es bleibt also zu prüfen, inwieweit wegen dieser Informationsrechte eine Gefährdung bzw. ein Verstoß gegen die Verschwiegenheitspflicht zu befürchten ist.

b) Absicherung der Schweigepflicht bei AG-internem Informationsfluss

Es stellt sich also die Frage, ob bei einer Kenntnissnahme des Vorstandes von Behandlungsdetails ein Schweigepflichtverstoß vorliegt. Wäre dies der Fall, könnte daraus die Schlussfolgerung zu ziehen sein, dass die Vorstandsstellung auf, berufsrechtlich selbst der Verschwiegenheit verpflichtete, Ärzte zu begrenzen ist.

---

[177] *Semler/ Spindler* in MüKo AktG, 2. Aufl., Vor § 76, Rn. 56 f.; *Henn*, Handbuch des Aktienrechtes, 7. Aufl., Rn. 573

aa) Diskussionsstand

Soweit erkennbar, wird dieses Problem derzeit noch nicht speziell für den Bereich der ambulanten ärztlichen Kapitalgesellschaften diskutiert.
Für die anwaltliche Kapitalgesellschaft wurde das Problem hingegen vereinzelt angesprochen.[178] Soweit es behandelt wurde, ist vertreten worden, dass es genüge, dass der Vorstand nach § 93 Abs.1 S. 2 AktG selbst zur Verschwiegenheit über Geschäftsinterna verpflichtet sei.[179] Diese eigenständige Verschwiegenheitspflicht mache eine Begrenzung des Vorstandes auf sozietätsfähige Personen überflüssig, da das Geheimnis auch bei Beteiligung berufsfremder Personen ausreichend geschützt sei.[180]

Dieser Begründung kann jedoch, zumindest für den hier allein zu überprüfenden ärztlichen Bereich, nicht zugestimmt werden. Zum einen hat die aktienrechtliche Verschwiegenheitspflicht nicht dieselbe Zielrichtung wie die berufsrechtliche Schweigepflicht, da sie nur zum Wohle der Gesellschaft besteht[181] und nicht zum Schutze des Geheimnisses bzw. des Patienten an sich. Zum anderen besteht die Schweigepflicht, wie schon erwähnt, ja auch gegenüber zur Verschwiegenheit verpflichteten Personen. Dies erscheint auch sinnvoll, da ansonsten das Patientengeheimnis gegenüber jedem, der aus irgendeinem Grunde zum Schweigen verpflichtet ist, preisgegeben werden könnte. Dies liegt erkennbar nicht im Interesse des Patienten.
Fraglich bleibt also, ob die Informationsrechte des Vorstandes eine Begrenzung auf Ärzte im Vorstand erfordern.

bb) Lösungsmöglichkeit für die Arzt-AG

Entsprechend dem oben Dargestellten liegt kein Verstoß gegen die Schweigepflicht vor, wenn der Arzt das fremde Geheimnis einem Gehilfen nach § 203 Abs.3 StGB bzw. § 9 Abs.3 MBO offen legt bzw. eine Einsichtnahme zulässt. Sofern man die Vorstandsmitglieder als berufliche Gehilfen der Ärzte einstuft, wäre ein Verstoß gegen die Schweigepflicht auch dann ausgeschlossen, wenn Nicht-Ärzte im Vorstand vertreten sind.

---

178 Weitaus breiteren Raum nimmt jedoch auch in der anwaltlichen Diskussion die Frage der Absicherung der Unabhängigkeit ein.

179 *Römermann*, Entwicklungen und Tendenzen bei Anwaltsgesellschaften, S. 185; *Passarge*, Die Aktiengesellschaft als neue Rechtsform für anwaltliche Zusammenschlüsse, S. 114, *ders*. NJW 2005, 1835, 1837; a.A. *Stabreit*, NZG 1998, 452, 453

180 *Römermann*, Entwicklungen und Tendenzen bei Anwaltsgesellschaften, S. 185; *Passarge*, Die Aktiengesellschaft als neue Rechtsform für anwaltliche Zusammenschlüsse, S. 114, *ders*. NJW 2005, 1835, 1837

181 *Schaal*, in MüKo, AktG, 2. Aufl., Bd. 9/ 2, § 404, Rn. 3

(1) Meinungsstand

Für die Geschäftsführung einer ambulanten Arzt-Kapitalgesellschaft existiert wie gesagt noch kein heranziehbarer Meinungsstand hinsichtlich der Absicherung der Schweigepflicht bzw. der Gehilfeneigenschaft der Vorstandsmitglieder. Es wird jedoch eine Parallеldiskussion für die Krankenhausleitung bzw. den Verwaltungsdirektor eines Krankenhauses geführt.

Für den Fall einer Krankenhausleitung, welche in einer Arzt-AG dem geschäftsführenden Vorstand entspricht, wird eine Gehilfenstellung teilweise bestritten.[182] Hier wird argumentiert, dass „Gehilfe" im Sinne des § 203 III StGB bzw. des § 9 III MBO nur sei, wer typischerweise unmittelbar in das Behandlungsgeschehen eingebunden sei und mit dessen Einschaltung der Patient von vorneherein rechnen könne.[183] Der Patient stecke mit seinem Behandlungsauftrag konkludent den Kreis der zum Wissen Berechtigten ab, wobei er sich regelmäßig nur mit Informierung des konkreten Behandlungsteams einverstanden erkläre.[184] Die Frage nach der Gehilfeneigenschaft sei danach zu beantworten, ob eine notwendige Teilnahme am Vertrauensverhältnis des Arztes zu bejahen und für den Patienten erkennbar sei.[185] Die Leiter eines Krankenhauses würden lediglich organisatorisch tätig, hätten aber keinen direkten Bezug zu der Behandlung an sich. Eine Ausweitung des Kreises der zum Wissen Berufenen nach § 203 Abs.3 StGB aus bloßen Wirtschaftlichkeitsgesichtspunkten oder organisatorischen Gründen komme nicht in Betracht.[186] Im Übrigen hätte es für eine Einbeziehung eines derart anonymen Personenkreises einer ausdrücklichen, gesetzlichen Regelung bedurft. Diesen Anforderungen genüge § 203 Abs.3 StGB nicht.[187] Konsequenz dieser Auffassung für den Verwaltungsdirektor oder allgemeiner gesagt für den kaufmännischen Vorstand einer Klinik-AG ist es, dass ein Schweigepflichtverstoß vorliegen kann, wenn dieser Einblick in sensible Patientendaten erhält, ohne dass eine spezielle Ermächtigung durch den Patienten vorliegt. Daraus wird jedoch keineswegs der Schluss gezogen, in einer Klinik-AG sei der Posten des Verwaltungsdirektors bzw. des kaufmännischen Vorstandes mit ei-

---

[182] *Kreuzer*, NJW 1975, 2232, 2235; *Langkeit*, NStZ, 1994, 6, 7; *Niedermair*, in Medizinstrafrecht, S. 393, 398; Zweifelnd auch *Lenckner*, in Schönke/ Schröder, StGB, § 203, Rn. 40; *Rieger*, DMW 116 (1991), 1569, 1569; i.E. auch *Kamps*, NJW 1992, 1545, 1545

[183] *Kreuzer*, NJW 1975, 2232, 2235; *Langkeit*, NStZ, 1994, 6, 7; *Niedermair*, in Medizinstrafrecht, 393, 398; Zweifelnd auch *Lenckner*, in Schönke/ Schröder, StGB, § 203, Rn. 40; *Rieger*, DMW 116 (1991), 1569, 1569; i.E. auch *Kamps*, NJW 1992, 1545, 1545; wohl auch *Jansen*, Das Zeugnisverweigerungsrecht aus § 52 StPO für besondere persönliche Nähe- und Vertrauensverhältnisse, S. 30; so auch *Ulsenheimer*, Arztstrafrecht in der Praxis, 3. Aufl., Rn. 373 d

[184] *Niedermair*, in Medizinstrafrecht, S. 393, 398

[185] *Rieger*, DMW 116 (1991), 1569, 1569

[186] BGHZ 115, 123, 129; Langkeit, NStZ 1994, 6, 7

[187] So für die Verwaltungsdirektion eines Krankenhauses *Kreuzer*, NJW 1975, 2232, 2235

nem Arzt zu besetzen, was eigentlich die logische Konsequenz wäre. Vielmehr wird in der überwiegend strafrechtlichen basierten Diskussion diese standesrechtliche Implikation offenbahr nicht gesehen bzw. nicht für relevant gehalten.

Demgegenüber geht eine andere Ansicht davon aus, dass der Verwaltungsdirektor eines Krankenhauses, der seinem Tätigkeitsbereich nach auch dem Vorstand einer AG vergleichbar ist, Gehilfe der behandelnden Ärzte ist.[188] Voraussetzung für die Gehilfenstellung sei, dass ein innerer Zusammenhang zwischen der Verwaltungstätigkeit und der ärztlichen Tätigkeit zu erblicken ist.[189] Das sei immer dann der Fall, wenn der Arzt andernfalls die Tätigkeit des Gehilfen miterledigen müsste, um seinen Patienten behandeln zu können.[190] Im Übrigen sei derjenige Gehilfe, dessen Tätigkeit eine Kenntnisnahme des Geheimnisses mit sich bringe oder diese zumindest ohne Überwindung größerer Hindernisse ermögliche.[191]

(2) Stellungnahme

Überträgt man die zur Krankenhausleitung bzw. den Verwaltungsdirektor vorgebrachten Argumente auf den Vorstand einer Arzt-AG, was auf Grund des ähnlichen Tätigkeitsfeldes möglich ist, so ist nach hier vertretener Auffassung der zweiten Ansicht zuzustimmen. Der Vorstand ist ein Gehilfe des Arztes.
Der Begriff des Gehilfen umfasst jede unterstützende Tätigkeit, die der Gehilfe für den Arzt ausübt und die für dessen ärztliche Tätigkeit wesentliche Voraussetzung ist.[192] So ist es im Falle des Vorstandes:
Die moderne ärztliche Versorgung ist ohne ein ausgeprägtes Maß an Arbeitsteilung nicht mehr denkbar.[193] Eine effektive Behandlung des Patienten durch einen Arzt innerhalb einer größeren Berufsgemeinschaft hängt nicht zuletzt von einer reibungslosen Organisation der ärztlichen Tätigkeit durch einen „Geschäftsführer" ab, ohne die der Arzt nicht, oder jedenfalls nicht in der konkreten Form, seiner Tätigkeit nachgehen könnte. Auch wenn der Vorstand kein Mitarbeiter des Arztes im Wortsinn ist, kann nicht bezweifelt werden, dass die Vor-

---

[188] OLG Oldenburg, NJW 1982, 2615, 2616; in Anlehnung an dieses Urteil OLG Köln, VRS 84, 101, 103; *Meyer-Goßner*, StPO, 45. Aufl., § 53 a, Rn. 5; *Dahs*, in Löwe-Rosenberg, StPO, Bd. 1 § 53 a, Rn. 6; für den Vorstand einer RA-AG *Pluskat*, AnwBl 2003, 131, 135; im übrigen sollen auch die Partner einer PartG untereinander beruflich tätige Gehilfen im Sinne des § 203 III StGB sein, *Michalski/ Römermann*, PartGG, 3. Aufl., § 6, Rn. 34

[189] OLG Oldenburg NJW 1982, 2615, 2616; OLG Köln, VRS 84, 101, 103; *Meyer-Goßner*, StPO, 45. Aufl., § 53 a, Rn. 5; *Dahs*, in Löwe-Rosenberg, StPO, Bd. 1 § 53 a, Rn. 6

[190] OLG Oldenburg NJW 1982, 2615, 2616

[191] *Joecks*, StGB, 5. Aufl., § 203, Rn. 14

[192] Vgl. OLG Oldenburg NJW 1982, 2615, 2616; OLG Köln, VRS 84, 101, 103; *Lenckner*, in Schönke/ Schröder, StGB, § 203, Rn. 64; m.M. *Schünemann*, in Leipziger Kommentar StGB, 11. Aufl., Bd. 5, § 203, Rn. 77, ebenso in der Vorauflage *Jähnke*, in Leipziger Kommentar StGB, 10. Aufl., § 203, Rn. 107

[193] OLG Oldenburg NJW 1982, 2615, 2616

standsarbeit für das konkrete berufliche Wirken des Arztes eine Voraussetzung darstellt. Wie auch der Arzt arbeitet der Vorstand auf die Erreichung und Sicherung des Unternehmensgegenstandes, die ambulante Ausübung ärztlicher Heilkunde, hin.
Der Arzt ist also auf die Tätigkeit des Vorstandes unmittelbar angewiesen, da er sie sonst selbst erledigen müsste. Im selben Umfang ist der Vorstand auf eine „berufliche Offenheit" des Arztes ihm gegenüber angewiesen, sofern es darum geht, die Geschäfte der AG zu führen und zu planen. Arbeitsteilung bedingt gegenseitige Information. Es ist also unerlässlich, grundsätzlich auch solche „Mitarbeiter" in § 203 Abs.3 StGB einzubeziehen, die nichts mit der direkten Behandlung des Patienten zu tun haben, aber unterstützend für den Arzt tätig sind, sofern eine Teilhabe am Geheimnis für die Aufgabenerfüllung der Unterstützenden notwendig ist.[194] Der erforderliche innerere Zusammenhang zwischen der Verwaltungstätigkeit des Vorstandes und der ärztlichen Tätigkeit besteht also.

Im Übrigen geht auch die Musterberufsordnung der Ärzte offenbar davon aus, dass die Geschäftsführer bzw. Vorstände Gehilfen der Ärzte sind. Diesen Schluss erlaubt eine logische Folgerung aus § 23 a MBO-Ä. Danach ist es einer Ärztekapitalgesellschaft nämlich gestattet, dass im Vorstand auch Nichtärzte vertreten sind.[195] Auch die MBO-Ä kann eine Eröffnung von Patientendaten an den Vorstand der Arzt-AG nicht ausschließen. Sofern Nichtärzte im Vorstand vertreten sind, wäre eine Verletzung der berufsrechtlichen Schweigepflicht die Folge. Wie schon erwähnt, kann auch die Nichtärzten obliegende aktienrechtliche Schweigepflicht nach § 93 Abs.1 S. 2 AktG eine Preisgabe der Patientendaten nicht rechtfertigen. Den Verfassern der MBO-Ä kann nun aber nicht unterstellt werden, dass sie ein berufsrechtswidriges Verhalten in der Gesellschaft stillschweigend in Kauf nehmen wollten. Vielmehr kann davon ausgegangen werden, dass sie deshalb keine Probleme mit der Schweigepflicht befürchtetet haben, weil der Vorstand beruflicher Gehilfe der angestellten Ärzte ist.

Auch aus faktischen Gründen sollte der Vorstand als Gehilfe nach § 203 Abs.3 StGB angesehen werden. Vor dem Hintergrund, dass immer öfter ärztliche Tätigkeit in größeren Organisationseinheiten angeboten wird,[196] ist es realitätsfern anzunehmen, dass dort eine interne „Lockerung" des Arztgeheimnisses nicht längst schon stattfindet. Die wenigsten Ärzte haben innerhalb eines Kranken-

---

[194] *Kleinwefers/ Wilts*, NJW 1964, 428, 430
[195] Vgl. oben 2. Kap., C, I., 2.
[196] So schon 1975 *Kreuzer*, NJW 1975, 2232, 2233, im Übrigen siehe oben bei Entwicklung der Ärztelandschaft

hauses bzw. innerhalb eines sonstigen medizinischen Betriebes Bedenken, wenn sie Patientendaten gegenüber Vorgesetzten und Vorständen preisgeben. Es besteht somit zunehmend die Gefahr, dass es zu einer faktisch nicht verfolgbaren Verletzung der Schweigepflicht kommt und zwar nicht AG-intern, sondern vielmehr nach außen hin. Hier drohen die wirklich gravierenden, den Patienten schädigenden Verletzungen seiner Geheimsphäre.[197] Ohne eine Einbindung des Vorstandes in § 203 Abs.3 StGB sind Strafbarkeitslücken nämlich nicht auszuschließen, wenn der Vorstand eine, entgegen der Schweigepflicht des Arztes erlangte, Patienteninformation an Dritte weitergibt. Als echtes Sonderdelikt kann Täter nämlich nur sein, wer nach § 203 Abs.1-3 StGB selbst schweigepflichtig ist,[198] was dann nicht der Fall wäre. Bei Gutgläubigkeit des behandelnden Arztes kommt daher weder eine mittelbare Täterschaft des Vorstandes noch, mangels vorsätzlicher Haupttat, eine Anstiftung in Betracht. Eine eventuell verwirkte Strafbarkeit des Vorstandes nach § 404 AktG bietet keinen gleichwertigen Schutz, da diese gemäß § 404 Abs.3 AktG nur auf Antrag der AG verfolgt wird, und nicht auch auf Antrag des geschädigten Patienten. Den dann entstehenden Strafbarkeitslücken[199] und der damit einhergehenden tatsächlichen Gefährdung des Patientengeheimnisses (mangels abschreckender Strafandrohung und fehlendem Unrechtsbewusstsein) kann effektiv nur entgegengewirkt werden, wenn die Leitungsebene der ärztlichen Berufsausübungsgemeinschaft dem Anwendungsbereich des § 203 Abs.3 StGB unterstellt und somit eine Weitergabe von Patientengeheimnissen durch sie strafrechtlich sanktioniert wird.
Es entspricht also auch dem Interesse des Patienten, der sich an eine AG wendet, eine weite Interpretation des § 203 Abs.3 StGB anzunehmen.[200]

Aus diesen Gründen ist der AG-Vorstand ein beruflicher Gehilfe des Arztes, weshalbkein Schweigepflichtverstoß vorliegt, wenn der Vorstand Einzelheiten über Behandlungsdetails erfährt. Eine Begrenzung des Vorstandes auf Ärzte ist demnach zumindest aus Gründen der Schweigepflicht nicht erforderlich.
Ein Informationsfluss innerhalb der Gesellschaft ist bezogen auf den Vorstand somit schweigepflichtrechtlich unbedenklich.

---

[197] Eine Weitergabe von Informationen innerhalb eines Hauses vermag kaum die Interessen des Patienten zu berühren. Wichtig ist daher vor allem der Schutz des Patientengeheimnisses nach außen hin.

[198] *Lenckner*, in Schönke/ Schröder, StGB, § 203, Rn. 73

[199] So z.B. bei Weitergabe relevanter Daten durch den Vorstand an Krankenkassen etc, die nicht nach § 203 StGB verfolgt werden könnte.

[200] Für eine Ausweitung des Tatbestandes auch *Eichelbrönner*, Die Grenzen der Schweigepflicht des Arztes und seiner berufsmäßig tätigen Gehilfen nach § 203 StGB in Hinblick auf Verhütung und Aufklärung von Straftaten, S. 45

c) Absicherung der Schweigepflicht des Vorstandes nach außen hin

Wesentlich wichtiger für den Patienten ist jedoch die Frage, ob sein Geheimnis nicht nur innerhalb der AG gemäß den Grundsätzen der ärztlichen Schweigepflicht behandelt wird, sondern ob auch gesichert ist, dass keine sensiblen Informationen nach außen dringen. Speziell dann entsteht nämlich die Gefahr eines Missbrauchs der Informationen, weil der Patient dann, anders als innerhalb der (von ihm ja ausgewählten) AG, den Kreis der Wissenden nicht mehr abschätzen kann.

Nach hier vertretener Auffassung findet sogar eine doppelte Absicherung des Patientengeheimnisses gegenüber einer Schweigepflichtverletzung des Vorstandes nach außen hin statt.

Zum einen unterliegt der Vorstand nach § 203 Abs.3 StGB als Gehilfe des Arztes einer von diesem abgeleiteten Schweigepflicht und macht sich durch eine Verletzung in der gleichen Weise strafbar wie der behandelnde Arzt selbst.

Zum anderen unterliegt der Vorstand aus seiner Organstellung heraus der Verschwiegenheitspflicht hinsichtlich der Geheimnisse der Gesellschaft nach § 93 Abs.1 S. 2 AktG, die nach § 404 Abs.1 AktG strafbewehrt ist[201]. Geheimnisse der Gesellschaft sind alle die Tatsachen, die nicht offenkundig sind und an deren Geheimhaltung die AG ein objektives Interesse hat.[202] Zu den Geheimnissen der AG gehören auch die Patientenunterlagen und alle Patienteninformationen im weitesten Sinne. An deren Geheimhaltung hat die AG auch ein nachvollziehbares Interesse, da im Falle der Geheimnisoffenbarung ein Schaden droht.[203] Nicht nur setzt sie sich bei einer Verletzung der Schweigepflicht Schadenersatzansprüchen der Patienten aus, auch drohen zumindest den angestellten Ärzten berufsrechtliche und strafrechtliche Konsequenzen, was den Ruf der AG stark beeinträchtigen kann. Eine Weitergabe von Patientendaten an außerhalb der AG stehende Dritte durch den Vorstand würde also eine Pflichtverletzung nach § 93 Abs.1 S. 2 AktG darstellen. Bei einem Verstoß gegen § 93 Abs.1 S. 2 AktG kommt neben der Strafsanktion noch eine Schadenersatzpflicht des Vorstandsmitgliedes gegenüber der Gesellschaft in Betracht. Auch kann die Pflichtverletzung ein wichtiger Grund iSd § 84 Abs. 3 AktG sein und somit zum Widerruf der Bestellung als Vorstandsmitglied führen.[204]

Zu beachten ist jedoch, dass die aktienrechtliche Schweigepflicht nicht anderen Vorstandsmitgliedern entgegengehalten werden kann. Diese sind vollumfänglich zu informieren. Daraus ergibt sich jedoch keine berufsrechtliche Schweige-

---

201 *Lutter*, Information und Vertraulichkeit im Aufsichtsrat, 2. Aufl., § 20, 3., S. 194

202 BGHZ 64, 325, 329; *Hüffer*, AktG 7. Aufl., § 93, Rn. 7

203 Siehe allgemein *Lutter*, Information und Vertraulichkeit im Aufsichtsrat, 2. Aufl., § 13 II, 2. b), S. 133

204 *Hüffer*, AktG 7. Aufl., § 93, Rn. 10

pflichtproblematik, da alle berufsmäßig tätige Gehilfen des Arztes sind. Die Verschwiegenheitspflicht der Mitglieder des Vorstandes ist auch nicht auf die Zeit der Mitgliedschaft begrenzt, sondern überdauert diese.[205]
Somit bewirkt auch § 93 Abs.1 S. 2 AktG eine umfassende Absicherung der Verschwiegenheit der Vorstandsmitglieder nach außen hin.

d) Zwischenergebnis

Hinsichtlich der Organstellung des Vorstandes ergeben sich also weder gesellschaftsintern noch nach außen hin Probleme mit der Schweigepflicht.

3. Der Aufsichtsrat

Weiterhin ist zu prüfen, welche gesellschaftsrechtlichen Informationsrechte dem Aufsichtsrat allgemein zustehen, und ob diese in einer Arzt- AG zu einer Kollision mit dem Patientengeheimnis führen können.

a) Informationsrechte des Aufsichtsrates nach dem AktG

Beim Aufsichtsrat handelt es sich wie auch beim Vorstand um ein notwendiges Organ der AG.[206] Er besteht gemäß § 95 S. 1 AktG mindestens aus drei Mitgliedern.
Der Aufsichtsrat hat als Organ nach § 111 Abs.1 AktG in der AG die Aufgabe, die Geschäftsführung des Vorstandes zu überwachen. Inhaltlich spaltet sich die Überwachung in vergangenheitsbezogene und präventive Kontrolle auf.
Es gilt der Grundsatz: „Was der Vorstand weiß, darf auch der Aufsichtsrat wissen."[207]
Die Überwachung durch den Aufsichtsrat beschränkt sich daher nicht auf diejenigen Maßnahmen, die der Vorstand selbst ergriffen hat. Vielmehr erstreckt sie sich auch auf Tätigkeiten nachgeordneter Ebenen, soweit es sich um Führungsentscheidungen handelt. Daher sind Fälle denkbar, in denen eine Kenntnisnahme des Vorstandes von Behandlungsdetails im Rahmen der Geschäftsführung erforderlich ist, im übrigen kann ja wie gesagt der Informationsfluss zu Vorstand nicht wirksam begrenzt werden. Diese Daten, die der Vorstand sich beschafft hat und sich auch beschaffen durfte, darf dann auch der Aufsichtsrat einsehen, weshalb es hier zu einem Konflikt mit der Schweigepflicht kommen könnte.

---

[205] *Hefermehl/ Spindler*, in MüKo AktG, 2. Aufl., § 93, Rn. 61; *Hüffer*, AktG 7. Aufl., § 93, Rn. 7
[206] *Geßler*, in Geßler/ Hefermehl/ Eckardt/ Kropff, AktG, Bd. II, 2. Aufl., § 95, Rn. 2; *Hüffer*, AktG, 7. Aufl., § 95, Rn. 1
[207] *Semler*, Semler/ v. Schenck, Arbeitshandbuch für Aufsichtsratsmitglieder, 2. Aufl., § 1, Rn 221

Ein wesentliches Instrument zur Überwachung und zur Informationserlangung ist die Kompetenz des Aufsichtsrates nach § 111 Abs. 2 AktG, Einsicht in alle Bücher und Schriften der Gesellschaft zu nehmen.
Zu den Schriften einer Arzt-AG gehört die gesamte Patientenkartei, die somit dem Zugriff durch den Aufsichtsrat unterliegt.[208] Hier könnte es in einer Arzt-AG zu einer Verletzung der Schweigepflicht kommen. Zwar muss der Aufsichtsrat bei der Erfüllung seiner Überwachungsaufgaben in pflichtgemäßem Ermessen handeln und insbesondere nachteilige Folgen für die AG gegen ein Interesse an effizienter Überwachung abwägen.[209] Dies wird dazu führen, dass in den meisten Fällen ein Interesse des Aufsichtsrates an einer Einsichtnahme in die Patientenkartei zu verneinen ist, zumal es hier meist nur um das Tagesgeschäft gehen wird, das der Kontrolle durch den Auifsichtsrat grds. Nicht unterliegt, da es keine Führungsaufgabe des Vorstandes ist. Auszuschließen sein wird eine Kenntnisnahme des Aufsichtsrates von Patientendaten jedoch nicht. Die Intensität der Überwachungspflicht orientiert sich nämlich nach h.M. an der wirtschaftlichen Lage des Unternehmens. Bestehen in der AG risikoträchtige Besonderheiten, muss sich die Überwachungstätigkeit des Aufsichtsrates auch darauf beziehen.[210] In einer Arzt-AG dürften sich solche Besonderheiten meist aus kostspieligen Haftungsfällen ergeben, die im Falle von ärztlichen Kunstfehlern leicht Größenordnungen annehmen können, die eine Kontrolle durch den Aufsichtsrat erforderlich machen. Speziell auch dann, wenn Haftungsfälle wegen eines Organisationsmangels in der Gesellschaft auftreten, kann eine Einsichtnahme des Aufsichtsrates in Patientenunterlagen erforderlich werden, um die Ursache herauszufinden und zu beseitigen.
Es stellt sich also die Frage, ob sich aus den Informationsrechten des Aufsichtsrates Anforderungen an dessen personelle Zusammensetzung ableiten lassen.

b) Absicherung der Schweigepflicht bei AG-internem Informationsfluss

aa) Diskussionsstand

Wie schon im Falle des Vorstandes existiert, soweit ersichtlich, noch keine, speziell für die ambulante Arzt-Kapitalgesellschaft geführte, Auseinandersetzung mit der Problematik.

---

[208] So für die Mandantenkorrespondenz einer RA-AG *Hommelhoff/ Schwab*, WiB 1995, 115, 118

[209] *Hoffmann-Becking*, in Münchener Hdb des Gesellschaftsrechtes, Die Aktiengesellschaft, § 29, Rn. 27; *Hüffer*, AktG, 7. Aufl., § 111, Rn. 11

[210] *Hüffer*, AktG, 5. Aufl., § 111, Rn. 7; *Semler*, in MüKo AktG, 2. Aufl., Bd. 3, § 111, Rn. 213; *Hoffmann-Becking*, in Münchener Hdb des Gesellschaftsrechtes, Die Aktiengesellschaft, § 29, Rn. 27

Wiederum für die Anwalts-AG wurde die Thematik, wenn auch, knapp, erörtert. Nach einer Ansicht folge aus dem Einsichtsrecht des Aufsichtsrates in die Unterlagen der Gesellschaft, dass alle Aufsichtsratsmitglieder Angehörige sozietätsfähiger Berufe wie Steuerberater oder Wirtschaftsprüfer sein müssten.[211] Diese unterlägen dann selbst der Schweigepflicht und seien somit zur Einsichtnahme in Mandantenunterlagen befugt.
Demgegenüber hält eine sich im Vordringen befindliche Meinung eine Begrenzung der Aufsichtsratsmitglieder aus Gründen der Schweigepflicht auf sozietätsfähige Personen nicht für erforderlich.[212] Alle Mitglieder des Aufsichtsrates seien schon der Schweigepflicht nach § 203 Abs.3 StGB unterworfen, da sie Gehilfen der angestellten Rechtsanwälte seien.[213] Die verschiedenen Organe der AG arbeiteten alle mit dem Ziel zusammen, den Unternehmenszweck zu erreichen.[214] Daher würden sie unterstützend für die angestellten Anwälte tätig.

bb) Stellungnahme

Auf Grund der vergleichbaren Interessen- und Rechtslage können die Argumentationen auf den Bereich der Arzt- AG angewandt werden. Nach hier vertretener Auffassung ist für den ärztlichen Bereich der zweiten Ansicht zu folgen. Eine Begrenzung der Aufsichtsratmitglieder auf Angehörige der Ärzteschaft zur Absicherung der Schweigepflicht ist nicht erforderlich. Vielmehr ist eine solche Forderung eher schädlich für die AG, die dann auf externen - ggf. betriebswirtschaftlichen- Sachverstand verzichten müsste.
Genauso wie im Falle des Vorstandes lassen sich zur Lösung der Schweigepflichtproblematik die Mitglieder des Aufsichtsrates dem Kreis der zum Wissen Berechtigten nach § 203 Abs.3 StGB unterstellen, so dass die Kenntnisnahme von einem Patientengeheimnis durch Mitglieder des Aufsichtsrates nicht tatbestandsmäßig im Sinne einer Schweigepflichtverletzung nach § 203 StGB bzw. § 9 Abs.3 MBO-Ä ist.
Wie schon dargelegt, ist darauf abzustellen, ob der „Gehilfe“ eine Tätigkeit verrichtet, die andernfalls der Arzt selbst miterledigen müsste, um seine Patienten

---

211 So vor allem *Henssler*, in Henssler/ Prütting, BRAO, 2. Aufl., Vor § 59 c, Rn. 29 sowie *Hommelhoff/ Schwab*, WiB 1995, 115, 117; auch *Kilian*, NZG 2001, 150, 152; *Heublein*, AnwBl 1999, 304, 306; *Stabreit*, NZG 1998, 452, 453

212 *Römermann*, Entwicklungen und Tendenzen bei Anwaltsgesellschaften, S. 185; *ders*, in Hartung/ Holl, BAO, 2. Aufl., Vor § 59 a, Rn. 101; *ders*. NZG 1998, S. 15, 19; *Pluskat*, AnwBl. 2003, 131, 135; DAV, AnwBl. 2001, 158, 159

213 Vgl., wenngleich ohne nähere Begründung *Römermann*, Entwicklungen und Tendenzen bei Anwaltsgesellschaften, S. 185; *ders*, in Hartung/ Holl, BAO, 2. Aufl., Vor § 59 a, Rn. 101; *ders*. NZG 1998, 15, 19; *Pluskat*, AnwBl. 2003, 131, 135; auch für eine Einbeziehung in § 203 III StGB, wenn auch ohne das Erfordernis der Sozietätsfähigkeit der Aufsichtsrartsmitglieder aufzugeben *Stabreit*, NZG 1998, 452, 453; *Kilian*, NZG 2001, 150, 152

214 *Römermann*, Entwicklungen und Tendenzen bei Anwaltsgesellschaften, S. 185

behandeln zu können. Dies ist auch im Falle des Aufsichtsrates anzunehmen. Zwar hat dieser im Wesentlichen die Aufgabe der Überwachung des Vorstandes. Jedoch auch diese Überwachung ist von Bedeutung für die Ausübung ärztlicher Tätigkeit unter dem Dach einer AG. Sie hilft, frühzeitig Missstände in der Unternehmensführung zu verhindern oder zu beseitigen. Ohne die Tätigkeit des Aufsichtsrates obläge die Überwachung des Vorstandes jedem Arzt selbst, da er nicht einfach vertrauen kann, dass die Geschäftsführung die Leitung der Geschäfte, also die Organisation der ärztlichen Tätigkeit, gewissenhaft erledigt. Immerhin kann sich eine unzureichende Geschäftsführung auch unmittelbar auf die Qualität der medizinischen Versorgung auswirken.[215]

Im Übrigen muss festgestellt werden, dass die klare juristische Trennung der Organaufgaben in der Praxis häufig verschwimmt, was dazu führt, dass alle Organe mit dem Ziel der Erreichung des Unternehmenszweckes bzw. Gegenstandes zusammenarbeiten.[216] Allein deshalb schon kann dem Aufsichtsrat keine andere Rolle in Bezug auf die Gehilfenstellung für den Arzt zugewiesen werden als dem Vorstand.[217]

Nicht zuletzt auch durch die oben beim Vorstand dargestellte Möglichkeit der Gefährdung des Patientengeheimnisses durch Strafbarkeitslücken,[218] die auch im Falle des Aufsichtsrates besteht, hat auch der einzelne Patient ein Interesse daran, den Aufsichtsrat in den Kreis der Gehilfen einzubeziehen. In den wenigen Fällen, in denen der Aufsichtsrat tatsächlich Einsicht in die Patientenunterlagen nehmen muss, dürfte dem Patienten mehr damit gedient sein, wenn das Verbleiben seines Geheimnises innerhalb der Gesellschaft strafrechtlich abgesichert ist. Gefahren drohen dem Patienten schließlich durch eine Weitergabe seines Geheimnisses an Dritte, und weniger innerhalb der Gesellschaft.

Die Mitglieder des Aufsichtsrates sind also Gehilfen der Ärzte im Sinne des Berufsrechtes, so dass Kollisionen mit der ärztlichen Schweigepflicht innerhalb der AG nicht auftreten.[219] Es ist nicht erforderlich, den Aufsichtsrat nur mit heilberufsrechtlich gebundenen Personen zu besetzen.

---

[215] Zu denken ist etwa an Entscheidungen, den ärztlichen Bereich in einer mehrgliedrigen AG mit weniger personellen und sächlichen Mitteln auszustatten als bisher oder die Einstellung unqualifizierten Führungspersonals.

[216] *Römermann*, Entwicklungen und Tendenzen bei Anwaltsgesellschaften, S. 185

[217] A.A. *Passarge*, Die Aktiengesellschaft als neue Rechtsform für anwaltliche Zusammenschlüsse, S. 124

[218] Vgl. oben 3. Kap., C, I, 2, b), bb), (2)

[219] Für die RA-AG wird darüber hinaus gelegentlich gefordert, dass sämtliche Aufsichtsratsmitglieder Angehörige sozietätsfähiger Berufe sein müssten, damit alle Mitglieder selbst unmittelbar der gesetzlichen Schweigepflicht unterworfen seien, vgl. *Henssler*, in Henssler/ Prütting, BRAO, 2. Aufl., Vor § 59 c, R. 29; *Stabreit*, NZG 1998, 452, 453; *Kilian*, NZG 2001, 150, 152. Dies überzeugt jedoch nicht. Sofern man den Aufsichtsrat nach § 203 III StGB der Schweigepflicht unterstellt, genügt dies vollkommen, da diese Pflicht deckungsgleich zu der Pflicht des Anwaltes (bzw. Arztes) von dem sie abgeleitet ist, ist. Dagegen hilft es andernfalls keineswegs, nur sozietätsfähige Berufe zum Aufsichtsrat zuzulassen. Der Anwalt, der diesen gegenüber Mandantengeheimnisse

c) Absicherung der Schweigepflicht des Aufsichtsrats nach außen hin

Ebenso wie der Vorstand unterliegt auch der Aufsichtsrat einer aktienrechtlichen Pflicht zur Verschwiegenheit hinsichtlich ihm als Organ bekannt gewordener Geheimnisse der Gesellschaft nach §§ 116, 93 Abs.1 S. 2. Daneben kann eine Verletzung des Patientengeheimnisses durch ein Aufsichtsratsmitglied eine Bestrafung nach § 203 StGB nach sich ziehen, da die Gehlifen der Ärzte nach § 203 Abs.3 StGB strafrechtlich zur Verschwiegenheit verpflichtet sind. Es gilt das oben Gesagte entsprechend[220]

d) Zwischenergebnis

Die Stellung des Aufsichtsrates in der AG behindert also nach richtiger Auffassung die Einhaltung der ärztlichen Schweigepflicht in der AG und nach außen hin in keiner Weise.

4. Die Aktionäre

Fraglich bleibt, inwieweit bei der Eröffnung von Informationen gegenüber Aktionären eine Gefahr für das Patientengeheimnis entstehen kann.

a) Gesellschaftsrechtliche Auskunftsansprüche der Aktionäre nach dem AktG

Nach § 131 Abs.1 AktG steht jedem Aktionär ein Auskunftsanspruch gegenüber dem Vorstand über Angelegenheiten der Gesellschaft zu. Unerheblich ist es dabei, ob der Aktionär lediglich Inhaber von stimmrechtslosen Vorzugsaktien ist oder sonst von seinem Stimmrecht ausgeschlossen wurde und in welcher Höhe er sich an der Gesellschaft beteiligt hat.[221] Das Recht auf Auskunft besteht im Übrigen völlig losgelöst von beruflichen Qualifikationen oder sonstigen persönlichen Merkmalen allein auf Grund der Mitgliedschaft. In zeitlicher Hinsicht ist das Auskunftsrecht auf Ausübung in der Hauptversammlung beschränkt, außerhalb dieser kann es also nicht geltend gemacht werden. Der Grund hierfür ist, dass auch alle übrigen Aktionäre sachgerecht informiert werden.[222]
Das Auskunftsrecht erstreckt sich auf alle Informationen, die zur Wahrnehmung der Aktionärsrechte in der Hauptversammlung, also zu sachgerechten Beurtei-

---

eröffnet, beginge dennoch einen Verstoß gegen seine Verschwiegenheitspflicht, da diese ja auch anderen Geheimnisträgern gegenüber gilt. Allein gegenüber den in § 203 III StGB genannten Personen gilt sie nicht.

[220] Vgl. oben 3. Kap., C, I, 2, c)

[221] *Kubis*, in MüKo AktG, Bd. 4, 2. Aufl., § 131, Rn. 9; *Godin/ Wilhelmi*, AktG, Bd. I, 4. Aufl., § 131, Anm. 2

[222] *Zimmermann*, in Happ, Aktienrecht, 2. Aufl., 10.17, Rn. 23; *Kubis*, in MüKo AktG, Bd. 4, 2. Aufl., § 131, Rn. 23

lung der Tagesordnungspunkte, erforderlich sind[223]. Genauer gesagt umfasst es die „Angelegenheiten der Gesellschaft“ wobei der Begriff weit zu fassen ist. Es wird kaum eine die Gesellschaft angehende Frage geben, auf die sich das Auskunftsrecht nicht bezieht.[224]
Da § 131 Abs.1 AktG ein wesentlicher Bestandteil des durch Art. 14 GG geschützten Mitgliedschaftsrechtes an der Gesellschaft darstellt[225], kann er nicht durch die Satzung oder Beschluss beschränkt werden.[226]

Bezogen auf die Arzt-AG bedeutet dies, dass grundsätzlich auch ein Verlangen eines Aktionärs nach Auskunft über bestimmte Patientendaten von § 131 Abs.1 AktG gedeckt sein könnte. Fraglich ist, ob sich daraus Konsequenzen für die Zusammensetzung der Hauptversammlung ergeben.

b) Aktionäre als „Gehilfen“ des Arztes?

Eine Offenbarung von Patientengeheimnissen an die Aktionäre stellt dann keine Verletzung der Schweigepflicht dar, wenn auch diese als Gehilfen der Ärzte im Sinne des § 203 Abs.3 StGB angesehen werden können.
Nach hier vertretener Ansicht sind Vorstand und Aufsichtsrat einer Arzt-AG als ärztliche Gehilfen im Sinne des Schweigerechtes anzusehen. Problematisch erscheint dies in Hinsicht auf die Aktionäre. Anders als im Recht der GmbH die Gesellschafter, sind die Aktionäre einer AG weitestgehend von der Geschäftsführung ausgeschlossen und können kaum Einfluss auf die übrigen Organe der AG nehmen.[227] Sie können Vorstandsmitgliedern weder Anweisungen erteilen noch diese abberufen. Über Fragen der Geschäftsführung entscheiden die Aktionäre nur dann, wenn der Vorstand es verlangt, § 119 Abs.2 AktG. Nahezu das gesamte Tagesgeschäft einer AG ist den Aktionären im Regelfall entzogen, weshalb ein Einfluss auf die ärztliche Tätigkeit bzw. eine diese unterstützende Tätigkeit durch Aktionäre nicht möglich ist. Insoweit kann kaum davon ausgegangen werden, dass der Aktionär dem Arzt eine Arbeit abnimmt, ohne die dieser seine Patienten nicht sinnvoll behandeln könnte.

---

[223] *Kubis*, in MüKo AktG, Bd. 4, 2. Aufl., § 131, Rn. 36

[224] *Barz*, in Großkommentar AktG, §3 Aufl., § 131, Anm. 7

[225] BVerfGE 14, 263, 276; 100, 289, 303; BVerfGE NJW 2001, 279, 280

[226] *Eckardt*, in Geßler/ Hefermehl/ Eckardt/ Kropff, AktG, 2. Aufl. Bd. II, § 131, Rn. 16; *Barz*, in Großkommentar AktG, §3 Aufl., § 131, Anm. 6; *Godin/ Wilhelmi*, AktG, Bd. I, 4. Aufl., § 131, Anm.1

[227] So wird z.B. den Gesellschaftern einer GmbH in § 37 I GmbHG das Recht eingeräumt, durch ihre Beschlüsse die Geschäftsführungsbefugnis der Geschäftsführer gegenüber der Gesellschaft festzulegen. Eine solche weit reichende Befugnis existiert im Aktienrecht nicht. Die Rechte des Aktionärs sind dagegen im Wesentlichen die Teilnahme an der HV (118 I AktG), das Auskunftsrecht (§ 131 I AktG), das Stimmrecht (§ 134 AktG) sowie das Anfechtungsrecht (§ 245 Nr. 1-3 AktG)

Im Ergebnis können also die Aktionäre nicht als beruflicht tätige Gehilfen des Arztes angesehen werden.[228]

Deshalb kann bei einer Offenbarung von Patientengeheimnissen durch den Vorstand im Rahmen des § 131 Abs.1 AktG eine Verletzung der Schweigepflicht des Vorstandes vorliegen,[229] sofern der Aktionär nicht in der Gesellschaft selbst tätiger Arzt ist.

c) Ausschluss des Auskunftsanspruches

Bezogen auf die Schweigepflicht innerhalb einer AG ist es jedoch nicht nötig, eine Besetzung der Hauptversammlung nur mit in der Gesellschaft tätigen Ärzten zu fordern. Ein Verstoß gegen Verschwiegenheitspflichten kann auch auf anderem Wege verhindert werden. Nach § 131 Abs.3 AktG existieren nämlich Ausnahmetatbestände von dem Auskunftsanspruch des Aktionärs.

aa) § 131 Abs. 3 S. 1 Nr.1 AktG

Zunächst darf der Vorstand die Auskunft über solche Fragen verweigern, deren Beantwortung der Gesellschaft einen nicht unerheblichen Nachteil zufügen könnte. Dabei genügt es, dass die Auskunftserteilung einen mittelbaren Nachteil für die AG mit sich bringt. Mittelbarer Nachteil ist jede gewichtige Beeinträchtigung der Gesellschaftsinteressen, auch wenn diese nicht wirtschaftlich messbar ist.[230]

Die Preisgabe von Patientendaten an nicht zum Wissen berechtigte Aktionäre ist geeignet, der Gesellschaft einen nicht unerheblichen Nachteil zuzufügen. Zum einen besteht die dringende Gefahr einer Schadenersatzpflicht zu Gunsten des Patienten, zum anderen könnten der Ruf und das Ansehen der Gesellschaft großen Schaden nehmen. Der Vorstand ist also berechtigt, gegenüber der Hauptversammlung Angaben über vertrauliche Patientendaten nach § 131 Abs.3 S. 1 Nr. 1 AktG zu verweigern.

bb) § 131 Abs. 3 S. 1 Nr. 5 AktG

Darüber hinaus können auch solche Auskünfte verweigert werden, bei deren Erteilung der Vorstand sich strafbar machen könnte. Zumindest steht bei einem Verstoß des Vorstandes gegen seine vom Arzt abgeleitete Schweigepflicht nach § 203 Abs.1 u.3 StGB eine Bestrafung nach selbiger Vorschrift im Raum, wes-

---

[228] Anders für die Aktionäre einer Rechtsanwalts-AG, wenn auch ohne Begründung *Pluskat*, AnwBl 2003, 131, 134

[229] Den diese als Gehilfen des Arztes nach § 203 I, III StGB trifft

[230] *Eckardt*, in Geßler/ Hefermehl/ Eckardt/ Kropff, AktG, 2. Aufl. Bd. II, § 131, Rn. 89; *Kubis*, in MüKo AktG, Bd. 4, 2. Aufl., § 131, Rn. 99

halb eine Auskunftsverweigerung auch nach § 131 Abs.3 S. 1 Nr. 5 AktG zulässig ist.[231]

d) Zwischenergebnis

Auch bezüglich der Aktionäre lassen sich im Aktienrecht Sicherungsmechanismen finden, die einem Verstoß gegen die Verschwiegenheitspflichten entgegenwirken, ohne dass die Aktionärsstruktur auf in der AG tätige Ärzte begrenzt wäre. Vielmehr ist die Absicherung berufsgruppenunabhängig. Zwar sind die Vorstandsmitglieder nach Aktienrecht nicht dazu verpflichtet, die Auskunft auf die Fragen der Aktionäre zu verweigern. Sofern sie jedoch entgegen der sie betreffenden Schweigepflicht Auskünfte erteilen, besteht die Gefahr einer Strafbarkeit nach § 203 StGB sowie von Schadenersatzansprüchen der Patienten.

5. Formularmäßige Entbindung von der Schweigepflicht

Wie soeben herausgearbeitet wurde, bestehen grundsätzlich keine Bedenken gegen eine Organbesetzung mit berufsfremden Personen aus Gründen der Absicherung der Schweigepflicht.

Gerade wenn dies der Fall ist, dürfte es jedoch praktikabel sein und Missverständnisse von vorneherein ausschließen, den Patienten bei Abschluss des Behandlungsvertrages eine ausdrückliche Entbindung der behandelnen Ärzte von der Schweigepflicht gegenüber Aufsichtsrat und Vorstand erteilen zu lassen.[232] Dann bestehen von vorneherein keine Bedenken gegen eine Weitergabe von Patienteninformationen an die Organe der AG.[233]

Problematisch ist dabei letztlich die Frage, ob und wie die Erteilung einer solchen Einwilligung auch formularmäßig in den AGB der Gesellschaft geschehen kann.

---

[231] Ob daneben auch die ggf. mögliche Strafbarkeit des Vorstandes nach §§ 93, 404 AktG genügen kann, ist streitig. Während ein Teil der Literatur durch eine Einbeziehung des § 404 AktG in das System des § 131 III AktG eine Entwertung des Auskunftsanspruches befürchtet (so z.B. *Eckardt*, in Geßler/ Hefermehl/ Eckardt/ Kropff, AktG, 2. Aufl. Bd. II, § 131, Rn. 123; *Kubis*, in MüKo AktG, Bd. 4, 2. Aufl., § 131, Rn. 116), stellen andere offenbar die persönliche Gefahr der Strafbarkeit beim Vorstand in den Vordergrund und bejahen somit eine Anwendung des § 404 (so etwa *Semler*, in Münchener Hdb des Gesellschaftsrechtes, Die Aktiengesellschaft, § 37, Rn. 39; *Henn*, Hdb des Aktienrechtes, 7. Aufl., Rn. 892; *Raiser/ Veil*, Das Recht der Kapitalgesellschaften, 4. Aufl., § 16, Rn. 60). Diese Problematik kann jedoch dahingestellt bleiben, da ein Geheimnisverrat meist auch einen Nachteil für die Gesellschaft nach § 131 III Nr. 1 bedeutet und sich schon daraus das Auskunftsverweigerungsrecht des Vorstandes ergibt. Dies gilt insbesondere im Fall der hier zu prüfenden Problematik, da die Preisgabe von Patientendaten zwangsweise (vgl oben) zur Nachteilszufügung geeignet ist.

[232] Dieser Hinweis erscheint umso angebrachter, als sich, wie oben dargelegt, eine Ansicht dafür ausspricht, Vorstand und Aufsichtsrat nicht als Gehilfen des Arztes zu betrachten

[233] Allg. *Laufs*, Arztrecht, 5. Aufl., S. 241; *Heberer*, Das ärztliche Berufs- und Standesrecht, S. 315; so auch im anwaltlichen Bereich, vgl. *Kleine-Cosack*, BRAO, 3. Aufl., § 43 a, Rn. 10

a) Diskussionsstand

Diskutiert wird die Problematik der formularmäßigen Entbindung von der Schweigepflicht bislang, soweit ersichtlich, nur im Bereich der Versicherungswirtschaft.

Grundsätzlich ist dort anerkannt, dass eine Entbindung von der Schweigepflicht auch formularmäßig erfolgen kann.[234] Die Klausel müsse jedoch einer Überprüfung nach § 307 BGB standhalten.[235]

Dies wird nach allgemeiner Ansicht im Falle einer Klausel verneint, bei denen sich Krankenversicherer von ihren Kunden Erklärungen unterschreiben ließen, nach denen diese die behandelnden Ärzte generell von der Schweigepflicht entbanden und einer Weiterleitung der Daten durch die Ärzte an den Versicherer zustimmten.[236] Für diese Ansicht wird im Wesentlichen angeführt, der Patient bzw. der Versicherte könne nicht überblicken, welche Reichweite seine Erklärung habe, welche Daten an die Versicherung weitergegeben würden und was dies für Konsequenzen für seine versicherungsrechtliche Situation haben könne.[237] Daher benachteilige ihn die Klausel unverhältnismäßig und sei demnach unzulässig nach § 307 BGB.

b) Stellungnahme

Übertragen auf die Arzt-AG ergibt sich für die Zulässigkeit formularmäßiger Entbindungen von der Schweigepflicht folgende Situation:

Hauptkritikpunkt an der formularmäßigen Schweigepflichtentbindung war, dass im Falle der Versicherungsklauseln eine Unwägbarkeit für den Patienten entstand, und dass dieser die Reichweite seiner Erklärung nicht beurteilen konnte.

---

[234] So die h.M. hinsichtlich Schweigepflichtsentbindungserklärungen in Versicherungsbedingungen OLG Hamburg, VersR 1994, 1170, 1170; *Coester*, in Staudinger, AGBG 1984, § 9, Rn. 309; *Präve*, in Beckmann/ Matusche-Beckmann, Versicherungsrechtshandbuch, § 10, Rn. 340; *Kiesecker*, in Rieger, Lexikon des Arztrechtes, 4740, Rn. 48; *Hollmann*, NJW 1978, S. 2332, 2332; ähnlich auch BGH NJW 1992, 2348, 2349

[235] So die ganz h.M. vgl. nur *Coester*, in Staudinger, AGBG 1984, § 9, Rn. 309; *Kiesecker*, in Rieger, Lexikon des Arztrechtes, 4740, Rn. 48, . Teilweise wird der Überprüfbarkeit solcher Klauseln entgegengehalten, die Schweigepflichtsentbindung sei keine rechtsgeschäftliche Erklärung und könne demnach nicht nach den Regeln über Willenserklärungen und Rechtsgeschäfte behandelt werden, vgl. *Schütte*, NJW 1979, 592, 593.
Jedoch wird nach ganz h.M. für die Anwendbarkeit des AGB gerade nicht gefordert, dass es sich bei AGB um Klauseln mit rechtsgeschäftlicher Wirkung handeln muss, vielmehr genügen ohne weiteres auch einseitige Erklärungen ohne rechtsgeschäftlichen Charakter, es kommt lediglich auf die rechtliche Nachteilhaftigkeit der Klausel an vgl. *Wolf*, in Wolf/ Horn/ Lindacher, AGBG, 4. Aufl., § 1, Rn. 10; *Roloff*, in Erman, BGB, 11. Aufl., § 305, Rn. 3.

[236] vgl. *Basedow*, in MüKo BGB Kommentar, 4. Aufl. Bd. I, § 23 AGBG, Rn. 127; *Brandner*, in Ulmer/ Brandner/ Hensen, AGBG 9. Aufl., Anh §§ 9-11, Rn. 858 a; *Wriede*, in Bruck, Möller, Wriede, VVG Kommentar, Bd. Krankenversicherung, Anm. F 26; *Borchert*, NVersZ 2001, 1, 4; *Hollmann*, NJW 1978, 2332, 2332

[237] *Borchert*, NVersZ 2001, 1, 4; *Hollmann*, NJW 1978, 2332, 2332

Daraus kann gefolgert werden, dass eine AGB- Erklärung zur Schweigepflicht so lange nicht zu beanstanden ist, wie der Patient nicht unangemessen benachteiligt ist. Dies ist durch eine umfassende Interessenabwägung zu ermitteln.[238] Im Falle der Arzt-AG werden die Patientendaten üblicherweise nicht dazu benutzt, einen rechtlichen Nachteil für den Patienten herbeizuführen.[239] Eine Entbindung von der Schweigepflicht ist zweckgebunden an die Erfüllung der Organaufgaben, erfolgt also nur zu Geschäftsführungs- und Überwachungszwecken. Dementsprechend darf der angestellte Arzt die Patientendaten auch nur zu diesem Zwecke an den Vorstand und den Aufsichtsrat weiterleiten. Dies muss in dem Formular eindeutig erklärt werden. Damit wird zum einen dem Interesse des Formularverwenders, also der AG genüge getan, eine effektive und umfassende Geschäftsführung und Kontrolle zu gewährleisten. Zum anderen wird durch eine strikte Begrenzung des Informationsanspruches auf die Organe Vorstand und Aufsichtsrat dem berechtigten Interesse des Patienten an einem möglichst weitreichenden Schutz seiner Daten entsprochen und so ein Interessenausgleich herbeigeführt. Dem entspricht es, dass die Geschäftsführung und Aufsicht der AG durch die Organe letztlich ja auch dem Ziel der Qualitätssicherung der ärztlichen Berufsausübung in der AG dienen und so mittelbar auch im Interesse des Patienten stehen. Auch aus diesem Grund liegt eine unangemessene Benachteiligung des Patienten im Sinne des § 307 Abs.1 S. 1 BGB durch eine Entbindungsklausel nicht vor.

Ferner ist zur Wirksamkeit der Klausel noch die Beachtung des Transparenzgebotes im Sinne des § 307 Abs.1 S. 2 BGB unerlässlich.[240] Das bedeutet, dass die Klausel so ausführlich und transparent zu sein hat, dass der Patient ohne weitere juristische Kenntnisse die Tragweite seiner Erklärung erkennen kann.[241] Insbesondere muss der Patient erkennen können, welche Daten von ihm zur Weiterleitung bestimmt sind, und an wen diese weitergeleitet werden sollen.[242] Aus diesem Grund erscheint es erforderlich, dem Patienten mitzuteilen, aus welchen

---

[238] *Stadler*, in Jauernig, BGB, 11. Aufl., § 307, Rn. 5; *Thamm/ Pilger*, AGBG, § 9 Rn. 7

[239] Hier liegt einer der Hauptunterschiede zu den Klauseln der Versicherungswirtschaft (fn. 253).Dort dient die Entbindung von der Schweigepflicht unter anderem dem Ziel, bei Vorliegen bestimmter Krankheiten bzw. Vorerkrankungen den Versicherungsschutz zu verweigern (vgl. *Borchert*, NVersZ 2001, 1, 1). Zum anderen werden im vorliegenden Fall die Daten nur *innerhalb* des Vertragspartners des Patienten weitergegeben, und nicht an Dritte.

[240] BGH NJW 1992, 2348, 2350; *Hollmann*, NJW 1978, 2332, 2332

[241] BGH NJW 1992, 2348, 2350; *Hollmann*, NJW 1978, 2332, 2332

[242] *Kiesecker*, in Rieger, Lexikon des Arztrechtes, 4740, Rn. 48; *Borchert*, NVersZ 2001, 1, 3; *Hollmann*, NJW 1978, 2332, 2332

Gründen eine Weitergabe seiner Daten an den Vorstand bzw. den Aufsichtsrat erfolgen kann. Es muss also darauf hingewiesen werden, dass die Organstellung innerhalb einer AG es erforderlich machen, an den Vorstand bzw. den Aufsichtsrat gewisse Informationen zur Verfügung zu stellen. In diesem Fall weiß der Patient, dass seine Daten innerhalb eines, für ihn überprüfbaren, Personenkreises weitergeben werden dürfen und kann sich darauf einstellen.
Darüber hinaus muss der Patient auch erkennen können, was für Daten ggf. weitergereicht werden. Da es die Erfordernisse der AG mit sich bringen, dass z.B. der Aufsichtsrat Zugang zu allen Unterlagen, also auch Patientenkarteien, hat, lässt sich der Informationsfluss rechtlich nicht wirksam unterbinden. Aus diesem Grund sollte der Patient darauf hingewiesen werden, dass seine kompletten Daten dem Vorstand und Aufsichtsrat zu Verfügung gestellt werden könnten, sofern die Aufgabenerfüllung der Organe dies erfordert. Es erscheint in diesem Zusammenhang der Hinweis angebracht, dass diese Organe die Patientendaten vertraulich behandeln werden, andernfalls eine vertragliche Nebenpflichtverletzung begangen wird, die ggf. zum Schadenersatz verpflichtet, und dass eine strafrechtliche Verfolgung droht.
Sofern die Klausel also mit größtmöglicher Offenheit den Adressaten und den Zweck der Entbindung von der Schweigepflicht darlegt, bestehen keine Bedenken gegen eine formularmäßige Schweigepflichtentbindungsklausel.
Aus Gründen der Rechtssicherheit und als vertrauensbildende Maßnahme bietet es sich somit an, bei Abschluss des Behandlungsvertrages eine Entbindungserklärung von der ärztlichen Schweigepflicht gegenüber dem Vorstand und dem Aufsichtsrat entweder formularmäßig oder durch Einzelerklärung erteilen zu lassen.

6. Prozessuale Absicherung der Schweigepflicht

Bislang untersucht wurde die materielle Pflicht der einzelnen Organe bzw. Organteile, Stillschweigen über ihnen anvertraute Patientendaten zu bewahren. Gerade im ärztlichen Bereich sind jedoch Gerichtsverfahren, in denen Einzelheiten der Behandlung zum Gegenstand des Verfahrens werden können, nicht selten. In bestimmten Konstellationen ist das Interesse des Patienten an einer Geheimhaltung seiner Krankengeschichte ohne weiteres erkennbar, etwa wenn gegen ihn ein Strafverfahren geführt wird und es auf Verletzungen ankommt, wegen derer er sich in die AG zur Behandlung begeben hat. In diesem Fall kann nicht ausgeschlossen werden, dass gerade in einer kleinen oder mittelgroßen Arzt-AG auch Vorstände oder Aufsichtsratsmitglieder so eng in das ärztliche Geschehen eingebunden sind, dass sie vor Gericht über ihr Wissen vernommen werden.

In einer Arzt-AG muss also bezüglich der einzelnen Organmitglieder von Vorstand und Aufsichtsrat[243] sichergestellt sein, dass die Schweigepflicht auch prozessual ausreichend abgesichert ist, dass somit neben der Schweige*pflicht* ein prozessuales Schweige*recht* besteht.

a) Zivilprozessuales Verfahren

Im zivilprozessualen Verfahren besteht grundsätzlich ein Schweigerecht nach § 383 Abs.1 Nr. 6 ZPO für solche Personen, die Kraft ihres Amtes oder Berufes ein Geheimnis erfahren haben. Zwar ist der Anwendungsbereich § 383 ZPO nicht deckungsgleich mit dem des § 203 StPO. Für Heilberufe existiert jedenfalls ein Zeugnisverweigerungsrecht für Tatsachen, auf die sich die Verschwiegenheitspflicht bezieht.[244] Wie auch bei der materiellen Schweigepflicht gelten die berufsmäßigen Gehilfen der Ärzte als von § 383 Abs.1 Nr. 6 ZPO mit umfasst.[245] Da nach hier vertretener Ansicht Vorstand und Aufsichtsrat Gehilfen der Ärzte sind, haben sie also in einem Zivil-prozess als Zeugen das Recht, das Zeugnis zu verweigern. Dabei ist es unerheblich, ob sie noch in ihrem Amt als Vorstand oder Aufsichtsratsmitglied tätig sind. Denn auch nach dem Ausscheiden aus dem jeweiligen Organ der AG besteht das (abgeleitete) Vertrauensverhältnis fort.

Nicht ausreichend zur Begründung eines Zeugnisverweigerungsrechtes nach § 383 ZPO ist die, den Organmitgliedern obliegende, aktienrechtliche Schweigepflicht nach § 93 Abs.1 S. 2 bzw. §§ 116, 93 Abs.1 S. 2 AktG. Diese berechtigt nicht zur Verweigerung des Zeugnisses, da die Gesellschaftsgeheimnisse hier nicht wegen einer Aufgabenteilung mit dem Arzt anvertraut werden, sondern kraft Organstellung.[246]
Die aktienrechtliche Schweigepflicht der Organmitglieder nach § 93 Abs.1 S. 2 AktG ist jedoch ausreichend, um ein *partielles Schweigerecht* nach § 384 Nr. 3 ZPO zu gewähren. Ein solches besteht immer dann, wenn ein Zeuge durch Beantwortung einer bestimmten Frage ein „Gewerbegeheimnis“ offenbaren würde. Zwar handelt es sich bei der Arzt-AG um kein Gewerbe im eigentlichen Sinne, da die ärztliche Berufsaüübung nicht gewerblich ausgeübt werden darf. Es greift

---

[243] Zu untersuchen sind hier lediglich Vorstand und Aufsichtsrat. Wie oben erörtert besteht die Gesellschafterversammlung entweder ausschließlich aus in der AG tätigen Ärzte, oder, was praktikabler sein dürfte, das Auskunftsrecht der Aktionäre wird nach § 131 III S. 1 Nr. 1, 5 beschränkt, so dass diese gar nicht erst in den Besitz sensiblen Wissens gelangen können.
[244] *Greger*, in Zöller, ZPO 25. Aufl., § 383, Rn. 18
[245] *Huber*, in Musielak, ZPO, 4. Aufl., § 383, Rn. 6; *Berger*, in, Stein/ Jonas, ZPO, Bd. 4/2, § 383, Rn. 79
[246] *Wieczorek*, ZPO,2. Aufl. Bd. II § 383, C III e; *Hefermehl*, in Geßler/ Hefermehl/ Eckardt/ Kropff, AktG, § 383 Rn. 19

jedoch die Gewerbefiktion des § 2 S. 1 HGB, so dass die Arzt-AG auf Grund der Eintragung ins Handelsregister als Gewerbe gilt. Ferner ist der Begriff des Gewerbes im Sinne des § 384 Nr. 3 ZPO so auszulegen, dass auch freie Berufe darunter fallen, mithin auch Ärzte und deren Organisationsformen.[247] Der Begriff „Gewerbegeheimnis" ist weit zu fassen und enthält, wie auch der Begriff „Geschäftsgeheimnis", alles, was nicht allgemein bekannt ist und an dessen Geheimhaltung ein Interesse besteht.[248] Dazu zählt auch das Patientengeheimnis, weil bei einer unberechtigten Offenbarung ggf. Schadenersatzansprüche des Patienten gegen die AG drohen.

§ 384 Nr. 3 ZPO gewährt zwar kein umfassendes Zeugnisverweigerungsrecht, sondern erlaubt lediglich die Nichtbeantwortung solcher Fragen, die ein Geheimnis eröffnen würden.[249] Aus Sicht des Patienten, um dessen Geheimnisse es ja letztendlich geht, genügt dies jedoch vollkommen, da alles, was ihn betrifft, auch Geheimnis der AG ist und somit nicht offenbart zu werden braucht.

Eine zivilprozessuale Absicherung der Schweigepflicht in einer AG im Sinne eines Schweigerechtes ist gewährleistet.

b) Strafprozessuales Verfahren

Ähnlich wie im zivilprozessualen Verfahren besteht auch im Strafverfahren ein Zeugnisverweigerungsrecht von Ärzten über Tatsachen, die ihnen beruflich bekannt gemacht worden sind, § 53 Abs.1 Nr. 3 StPO. Umfassend einbezogen in dieses Recht sind die Berufshelfer der Ärzte nach § 53 a Abs.1 StPO.

Auch im Strafprozess steht den Organmitgliedern also ein umfassendes Zeugnisverweigerungsrecht zu.

c) Zwischenergebnis

Es sind also keine Fälle ersichtlich, in denen die materielle Schweigepflicht der Organmitglieder nicht mit einem prozessualen Schweigerecht in einem Zivil- oder Strafprozess korrespondieren würde. Bei der Behandlung in einer Arzt AG sind also insoweit keine Probleme für den Schutz des Patientengeheimnisses zu befürchten.

---

[247] So unter Hinweis auf die grundrechtlich geschützte Position der freien Berufe aus Art 12 GG *Hartmann*, in Baumbach/ Lauterbach/ Albers/ Hartmann, ZPO 62. Aufl., § 384, Rn. 1

[248] *Damrau*, in MüKo ZPO, 2. Aufl., Bd. 2, § 384, Rn. 14; *Berger*, in Stein/ Jonas, ZPO, § 384, Rn. 13; *Huber*, in Musielak ZPO, § 384, Rn. 5

[249] BGH NJW 1994, 197, 197; *Huber*, in Musielak ZPO, § 384, Rn. 1; *Hartmann*, in Baumbach/ Lauterbach/ Albers/ Hartmann, ZPO 62. Aufl., § 384, Rn. 1

7. Ergebnis

Es konnte gezeigt werden, dass die äußere und innere Verfassung einer Aktiengesellschaft nicht zu einer Gefährdung der ärztlichen Schweigepflicht führt. Vielmehr erfährt die Schweigepflicht innerhalb der AG neben der vertraglichen, straf- und berufsrechtlichen Absicherung noch eine weitere, nämlich die aktienrechtliche Absicherung über die Verschwiegenheitspflicht des § 93 Abs.1 S. 2 AktG.
Im Falle einer ambulanten Arzt-AG kann es lediglich bei dem Auskunftsrecht der Aktionäre zu einer Kollision mit der Schweigepflicht kommen. Diese Problematik kann wie gesagt jedoch einfach dadurch gelöst werden, dass der Vorstand von seinem Auskunftsverweigerungsrecht Gebrauch macht.
Somit besteht bei einer Behandlung in einer Arzt-AG ein gegenüber anderen ärztlichen Kooperations- und Organisationsformen gleichwertiger Schutz für das Patientengeheimnis.

II. Die ärztliche Unabhängigkeit

Gegen die ärztliche Berufsausübung in einer Kapitalgeselschaft wurde in der Rechtsprechung und vereinzelt auch in der Literatur eingewandt, dass eine ausreichende Absicherung der ärztlichen Unabhängigkeit gegenüber Fremdbeeinflussung nicht gewährleistet werden könne.[250] Die einzelnen Einwände sollen aus Gründen der Übersichtlichkeit im Rahmen der Erörterung der jeweiligen Organe dargestellt und gelöst werden. Für die Rechtsanwalts-AG gibt es zu dieser Problematik eine lebhafte Diskussion, auf die an den relevanten Stellen zurückgegriffen wird. Der Ärzte-Kapitalgesellschaft hingegen wurde unter dem Gesichtspunkt der Organbesetzung aus Gründen ärztlicher Freiheit, abseits von pauschalen Stellungnahmen, bislang wenig Beachtung geschenkt.
Wie schon angedeutet, stammen die Probleme der Freiberufler- AG bezüglich der Unabhängigkeit im Wesentlichen aus der Rechtsstellung der einzelnen Organe im Verhältnis untereinander sowie zu den angestellten Berufsträgern. Im Folgenden müssen also die aktienrechtlichen Rechte der einzelnen Organe in Bezug zur Unabhängigkeit gesetzt werden, und im Falle einer Kollision die Konsequenzen für die Organzusammensetzung erörtert werden.

---

[250] Hauptsächlich BayVerfGH, DVBl 2000, 1052, 1054; auch OVG Münster, MedR 2001, 150, 153; siehe auch *Wigge*, in Schnapp/ Wigge, Handbuch des Vertragsarztrechts, 2. Aufl., § 6, Rn. 118; *Saenger*, NZS 2001, 234, 235; vgl. bzgl. der Unabhängigkeit im anwaltlichen Bereich *Henssler*, in Henssler/ Prütting, BRAO, 2. Aufl., Vor § 59 c, Rn. 2; *Feurich*, in Feurich/ Weyland, BRAO, 6. Aufl., § 59 c, Rn. 1; *Römermann*, in Hartung/ Holl, BRAO, 2. Aufl., Vor § 59 c, Rn. 3; *Nerlich*, WiB 1996, 1149, 1155; *Stabreit*, NZG 1998, 452, 453; *Schumacher*, AnwBl 1998, 364, 370

1. Inhalt und Umfang des Gebots der ärztlichen Unabhängigkeit

Ein Arzt darf seine fachlichen Überlegungen unter keinen Umständen von Nichtärzten beeinflussen lassen. Dies ist die Kernaussage des Gebots der ärztlichen Unabhängigkeit, die als Basis[251] des freiberuflichen Charakters des Arztberufes gilt. Die Unabhängigkeit des Arztes ist sowohl gesetzlich als auch satzungsrechtlich normiert. Zum einen bestimmt § 1 Abs.2 HS 2 der Bundesärzteordnung (BOÄ), dass der Arztberuf ein seiner Natur nach freier Beruf ist. Daneben regelt sowohl die MBO-Ä 2004 als auch die Berufsordnungen der Länder, dass der Arzt in seiner beruflichen Entscheidung nur seinem Gewissen unterworfen ist und im Übrigen keine Weisungen von Nichtärzten beachten darf, § 2 Abs.1 u. 4 MBO-Ä 2004.

Abzugrenzen ist die ärztliche Unabhängigkeit von organisatorischen bzw. betriebswirtschaftlichen Weisungen. Innerhalb größerer medizinischer Zusammenschlüsse kann sich die ärztliche Unabhängigkeit nur auf die direkte Durchführung der Behandlung an sich beziehen, nicht dagegen auf Entscheidungen organisatorischer bzw. betriebswirtschaftlicher Art. Hinsichtlich organisatorischer und betriebswirtschaftlicher Umstände muss sich der angestellte Arzt im Rahmen des arbeitsrechtlichen Direktionsrechtes des organisatorischen Verwaltungsgremiums (wie z.B. dem Vorstand einer AG) Weisungen gefallen lassen.[252] So kann selbstverständlich die AG als Arbeitgeber dem Arzt Art, Ort, Zeitpunkt, Inhalt und Umfang der zu erbringenden Tätigkeit vorschreiben.[253] Die Vorschriften über die ärztliche Unabhängigkeit sollen nämlich nur davor bewahren, dass ärztliche Entscheidungen von einem Nichtarzt getroffen werden.[254] Jedoch dürfen auch die organisatorischen Weisungen (von Nichtärzten) nicht soweit führen, dass die Therapiewahl der Ärzte eingeschränkt oder von haushaltsrechtlichen Erwägungen abhängig gemacht wird.[255] Der Arzt muss stets die ihm notwendige erscheinende Behandlung ergreifen können.

---

[251] *Pitschas*, in Schmidt, Öffentliches Wirtschaftsrecht BT II, Rn. 68 umstritten ist in diesem Zusammenhang ob die ärztliche Unabhängigkeit eher dem Freiheitsrecht des einzelnen Arztes zuzuordnen ist (so *Quaas/ Zuck*, Medizinrecht, § 2, Rn. 52) oder vielmehr als fremdnütziges Recht die Qualität der Behandlung sichern soll (so *Laufs*, in Laufs/ Uhlenbruck, Handbuch des Arztrechtes, 3. Aufl., § 3 Rn. 13 mit dem Hinweis, dass ärztliche Freiheit es dem Arzt ermöglichen soll, frei von normativen Fesseln die seiner pflichtgemäßen Überzeugung nach beste Therapie zum Nutzen des Patienten zu wählen, und nicht um seiner eigenen Freiheit willen *ders.* in FS Deutsch 1999, 625, 626)

[252] *Raztel/ Lippert*, MBO 3. Aufl., § 2 Rn. 19; *Dahm*, in Rieger, Lexikon des Arztrechtes, 2. Aufl., 5090, Rn. 3; *Prütting*, KHG NW, 2. Aufl., § 36, Rn. 8

[253] So bzgl. Krankenhausärzten *Raztel/ Lippert*, MBO 2. Aufl., § 2 Rn. 8

[254] *Andreas/ Debong/ Bruns*, Handbuch Arztrecht in der Praxis, S. 135; ähnlich auch *Laufs*, in FS Deutsch, 1999, 625, 628; *Saenger*, MedR 2006, 138, 144; Dies ergibt sich im Übrigen auch aus dem Wortlaut des § 2 IV MBO-Ä 2004, nach dem der Arzt generell keine ärztlichen Weisungen von Nichtärzten entgegennehmen darf.

[255] ArbG Gelsenkirchen, MedR 1997, 224, 224; *Dahm*, in Rieger, Lexikon des Arztrechtes, 2. Aufl., 5090, Rn. 3

Eine weitere Beschränkung erfährt die ärztliche Therapiefreiheit gegenüber dem ärztlichen Vorgesetzen. Der Chefarzt bzw. der ärztliche Leiter einer medizinischen Einrichtung ist gegenüber den ihm unterstellten Ärzten weisungsbefugt, auch in medizinischen Fragen.[256] Sofern der Vorgesetzte und der untergebene Arzt in fachlichen Fragen unterschiedlicher Auffassung sind, kommt Ersterem ein Letztentscheidungsrecht zu. Dem nachgeordneten Arzt kann jedoch dann ein Leistungsverweigerungsrecht aus Gewissensgründen zustehen, sofern die Ausführung der Weisung unzumutbar erscheint. Diese Grundsätze aus dem Klinikrecht lassen sich auf die ambulante Arzt-AG übertragen.

Zusammenfassend kann also festgestellt werden, dass die ärztliche Unabhängigkeit es gebietet, dass der einzelne Arzt seine fachlichen Überlegungen keinesfalls von Nichtärzten beeinflussen lässt. Eine Einflussnahme von (vorgesetzten) Ärzten auf die Tätigkeit angestellter Ärzte ist jedoch in den benannten Grenzen hinzunehmen. Ebenso wichtig, und im Falle einer Arzt-AG praktisch besonders relevant, ist es für den Arzt, seine Behandlungsmethoden nicht an wirtschaftlich orientierten Weisungen seitens des Vorstandes oder der Anteilseigner zu Lasten des Patienten ausrichten zu müssen. Ein Kernbereich ärztlich unabhängiger Berufsausübung ist durch die Arzt-AG unter allen Umständen zu gewährleisten.
Es muss also nun überprüft werden, inwieweit die Rechtsform Aktiengesellschaft auf Grund der Stellung ihrer Organe bzw. ihrer gesetzlich normierten Rechte die Freiheit der dort tätigen Ärzte beeinträchtigen kann.

2. Der Vorstand

a) Gesellschaftsrechtliche Weisungs- und Leitungsrechte des Vorstandes

Wie schon oben hinsichtlich der Schweigepflicht erwähnt, obliegt dem Vorstand nach § 77 Abs.1 AktG die gesamte Geschäftsführung der AG. Im Wesentlichen bedeutet dies die Wahrnehmung originärer Führungsfunktionen, also solcher Aufgaben, die für das reibungslose Funktionieren der AG wichtig sind, das Treffen von Führungsentscheidungen, worunter speziell strategische und planerische Erwägungen fallen.[257] Nicht dazu gehört im Normalfall die einzelne ärztliche Behandlung, wie schon mehrfach ausgeführt wurde.[258]

---

[256] Allg. A. *Raztel/ Lippert*, MBO 19. Aufl., § 2 Rn. 19; *Prütting*, KHG NW, 2. Aufl., § 36, Rn. 8; *Richardi*, in Münchener HdB Arbeitrecht, Bd. I, 2. Aufl., § 27, Rn. 36; *Schaub*, in Schaub, Arbeitsrechtshandbuch, 11. Aufl., § 16, Rn. 19

[257] *Semler/ Spindler* in MüKo AktG, 2. Aufl., Vor § 76, Rn. 56 f.; *Henn*, Handbuch des Aktienrechtes, 7. Aufl., Rn. 573

[258] S.o. 3. Kap., C. I. 2. a)

Doch ist der Vorstand der oberste Träger der Weisungsbefugnis in einer AG. Das bedeutet, dass alle Angestellten grundsätzlich den Weisungen des Vorstandes unterworfen sind.[259] Leitende Angestellte mit eigener Weisungsbefugnis leiten diese nur vom Vorstand ab, sind also in der Ausübung des Weisungsrechtes ihrerseits gebunden.[260] Daher hat letztendlich der Vorstand das Recht, den angestellten Ärzten umfassende Weisungen zu erteilen. Dies kann dann zu einer Beschränkung der ärztlichen Freiheiten in der AG führen.

Gerade in kleineren AG erscheint es, als Ausnahme zum Normalfall, auch nicht fern liegend, dass ärztliche Einzelmaßnahmen wegen eines hohen Kostenaufwandes oder eines sonstigen betriebswirtschaftlichen Risikos im Verhältnis zum Vermögen der AG ein solches Gewicht erlangen, dass eine Entscheidung über sie zu den Maßnahmen der Geschäftsführung gezählt werden kann und somit in den Zuständigkeitsbereich des Vorstandes fällt.[261] Insbesondere auch bei Fragen, die die strategische Ausrichtung der AG betreffen, könnte der Bereich der ärztlichen Unabhängigkeit tangiert sein. So stünde es dem Vorstand frei, den Ärzten die Behandlung bestimmter Krankheitsbilder generell zu untersagen, was deren ärztliche Behandlungsfreiheit beschneiden würde. Genauso ist der umgekehrte Fall denkbar, dass der Vorstand im Rahmen einer Führungsentscheidung festlegt, die Ärzte müssten bevorzugt eine bestimmte Art von Behandlung bzw. Behandlungsmethode durchführen,[262] oder ausschließlich die Medikamente einer bestimmten Marke verschreiben.
Fraglich ist also, welche Maßnahmen zu ergreifen sind, um die angestellten Ärzte vor einer nichtärztlichen Einflussnahme durch den Vorstand zu schützen.

b) Folgerungen für die Vorstandsbesetzung

Wie gesagt, gebietet es die ärztliche Unabhängigkeit im Wesentlichen, dass Ärzte keine Weisungen von Nichtärzten hinsichtlich ihrer Tätigkeit befolgen dürfen. In einer AG, deren Vorstand mit Berufsfremden besetzt ist, wäre ein institutioneller Konflikt zwischen der Behandlungsfreiheit der Ärzte und dem Weisungsrecht des Vorstandes vorprogrammiert, wenn der nichtärztliche Vor-

---

[259] Zur Grenze der Weisungsbefugnis im Rahmen des ärztlichen Anstellungsverhältnisses siehe unten 3. Kap., C, II, 2, c)

[260] Vgl. hierzu *Schaub*, in Schaub, Arbeitsrechtshandbuch, 11. Aufl., S. 122;

[261] Vgl. hierzu allg. *Semler*, Leitung und Überwachung der AG, 2. Aufl., S. 12; Zu denken sei hier z.B. an die Übernahme einer besonders personal- und kostenintensiven Behandlung durch einen Arzt oder an eine Vorstandsentscheidung, bestimmte teure Medizinprodukte aus Budgetgründen generell nicht mehr zu verwenden und stattdessen mit qualitativ minderwertigen Produkten zu arbeiten

[262] Besonders deutlich wird hier der Konflikt mit der ärztlich freien Gewissensentscheidung als Folge der Therapiefreiheit, wenn eine Weisung ergeht, die den Arzt zur Durchführung eines Schwangerschaftsabbruches veranlassen soll.

stand tatsächlich einen beruflichen Einfluss auf die Angestellten ausüben könnte.
Dabei lassen sich zwei, voneinander unterscheidbare Problemkreise erkennen. Zum einen stellt sich die Frage, ob sich der Kreis der möglichen Vorstandsmitglieder von vorneherein auf Angehörige von Heilberufen oder vielleicht sogar ausschließlich auf Ärzte beschränken sollte. Wenn dies zu verneinen ist, muss ferner erörtert werden, wie die ärztliche Dominanz in einem gemischten Vorstand zu gewährleisten ist.
Speziell für die Anwalts-AG wird die Frage nach der Vorstandsbesetzung lebhaft diskutiert, dagegen nur vereinzelt für die Ärzte-Kapitalgesellschaft.

aa) Notwendige Mitgliederstruktur des Vorstands

(1) Meinungsstand

Soweit für den ärztlichen Bereich schon erörtert, wird vertreten, dass Beschränkungen für die Geschäftsführung einer Ärztegesellschaft auf Heilberufsangehörige nicht erforderlich seien.[263] Sofern die Gesellschaft verantwortlich von Ärzten geleitet werde, sei die ärztliche Unabhängigkeit auch dann gewährleistet, wenn heilberufsfremde Personen im Vorstand vertreten seien.[264]

Die herrschende Meinung für die Anwalts-AG will dagegen aus Gründen der anwaltlichen Unabhängigkeit nur Rechtsanwälte und andere sozietätsfähige Personen wie Steuerberater und Wirtschaftsprüfer im Vorstand der AG zulassen.[265] Zur Begründung wird, leider ausschließlich, auf die gesetzliche Rechtslage bei der Anwalts-GmbH verwiesen, wo § 59 f Abs.2 BRAO die Geschäftsführerposition ausdrücklich auf den genannten Personenkreis begrenzt.[266]

---

[263] Auch wenn die MBO-Ä keine Bindungswirkung im Sinne eines materiellen Gesetzes hat, kann hier dennoch ein Indiz für die Beantwortung der Frage der Vorstandseigenschaft entnommen werden. So auch *Saenger*, MedR 2006, 138, 143; *Braun/ Richter*, MedR 2005, 685, 687; *Häußermann/ Dollmann*, Die Ärztegesellschaft mbH, MedR 2005, 255

[264] Saenger, MedR 2006, 138, 143

[265] *Henssler*, in Henssler/ Prütting, BRAO, 2. Aufl., Vor § 59 c Rn., 23; *ders* NZG 2000, 875, 875; *Stabreit*, NZG 1998, 452, 453; *Pluskat*, AnwBl. 2003, 131, 136; *Schumacher*, AnwBl. 1998, 364, 370; *ders.* in AnwBl. 2000, 409, 410 *Kempter/ Kopp*, NJW 2001, 777, 780; *Ludwig*, in Becksches Rechtsanwalts-Handbuch, 8. Aufl., N 6, Rn. 114; ähnlich *Heublein*, der den Vorstand ausschließlich mit Rechtsanwälten besetzen will, *Heublein*, AnwBl., 1999, S. 304, 306, genauso *Hommelhoff/ Schwab*, WiB 1995, 115, 117, für die Anwalts-GmbH *Sommer*, GmbHR 1995, 249, 253

[266] Umstritten ist innerhalb dieser Grundauffassung jedoch, ob es daneben erforderlich ist, die Mehrheit der Vorstandspositionen mit Rechtsanwälten zu besetzen oder ob auch andere Möglichkeiten, wie z.B. die Vergabe des Vorstandsvorsitzes an einen Rechtsanwalt ausreichen können. Diese Frage wird im Anschluss an die Auseinandersetzung mit der Grundthese, nämlich dass nur Rechtsanwälte bzw. sozietätsfähige Personen oder übertragen auf die Ärzteschaft nur Ärzte und Angehörige anderer Heilberufe Vorstandsmitglieder sein können, erörtert

Demgegenüber vertritt eine Mindermeinung im anwaltlichen Bereich die Extremposition, dass jegliche Reglementierung der Vorstandsbesetzung überflüssig sei.[267] Die Unabhängigkeit der angestellten Anwälte sei ausreichend über § 1 BRAO[268] gesichert, weshalb das Kanzleimanagement auch berufsfremden Personen übertragen werden könnte.[269] Im Übrigen sei der Vorstand am Tagesgeschäft der Gesellschaft ohnehin nicht beteiligt und habe keinen Einfluss auf die Mandatsbearbeitung.[270] Aus diesen Gründen seien Bestimmungen über eine bestimmte Berufsgruppenzugehörigkeit nicht erforderlich.[271] Vielmehr sei darüber hinaus nicht einmal eine anwaltliche Dominanz im Vorstand zwingend, so dass jegliche, über das AktG hinausgehende Reglementierung der Vorstandszusammensetzung unnötig sei.[272]

(2) Stellungnahme

Zunächst ist festzustellen, dass für den ärztlichen Bereich eine Begrenzung der Vorstandsmitglieder auf Angehörige der Ärzteschaft und der übrigen Heilberufe nicht gefordert werden sollte. Dies ergibt sich aus folgenden Erwägungen:
Zum einen ist der Erfolg einer jeden ärztlichen Gemeinschaft wie auch aller anderer Unternehmen nicht zuletzt davon abhängig, dass kompetente wirtschaftliche Sichtweisen die Geschäftsführung beeinflussen.[273] Davon hängt letztlich auch die Qualität der ärztlichen Versorgung ab, da nur eine wirtschaftlich gesunde Praxis in der Lage ist, nötigenfalls dem Patienten auch betriebswirtschaftlich unrentable Maßnahmen zukommen zu lassen. Es ist also durchaus sinnvoll, wirtschaftlich geschulte und versierte Personen ihren Sachverstand im Vorstand einbringen zu lassen.

Ein Vergleich mit dem Krankenhauswesen bestätigt dies.[274] Auch dort braucht die Leitungsebene keineswegs nur aus Ärzten und anderen Heilberuflern zu bestehen. Vielmehr bestimmt beispielsweise § 35 Abs.1 S. 3 Krankenhausgesetz NRW (KHG), dass an der Betriebsleitung ein Arzt, eine Pflegekraft und ein

---

267 *Römermann*, Entwicklungen und Tendenzen bei Anwaltsgesellschaften, S. 183; *ders*, in *Hartung/ Holl*, BRAO 2. Aufl., Vor § 59 a, Rn. 97; *Passarge*, NJW 2005, 1835, 1837

268 § 1 BRAO lautet: „Der Rechtsanwalt ist ein unabhängiges Organ der Rechtspflege“

269 *Römermann*, Entwicklungen und Tendenzen bei Anwaltsgesellschaften, S. 183

270 *Passarge*, NJW 2005, 1835, 1837

271 *Römermann*, Entwicklungen und Tendenzen bei Anwaltsgesellschaften, S. 183; *ders*, in Hartung/ Holl, BRAO 2. Aufl., Vor § 59 a, Rn. 97; *Passarge*, NJW 2005, 1835, 1837

272 *Römermann*, Entwicklungen und Tendenzen bei Anwaltsgesellschaften, S. 183

273 *Wolf*, Rationelle Praxisorganisation, Zentralinstitut für die Kassenärztliche Versorgung in der BRD, 2004, 9; so auch *Heßbrügge*, Deutsches Ärzteblatt 2005, A 1830; *Dahm*, MedR 1998, 70, 70

274 Dort ist die Gründung einer AG seit langem zulässig siehe nur BGHZ 70, 158, 166; *Taupitz*, NJW 1992, 2317, 2318; *Hildebrandt*, Entwicklungen und Rechtsprobleme freiberuflicher Zusammenschlüsse, S. 101

Wirtschafts- und Verwaltungsleiter zu beteiligen sind. Durch diese kollegiale Leitung mit wirtschaftlichem Einschlag soll sichergestellt werden, dass neben fachlichen immer auch wirtschaftliche Gesichtspunkte berücksichtigt werden.[275] Dies gilt selbstverständlich nicht nur für die umfangreichen organisatorischen Verwaltungsmaßnahmen in einem Krankenhaus. Der wirtschaftliche Leiter der Einrichtung soll seinen Sachverstand gerade auch im originär ärztlichen Bereich einbringen.[276] Da also auch in einem Krankenhausbetrieb keine Einwände gegen berufsfremde Personen in der Leitungsebene bestehen, ja sogar die Problematik der ärztliche Unabhängigkeit bezogen auf die Vorstandsposition nicht einmal diskutiert wird, kann nichts anderes für die ambulante Arzt-AG gelten.[277] Berufsfremde Personen sind zum Vorstand zuzulassen.

In Bezug auf die dargestellte Mindermeinung zur Anwalts-AG ist jedoch zu sagen, dass auf eine ärztliche Dominanz hinsichtlich medizinisch relevanter Entscheidungen im Vorstand nicht verzichtet werden kann. Wie dargestellt, gibt es im heilkundlichen Bereich Geschäftsführungsentscheidungen, die sich auf die Unabhängigkeit der angestellten Ärzte auswirken können. Weisungen des Vorstandes gegenüber Angestellten können gesellschaftsrechtlich nicht wirksam ausgeschlossen werden. Da aber das ärztlich Berufsrecht schon jede Gefährdung der Unabhängigkeit verbietet, muss in jedem Fall gewährleistet sein, dass Entscheidungen des Vorstandes, die direkt oder mittelbar die ärztliche Berufsausübung in der AG betreffen, verantwortlich von Ärzten getroffen werden.

Es bleibt also zu prüfen, wie auch bei Beteiligung berufsfremder Personen im Vorstand die ärztliche Unabhängigkeit in ausreichendem Maße gewährleistet werden kann.

bb) 1. Möglichkeit: Ärztemehrheit im Vorstand

Für die Rechtsanwalts-AG wird unter Verweis auf die gesetzliche Rechtslage bei der Anwalts-GmbH[278] teilweise gefordert, dass mehrheitlich Rechtsanwälte im Vorstand vertreten sein müssten.[279] Dann sei auch in Streitfragen eine verantwortliche Führung der Gesellschaft durch Rechtsanwälte gesichert.[280]

---

[275] *Prütting*, KHG NW, 2. Aufl., § 35, Rn. 1

[276] *Prütting*, KHG NW, 2. Aufl., § 35, Rn. 1; *Quaas/ Zuck*, Medizinrecht, § 15, Rn. 3

[277] Dieses Argument ist umso gewichtiger, als die Auswirkungen von Fehlentscheidungen im Krankenhaus auf Grund der größeren Exposition des Patienten erheblich gravierender sein können als im Falle der ambulanten Arzt-AG. So auch *Katzenmeier*, MedR 1998, 113, 116

[278] Dort bestimmt § 59 f I S. 2 BRAO, dass die Geschäftsführer mehrheitlich Rechtsanwälte sein müssen.

[279] BGH NJW 2005, 1568; 1571; *Henssler*, in Henssler/ Prütting, BRAO, 2. Aufl., Vor § 59 c, Rn. 28; *Ludwig*, in Becksches Rechtsanwalts-Handbuch, 8. Aufl., N 6, Rn. 114; *Heublein*, AnwBl., 1999, 304, 306; *Stabreit*,

Übertragen auf den ärztlichen Bereich kann dem insoweit zugestimmt werden, als durch eine Ärztemehrheit im Vorstand erreicht werden kann, dass die Gesellschaft verantwortlich von Ärzten geleitet wird.

Es ergeben sich hier jedoch einige rechtstechnische Fragen, die bislang, soweit ersichtlich, noch nicht ausreichend erörtert wurden:
Sofern sich die Beschlussfassung innerhalb der AG, wie es der gesetzliche Normalfall ist, nach den Grundsätzen der Gesamtgeschäftsführung gemäß § 77 Abs.1 S. 1 AktG richtet, ist durch das Einstimmigkeitserfordernis gewährleistet, dass die Entscheidung des Vorstandes mehrheitlich und damit verantwortlich von Ärzten gefällt wird. Bei dieser Form der Entscheidungsfindung liegt nämlich grundsätzlich eine Beschlussfähigkeit des Organs nur dann vor, wenn alle Mitglieder an der Beschlussfassung teilgenommen haben.[281]
Die Satzung kann jedoch auch vorsehen, dass entweder alle oder nur ganz bestimmte Beschlüsse, abweichend von dem in § 77 Abs.1 AktG vorgesehenen Einstimmigkeitserfordernis für die Geschäftsführung, durch mehrheitliche Beschlussfassung getroffen werden.[282] Auch in diesem Fall wäre die ärztliche Dominanz gewahrt.
Bei Mehrheitsentscheidungen ist jedoch nicht unbedingt die Anwesenheit aller Vorstandmitglieder erforderlich. Es genügt, wenn die erforderliche Mehrheit bei der Beschlussfassung anwesend ist und abstimmt.[283] Daher ist es zur Vermeidung von abwesenheitsbedingten Zufallsergebnissen erforderlich, dass die Satzung Regeln zur Beschlussfähigkeit enthält. Diese können vorsehen, dass ohne die Anwesenheit einer Ärztemehrheit keine Beschlussfähigkeit des Vorstandes besteht.[284]

NZG 1998, 452, 453; *Schumacher*, AnwBl. 1998, 364, 365; *Muthers*, NZG 2001, 930, 932; *Hoffmann*, Die anwaltliche Kapitalgesellschaft, S. 213

280 *Hoffmann*, Die anwaltliche Kapitalgesellschaft, S. 213

281 So richtigerweise *Hüffer*, AktG, 7. Aufl., § 77, Rn. 6; *Hefermehl/ Spindler*, in MüKo AktG, 2. Aufl., § 77, Rn. 10; *Wiesner*, in Münchener Handbuch Gesellschaftsrecht, 2. Aufl., Bd. 4, § 22, Rn. 6

282 *Hüffer*, AktG 7. Aufl., § 77, Rn. 11; *Hefermehl/ Spindler*, in MüKo AktG, 2. Aufl., § 77, Rn. 12; *Hoffmann*, Die Anwaltliche Kapitalgesellschaft, S. 213

283 *Wiesner*, in Münchener Handbuch Gesellschaftsrecht, 2. Aufl., Bd. 4 § 22, Rn. 6; Henn, Hdb. d. Aktienrechtes, 7. Aufl., § 18, Rn. 574

284 Eine derartige Klausel ist auch zulässig, da den nichtärztlichen Mitgliedern innerhalb der Abstimmung keine substantiell schlechtere Position eingeräumt wird als den ärztlichen, jede Stimme zählt weiterhin grundsätzlich gleich und die Wahrnehmung der organmitgliedschaftlichen Rechte wird nicht beeinträchtigt. Im Falle des Aufsichtsrates ist eine solche Klausel unzulässig wegen Verstoßes gegen das Gleichbehandlungsgebotes, weil sie einem (unzulässigen) Vetorecht der betreffenden Mitglieder gleichkommt (*Hoffmann-Becking*, in Münchener Hdb Gesellschaftsrecht, Band 2, 4. Aufl., § 31, Rn. 50). Im Vorstand sind Vetorechte dagegen zulässig (so die

Hinsichtlich der Vertretung der Gesellschaft nach außen hin bestimmt § 78 Abs.2 AktG den Grundsatz der Gesamtvertretung. Sofern die Satzung hiervon abweichen will, was nach § 78 Abs.3 S. 1 AktG möglich ist, muss jedenfalls vorgesehen werden, dass Nichtärzte nur gemeinsam mit Ärzten vertretungsberechtigt sind. Zumindest müssen ein Arzt oder mehrere Ärzte gemeinsam ohne Beteiligung von Nichtärzten nach außen hin rechtswirksam handeln können.[285]

(1) Satzungsmäßige Umsetzung der Mehrheitsstruktur

Erreicht werden kann eine Ärztemehrheit im Vorstand dadurch, dass die Satzung als persönliches Eignungskriterium für die Mehrheit der Vorstandsmitglieder die Approbation vorschreibt. Der Aufsichtsrat, der die Vorstandsmitglieder nach § 84 Abs.1 S. 1 AktG bestellt, müsste dann diese Satzungsbestimmung bei seiner Entscheidung berücksichtigen.
Dies entspricht der Auffassung zur Durchsetzung des Mehrheitserfordernisses bei der Rechtsanwalts-AG.[286]

In der gesellschaftsrechtlichen Literatur wird jedoch teilweise die Möglichkeit, den Aufsichtsrat in seinem freien Auswahlermessen durch die Satzung rechtlich zu binden, verneint.[287] Derartige Satzungsbestimmungen hätten, sofern sie überhaupt wirksam seien,[288] lediglich die Bedeutung einer unverbindlichen Sollvorschrift, über die sich der Aufsichtsrat hinwegsetzen könne.[289] Auf Grund der hohen Bedeutung der Aufgabe sowie der eindeutigen gesetzlichen Zuweisung an den Aufsichtsrat verbiete sich eine Beschneidung dessen Rechtsmacht und Entscheidungsfreiheit durch die Satzung.[290] Der Aufsichtsrat sei aus seiner Situ-

---

ganz h.M. *Mertens*, in KölnKomm. AktG, 2. Aufl., Bd. II, § 77, Rn. 11; *Hefermehl/ Spindler*, in MüKo AktG, 2. Aufl., § 77, Rn. 17; *Wiesner*, in Münchener Hdb Gesellschaftsrecht, 4. Aufl., Bd. 2, § 22, Rn. 9) so dass auch gegen vorliegende Klausel nichts einzuwenden ist.

[285] Ähnlich *Saenger*, MedR 2006, 138, 144

[286] *Henssler*, in Henssler/ Prütting, BRAO, 2. Aufl., Vor § 59 c Rn., 23; *Schumacher*, AnwBl., 1998, 364, 365; *Kempter/ Kopp*, NJW 2001, 777, 780; *Ludwig*, in Becksches Rechtsanwalts-Handbuch, 8. Aufl., N 6, Rn. 114; *Hommelhoff/ Schwab*, WiB 1995, S. 115, 117; allgemein zur Möglichkeit der satzungsmäßigen Statuierung von Qualifikationsmerkmalen für Vorstände *Hefermehl/ Spindler*, MüKo AktG, 2. Aufl., Bd. III, § 84, Rn. 23; *Meyer-Landrut*, GroßKomm AktG, Bd. I/2, 3. Aufl., § 76, Anm. 16

[287] *Lutter/ Krieger*, Rechte und Pflichten des Aufsichtsrates, Rn. 121; *Mertens*, in KölnKomm AktG, 2. Aufl., Bd. II, § 76, Rn. 117; *Meier/ Pech*, DStR 1995, 1195, 1195; *Hommelhoff*, BB 1977, 322, 325

[288] Für eine generelle Unwirksamkeit sprechen sich aus *Hommelhoff*, BB 1977, 322, 325; *Lutter/ Krieger*, Rechte und Pflichten des Aufsichtsrates, Rn. 121

[289] *Meier/ Pech*, DStR 1995, 1195, 1195

[290] *Lutter/ Krieger*, Rechte und Pflichten des Aufsichtsrates, Rn. 121; *Mertens*, in KölnKomm. AktG, 2. Aufl., Bd. II, § 76, Rn. 117; *Meier/ Pech*, DStR 1995, 1195, 1195; *Hommelhoff*, BB 1977, S. 322, 325

ation heraus ohnehin eher in der Lage, den geeigneten Kandidaten für einen Vorstandsposten auszuwählen als der Satzungsgeber im Vorfeld.[291]
Demgegenüber wird von der herrschenden Meinung die Ansicht vertreten, dass die Rechtsmacht des Aufsichtsrates ausreichend gewahrt sei, wenn ihm ein ausreichender Ermessensspielraum verbleibt, die satzungsmäßigen Kriterien also nicht so eng gezogen worden sind, dass nur einige wenige Personen zur Auswahl bleiben.[292] Es müsse dem Aufsichtsrat lediglich ein angemessenes Auswahlermessen verbleiben.[293] Die Gegenansicht würde ohne Grund die Bedeutung der Satzung zu stark herabsetzen.[294]

Dem ist zuzustimmen. Besonders in Fällen wie dem vorliegenden, wo es sich um sachbezogene Voraussetzungen handelt, muss man von einer Zulässigkeit einer Ermessensbegrenzenden Satzungsvorschrift ausgehen. Hier geht es nicht um eine Begrenzung des Auswahlermessens des Aufsichtsrates an sich, sondern um die Sicherung einer rechtlich notwendigen Vorstandsstruktur. Die Satzungsautonomie der Hauptversammlung darf der Gesellschaft die Leitlinie ihrer unternehmerischen Ausrichtung vorgeben. Warum sie dann nicht auch die dazu nötigen personellen Maßnahmen in gewissem Maße vorsehen dürfen soll, ist nicht ersichtlich.[295]
Es bleibt also dabei, dass in der Satzung der Arzt-AG persönliche Qualifikationsmerkmale festgelegt werden können, sofern sie sachlicher Natur sind,[296] was vorliegend erfüllt ist.

(2) Nachträgliche Sicherung der Mehrheitsstruktur

Ferner muss sichergestellt werden, dass die ärztlichen Vorstandsmitglieder bei Verlust der Approbation aus dem Vorstand ausscheiden, wenn eine Veränderung des Quorums droht. Soweit das Problem erörtert wird, wird für die Rechtsanwalts-AG vertreten, dass die Mehrheitsstruktur über § 84 Abs.3 AktG gesichert werden kann, da im Falle des Verlustes der Rechtsanwaltszulassung ein wichtiger Grund zur Abberufung des Vorstandsmitgliedes vor Amtszeitende besteht, was in der Satzung festgeschrieben werden könne.[297]

---

[291] *Hommelhoff*, BB 1977, 322, 325

[292] Vgl. *Hüffer*, AktG, 7. Aufl., § 76, Rn. 26; *Hefermehl/ Spindler*, MüKo AktG, 2. Aufl., Bd. III, § 84, Rn. 23; *Wiesner*, in Münchener Hdb Gesellschaftsrecht, 2. Aufl., Bd. IV, § 20, Rn. 5

[293] Vgl. *Hefermehl/ Spindler*, MüKo AktG, 2. Aufl., Bd. III, § 84, Rn. 23; *Wiesner*, in Münchener Hdb Gesellschaftsrecht, 2. Aufl., Bd. IV, § 20, Rn. 5

[294] *Hüffer*, AktG, 7. Aufl., § 76, Rn. 26; *Hefermehl/ Spindler*, MüKo AktG, 2. Aufl., Bd. III, § 84, Rn. 23

[295] *Hefermehl/ Spindler*, MüKo AktG, 2. Aufl., Bd. III, § 76, Rn. 89

[296] So die ganz h.M. vgl. nur *Hefermehl/ Spindler*, MüKo AktG, 2. Aufl., Bd. III, § 84, Rn. 23; *Wiesner*, in Münchener Hdb Gesellschaftsrecht, 2. Aufl., Bd. IV, § 20, Rn. 5

[297] *Römermann*, Entwicklungen und Tendenzen bei Anwaltsgesellschaften, S. 183

In der Literatur zur Rechtsanwalts-AG wurden jedoch Bedenken gegen die Möglichkeit einer verbindlichen Festlegung eines wichtigen Grundes in der Satzung über § 84 Abs.3 AktG hinaus gesehen, da dies einen zu großen Eingriff in die Ermessensfreiheit des Aufsichtsrates bei der Abberufung der Vorstandsmitglieder bedeute.[298] Jedoch müsse man auf Grund des großen Interesses der AG am Ausscheiden nicht mehr approbierter Vorstandsmitglieder den Aufsichtsrat in seiner Ermessensfreiheit auf Null reduziert sehen, was eine Verpflichtung zum Widerruf der Organschaft mit sich bringe.[299]

Nach beiden Ansichten ist der Aufsichtsrat, übertragen auf die Arzt-AG, also zum Widerruf der Organbestellung verpflichtet. Ein wichtiger Grund im Sinne des § 84 Abs.3 AktG liegt immer dann vor, wenn die Fortsetzung des Organverhältnisses bis zum Amtszeitende für die AG unzumutbar ist.[300] Dies ist hier der Fall, da ansonsten die AG nicht mehr die Beachtung der ärztlichen Unabhängigkeit garantieren kann und sich der Gefahr von Sanktionen und eines Vertrauensverlustes bei den Patienten aussetzt. Auch ohne eine für den Aufsichtsrat verbindliche Satzungsbestimmung wird man diesen jedoch in Fällen vorliegender Art zur Abberufung eines Vorstandes verpflichtet sehen müssen. Sicherheitshalber kann in der Satzung zusätzlich der Wegfall der Zulassung als wichtiger Grund im Sinne des § 84 Abs.3 AktG festgelegt werden.[301]

Von Römermann ist ferner hinsichtlich der Anwalts-AG das Problem gesehen worden, dass bei Ausscheiden eines anwaltlichen Vorstandsmitgliedes, insbesondere bei knapper Anwaltsmehrheit, eine Verschiebung des Stimmgewichtes zu Gunsten der Nichtanwälte die Folge sein könnte.[302] Zwar könne die Satzung vorsehen, dass eine Neubesetzung des Postens nur mit einem Anwalt erfolgen dürfe.[303] Zumindest für eine Übergangszeit könne es dennoch zu einer Mehrheitsverschiebung kommen.

Diese Problematik lässt sich jedoch lösen. Für die Arzt-AG bietet sich an, für jedes ärztliche Vorstandsmitglied (oder für alle gemeinsam) einen Stellvertreter zu bestellen, der freilich selbst über eine Approbation verfügen muss. Zwar gel-

---

[298] *Stabreit*, NZG 1998, 452, 453; *Pluskat*, AnwBl. 2003, 131, 137
[299] *Hommelhoff/ Schwab*, WiB 1995, 115, 117; *Stabreit*, NZG 1998, 452, 453
[300] So für die Anwalts-AG *Hommelhoff/ Schwab*, WiB 1995, 115, 117; Stabreit, NZG 1998, 452, 453
[301] So auch *Römermann*, Entwicklungen und Tendenzen bei Anwaltsgesellschaften, S. 184; *ders*, in Hartung/ Holl, BRAO 2. Aufl., Vor § 59 a, Rn. 98; *Stabreit*, NZG 1998, 452, 453
[302] *Römermann*, Entwicklungen und Tendenzen bei Anwaltsgesellschaften, S. 184; *ders*, in Hartung/ Holl, BRAO 2. Aufl., Vor § 59 a, Rn. 98
[303] So für die RA-AG *Römermann*, in Hartung/ Holl, BRAO 2. Aufl., Vor § 59 a, Rn. 98; *Stabreit*, NZG 1998, 452, 453

ten auch stellvertretende Vorstände nach § 94 AktG als vollwertige Mitglieder des Vorstandes. Sie genießen daher grundsätzlich von vorneherein alle Rechte und Pflichten wie die übrigen Vorstände.[304] Jedoch ist es möglich, die interne Geschäftsführungsbefugnis der stellvertretenden Vorstandsmitglieder auf den Fall zu beschränken, dass das ordentliche Mitglied seine Approbation verliert.[305] Auch die monetären Bezüge des stellvertretenden Vorstandes können nach § 87 Abs.1 S. 1 AktG an seine tatsächliche Arbeitsleistung bzw. Aufgabendichte angepasst werden, so dass die Bestellung von einem oder mehreren Stellvertretern die Gesellschaft weder personell noch organisatorisch überfordern dürfte.
Die ärztliche Unabhängigkeit in der AG kann, auch satzungsrechtlich, dadurch abgesichert werden, dass die Mehrheit der Vorstandsmitglieder über eine ärztliche Approbation verfügen.
Fraglich ist, ob noch weitere Möglichkeiten denkbar sind.

cc) 2. Möglichkeit: Erlass eines Geschäftsverteilungsplanes

Die wenigsten Geschäftsführungsentscheidungen in einem Vorstand werden tatsächlich durch Mehrheitsentscheidung gefällt. Häufiger kommt es hingegen vor, dass die einzelnen Geschäftsführungsbereiche jeweils an ein Vorstandsmitglied mit Einzelgeschäftsführungsbefugnis für den betreffenden Bereich vergeben werden.

(1) Meinungsstand

In der anwaltlichen Literatur wird vorgeschlagen, die Unabhängigkeit in der Gesellschaft gegenüber Weisungen berufsfremder Vorstandsmitglieder durch eine entsprechende Geschäftsverteilung in der Geschäftsordnung nach § 77 Abs.1 S. 2 AktG sicherzustellen, ohne dass es auf eine Mehrheit von Berufsangehörigen im Vorstand ankäme.[306] Um eine unzulässige Beeinflussung der anwaltlichen Berufsträger zu vermeiden, komme es nicht auf Mehrheiten im Vorstand an, sondern auf die Möglichkeiten zur Einflussnahme.[307] So lange die nichtanwaltlichen Vorstandsmitglieder nicht mit der anwaltlichen Berufsausübung in Berührung kämen, sei eine Gefahr für die Unabhängigkeit nicht zu erblicken.

---

[304] *Hefermehl/ Spindler*, in MüKo AktG, 2. Aufl., § 94, Rn. 1

[305] Allgm. *Hefermehl/ Spindler*, in MüKo AktG, 2. Aufl., § 94, Rn. 8; *Wiesner*, in Münchener Handbuch Gesellschaftsrecht, 2. Aufl., Bd. 4 § 24, Rn. 23; zu beachten ist hier, dass die Gesamtvertretungsbefugnis nach § 94 AktG auch bezüglich Stellvertretern gilt, auch diese also an der gemeinschaftlichen Vertretung der AG teilnehmen müssen.

[306] So bislang nur *Passarge*, Die Aktiengesellschaft als neue Rechtsform für anwaltliche Zusammenschlüsse, S. 100

[307] *Passarge*, Die Aktiengesellschaft als neue Rechtsform für anwaltliche Zusammenschlüsse, S. 100

(2) Stellungnahme

Dem kann im Grundsatz zugestimmt werden. Bei einer entsprechenden Geschäftsverteilung kann eine ärztliche Mehrheit im Vorstand obsolet werden. So kann in der Geschäftsordnung bzw. der Satzung bindend bestimmt werden, dass diejenigen Geschäftsbereiche, die die ärztliche Tätigkeit umfassen, wie z.B. die Sparte „ärztlicher Dienst" oder „Qualitätssicherung", nur mit Ärzten besetzt werden dürfen, die zur Einzelgeschäftsführung im jeweiligen Bereich befugt sind.[308] Dadurch kann zumindest erreicht werden, dass im normalen Tagesgeschäft nur approbierte Vorstände Maßnahmen anordnen, welche die Berufsausübung der angestellten Ärzte im engeren Sinne beeinflussen können.

Dennoch stellt sich hier ein, wenn auch lösbares, Problem. Trotz aller Regelungskompetenz der Geschäftsordnung bestehen aber qua gesetzlicher Anordnung einige Regelungsbereiche fort, in denen der Grundsatz der Gesamtgeschäftsführung bzw. Vertretung nicht außer Kraft gesetzt werden kann.[309] Insbesondere sind dies Maßnahmen der Leitung der Gesellschaft aus § 76 AktG, wie die grundsätzliche Organisation der Gesellschaft, die langfristige Planung der Unternehmensausrichtung sowie die Besetzung der Führungskräfte.[310]Auch solche Entscheidungen können im Einzelfall die ärztliche Tätigkeit in der AG betreffen.[311] Ohne eine ärztliche Mehrheit ist dann eine Fremdeinflussnahme nicht auszuschließen

Zur Lösung des Problems bietet es sich an, einem oder mehreren ärztlichen Vorstandsmitgliedern ein Vetorecht einzuräumen.[312] Dieses bewirkt, dass die betreffenden Vorstandsmitglieder eine von dem Kollegialorgan getroffene Entscheidung gegen die Mehrheit blockieren und nach ganz h.M. auch endgültig verhindern können.[313]. Damit hat es der ärztliche Vetoinhaber in der Hand, Maßnahmen, die gegen die ärztliche Standesordnung und deren Ethik verstoßen, zu verhindern. Letztendlich trägt so jede positive Entscheidung des Kollegialorgans

---

[308] Zur Möglichkeit der Spartenregelung per Geschäftsordnung *Hüffer*, AktG, 7. Aufl., § 77, Rn. 10

[309] *Hüffer*, AktG, 7. Aufl., § 77, Rn. 17; *Hefermehl/ Spindler*, in MüKo AktG, 2. Aufl., § 77, Rn. 23

[310] *Würdinger*, Aktienrecht und das Recht der verbundenen Unternehmen, 4. Aufl., S. 119

[311] Teilweise sind es gerade die großen Führungsentscheidungen zur strategischen Ausrichtung, zur Einstellung von Führungspersonal oder zur sächlichen Ausstattung der AG, die die ärztliche Berufsausübung beeinflussen.

[312] Allg. zur Möglichkeit eines Vetorechts *Hüffer*, AktG, 7. Aufl., § 77, Rn. 12; *Wiesner*, in Münchener Hdb Gesellschaftsrecht, 4. Aufl., Bd. 2, § 22, Rn. 9

[313] Statt vieler siehe *Mertens*, in KölnKomm AktG, 2. Aufl., Bd. II, § 77, Rn. 11; *Hefermehl/ Spindler*, in MüKo AktG, 2. Aufl., § 77, Rn. 17; *Wiesner*, in Münchener Hdb Gesellschaftsrecht, 4. Aufl., Bd. 2, § 22, Rn. 9; a.A. *Bezzenberger*, ZGR, 1996, 661, 667, *Erle*, AG 1987, 7, 8 (unter Hinweis darauf, dass ein Vetorecht quasi eine Unterwanderung des § 77 I S. 2 AktG mit sich bringen würde); zweifelnd auch *Hoffmann-Becking* ZGR, 1998, 499, 518

eine ärztliche Handschrift, da sie durch einen Arzt hätte verhindert werden können.[314]
Hinsichtlich der Vertretung der Gesellschaft nach außen hin gilt das oben Gesagte.[315]
Die ärztliche Unabhängigkeit in der AG kann also, auch ohne eine Ärztemehrheit, durch entsprechende Besetzung der einzelnen Geschäftsbereiche, gewährleistet werden.

c) Exkurs: Die arbeitsvertragliche Absicherung ärztlicher Freiheiten in der AG

Soeben war erörtert worden, dass die in der AG angestellten Ärzte bei der Behandlung der Patienten in gesellschaftsrechtlicher Hinsicht weitestgehend frei von einer Einflussnahme durch den nichtärztlichen Vorstand sind. Jedoch auch Weisungen durch Ärzte- Vorstände dürfen die Beachtung berufsrechtlicher Vorgaben nicht unterwandern und müssen den Kernbereich ärztlicher Freiheit wahren.
Die Beschreibung von Tätigkeiten im Rahmen von Arbeitsverträgen ist notwendigerweise recht allgemein, da eine genaue Festlegung der konkret anfallenden Aufgaben des Arbeitnehmers nicht von vorneherein erfolgen kann. Grundsätzlich steht dem Arbeitgeber[316]daher ein Direktionsrecht zu, mittels dessen er in den Grenzen der Billigkeit (§ 315 BGB) die erforderlichen Einzelanweisungen treffen kann.[317] Rechtsgrundlage hierfür sind der Arbeitsvertrag iVm § 611 BGB sowie neuerdings § 106 GewO.[318]
Seine Grenze findet das Direktionsrecht jedoch in einem weisungsfreien Ausführungsspielraum, der insbesondere bei höherwertigen Tätigkeiten wie der ärztlichen Behandlung zum Tragen kommt.[319] Diesen Eigenraum hat der Arbeitgeber zu achten. Das bedeutet jedoch nicht, dass jeder angestellte Arzt völlig weisungsfrei seiner Tätigkeit nachgehen könnte. Vielmehr ist er solchen Weisungen unterworfen, die durch seinen ärztlichen Vorgesetzten, so z.B. einem Chefarzt, ausgesprochen werden.[320]

---

[314] Problematisch hieran ist in praktischer Hinsicht, dass derart privilegierte Vorstandsmitglieder auch berufsrechtlich unproblematische, aber betriebswirtschaftlich sinnvolle, Maßnahmen grundlos blockieren können. Dieses Problem wird sich jedoch nicht juristisch, sondern allenfalls betriebswirtschaftlich lösen lassen.
[315] S.o. 3. Kap., C, II, 2., a), cc), (1)
[316] Arbeitgeber ist die Gesellschaft, für die der Vorstand die Weisungen ausübt
[317] *Lieb*, Arbeitsrecht, 8. Auflage, Rn. 69; *Künzl*, in Kasseler Hdb Arbeitsrecht, Bd. I, 2.1 Rn. 5
[318] *Lieb*, Arbeitsrecht, 8. Auflage, Rn. 69
[319] *Blomeyer*, in Münchener Hdb Arbeitsrecht, Bd. I, § 48, Rn 6; *Wendeling-Schröder*, Autonomie im Arbeitrecht, S. 67; *Edenfeld*, in Ermann BGB, Bd. I, 11. Aufl., § 611, Rn. 292; *Attermeyer*, Die ambulante Arztpraxis in der Rechtsform der GmbH, S. 130
[320] *Richardi*, Staudinger BGB, 13. Aufl., Vor § 611, Rn. 1288

Dieser weisungsfreie Raum wird ergänzt durch das Erfordernis der Billigkeit einer Direktion. Eine Weisung entspricht nur dann der Billigkeit, wenn drittschützende Regeln, wie etwa das ärztliche Berufsrecht, angemessen berücksichtigt werden.[321] Unbillige, also z.B. berufsrechtswidrige, Weisungen sind für den Arbeitnehmer unverbindlich und müssen nicht beachtet werden.[322] Die angestellten Ärzte sind also arbeitsvertraglich vor berufsrechtlich unzulässigen Weisungen geschützt.

d) Zwischenergebnis

Es kann also festgehalten werden, dass der Vorstand zwar grundsätzlich einen direkten Einfluss auf die Berufsausübung der angestellten Ärzte haben kann. Durch die oben dargestellten Möglichkeiten der Satzungsgestaltung kann Verstößen gegen das Berufsrecht aber vorgebeugt werden. Selbst dann, wenn mehrheitlich berufsfremde Personen im Vorstand vertreten sind, kann durch Zuweisung medizinisch relevanter Geschäftsbereiche an Ärzte-Vorstände die ärztliche Behandlungsfreiheit und Unabhängigkeit ausreichend gesichert werden.
Daneben sind die angestellten Ärzte vor berufsrechtswidrigen Weisungen durch Vorstandsmitglieder auch arbeitsvertraglich geschützt.

3. Der Aufsichtsrat

Weiterhin von großer Bedeutung ist die Frage, ob der Aufsichtsrat Einfluss auf die ärztliche Berufstätigkeit in der Aktiengesellschaft nehmen kann.
Der Aufsichtsrat hat verschiedene aktienrechtliche Möglichkeiten, die Leitung und Geschäftsführung der Aktiengesellschaft zu beeinflussen. Damit einhergehen könnte eine Einschränkung der Entscheidungsfreiheit des Vorstandes, was in zweierlei Richtung als ein Verstoß gegen die ärztliche Unabhängigkeit gewertet werden kann:

Zum einen ist die ärztliche Unabhängigkeit der angestellten Ärzte betroffen, wenn der Aufsichtsrat auf den Vorstand (unabhängig von dessen personeller Besetzung) Einfluss nimmt. Das käme einer mittelbaren Einflussnahme des Aufsichtsrates auf die angestellten Ärzte gleich.

---

[321] *Blomeyer*, in Münchener Hdb Arbeitsrecht, Bd. I, § 48, Rn 38; *Wendeling-Schröder*, Autonomie im Arbeitrecht, S. 63; *Laufs*, in Laufs/ Uhlenbruck, Handbuch des Arztrechts, 3. Aufl., § 3 Rn. 12; ähnlich *Römermann*, GmbHR 1999, 526, 529

[322] *Edenfeld*, in Ermann BGB, Bd. I, 11. Aufl., § 611, Rn. 298; *Blomeyer*, in Münchener Hdb Arbeitsrecht, Bd. I, § 48, Rn. 45

Daneben kommt eine Gefährdung der Unabhängigkeit dann in Betracht, wenn die Vorstandstätigkeit eines Arztes in einer Arzt-AG auch „ärztliche Tätigkeit" ist und damit selbst dem Gebot der ärztlichen Unabhängigkeit unterliegt.
Für die Ärzte- GmbH ist vertreten worden, dass die Geschäftsführung durch einen Arzt ärztliche Tätigkeit sei.[323] Ärzte seien nach den Generalklauseln der Heilberufsgesetze verpflichtet, „ihren Beruf gewissenhaft auszuüben und dem ihnen im Zusammenhang mit dem Beruf entgegengebrachten Vertrauen zu entsprechen."[324] Ziel dieser Generalklausel sei es, den Umfang der Verpflichtung auf das gesamte berufsbezogene Handeln zu erstrecken. Ein Berufsbezug sei also bei jeglichem Handeln auf dem Gebiet der Heilkunde gegeben, auch das Wirken als Organ eine Arzt-AG gehöre dazu.[325]

Dem ist, in Bezug auf eine Vorstandstätigkeit in einer Arzt-AG, zuzustimmen. Das in der Generalklausel angesprochene Vertrauensverhältnis zwischen Arzt und Patient erschöpft sich nicht in einem Vertrauen des Patienten in die Heilkunst des Arztes. Auch außerhalb der eigentlichen Heiltätigkeit liegendes Fehlverhalten des Mediziners kann auf das Vertrauensverhältnis Auswirkungen haben.[326] Dies muss besonders dann gelten, wenn der Zusammenhang zwischen der organisatorischen Tätigkeit des Arztes und der dadurch betroffenen Heiltätigkeit sehr eng ist, wie dies bei der Vorstandstätigkeit in einer Arzt-AG der Fall ist. Auch insoweit wird dem Arzt ein berufliches Vertrauen des Patienten entgegengebracht. Eine die ärztlichen Berufspflichten auslösende Tätigkeit liegt also nicht bloß in der eigentlichen Behandlung des Patienten, sondern muss in jedem Wirken auf dem Gebiet der Heilkunde erblickt werden.[327] Das Berufsrecht, und damit auch die Unzulässigkeit der Entgegennahme von Weisung durch Nichtärzte, findet somit auch auf das ärztliche Vorstandsmitglied Anwendung. Eine Einflussnahme des Aufsichtsrates auf Entscheidungen des Vorstandes kann somit die ärztliche Freiheit der approbierten Vorstände beeinträchtigen.

a) Gesellschaftsrechtliche Einflussmöglichkeiten des Aufsichtsrates

Im Folgenden sollen die Aufgaben und Rechte des Aufsichtsrates, die die ärztliche Unabhängigkeit im Vorstand und bei den angestellten Ärzten beeinträchtigen könnten, untersucht werden. Da der Aufsichtsrat nach dem Aktiengesetz vielfältige Einflussmöglichkeiten besitzt, sollen die gesellschaftsrechtlichen

---

[323] *Attermeyer*, Die ambulante Arztpraxis in der Rechtsform der GmbH, S. 100
[324] Vgl. nur §29 I HeilBerG NRW;§ 22 Heilberufsgesetz Hessen; § 16 I HKaG Sachsen
[325] *Attermeyer*, Die ambulante Arztpraxis in der Rechtsform der GmbH, S. 100
[326] HessVGH, MedR 1986, 156, 157; *Laufs*, in Laufs/ Uhlenbruck, Handbuch des Arztrechts, 3. Aufl., S. 137
[327] HessVGH, MedR 1986, 156, 157 vgl. auch *Attermeyer*, Die ambulante Arztpraxis in der Rechtsform der GmbH, S. 100

Grundlagen der Rechte kurz einzeln dargestellt werden, und jeweils im Anschluss daran geprüft werden, ob die ärztliche Berufsausübung dadurch beeinflusst werden kann.

aa) Ernennungsrecht für den Vorstand

Der Aufsichtsrat hat nach § 84 Abs.1 AktG das Recht, die Vorstandsmitglieder zu ernennen. Die Norm begründet also die ausschließliche Personalkompetenz des Aufsichtsrates für den Vorstand.[328]Die Satzung kann z.B. nicht bestimmen, dass ein Vorschlagsrecht des Vorstandes oder ein Ernennungsrecht der Hauptversammlung besteht.[329] Damit hat der Aufsichtrat grundsätzlich die Möglichkeit, die Zusammensetzung und somit eventuell auch die unternehmenspolitische Ausrichtung des Vorstandes zu bestimmen.

In dem Ernennungsrecht kann ein unzulässiger Einfluss auf die ärztliche Tätigkeit nicht gesehen werden, solange die durch die Satzung statuierte Mindestanzahl ärztlicher Vorstandsmitglieder eingehalten wird. Zur Beachtung dieser Voraussetzung ist der Aufsichtrat verpflichtet.[330]

bb) Abberufungsrecht für den Vorstand

Ferner obliegt es dem Aufsichtsrat nach § 84 Abs.3 AktG, den Vorstand vor Amtszeitende bei Bedarf abzuberufen. Um eine Abberufung zu verhindern, könnten sich Vorstandsmitglieder dazu gedrängt sehen, den Willen des Aufsichtsrates über das zu stellen, was ihre eigene ärztliche Vernunft gebietet. Auch hierin läge eine unzulässige Einflussnahme.
Zu beachten ist jedoch, dass die Möglichkeit der Abberufung nur in den engen Grenzen des „wichtigen Grundes" nach § 84 Abs.3 S. 1 AktG besteht. Hieran ist der Aufsichtsrat nach pflichtgemäßem Ermessen gebunden. Dadurch soll aktienrechtlich die Unabhängigkeit des Vorstandes gewahrt bleiben und dieser nicht von der Willkür des Aufsichtsrates abhängig gemacht werden.[331] Ein wichtiger Grund ist immer nur dann gegeben, wenn die Interessen der Gesellschaft durch die Handlung des Vorstandes so beeinträchtigt werden, dass eine Fortsetzung

---

[328] *Hüffer*, AktG, 7. Aufl., § 84, Rn. 1; *Hefermehl/ Spindler*, MüKo AktG, 2. Aufl., Bd. III, § 84, Rn. 9

[329] *Hefermehl/ Spindler*, MüKo AktG, 2. Aufl., Bd. III, § 84, Rn. 9; *Lutter/ Krieger*, Rechte und Pflichten des Aufsichtsrates, S. 102; ähnlich *Semler*, in Semler/ v. Schenck, Arbeitshandbuch für Aufsichtsratsmitglieder, 2. Aufl., § 1, Rn. 52

[330] *Hefermehl/ Spindler*, MüKo AktG, 2. Aufl., Bd. III, § 84, Rn. 23; *Lutter/ Krieger*, Rechte und Pflichten des Aufsichtsrates, S. 106

[331] *Lutter/ Krieger*, Rechte und Pflichten des Aufsichtsrates, S. 116

der Amtszeit bis zum regulären Ende unzumutbar wäre, beispielsweise im Falle einer (groben) Pflichtverletzung oder eines gesetzeswidrigen Verhaltens.[332]

Es ist kaum vorstellbar, dass eine dem ärztlichen Gewissen entsprechende Handlung eines Vorstandes in einer Arzt-AG die Grenze eines wichtigen Grundes jemals überschreiten könnte. Das Vorstandsmitglied hat also die Möglichkeit, sich erfolgreich gegen die Abberufung mit einer Klage gegen den Aufsichtsrat nach § 112 AktG zur Wehr zu setzen.[333]
Die Gefahr einer Einflussnahme des Aufsichtsrates auf ein ärztliches Vorstandmitglied durch Drohung mit Abberufung ist also eher theoretischer Natur und kann daher vernachlässigt werden.

cc) Erlass einer Geschäftsordnung für den Vorstand

In § 77 Abs.2 AktG ist festgelegt, dass dem Vorstand die Erlasskompetenz für seine eigene Geschäftsordnung zusteht, sofern nicht die Satzung dem Aufsichtsrat diese Kompetenz zugewiesen hat oder dieser nicht schon von sich aus tätig geworden ist. Die Erlasskompetenz des Vorstandes ist also subsidiär gegenüber der des Aufsichtsrates.[334]
Die dem Vorstand vom Aufsichtsrat gegebene Geschäftsordnung kann dabei auch Fragen regeln, die einen Einfluss auf die ärztliche Unabhängigkeit in der AG haben, wie z.B. die Geschäftsverteilung oder den Katalog zustimmungsbedürftiger Geschäfte nach § 111 Abs.4 AktG.[335] Die Kompetenz des Aufsichtsrates endet jedoch dort, wo die Satzung Einzelheiten der Geschäftsordnung bindend regelt.[336] Sofern die Satzung also für die Arzt-AG verbindlich regelt, dass eine Geschäftsordnung diejenigen Geschäftsbereiche, die einen direkten Bezug zur ärztlichen Tätigkeit beinhalten, nur an Ärzte vergeben werden, besteht keine

---

[332] OLG Stuttgart, AG 2003, 211, 212; *Hüffer*, AktG, 7. Aufl., § 84, Rn. 26; *v. Schenck*, in Semler/ v. Schenck, Arbeitshandbuch für Aufsichtsratsmitglieder, 2. Aufl., § 7, Rn. 50

[333] Allg. *Hüffer*, AktG, 7. Aufl., § 84, Rn. 33

[334] *Siebel*, in Semler/ v. Schenck, Arbeitshandbuch für Aufsichtsratsmitglieder, 2. Aufl., § 3, Rn. 62; *Hüffer*, AktG, 7. Aufl., § 77, Rn. 19

[335] *Wiesner*, in Münch. Hdb. Gesellschaftsrechtes, 2. Aufl., Bd. IV, § 22, Rn. 17; *Siebel*, in Semler/ v. Schenck, Arbeitshandbuch für Aufsichtsratsmitglieder, 2. Aufl., § 3, Rn. 62; *Hüffer*, AktG, 7. Aufl., § 77, Rn. 20

[336] Streitig ist, in welchem Maße die Satzung die Geschäftsordnung vorwegnehmen darf. Während eine Ansicht davon ausgeht, dass die Satzung die Geschäftsordnung vollständig enthalten darf (so *Godin/ Wilhelmi*, AktG, 4. Aufl., § 77, Anm. 10), vertritt die wohl herrschende Meinung die Ansicht, dass dem Aufsichtsrat ein organisatorischer Kernbereich verbleiben müsse, um dem gesetzlichen Wortlaut „Einzelfragen" gerecht zu werden (so *Wiesner*, in Münch. Hdb. Gesellschaftsrechtes, 2. Aufl., Bd. IV, § 22, Rn. 17; *Hüffer*, AktG, 7. Aufl., § 77, Rn. 20). Der Streit kann vorliegend dahinstehen, da zur Sicherung der ärztlichen Unabhängigkeit nur die Regelung einzelner Fragen notwendig ist, die nach allen Ansichten zulässig ist.

Gefahr mehr für die Unabhängigkeit des Vorstandes durch Erlass einer Geschäftsordnung.[337]

dd) Beratung des Vorstandes

Im Rahmen der Überwachungstätigkeit hat der Aufsichtsrat den Vorstand auch zu beraten, da sich die Überwachung nicht auf eine Vergangenheitskontrolle beschränken darf, sondern auch präventiv wirken muss.[338] Wie bei jedem Rat fehlt auch bei der Beratung des Vorstandes durch den Aufsichtsrat zunächst jede Rechtsverbindlichkeit[339] und stellt somit keine Gefahr für die ärztliche Freiheit dar.

ee) Zustimmungsvorbehalte nach § 111 Abs. 4 AktG

Die Zustimmungsvorbehalte des Aufsichtsrates sind ein besonders wirksames Instrument zur Durchsetzung seiner Überwachungs- und Kontrollfunktion. Mit ihrer Hilfe kann der Aufsichtsrat bestimmte Arten von Geschäften an seine Zustimmung binden.

Zustimmungspflichtig können nicht nur Rechtsgeschäfte sein, sondern auch interne Maßnahmen der Organisation, der Unternehmensplanung oder Personalentscheidungen können einem Zustimmungsvorbehalt unterliegen.[340] Besonders hervorzuheben ist im vorliegenden Zusammenhang die Möglichkeit, im Wege eines Ad hoc-Beschlusses auch bestimmte Einzelmaßnahmen des Vorstandes zu verhindern,[341] so z.B. wenn der Vorstand die Zweckmäßigkeit oder Wirtschaftlichkeit einer Maßnahme nicht ausreichend beachtet oder besonders risikoreiche Geschäfte abschließen will.[342] Nach ganz h.M. ist eine Begrenzung der Zustimmungsvorbehalte durch die Satzung nicht möglich.[343]

---

[337] Anders für den anwaltlichen Bereich Passarge, der auch ohne eine solche Regelung eine Gefahr verneint, *Passarge*, Die Aktiengesellschaft als neue Rechtsform für anwaltliche Zusammenschlüsse, S. 104

[338] BGHZ 114, 127, 129; *Semler*, in MüKo AktG, 2. Aufl., Bd. III, § 111, Rn. 247; *Lutter/ Krieger*, Rechte und Pflichten des Aufsichtsrates, S. 44;

[339] *Semler*, in MüKo AktG, 2. Aufl., Bd. III, § 111, Rn. 252; *Hoffmann-Becking*, in Münchener Hdb. Gesellschaftsrecht, Bd. IV, § 29, Rn. 32

[340] *Semler*, in MüKo AktG, 2. Aufl., Bd. III, § 111, Rn. 397

[341] BGHZ 124, 111, 127; *Hüffer*, AktG , 7. Aufl., § 111, Rn. 18; *Semler*, in MüKo AktG, 2. Aufl., Bd. III, § 111, Rn. 408; *Götz*, ZGR 1990, 633, 639;

[342] *Semler*, in MüKo AktG, 2. Aufl., Bd. III, § 111, Rn. 408

[343] *Semler*, in MüKo AktG, 2. Aufl., Bd. III, § 111, Rn 403; *Hüffer*, AktG, 7. Aufl., § 111, Rn. 17 a; *Meyer-Landrut*, GroßKomm AktG, § 111, Anm. 17; *Lutter/ Krieger*, Rechte und Pflichten des Aufsichtsrates, Rn. 36; *Immenga*, ZGR 77, 249, 268; *Hommelhoff/ Schwab*, WiB 1995, 115, 117; a.A. *Hölters*, BB 1978, 640, 642; *Wiedemann*, ZGR 75, 386, 426 unter Hinweis darauf, dass der Aufsichtsrat seine Rechte quasi von der Hauptversammlung ableitet und sich deshalb auch Beschränkungen in der Satzung, als oberstem Statut der Aktionäre gefallen lassen müsse. Dies überzeugt nicht. Die Zustimmungsvorbehalte sind ein wesentliches Element zur Kontrolle des Vorstandes durch den AR, der ansonsten kaum Handhabe hätte. Daher ist eine Entziehung dieses Rechtes nicht möglich.

Daher wird sich eine Beschränkung der ärztlichen Freiheit durch den Aufsichtsrat nicht von vorneherein ausschließen lassen. [344] Denkbar und betriebswirtschaftlich sinnvoll könnte ein Zustimmungsvorbehalt z.B. sein, wenn es um die Anschaffung kostenintensiver Apparate geht, was gerade in der Medizin keine Seltenheit ist. Eine Versagung der Apparate durch den Aufsichtsrat beeinträchtigt dann die ärztliche Entscheidung des Vorstandes und kann sich auch für den einzelnen Arzt als eine Beeinträchtigung seiner Therapiefreiheit darstellen.[345] Es ist also zu gewährleisten, dass eine Zustimmungsversagung durch den Aufsichtsrat verantwortlich von Ärzten beschlossen wird.

b) Notwendige Mitgliederstruktur des Aufsichtsrates

aa) Meinungsstand

Auf Grund der Gefahr der Zustimmungsvorbehalte für die Unabhängigkeit wird im Falle der Rechtsanwalts-AG überwiegend vorgeschlagen, den Aufsichtsrat nur mit Rechtsanwälten und anderen sozietätsfähigen Personen zu besetzen, wobei mehrheitlich Rechtsanwälte vertreten sein müssten.[346] Teilweise wird sogar eine Besetzung ausschließlich mit Rechtsanwälten gefordert.[347] Zur Begründung wird angeführt, die Zustimmungsvorbehalte könnten die Unabhängigkeit der Berufsausübung schwer beeinträchtigen, wenn z.B. ein wichtiger Schriftsatz für zustimmungspflichtig erklärt werde.[348]

Demgegenüber vertrtitt eine Mindermeinung den Standpunkt, dass berufsrechtliche Vorgaben an die personale Zusammensetzung des Aufsichtsrates nicht er-

---

[344] Bzgl. der Rechtsanwalts-AG gehen einige Literaturstimmen daher davon aus, dass auch einzelne wichtige Schriftsätze oder Mandatsübernahmen zustimmungspflichtig sein können, was tatsächlich in Einzelfällen nicht auszuschließen sein wird *Hommelhoff/ Schwab*, WiB 1995, 115, 117; so auch *Muthers*, NZG 2001, 930, 932; *Stabreit*, NZG 1998, 452, 453

[345] Dies wird für die Anwalts-AG teilweise anders beurteilt, *Passarge*, Die Aktiengesellschaft als neue Form für anwaltliche Zusammenschlüsse, S. 107, der darauf abstellt, dass nicht die Übernahme eines Mandates durch die anwaltliche Unabhängigkeit geschützt ist; sowie Hoffmann, Die anwaltliche Kapitalgesellschaft, S. 221, der unzutreffenderweise die anwaltliche Unabhängigkeit allein schon deshalb nicht gefährdet sieht, da der Aufsichtsrat sich gegenüber den anwaltlichen Mehrheitsaktionären verantworten müsse. Für den anwaltlichen Bereich mag es zutreffend sein, dass die Zustimmungsvorbehalte nicht in die Berufsausübung der angestellten Anwälte eingreifen. Obiges Beispiel zeigt jedoch, dass dies gerade im investitionsintensiven Arzt-Bereich nicht so gesehen werden kann.

[346] BGH NJW 2005, 1568, 1571; *Ludwig*, in Becksches RA- Handbuch, 8. Aufl., N 6, Rn. 114; *Stabreit*, NZG 1998, 452, 453; *Kempter/ Kopp*, NJW 2001, 777, 780; *Schumacher*, AnwBl. 1998, 364, 366; *ders* AnwBl 2000, 409, 411; *Klilian*, NZG 2001, 150, 152;

[347] *Hommelhoff/ Schwab*, WiB 1995, 115, 117; *Heublein*, AnwBl 1999, 304, 306

[348] *Hommelhoff/ Schwab*, WiB 1995, 115, 117; *Stabreit*, NZG 1998, 452, 453

forderlich seien.[349] Auf die anwaltliche Beratungsleistung könne der Aufsichtsrat keinen Einfluss ausüben und somit die Unabhängigkeit nicht beeinflussen.[350] Die Art und Weise der Berufsausübung sei weiterhin dem einzelnen Anwalt überlassen.[351] Vielmehr werde der anwaltlichen Berufsausübung nur ein äußerer Rahmen gesetzt, der die Schwelle zur Beeinträchtigung der Unabhängigkeit nicht antaste.

bb) Stellungnahme

Abzulehnen ist für Arzt-AG zunächst die zweite Ansicht. Oben wurde dargestellt, dass die Zustimmungsvorbehalte auf Grund der sensiblen Situation im Bereich des Heilwesens eine Beeinträchtigung ärztlicher Freiheiten ermöglicht. Zumindest in der Medizin kann der äußere Rahmen der Berufsausübung kaum von der eigentlichen Heiltätigkeit getrennt werden. Das wird besonders deutlich, wenn man sich vor Augen führt, dass auch die immens bedeutsame Ausstattung mit medizinischen Geräten Teil des „äußeren Rahmens" ist. Auch im Aufsichtsrat muss also, wie beim Vorstand, die ärztliche Dominanz gewahrt bleiben.

Zu weit reichen würde es jedoch, deshalb die Mitglieder des Aufsichtsrats auf Angehörige des Heilwesens oder gar ausschließlich auf Ärzte zu begrenzen, wie dies von der h.M. für die Rechtsanwalts-AG vorgeschlagen wird. Da es auch beim Vorstand der Arzt-AG genügt, wenn den Ärzten der entscheidende Einfluss auf die Willensbildung des Organs zukommt, muss dies erst recht im Falle des Aufsichtsrates gelten, dessen Einfluss auf die Gesellschaft erheblich geringer ist als der des Vorstandes.

Es genügt also, wenn den Ärzten der entscheidende Einfluss im Aufsichtsrat zukommt.

Der Aufsichtsrat fasst nach § 108 Abs.1 AktG seine Entscheidungen durch Beschluss, wobei grundsätzlich die Mehrheit der abgegebenen Stimmen genügt.[352] Im Falle der Stimmengleichheit gilt ein Antrag als abgelehnt.[353] Für den Aufsichtsrat einer Arzt-AG bedeutet dies, dass immer eine Mehrheit von Ärzten an der Beschlussfassung teilnehmen muss. Dann ist gesichert, dass die Entscheidung stets verantwortlich von Ärzten gefällt wird.

---

[349] *Römermann*, Entwicklungen und Tendenzen bei Anwaltsgesellschaften, S. 186; *ders.* in Hartung/ Holl, BRAO, 2. Aufl., Vor § 59 a, Rn. 102; *Pluskat*, AnwBl 2003, 131, 136; *Hoffmann*, Die anwaltliche Kapitalgesellschaft, S. 220; *Passarge*, Die Aktiengesellschaft als neue Rechtsform für anwaltliche Zusammenschlüsse, S. 105; *ders.* NJW 2005, 1835, 1838; *Muthers*, NZG 2001, 930, 932

[350] *Passarge*, NJW 2005, 1835, 1838; *Muthers*, NZG 2001, 930, 932

[351] *Pluskat*, AnwBl 2003, 131, 136

[352] *Hüffer*, AktG, 7. Aufl., § 108, Rn. 6; *Lutter/ Krieger*, Rechte und Pflichten des Aufsichtsrates, Rn. 249

[353] *Semler*, MüKo AktG, 2. Aufl. Bd. III, § 108, Rn. 136

c) Rechtstechnische Sicherung der ärztlichen Mehrheit

Die ärztliche Mehrheit im Aufsichtsrat kann durch eine entsprechende Satzungsbestimmung abgesichert werden, nach der stets die Mehrheit der Mitglieder einer Approbation bedürfen.[354] Für den Fall des Verlustes der Approbation kommt eine gerichtliche Abberufung des Mitgliedes aus wichtigem Grund nach § 103 Abs.3 AktG oder eine Abberufung durch die Hauptversammlung nach § 103 Abs.1 AktG in Betracht. Der wichtige Grund ist stets darin zu sehen, dass ein Mitglied die satzungsmäßigen Voraussetzungen nicht erfüllt und eine Quorumsverschiebung zu befürchten ist.[355] Um eine Abberufung zu erleichtern, sollte die Satzung bestimmen, dass zur Abberufung von Aufsichtsratsmitgliedern eine einfache Mehrheit der abgegebenen Stimmen der Hauptversammlung anstelle der gesetzlich in § 103 Abs.1 S. 2 AktG vorgesehen ¾ Mehrheit ausreichend ist.[356] Auf Grund der Tatsache, dass bei Fehlbesetzung des Aufsichtsrates ein Verstoß gegen das Berufsrecht vorliegt, sind die ärztlichen Mitglieder der Hauptversammlung in ihrem pflichtgemäßen Ermessen zur Abberufung des betreffenden Mitglieds auf Null reduziert. Die Aufsichtsratsmitglieder, die einen Antrag auf vorzeitige gerichtliche Abberufung eines anderen Aufsichtsratsmitglieds nach § 103 Abs.3 AktG stellen können, sind hierzu durch eine Ermessensreduzierung auf null verpflichtet, da der Gesellschaft bei Berufsrechtsverstößen Konsequenzen drohen. Für die Zeit nach der Abberufung des alten Mitgliedes kann ein von vorneherein zu bestellendes Ersatzmitglied[357] nach § 101 Abs.3 S. 2 AktG, welches freilich über eine Approbation zu verfügen hat, die Stimmenmehrheit der Ärzte im Vorstand wahren.[358]

---

[354] So auch für den anwaltlichen Bereich *Schumacher*, AnwBl, 1998, 364, 366; allg. zu den persönlichen Voraussetzungen für Aufsichtsräte in der Satzung *Semler*, in MüKo AktG, 2. Aufl., Bd. III, § 100, Rn. 64; *Lutter/ Krieger*, Rechte und Pflichten des Aufsichtsrates, Rn. 10

Im Gegensatz zu der unten noch erörterten Beschlussfähigkeitsklausel, die für jede Abstimmung eine Ärztemehrheit fordert und daher wegen Verstoßes gegen das Gleichbehandlungsprinzip unwirksam ist, spricht nichts gegen diese Satzungsbestimmung. Ein Verstoß gegen das Gleichbehandlungsprinzip kann hier nicht vorliegen, da dieses Prinzip erst durch die Wahl in den Aufsichtsrat in Kraft gesetzt wird, diese Klausel jedoch im Vorfeld der Wahl wirkt und sich nur an die Hauptversammlung richtet. Eine Ungleichbehandlung der AR-Mitglieder liegt also nicht vor.

[355] *Hoffmann-Becking*, in Münchener Hdb des Gesellschaftsrechtes, Bd. IV, 2. Aufl., § 30, Rn. 47

[356] Zur Zulässigkeit einer satzungsmäßigen Herabsetzung des Mehrheitserfordernisses *Semler*, in MüKo AktG, 2. Aufl. Bd. III, § 103, Rn. 20

[357] *Hüffer*, AktG, 7. Aufl., § 101, Rn. 12

[358] *Schumacher*, AnwBl, 1998, 364, 366; Im Unterschied zu Stellvertretern, die im Aufsichtsrat unzulässig sind (§ 101 III S. 1 AktG) rücken Ersatzmitglieder bei endgültigem Ausscheiden des alten Mitglieds bis zum Amtszeitende nach, *Hüffer*, AktG, 7. Aufl., § 101, Rn. 11

d) Erforderlichkeit einer Beschlussfähigkeitsklausel?

Sinnvoll ist es, die ärztliche Mehrheit durch eine Beschlussfähigkeit zu flankieren.[359] Da das AktG nicht voraussetzt, dass alle Mitglieder des Aufsichtsrates abstimmen,[360] muss satzungsmäßig sichergestellt werden, dass auch bei jeder einzelnen Abstimmung Ärzte die Mehrheit im Aufsichtsrat haben. Abwesenheitsbedingte Zufallsmehrheiten müssen ausgeschlossen sein.

Fraglich ist, ob und wie dies umgesetzt werden kann. Hierzu findet sich, soweit ersichtlich, noch keine wissenschaftliche Auseinandersetzung in Zusammenhang mit der Sicherung berufsrechtlicher Mehrheitsvorgaben.
Auf Grund des Gleichbehandlungsgrundsatzes für Aufsichtsratsmitglieder verbietet sich eine Satzungsbestimmung, nach der eine Beschlussfähigkeit nur dann vorliegt, wenn eine Ärztemehrheit anwesend ist.[361] Hierin läge einer Besserstellung der ärztlichen Aufsichtsratmitglieder, da ihnen faktisch ein Vetorecht eingeräumt würde, was für den Aufsichtsrat unzulässig ist.[362]
Dennoch kann die ärztliche Mehrheit bzw. Stimmengleichheit satzungsmäßig garantiert werden. Hierfür stehen mehrere Wege zur Auswahl.

aa) Gesetzliche Zahl der Aufsichtsratsmitglieder

Im Normalfall besteht der Aufsichtsrat von Gesetzes wegen gemäß § 95 S. 1 AktG aus drei Mitgliedern. Nach § 108 Abs.2 S. 3 AktG setzt die Beschlussfähigkeit des Aufsichtsrates voraus, dass mindestens drei Mitglieder an der Abstimmung teilnehmen, im gesetzlichen Normalfall also alle. Sofern der Aufsichtsrat lediglich aus drei Mitgliedern besteht, ist die Ärztemehrheit somit gesichert. Einer Beschlussfähigkeitsklausel bedarf es nicht.

bb) Satzungsmäßig erhöhte Zahl der Aufsichtsratsmitglieder

Wenn in der Aktiengesellschaft ein größerer Aufsichtsrat den Vorstand überwachen soll, was nur durch eine entsprechende Satzungsbestimmung geregelt werden kann,[363] ist die Absicherung der Mehrheit bzw. Stimmengleichheit für Ärzte in den einzelnen Abstimmungen etwas komplizierter und bedarf einer satzungsmäßigen Regelung.

---

[359] So auch *Kilian*, NZG 2001, 150, 152

[360] Es genügt nach § 108 II S. 2 AktG die Hälfte der gesetzlichen Mitglieder, mindestens jedoch drei.

[361] Vgl. die Leitentscheidung BGH 83, 151, 154; *Siebel*, in Semler/ v. Schenck, Arbeitshandbuch für Aufsichtsratsmitglieder, 2. Aufl., § 5, Rn. 94; *Semler*, in MüKo AktG., 2. Aufl., Bd. III, § 108, Rn. 48

[362] *Hoffmann-Becking*, in Münchener Hdb Gesellschaftsrecht, Band 2, 4. Aufl., § 31, Rn. 50).

[363] *Meyer-Landrut*, in GroßKomm AktG, 3. Aufl., Bd. I/ 2, § 95, Anm. 2; *Semler*, in MüKo AktG., 2. Aufl., Bd. III, § 95, Rn. 18

Möglich wäre es, eine Ärztemehrheit durch eine Klausel zu sichern, welche die Beschlussfähigkeit des Aufsichtsrates an die Anwesenheit aller seiner Mitglieder bindet.

Die Zulässigkeit solcher Klauseln wird teils unter Hinweis darauf bestritten, dass die Handlungsfähigkeit des AR in nicht hinnehmbarer Weise eingeschränkt werde.[364]
Dem kann nicht zugestimmt werden. Eine Klausel, die die Beschlussfähigkeit des Aufsichtsrates an die Teilnahme aller tatsächlichen Mitglieder knüpft, behindert die Handlungsfähigkeit des Rates nicht in unzumutbarer Weise.[365] Eine Teilnahme aller vorhandenen Mitglieder ist nämlich ohne weiteres möglich. Bei lang andauernder Verhinderung eines Mitgliedes springen die Ersatzmitglieder ein. Bei bloßer Abwesenheit ermöglicht das Gesetz die schriftliche Stimmabgabe bzw. die Stimmabgabe durch einen Boten.[366] Daneben ist sogar die fernmündliche Stimmabgabe in einer Telefon- oder Videokonferenz möglich, sofern dies in der Satzung oder der Geschäftsordnung vorgesehen ist, vgl. §108 Abs.4 AktG. Es sind also diverse Wege denkbar, ohne großen Aufwand die Teilnahme aller Mitglieder an der Abstimmung zu gewährleisten.
Im Übrigen stellt es zwar keine gesetzliche Pflicht, jedenfalls aber den Regelfall dar, dass alle Mitglieder an den Sitzungen teilnehmen.[367] Bei Nichtbeteiligung an einer Beschlussfassung droht dem Mitglied immerhin eine Haftung wegen Verletzung der Sorgfaltspflichten, wenn daraus ein Schaden resultieren sollte.[368] Warum aber eine Satzungsbestimmung, die den ohnehin gewünschten Normalfall zur Voraussetzung erhebt, eine unerträgliche Behinderung darstellen soll, ist nicht ersichtlich.
Eine Abstimmung aller vorhandener Mitglieder ist leicht möglich, weshalb die Satzungsbestimmung nach hier vertretener Auffassung zulässig ist, und in die Satzung der Arzt-AG übernommen werden sollte.[369]

---

[364] *Mertens*, in KölnKomm, 2. Aufl., Bd. 2 § 108, Rn. 63

[365] So i. E. *Siebel*, in Semler/ v. Schenck, Arbeitshandbuch für Aufsichtsratsmitglieder, 2. Aufl., § 5, Rn. 92, 93

[366] Vgl. § 108 III AktG

[367] *Siebel*, in Semler/ v. Schenck, Arbeitshandbuch für Aufsichtsratsmitglieder, 2. Aufl., § 5, Rn. 96

[368] *V. Schenck*, in Semler/ v. Schenck, Arbeitshandbuch für Aufsichtsratsmitglieder, 2. Aufl., § 7, Rn. 273; *Semler*, in MüKo AktG, 2. Aufl., Bd. III, § 108, Rn. 99; *Peltzer*, WM 1981, S. 346, 351

[369] Grundsätzlich möglich ist auch noch die unten bzgl. des paritätisch mitbestimmten Aufsichtsrates erörterte Lösung, die ohne eine spezielle Satzungsbestimmung zur Beschlussfähigkeit auskommen muss, weil dort eine 100%-Beschlussfähigkeitsklausel nach h.M. unzulässig ist, vgl unten 3. Kap., C, IV, 4, a), bb), (2). Diese Lösung garantiert jedoch nur das notwendige Minimum an ärztlicher Kontrolle im Aufsichtsrat. Sofern möglich, sollte, zur besseren Absicherung des ärztlichen Einflusses, eine Beschlussfähigkeitsbestimmung in die Satzung integriert werden.

e) Zwischenergebnis

Die Rechte des Aufsichtsrates bereiten bei genauer Betrachtung in den meisten Fällen von vorneherein keine Probleme mit der ärztlichen Freiheit in der AG. Lediglich durch Ausübung eines (ad hoc) Zustimmungsvorbehaltes besteht die Gefahr einer Beeinträchtigung der ärztlichen Unabhängigkeit. Hier ist durch eine satzungsmäßige Festlegung einer Ärztemehrheit dafür Sorge zu tragen, dass jede Beschlussfassung des Aufsichtsrates eine ärztliche Prägung erfährt.

4. Die Aktionäre

Hinsichtlich der ärztlichen Unabhängigkeit in der Gesellschaft müssen zuletzt noch die gesellschaftrechtlichen Rechte der Aktionäre untersucht werden. Wie im Falle des Aufsichtsrates sollen wieder die einzelnen aktienrechtlichen Befugnisse der Aktionäre bzw. der Hauptversammlung dargestellt und jeweils geprüft werden, welche Schlussfolgerungen sich daraus für die personelle Konstellation der Hauptversammlung ziehen lassen.

a) Meinungsstand

Für die ärztliche Kapitalgesellschaft wird die Problematik der personellen Besetzung der Hauptversammlung bislang lediglich unter Hinweis auf die neue berufsrechtliche Regelung der §§ 23 a, b MBO-Ä erörtert. Der Kreis möglicher Gesellschafter[370] sei limitiert auf Ärzte und Angehörige anderer Heilberufe, daneben müsse Ärzten die Mehrheit der Gesellschaftsanteile zustehen.[371] Das sei erforderlich, um wirtschaftlicher Einflussnahme reiner Finanzinvestoren vorzubeugen.[372]

Differenzierter und ausführlicher stellt sich demgegenüber die Diskussionslage im Falle der Anwalts-Aktiengesellschaft dar.
Überwiegend wird, davon ausgegangen, dass, entsprechend der Regelung zur Anwalts-GmbH, nur Angehörige sozietätsfähiger Berufe als Gesellschafter einer Rechtsanwalts-AG in Frage kämen.[373] Daneben wird durch die meisten Vertre-

---

[370] Die bislang vorhandene Literatur bezieht sich ausschließlich auf die GmbH, weshalb stets von Gesellschaftern und nicht von Aktionären die Rede ist.

[371] *Saenger*, MedR 2006, 138, 140; *Ratzel/ Lippert*, MedR 2004, 525, 526; *Braun/ Richter*, MedR 2005, 685, 686; *Häußermann/ Dollmann*, MedR 2005, 255, 259; a.A. nur *Attermeyer*, Die ambulante Arztpraxis in der Rechtsform der GmbH, S. 140

[372] *Saenger*, MedR 2006, 138, 140; *Ratzel/ Lippert*, MedR 2004, 525, 526; *Braun/ Richter*, MedR 2005, 685, 686

[373] So BGH NJW 2005, 1568, 1571; *Henssler*, in Henssler/ Prütting, BRAO, 2. Aufl., Vor § 59 c, Rn. 26; *Ludwig*, in Becksches RA- Handbuch, 8. Aufl., N 6, Rn. 114; *Hommelhoff/ Schwab*, WiB 1995, 115, 117; Muthers, NZG 2001, S. 930, 932; Kempter/ Kopp, NJW 2001, S. 777, 779; Stabreit, NZG 1998, S. 452, 454; *Passarge*, Die Aktiengesellschaft als neue Rechtsform für anwaltliche Zusammenschlüsse, S. 141; *ders.* NJW 2005, 1835,

ter dieser Ansicht zusätzlich gefordert, dass sowohl die Stimmen- als auch Kapitalmehrheit in der Hand der Rechtsanwälte liegen müssten.[374] Begründet wird dies hauptsächlich mit einem pauschalen Verweis auf die anwaltliche Unabhängigkeit, die anders gefährdet sei.

Demgegenüber wird jedoch auch vertreten, die schwache Stellung der Aktionäre mache eine Begrenzung auf sozietätsfähige Personen überflüssig.[375] Weisungen gegenüber dem Vorstand seien weitestgehend ausgeschlossen und das konkrete Tagesgeschäft sei der Einflussnahme der Aktionäre entzogen.[376] Die Vergabe von Aktien sei also nicht an persönliche Voraussetzungen des Erwerbers bzw. Aktionärs gebunden.

b) Stellungnahme

Die Frage, welche Berufs- und Mehrheitsverhältnisse in der Hauptversammlung einer Arzt-AG erforderlich sind, kann nicht abstrakt entschieden werden. Um fundiert in Hinsicht auf die Arzt-AG zu den gegenläufigen Ansichten Stellung nehmen zu können, ist es unerlässlich, die einzelnen gesellschaftsrechtlichen Rechte der Aktionäre und die jeweils erforderlichen Stimmenquoren zu begutachten und anschließend zu prüfen, ob sich daraus Implikationen für die Personalstruktur der Hauptversammlung ergeben:

aa) Geltendmachung von Minderheitenrechten

Grundsätzlich gilt in einer AG das Mehrheitsprinzip, d.h. Beschlüsse der Hauptversammlung bedürfen zumeist mindestens der Mehrheit der abgegeben Stimmen, § 133 Abs.1 AktG. Das Aktiengesetz knüpft aber eine Reihe von Aktionärskompetenzen an das Erreichen bestimmter Quoren, die unterhalb der grundsätzlich erforderlichen 50 % Schwelle liegen. Fraglich ist, ob diese Minderheitenrechte eine Gefahr für die ärztliche Unabhängigkeit in der AG darstellen können. Dann könnte es erforderlich sein, die Beteiligung nichtärztlicher Aktionäre unter die Schwelle des jeweiligen Quorums zu drücken.

1838; *Schumacher*, AnwBl. 1998, 364, 365, 369, *ders.* AnwBl. 2000, 409, 411; *Hoffmann*, Die anwaltliche Kapitalgesellschaft, S. 208

[374] *Henssler*, in Henssler/ Prütting, BRAO, 2. Aufl., Vor § 59 c, Rn. 26; *Ludwig*, in Becksches RA- Handbuch, 8. Aufl., N 6, Rn. 114; *Hommelhoff/ Schwab*, WiB 1995, 115, 117; *Kempter/ Kopp*, NJW 2001, 777, 779; *Hoffmann*, Die anwaltliche Kapitalgesellschaft, S. 208

[375] So *Römermann*, Entwicklungen und Tendenzen bei Anwaltsgesellschaften, S. 187; *ders.* in Hartung/ Holl, BRAO, 2. Aufl., Vor § 59 a, Rn. 106; *Heublein*, AnwBl 1999, 304, 307; *Pluskat*, AnwBl. 2003, 131, 134

[376] *Römermann*, Entwicklungen und Tendenzen bei Anwaltsgesellschaften, S. 187; *ders.* in Hartung/ Holl, BRAO, 2. Aufl., Vor § 59 a, Rn. 106

(1) Rechte einer fünf-prozentigen Grundkapitalminderheit

Sofern fünf Prozent des Grundkapitals es wünschen, muss nach § 122 Abs.1 S. 1 AktG eine Hauptversammlung einberufen werden. In diesem Recht kann aber keine Gefährdung der Unabhängigkeit in der Gesellschaft gesehen werden, da es keinen Bezug zur ärztlichen Berufsausübung aufweist.
Gleiches gilt für das Recht, den Gewinnverwendungsbeschluss auf Antrag von 5 % des Grundkapitals nach § 254 Abs.1 u. 2 AktG anzufechten. Insbesondere kann die Hauptversammlung auch einen anfechtbaren Gewinnverwendungsbeschluss nach Maßgabe des § 244 AktG bestätigen und so der Anfechtbarkeit entziehen.[377]
Die an die fünf-prozentige Kapitalminderheit geknüpften Rechte gefährden die ärztliche Freiheit nicht.[378]

(2) Rechte einer zehn-prozentigen Grundkapitalminderheit

Eine Minderheit von zehn Prozent des Grundkapitals hat zunächst das Recht, eine Einzelentlastung der Vorstandsmitglieder nach § 120 Abs.1 AktG zu beantragen. Da dies jedoch noch nicht die Entlastung, sondern lediglich die Einzelabstimmung über die Vorstände, zur Folge hat, ist eine Gefahr auch hier nicht zu erblicken.[379]
Ferner können zehn Prozent des Kapitals die Einsetzung eines Sonderprüfers nach § 142 Abs.2 AktG bei Gericht beantragen. Dieser kann durch die Prüfung von Geschäftsführungsvorgängen Pflichtverletzungen der Vorstandsmitglieder zur Vorbereitung der Geltendmachung von Ersatzansprüchen aufdecken.[380] Die Sonderprüfung wird von dem Gericht nur dann zugelassen, wenn die Minderheitsaktionäre Tatsachen vorbringen, die den Verdacht einer Unredlichkeit oder Gesetzes- bzw. Satzungsverletzung rechtfertigen.[381] Das Gesetz knüpft die Prüfung also an relativ hohe Hürden, die einem ungerechtfertigten Missbrauch und damit einer unzulässigen Beeinflussung vorbeugen.
Das in diesem Zusammenhang wohl bedeutsamste Minderheitenrecht dürfte die Geltendmachung von Ersatzansprüchen der Gesellschaft gegenüber Vorstand oder Aufsichtsrat sein. Eine Minderheit von zehn Prozent des Grundkapitals kann nach § 147 Abs1 AktG verlangen, dass Ersatzansprüche der Gesellschaft nach § 117 Abs.2 AktG gegenüber den Mitgliedern des Vorstandes und des Aufsichtsrates gelten gemacht werden. Hier besteht natürlich die, wenn auch

---

[377] *Hüffer*, in MüKo AktG, 2. Aufl., Bd. 7, § 254, Rn. 17

[378] A.A. für den anwaltlichen Bereich, *Passarge*, Die Aktiengesellschaft als neue Rechtsform für anwaltliche Zusammenschlüsse, S. 141

[379] Für die Entlastung an sich ist auch hier die Stimmenmehrheit des § 133 erforderlich.

[380] *Semler*, in Münchener Hdb. Gesellschaftsrecht, 2. Aufl., Bd. 4, § 42, Rn. 20

[381] *Semler*, in Münchener Hdb. Gesellschaftsrecht, 2. Aufl., Bd. 4, § 42, Rn. 9

unwahrscheinliche, Gefahr, dass Nichtärzte, die mindestens 10 % der Gesellschaftsanteile halten, unter Drohung mit der Geltendmachung etwaiger Ersatzansprüche nach § 117 AktG Druck auf den Vorstand oder den Aufsichtsrat ausüben, um die Mitglieder zu einem bestimmten Verhalten zu zwingen. Fraglich ist indes, ob diese Gefahr es rechtfertigen kann, Nichtärzte auf eine Kapitalbeteiligung von unter 10 % zu beschränken.[382]

Dies ist nicht der Fall. In den allermeisten Fällen wird nämlich ein solches Verhalten der Minderheitsaktionäre zumindest den strafrechtlichen Tatbestand der Nötigung durch Drohung mit einem empfindlichen Übel gemäß § 240 Abs.1 StGB erfüllen.[383] Die einzige Gefahr, die der ärztlichen Unabhängigkeit in der AG durch die Rechte des § 147 Abs.1 AktG droht, besteht also in der Begehung einer Straftat und gerade nicht auf Grund einer durch das Aktienrecht vorgesehenen Machtverteilung. § 147 Abs.1 AktG wurde nicht geschaffen, um den Minderheitenaktionären ein Druckmittel gegenüber den anderen Organen an die Hand zu geben, sondern um im Interesse der Gesellschaft eine Durchsetzung der Ersatzansprüche zu garantieren.[384] Allein die Gefahr einer Einflussnahme im Wege einer Straftat kann eine Beschränkung der Nichtärzte auf unter 10 % der Aktien nicht rechtfertigen. Strafrechtsrelevanten Verstößen gegen die ärztliche Unabhängigkeit kann nicht mit Mitteln des Aktienrechts, sondern allenfalls des Strafrechts vorgebeugt werden.

Die Minderheitenrechte bereiten bezüglich der Umsetzung der ärztlichen Freiheiten in einer Arzt-AG also keine Probleme.

bb) Einfluss der Aktionäre auf das Tagesgeschäft?

Das Tagesgeschäft in einer AG, also die Einzelmaßnahmen der ärztlichen Berufsausübung, sowie die einzelnen Vorstandsentscheidungen, sind dem Einfluss der Aktionäre entzogen. Der Vorstand einer AG ist in der Wahl seiner Geschäftsführungsentscheidungen weitgehend autonom und, anders als GmbH-Geschäftsführer, grundsätzlich nicht den Weisungen der Hauptversammlung unterworfen.[385] Dies ergibt sich daraus, dass der Vorstand seine Rechte nicht von

---

[382] So für den anwaltlichen Bereich, *Passarge*, Die Aktiengesellschaft als neue Rechtsform für anwaltliche Zusammenschlüsse, S. 141

[383] So für die insoweit ähnliche Drohung mit einer aktienrechtlichen Anfechtungsklage durch Aktionäre *Lüderssen*, FS für Heinsius, S. 457 f. Die Nötigung setzt nämlich gerade nicht voraus, dass der Nötigende mit einem unerlaubten Mittel droht, (*Eser*, in Schönke/ Schröder, StGB, 26. Aufl., § 240, Rn. 20) Vielmehr ist die Drohung mit einer Geltendmachung von Ersatzansprüchen unzulässig, wenn der Einsatz des Nötigungsmittels von einem bestimmten Verhalten der Organmitglieder abhängig gemacht wird. Die Verwerflichkeit ergibt sich daraus, dass die Ersatzansprüche keinerlei Bezug zu der vorzunehmenden Handlung aufweisen sondern lediglich als Druckmittel dienen.

[384] *Hüffer*, AktG, 7. Aufl., § 147, Rn.

[385] *Wiesner*, in Münchener Hdb Gesellschaftsrecht, Bd. IV, § 22, Rn. 1; *Schneider*, in Scholz GmbHG, 9. Aufl., Bd. I, § 37, Rn. 30

der Hauptversammlung ableitet, sondern eigene gesetzliche Befugnisse hat, in die die Aktionäre grundsätzlich nicht eingreifen können.[386] Gemäß § 119 Abs.2 AktG entscheidet die Hauptversammlung nur dann über Maßnahmen der Geschäftsführung, wenn der Vorstand dies verlangt. In allen anderen Fällen kann die Aktionärsversammlung nicht in das Tagesgeschäft eingreifen.

Bezogen auf die Arzt-AG kann festgestellt werden, dass die Aktionäre nicht in die ärztliche Berufsausübung direkt eingreifen können.[387] Um einer Einflussnahme auf Verlangen des Vorstandes nach § 119 Abs.2 AktG vorzubeugen, kann die Satzung bestimmen, dass dem Vorstand Anträge auf Entscheidung der Hauptversammlung nach § 119 Abs.2 AktG untersagt sind.[388] Ein unmittelbarer Einfluss auf das Tagesgeschäft der AG durch die Hauptversammlung ist somit nicht zu befürchten.

cc) Wahl der Aufsichtsratsmitglieder

Nach § 119 Abs.1 Nr. 1 AktG obliegt es der Hauptversammlung, die Mitglieder des Aufsichtsrates zu ernennen bzw. diese gemäß § 103 Abs.1 AktG vorzeitig abzuberufen.

Durch die Auswahlmöglichkeit der Aufsichtsratsmitglieder hat die Hauptversammlung eine nicht unerhebliche Einflussmöglichkeit auf die Tätigkeit des Aufsichtsrates, welcher unter anderem den Vorstand ernennt.

Ein Problem für die Unabhängigkeit in der Arzt-AG ergibt sich daraus indes nicht. Bei der Wahl der Mitglieder ist die Hauptversammlung an die satzungsmäßig festgelegten persönlichen Voraussetzungen für die Aufsichtsratsmitglieder nach § 100 Abs.4 AktG gebunden.[389] Wie an anderer Stelle ausgeführt, muss aus Gründen der Sicherung der ärztlichen Unabhängigkeit mehr als die Hälfte der Aufsichtsratsmitglieder über eine Approbation verfügen, was in der Satzung festzulegen ist.[390] Wie auch immer die Wahl der Hauptversammlung aussehen sollte, die Ärztemehrheit im Aufsichtsrat ist also stets gewährleistet. Daher haben bei Entscheidungen und Maßnahmen des Aufsichtsrates, wie z.B. bei der Ernennung des Vorstandes, immer Ärzte die letztendliche Entscheidungskompe-

---

[386] *Semler*, in Münchener Hdb Gesellschaftsrecht, Bd. IV, 2. Aufl., § 34 Rn. 5; *Schmidt*, Gesellschaftsrecht, 4. Aufl., § 28 IV, 1

[387] So für die Rechtsanwalts- AG *Römermann*, Entwicklungen und Tendenzen bei Anwaltsgesellschaften, S. 188; *ders.* in Hartung/ Holl, BRAO, 2. Aufl., Vor § 59 a, Rn. 106; *Stabreit*, NZG 1998, 452, 454; *Hoffmann*, Die anwaltliche Kapitalgesellschaft, S. 202

[388] *Römermann*, Entwicklungen und Tendenzen bei Anwaltsgesellschaften, S. 188; *ders.* in Hartung/ Holl, BRAO, 2. Aufl., Vor § 59 a, Rn. 106; *Stabreit*, NZG 1998, 452, 454

[389] *Semler*, in MüKo AktG, Bd. III, 2. Aufl., § 100, Rn. 63; *Schmidt*, Gesellschaftsrecht, 4. Aufl., § 28, III, 3

[390] 3. Kap., C, II, 3, a), bb)

tenz. Die Ernennungsbefugnis der Aktionäre verstößt somit nicht gegen die ärztliche Unabhängigkeit.

dd) Abberufung der Aufsichtsratsmitglieder

Problematischer erscheint dagegen die Möglichkeit der Hauptversammlung nach § 103 Abs.1 AktG, die Mitglieder des Aufsichtsrates vorzeitig abzuberufen, ohne dass es insoweit eines sachlichen Grundes bedarf.[391] Allein der Vertrauensentzug durch die Hauptversammlung genügt.[392] Die ärztlichen Aufsichtsratsmitglieder könnten sich, um eine Abberufung zu vermeiden, dazu gedrängt sehen, entgegen ihrer ärztlichen Überzeugung dem Druck der Hauptversammlung hinsichtlich bestimmter Maßnahmen nachzugeben. Um der Gefahr, dass es sich dabei um unzulässige Einflussnahme von Nichtärzten auf Ärzte handelt, von vorneherein entgegenzuwirken, muss sichergestellt sein, dass die Beschlussfassung der Hauptversammlung verantwortlich in ärztlicher Hand liegt. Es darf also nicht allein in den Händen von Nichtärzten liegen, den Aufsichtsrat vorzeitig abzuberufen. Gleichzeitig muss es aber den Ärzten auch ohne Hilfe nichtärztlicher Aktionäre möglich sein, die vorzeitige Abberufung von Aufsichtsratsmitgliedern zu betreiben. Nach § 103 Abs.1 AktG ist zur vorzeitigen Abberufung ein Vertrauensentzug durch ¾ der abgegeben Stimmen erforderlich. Die Satzung kann das Quorum jedoch nach § 103 Abs.1 S. 3 AktG auf die einfache Mehrheit nach § 133 AktG reduzieren.[393] Es muss also sichergestellt sein, dass stets ¾ der abstimmenden Aktionäre bzw. eine der Satzungsregelung entsprechende Anzahl über eine Approbation verfügen um zu verhindern, dass allein Nichtärzte es in der Hand haben, dem Aufsichtsrat mit vorzeitiger Abberufung zu drohen.

ee) Satzungsänderungen

Die wohl größte Gefahr für die Wahrung der Unabhängigkeit ärztlichen Wirkens in der AG geht aber von der Kompetenz der Hauptversammlung aus, die Satzung zu ändern, § 179 AktG.[394] So könnte eine rein wirtschaftlich orientierte Aktionärsversammlung Satzungsbestimmungen, die gerade der Qualitätssicherung bzw. der Beachtung der Berufspflichten für Ärzte dienen, ändern, oder berufsrechtliche bedenkliche Klauseln einfügen. Es ist also dafür Sorge zu tragen, dass Nichtärzte nicht allein eine Satzungsänderung herbeiführen können. Ander-

---

[391] *Hüffer*, AktG, 7. Aufl., § 103, Rn. 3; *Semler*, MüKo AktG, Bd. III, 2. Aufl., § 103, Rn. 11

[392] *Hoffmann-Becking*, Münchener Hdb. Gesellschaftsrecht, Bd. IV, 2. Aufl., § 30, Rn. 51; *Semler*, MüKo AktG, Bd. III, 2. Aufl., § 103, Rn. 11

[393] *Hüffer*, AktG, 7. Aufl., § 103, Rn. 4; *Semler*, in MüKo AktG, 2. Aufl., Bd. 3, § 103, Rn. 20

[394] So auch für den anwaltlichen Bereich *Römermann*, Entwicklungen und Tendenzen bei Anwaltsgesellschaften, S. 188; *Heublein*, AnwBl 99, 304, 307

seits muss es den Arzt- Aktionären möglich sein, eine aus berufsethischen Gründen für erforderlich erachtete Satzungsänderung ohne Mithilfe von Nichtärzten vornehmen zu können.[395] Es genügt daher nicht, wenn den Arzt-Aktionären lediglich eine Sperrminorität[396] bzw. ein Zustimmungsvorbehalt[397] zur Verhinderung von Beschlüssen eingeräumt wird, wie dies für die Anwalts-AG teilweise vorgeschlagen wird.[398] Vielmehr ist es unerlässlich, dass Ärzte stets über die für eine Satzungsänderung erforderliche Mehrheit verfügen.[399] Nach § 179 Abs.2 S. 1 AktG ist sowohl die Mehrheit von ¾ des bei der Beschlussfassung vertretenen Grundkapitals erforderlich als auch die einfache Stimmenmehrheit nach § 133 Abs.1 AktG.[400] Im Ergebnis sind also regelmäßig wegen des sich aus § 134 Abs.1 S. 1 AktG ergebenden proportionalen Stimmrechts ¾ der abgegebenen Stimmen erforderlich.[401] Die Satzung kann davon abweichend nach § 179 Abs.2 S.2 AktG jedoch bestimmen, dass neben der einfachen Stimmenmehrheit eine niedrigere Kapitalmehrheit ausreichend ist, eine Zustimmung von mindestens 50 % des vertretenen Grundkapitals ist aber in jedem Fall erforderlich.[402] Es ist somit die jeweils nötige Stimmenmehrheit der Ärzte in der Hauptversammlung zu gewährleisten.

ff) Zwischenergebnis

Als Ergebnis der Stellungnahme zu der oben dargestellten Diskussion ist folgendes festzuhalten:

---

[395] Zu denken ist hier etwa an eine Änderung des Berufsrechtes, welche eine Anpassung der Satzung erforderlich macht.

[396] Eine Sperrminorität liegt grundsätzlich dann vor, wenn 25 % der Stimmrechte in den Händen eines Aktionärs oder einer Aktionärsgruppe liegen, bzw. wenn Satzungsänderungen verhindert werden können vgl. *Raiser/ Veil*, Recht der Kapitalgesellschaften 4. Aufl., § 4, Rn. 13

[397] Dies wird zwar überwiegend für möglich gehalten (vgl. nur *Hüffer*, AktG, 7. Aufl., § 179 Rn. 23; *Stein*, in MüKo AktG, 2. Aufl., Bd. 6, § 179, Rn. 142), muss jedoch auf Bedenken stoßen, weil das Gesetz an einigen Stellen ausdrücklich ein Widerspruchsrecht einzelner Aktionäre vorsieht(z.B. in § 93 IV, S. 3 AktG), weshalb die generelle Einführung einem seiner Wirkung nach ähnlichem Zustimmungsvorbehalt unzulässig sein dürfte, vgl. *Eckardt*, in Geßler/ Hefermehl/ Eckardt/ Kropff, AktG, Bd. II, § 133, Rn. 53, 57; *Geßler*, in Geßler/ Hefermehl/ Eckardt/ Kropff, AktG, Bd. II, § 101, Rn. 11

[398] So aber *Römermann*, Entwicklungen und Tendenzen bei Anwaltsgesellschaften, S. 188; positive berufsrechtswidrige Beschlüsse der Hauptversammlung sind ohnehin nichtig nach § 241 Nr. 3 AktG, s.u. 6. Kap., B, II, 2, a), cc)

[399] Anders die MBO-Ä, da nach § 23 a I b) lediglich die Mehrheit der Geschäfts- und Stimmanteile Ärzten zustehen muss. Dies erscheint aus oben genanntem Grund jedoch nicht weitgehend genug

[400] *Hüffer*, AktG, 7. Aufl., § 179, Rn. 14; Das Erfordernis der ¾ Mehrheit des anwesenden Kapitals stammt aus der Zeit der Mehrstimmrechtsaktien, die heute unzulässig sind, vgl. *Stein*, in MüKo AktG, Bd. VI, 2. Aufl., § 179, Rn. 81

[401] Im Folgenden wird daher aus Gründen der Vereinfachung nur noch dort zwischen Kapital- und Stimmenmehrheit unterschieden, wo dies unerlässlich ist.

[402] *Stein*, in MüKo AktG, Bd. 6, 2. Aufl., § 179, Rn. 89; *Semler*, in Münchener Hdb Gesellschaftsrecht, 2. Aufl., Bd. 4, § 39, Rn. 67

Sowohl die Befugnis der Hauptversammlung zur vorzeitigen Abberufung der Aufsichtsratsmitglieder als auch die Kompetenz zur Änderung der Satzung machen es aus Sicht der ärztlichen Unabhängigkeit erforderlich, dass Ärzte stets eine ¾ Mehrheit bzw., bei Vorhandensein einer die Quoren herabsetzenden Satzungsbestimmung, eine dieser entsprechenden (Kapital-) Mehrheit (mindestens 50 % + x) bei der Beschlussfassung innehaben. Es ist jedoch aus Gründen der ärztlichen Unabhängigkeit nicht erforderlich, die übrigen Aktionäre auf Angehörige anderer Heilberufe zu begrenzen. Die Einflussmöglichkeiten der berufsfremden Aktionäre sind, sofern sie weniger als 50 % der Anteile halten, äußerst gering und können zu keinem Verstoß gegen die ärztliche Freiheit führen.

c) Rechtstechnische Umsetzung

Fraglich ist, wie dieses Mehrheitserfordernis satzungsrechtlich umgesetzt werden kann. Dabei muss zunächst geklärt werden, ob sich eine solche Struktur grundsätzlich, also bei Gründung der AG, zuverlässig erreichen lässt. Ferner ist von großer Bedeutung, ob die Satzung für die Zeit nach der Gründung Schutzmechanismen gegen eine Anteilsübertragung auf Nichtärzte vorsehen kann, durch die sich das Stimmenverhältnis zwischen Ärzten und Nichtärzten verschieben könnte.

aa) Umsetzung des Mehrheitserfordernisses bei Gründung der AG

Die Gründer der AG müssen in der Gründungsurkunde sämtliche Aktien übernehmen.[403] Dabei müssen sie hinreichend individualisiert sein, d.h. natürliche Personen müssen mit Namen und Anschrift angegeben sein.[404] Zumindest zum Zeitpunkt der Gründung ist es möglich, die erforderliche Mehrheit für approbierte Aktionäre herzustellen.

(1) Problemstellung

Zugleich muss jedoch sichergestellt sein, dass die Arzt-Aktionäre nicht nur die Mehrheit bezüglich der absoluten Stimmenanzahl besitzen. Vielmehr muss auch in den einzelnen Hauptversammlungsabstimmungen eine Ärztemehrheit vorhanden sein, damit die Ärzte auch tatsächlich die Geschicke der AG bestimmen. Sowohl für Satzungsänderungen als auch für die Abberufung des Aufsichtsrates genügt es nämlich, wenn die entsprechende Mehrheit des bei der Abstimmung vertretenen Grundkapitals bzw. der abgegebenen Stimmen und nicht des tat-

---

[403] *Pentz*, in MüKo AktG, 2. Aufl., Bd. 1, § 23, Rn. 55; *Hoffmann- Becking*, Münchener Hdb des Gesellschaftsrechtes, 2. Aufl., Bd. IV, § 3, Rn. 8

[404] *Hüffer*, AktG, 7. Aufl., § 23, Rn. 17

sächlich vorhandenen Kapitals bzw. der Stimmen zustimmen.[405] Sollten nur wenige Arzt-Aktionäre an der Abstimmung teilnehmen, wäre ihr Einfluss nicht hinreichend gesichert. Fraglich ist also, wie eine verlässliche Abstimmungshoheit der Ärzte in der Hauptversammlung gewährleistet werden kann.

Dieses Problem wird bislang lediglich in der Diskussion zur Anwalts-AG von zwei Autoren angesprochen.[406]
Hier wird vorgeschlagen, eine Beschlussfähigkeitsklausel in die Satzung einzufügen, nach der die Hauptversammlung nur dann beschlussfähig ist, wenn die nötige Stimmenmehrheit Rechtsanwälten zusteht.[407]

(2) Stellungnahme

Die Einführung einer Beschlussfähigkeitsklausel ist zwar grundsätzlich zulässig,[408] begegnet jedoch Bedenken praktischer Art. Zum einen hätte die Klausel zur Folge, dass Aktionäre, die nicht über eine berufsrechtliche Zulassung verfügen, grundsätzlich schlechter gestellt wären, als diejenigen mit Zulassung, ohne dass hierfür ein Ausgleich gewährt wird. Dies würde die Aufnahme fremden Kapitals in die Gesellschaft unnötig erschweren. Zum anderen würde, gerade in AG mit vielen Anteilseignern, die Beschlussfassung erschwert, weil stets eine große Anzahl von Aktionären in der Hauptversammlung anwesend sein müsste, bei Vollzähligkeit der nichtärztlichen Aktionäre möglicherweise sogar alle. Dies widerspricht den Erfahrungen der Praxis, da meist ein Großteil der Aktionäre nicht zur Hauptversammlung erscheint und man sie auch nicht dazu zwingen kann.

(3) Eigener Lösungsvorschlag

Praktikabler für größere Arzt-AGen erscheint es demgegenüber, die Stimmberechtigung der Nichtärzte von vorneherein zu begrenzen, wobei für diesen Verlust eines Mitgliedschaftsrechtes freilich ein Ausgleich gewährt werden muss. Stimmrechtsbegrenzungen sind im Aktienrecht auf Grund des Gleichbehandlungsgebotes gegenüber Aktionären nur in seltenen Fällen zulässig.[409] Hierfür sieht das Aktienrecht die Ausgabe stimmrechtsloser Vorzugsaktien gemäß § 139

---

[405] *Stein*, in MüKo AktG, Bd. 6, 2. Aufl., § 179, Rn. 82; *Raiser/ Veil*, Recht der Kapitalgesellschaften, 4. Aufl., § 16, Rn. 72

[406] So *Kempter/ Kopp*, NJW 2001, 777, 781; *Pluskat*, AnwBl 2003, 131, 134

[407] *Kempter/ Kopp*, NJW 2001, 777, 781; *Pluskat*, AnwBl 2003, 131, 134

[408] *Barz*, in GroßKomm AktG, 3. Aufl., Bd. I/2, § 133, Anm. 3; *Volhard*, in Arbeitshandbuch für die Hauptversammlung, I G, Fn. 1

[409] *Zöllner*, in KölnKomm AktG, Bd. I, § 134, Rn. 5; *Semler*, in Münchener Hdb Gesellschaftsrecht, Bd. IV, § 38, Rn. 1

AktG vor. Damit der Stimmrechtsausschluss bei den nichtärztlichen Aktionären zulässig ist, muss diesen eine Vorzugsdividende auf den Bilanzgewinn gewährt werden. Das bedeutet, dass den Vorzugsaktionären eine Priorität gegenüber den Stammaktionären bei der Gewinnverteilung eingeräumt wird.[410] Den Vorzugsaktionären ist so die Teilnahme an der Hauptversammlung und die Wahrnehmung aller weiteren Aktionärsrechte möglich, nicht jedoch die Teilnahme an Abstimmungen.[411] So ist gewährleistet, dass stets ausschließlich Ärzte über Satzungsänderungen und die Abberufung des Aufsichtsrates entscheiden, ohne dass auf den für kapitalintensive Praxen so wichtigen auswärtigen Kapitalzufluss verzichtet werden muss. Diese Regelung dürfte auch dem Anliegen der Investoren entsprechen, welche wohl weniger an einer Mitsprache als einer Rendite interessiert sind.

Bei dieser Lösung ist es grundsätzlich möglich, berufsfremdes Kapital bis zu einer Höhe von 50% des Grundkapitals an der Gesellschaft zu beteiligen. Dies stellt die gesetzlich zulässige Höchstgrenze nach § 139 Abs.2 AktG dar. Ratsam ist dies für eine Arzt-AG jedoch nur dann, wenn gleichzeitig das Quorum sowohl für Abberufungen des Aufsichtsrates als auch für Satzungsänderungen auf knapp über 50% gesenkt werden. Der Stimmrechtsausschluss und der dafür zu zahlende Gewinnvorzug stehen nämlich in einem konditionalen Zusammenhang.[412] Sollte der zu zahlende Vorzug für ein Jahr mangels Bilanzgewinns ausfallen und im nächsten Jahr nicht nachgezahlt werden, lebt das Stimmrecht der Vorzugsaktionäre wieder in vollem Umfang auf,[413] wobei der Grund der Nichtzahlung unbeachtlich ist.[414] Es kommt also nicht darauf an, ob die AG zahlen kann oder nicht. Dieses Aufleben kann auch nicht vorher in der Satzung oder durch Hauptversammlungsbeschluss begrenzt oder ausgeschlossen werden, da das Aktiengesetz insoweit eine abschließende Regelung enthält.[415]

Sofern also die AG in zwei aufeinander folgenden Jahren keinen Bilanzgewinn ausweisen kann, erhalten die berufsfremden Vorzugsaktionäre ihr Stimmrecht automatisch zurück, was zu einer Verschiebung des Stimmrechtes zu Lasten der Ärzte führt. Daher muss also darauf geachtet werden, dass auch in diesem Fall approbierte Aktionäre Satzungsänderungen eigenständig herbeiführen können.

---

[410] *Hüffer*, AktG, 7. Aufl., § 139, Rn. 5

[411] *Hefermehl*, in Geßler/ Hefermehl/ Eckardt/ Kropff, AktG, Bd. II, § 140, Rn. 3; *Hüffer*, AktG, 7. Aufl., § 139, Rn. 4

[412] *Volhard*, MüKo AktG, Bd. 4, 2. Aufl., § 140, Rn. 8

[413] *Hüffer*, AktG, 7. Aufl., § 140, Rn. 4; *Volhard*, MüKo AktG, Bd. 4, 2. Aufl., § 140, Rn. 9; *Bezzenberger*, in FS für Quack, 1991, 153, 153

[414] *Hüffer*, AktG, 7. Aufl., § 140, Rn. 4; *Roth*, in Anwaltkommentar Aktienrecht, § 140, Rn. 5

[415] *Hefermehl*, in Geßler/ Hefermehl/ Eckardt/ Kropff, AktG, Bd. II, § 140, Rn. 11

Das kann nur erreicht werden, wenn nicht mehr als knapp unter 50% stimmrechtsloser Vorzugsaktien an Nichtärzte ausgeben werden.[416]
Für den Fall des Wiederauflebens des Stimmrechtes der Vorzugsaktionäre, und nur für diesen, muss die Satzung dann eine Beschlussfähigkeitsklausel zu Gunsten der Ärzte vorsehen.

(4) Ergebnis

Das Mehrheitserfordernis für Ärzte in der AG ist also am praktikabelsten durch die Ausgabe stimmrechtsloser Vorzugsaktien an Nichtärzte zu gewährleisten. Dann kann grundsätzlich auf eine Beschlussfähigkeitsklausel verzichtet werden, es sei denn bei dem unwahrscheinlichen Fall des Zurückfallens des Stimmrechts an die Nichträrzte bei mangelndem Bilanzgewinn. Diese Lösung ist insoweit vorzugswürdig, da sie nicht die – praktisch unrealistische – Teilnahme einer Vielzahl von Aktionären voraussetzt. Vielmehr ist es hiernach unwesentlich, wie viele Aktionäre an der Hauptversammlung teilnehmen, da in jedem Fall nur Ärzte die Geschicke der Gesellschaft bestimmen.
Die eben beschriebene Anteilseignerstruktur darf nicht zu Lasten der Arzt-Aktionäre verschoben werden. Es gilt also zu verhindern, dass Arzt-Gesellschafter ihr Stimmrecht an Nichtärzte verlieren bzw. abgeben.
Die sich hier stellenden Probleme sind für die Arzt-Kapitalgesellschaft, soweit ersichtlich, bislang nur von einem Literaturvertreter angerissen worden,[417] für die Anwalts-AG wurde das Problemfeld ausführlicher erörtert. Zu unterscheiden ist zunächst die rechtsgeschäftliche und die nicht-rechtsgeschäftliche Anteilsübertragung.

bb) Schutz vor rechtsgeschäftlicher Übertragung der Anteile

Zu prüfen ist, wie die rechtsgeschäftliche Anteilsübertragung von Ärzten auf Nichtärzte verhindert werden kann, wenn dadurch eine Stimmgewichtsverschiebung zu Lasten der Ärzte droht.

(1) Meinungsstand

Soweit die Ärztekapitalgesellschaft insoweit schon betrachtet wurde, ist vertreten worden, dass zum wirkungsvollen Schutz vor Anteilsübertragung eines Arztes auf einen Nichtarzt die Gesellschaftanteile zu vinklieren seien.[418] In der Sat-

---

[416] Zur Sicherung der Ärztemehrheit in der einzelnen Abstimmung muss die Satzung für den Fall des Zurückfallens des Stimmrechtes an die nicht-ärztlichen Aktionäre die oben schon dargestellte Beschlussfähigkeitsklausel enthalten, nach der die HV nur bei Anwesenheit einer ¾ Ärztemehrheit beschlussfähig ist.
[417] Vgl. *Häußermann/ Dollmann*, MedR 2005, 255, 259
[418] *Häußermann/ Dollmann*, MedR 2005, 255, 259

zung sei vorzusehen, dass ein Versagungsgrund für die Zustimmung die fehlende Approbation sei.[419]
Dies entspricht der herrschenden Meinung für die Rechtsanwalts-AG.[420]

(2) Stellungnahme

Dem ist zuzustimmen. Problematisch an der Sicherung der Struktur ist die aktienrechtliche Unmöglichkeit, die Arzteigenschaft zur Nebenpflicht für Aktionäre im Sinne des § 55 Abs.1 AktG zu machen, da es sich bei der Berufszugehörigkeit nicht um eine wiederkehrende, sondern eine dauernde Leistung im Sinne des § 55 Abs.1 AktG handelt.[421]
Einfluss auf die Person des Aktionärs erhält die Aktiengesellschaft somit nur über die Ausgabe vinkulierter Namensaktien nach § 68 Abs.2 AktG. Die Vinkulierung bewirkt, dass die rechtsgeschäftliche Übertragung der Aktie der Zustimmung des Vorstandes bedarf. Ohne Zustimmung ist die Übertragung zunächst schwebend, mit Versagung endgültig unwirksam.[422] Als Versagungsgrund kann und muss im Falle der Arzt-AG die Berufsunzugehörigkeit in der Satzung festgelegt werden,[423] sofern es sich bei dem Veräußerer um einen für die Ärztemehrheit notwendigen Arzt-Aktionär handelt.
Für den Bereich der rechtsgeschäftlichen Übertragungstatbestände genügt die Ausgabe vinkulierter Namensaktien, um die erforderliche Mehrheit der Arzt-Aktionäre zu sichern.[424]

cc) Schutz vor nicht- rechtsgeschäftlicher Übertragung der Anteile

Weitaus problematischer ist hingegen die Gefahr eines nicht rechtsgeschäftlich vollzogenen Verlustes des Stimmrechtes eines Arzt-Aktionärs, beispielsweise bei Tod des Aktionärs, durch Vererbung oder durch Pfändung und Verwertung der Aktien.

---

[419] *Häußermann/ Dollmann*, MedR 2005, 255, 259

[420] *Hommelhoff/ Schwab*, WiB 1995, 115, 117; *Stabreit*, NZG 1998, 452, 454; *Pluskat*, AnwBl 2003, 131, 134; *Römermann*, Entwicklungen und Tendenzen bei Anwaltsgesellschaften, S. 188; für berufsrechtlich nicht unbedingt erforderlich wird die Vinkulierung allerdings gehalten von *Muthers*, NZG 2001, 930, 932

[421] *Hüffer*, AktG 7. Aufl., § 55, Rn. 4; *Wiesner*, in Münchener Hdb. des Gesellschaftsrechtes, 2. Aufl., Bd. IV, § 16, Rn. 39; *Stabreit*, NZG 1998, 452, 454

[422] Ganz h.M. BGHZ 13, 179, 187; *Hüffer*, AktG 7. Aufl., § 68, Rn. 16

[423] Zur Möglichkeit der Festschreibung in der Satzung siehe nur *Bayer*, in MüKo AktG, 2. Aufl., Bd. 2, § 68, Rn. 60

[424] Daneben wird vertreten, dass die Anteilsübertragung an nicht zugelassene Personen nach § 134 BGB wegen Verstoßes gegen § 23 a I S. 3 MBO-Ä (bzw. gegen die korrespondierenden Ländervorschriften) nichtig sei. Dieser Ansicht kann so nicht gefolgt werden, da nach hier vertretener Ansicht diesbezüglich von einer Nichtigkeit des § 23 a MBO ausgegangen wird. Im Übrigen hilft diese Lösungen in den Ländern nicht weiter, die § 23 a MBO nicht übernommen haben.

Hier hilft die Vinkulierung der Namensaktien allein nicht weiter, da sowohl im Falle der Gesamtrechtsnachfolge gemäß §§ 1922 ff. BGB als auch bei der Pfändung und Verkauf von Aktien nach § 821 ZPO ein Erwerb kraft Gesetz[425] bzw. kraft öffentlich- rechtlichem Hoheitsakt[426] erfolgt und somit eine Zustimmung der AG bzw. des Vorstandes nach § 68 Abs.2 AktG nicht erforderlich ist.[427]

(1) Meinungsstand

Lediglich für die Rechtsanwalts-AG wird diese Problematik schon erörtert. Teilweise wurde das Problem der Rechtsnachfolge als unlösbar bezeichnet, weshalb die Anwalts-AG genau genommen unzulässig sei.[428] Eine Gesamtrechtsnachfolge falle nicht unter die Vinkulierungsbestimmungen und bedürfe daher nicht der Zustimmung des Vorstandes. Eine Nachfolgeregelung sei daher durch die Satzung nicht absicherbar.[429]

Demgegenüber wird vertreten, bei einer unerwünschten, nicht rechtsgeschäftlich erfolgten Anteilsübertragung auf nicht zugelassene Dritte, könne eine Zwangseinziehung der Aktien nach § 237 Abs.1 AktG vorgenommen werden, die den Verlust aller mitgliedschaftlichen Rechte des Aktienerwerbers bewirke. [430] Dadurch sei die Aktionärsstruktur gesichert.

(2) Stellungnahme

Grundsätzlich kann für die Arzt-AG der zweiten Ansicht zugestimmt werden. Die Zwangseinziehung sollte im Falle der Arzt-AG gemäß § 237 Abs.1 S. 2 AktG in der Satzung vorgesehen sein, wobei ebenfalls zu statuieren ist, dass entweder der Verlust der Approbation eines Aktionärs bzw. die nicht rechtsgeschäftliche Übertragung der Aktien eines Arzt-Aktionärs auf einen Nichtarzt ein Einziehungsgrund sind. Derartige Klauseln, die dem Ausschluss einzelner Akti-

---

[425] So im Erbfalle nach § 1922 BGB, vgl statt vieler nur *Stein*, in Soergel, BGB, 13. Aufl., Bd. 21, § 1922, Rn. 10

[426] Vgl. *Schilken*, in MüKo ZPO, Bd. III, § 821, Rn. 5

[427] Für die Pfändung ergibt sich dies auch aus § 822 ZPO, nach dem das Vollstreckungsgericht auf Antrag den Gerichtsvollzieher zur Umschreibung des Namens an Stelle der AG ermächtigen kann.

[428] Diese sehr einschneidende und weitgehende Rechtsfolge erkennen *Hommelhoff/ Schwab*, WiB 1995, 115, 117; *Stabreit*, NZG 1998, 452, 454; auch *Römermann*, Entwicklungen und Tendenzen bei Anwaltsgesellschaften, S. 189

[429] *Hommelhoff/ Schwab*, WiB 1995, 115, 117; *Stabreit*, NZG 1998, 452, 454; als unlösbar bezeichnet das Problem der Rechtsnachfolge auch Römermann, Entwicklungen und Tendenzen bei Anwaltsgesellschaften, S. 189

[430] *Ludwig*, in Becksches RA- Handbuch, 8. Aufl., N 6, Rn. 114; *Kempter/ Kopp*, NJW 2001, 777, 779; *Pluskat*, AnwBl. 2003, 131, 134; *Schumacher*, AnwBl., 1998, 364, 367; *ders.* AnwBl. 2000, 409, 411; *Heublein*, AnwBl. 1999, 304, 307

onäre dienen, sind zulässig.[431] Sofern die Einziehung in der Satzung angeordnet ist, kann sie durch den Vorstand selbst vorgenommen werden, § 237 Abs.4 AktG. Die Zwangseinziehung ist also ein wirksames Mittel, um den Besitz von stimmberechtigten Aktien durch Nichtärzte zu verhindern bzw. diese auszuschließen.

Es ergibt sich jedoch bei dieser Lösung ein Problem, das bisher, soweit ersichtlich, noch nicht erkannt wurde. Bei einer Einziehung handelt es sich nämlich faktisch und rechtlich um die Herabsetzung des Grundkapitals in Höhe der eingezogenen Aktien.[432] Das Grundkapital der AG sinkt also in Höhe der eingezogenen Aktien. Dadurch kann sich das Verhältnis der Stimmanteile zwischen Ärzten und Nichtärzten in der Hauptversammlung untereinander verschieben, wodurch Nichtärzte einen beherrschenden Einfluss auf das Unternehmen erlangen könnten.[433]
Dem kann jedoch vorgebeugt werden, wenn man die oben erarbeitete Lösung mit Ausgabe der stimmrechtslosen Vorzugsaktien in der AG wählt. Eine Stimmrechtsverschiebung zu Lasten der Arzt-Aktionäre ist ausgeschlossen, da den Ärzten immer 100 % des stimmberechtigten Kapitals zustehen.

Diese Sicherungsmaßnahmen genügen, um eine Einflussnahme von Nichtärzten in der Hauptversammlung zu verhindern.
Es stellt sich nun die praktisch äußerst relevante Frage, ob aus Sicht der ärztlichen Unabhängigkeit bzw. der Möglichkeit von Drittbeeinflussung auch andere Kapitalgesellschaften als Aktionäre der Arzt-AG in Frage kommen.

d) Kapitalbeteiligung juristischer Personen

In berufsrechtlicher Hinsicht stellt sich noch die Frage, ob auch juristische Personen als Gesellschafter der Arzt-AG in Frage kommen oder ob sich der Kreis auf natürliche Personen beschränken muss.

aa) Meinungsstand

Für die Ärztekapitalgesellschaft ist vertreten worden, dass eine Beteiligung juristischer Personen nicht in Betracht komme. Juristische Personen könnten

---

[431] Vgl. *Hüffer*, AktG, 7. Aufl., § 237, Rn. 5, 12; *Lutter*, in Köln Komm AktG, 2. Aufl., Bd. 5/1, § 237, Rn. 13; *Oechsler*, in MüKo AktG, 2. Aufl., Bd. 7, § 237, Rn. 28

[432] *Hefermehl*, in Geßler/ Hefermehl/ Eckardt/ Kropff, AktG, Bd. IV, § 237, Rn. 11

[433] Wenn bspw. ein Arzt-Aktionär, der 25 % der AG-Anteile gehalten hatte, stirbt, und die Aktien dann mangels Approbation des Erben eingezogen werden müssen, sind die übrigen 75 % fortan 100 % des neuen Grundkapitals. Bei einem ursprünglichen Verhältnis von 50:50 zwischen Ärzten und Nichtärzten würde sich das Verhältnis nach der Einziehung mit 1/3 zu 2/3 zu Gunsten der Nichtärzte verschieben.

selbst keine Approbation zum Arzt haben und seien demnach nicht ihrem ärztlichen Gewissen unterworfen.[434] Im Übrigen ist die Thematik noch nicht angesprochen worden, da im Medizinschen Bereich schon die Beteiligung natürlicher Personen an einer Arztpraxis als fragwürdig gilt,[435] die Beteiligung juristischer Personen wird daher, wie sich zeigen wird, zu Unrecht, gar nicht erst erwähnt.

Ähnlich ist das Meinungsbild bei der Rechtsanwalts-AG. Selbst die Vertreter, die eine Begrenzung des Aktionärskreises auf sozietätsfähige Personen nicht für erforderlich halten, sprechen das Problem, soweit ersichtlich, nicht an.[436]

Lediglich von einer Literaturstimme wird ausgeführt, dass die lediglich sehr geringe Einflussmöglichkeit der Aktionäre auf eine Aktiengesellschaft eine Begrenzung auf natürliche Personen obsolet mache.[437]

bb) Stellungnahme

Wegen der hohen praktischen Relevanz der Frage, soll hier versucht werden, eine Lösung für die Problematik zu entwickeln.

Alleiniger Grund gegen eine Kapitalbeteiligung juristischer Personen kann die Furcht vor einer rechtlichen oder wirtschaftlichen Einflussnahme durch sie auf die Berufsausübung in der AG sein.

Diese Bedenken sind jedoch unbegründet, wie im Folgenden zu zeigen ist.

Zunächst muss zwischen den Kapitalbeteiligten, die notwendigerweise Ärzte sein müssen, und den übrigen Aktionären unterschieden werden.

Aus Gründen der ärztlichen Unabhängigkeit war oben herausgearbeitet worden, dass Ärzte stets mindestens 50 % der Stimm- und Kapitalanteile halten müssen, damit sie die Geschicke der AG leiten können. Dies bedingt jedoch, dass es sich dabei um approbierte Personen handelt, die bei ihrem Abstimmungsverhalten ausschließlich ihrem ärztlichen Gewissen unterworfen sind. Juristische Personen sind keinem ärztlichen Gewissen unterworfen. Sie unterliegen, wie noch ausführlich herausgearbeitet werden wird, dem ärztlichen Berufsrecht selbst dann nicht unmittelbar, wenn sie selbst im Gesundheitssektor geschäftlich tätig sind.[438] Ein am Berufsrecht ausgerichtetes Abstimmungsverhalten kann also nur

---

434 *Saenger*, MedR 2006, 138, 140; i.E. auch *Häußermann/ Dollmann*, MedR 2005, 255, 259

435 Siehe hierzu unten 4. Kap. A

436 *Römermann*, Entwicklungen und Tendenzen bei Anwaltsgesellschaften, S. 187; *ders.* in Hartung/ Holl, BRAO, 2. Aufl., Vor § 59 a, Rn. 106; *Heublein*, AnwBl 1999, 304, 307

437 *Pluskat*, AnwBl. 2003, 131, 134

438 Siehe unten 6. Kap., C, I

durch die Teilnahme approbierter- also natürlicher- Personen gesichert werden.[439] Eine Kapitalbeteiligung juristischer Personen verbietet sich insoweit. Etwas anderes gilt jedoch für die Aktienanteile, die auch an nicht approbierte Dritte vergeben werden können. Hier steht einer Beteiligung juristischer Personen an der Gesellschaft weder die ärztliche Unabhängigkeit noch ein Gewinnbeteiligungsverbot entgegen. Die schwache Stellung des Aktionärs im Aktienrecht macht eine Begrenzung der Gesellschafterstellung auf natürliche Personen unnötig.[440] Das gilt umso mehr, wenn mit der oben entwickelten Lösung an nicht approbierte Dritte lediglich stimmrechtslose Vorzugsaktien ausgegeben werden. Hier hat auch eine juristische Person keine Einflussmöglichkeiten auf die Berufsausübung in der Gesellschaft. Eine Kapitalbeteiligung juristischer Personen an einer Arzt-AG ist also nach hier vertretener Auffassung zulässig, sofern Ärzte als natürliche Personen die Mehrheit an der Gesellschaft halten.

5. Ergebnis

Die Rechtsform der Aktiengesellschaft bereitet in Hinblick auf die ärztliche Unabhängigkeit wenige Probleme. Diese sind ohne einen übermäßig restriktiven Eingriff in die Gestaltungsfreiheit lösbar.

So braucht nicht zwangsläufig jedes Vorstandsmitglied über eine Approbation zu verfügen. Es genügt, wenn eine ärztliche Mehrheit, die über eine Beschlussfähigkeitsklausel abgesichert werden kann, an den jeweiligen Abstimmungen des Kollektivorgans teilnimmt. Gleichermaßen möglich wäre, auch ohne eine ärztliche Mehrheit, die Vergabe medizinisch relevanter Geschäftsbereiche an Ärzte. Gleichzeitig müsste, um diejenigen Entscheidungen ärztlich kontrollieren zu können, die zwangsweise dem Kollektivorgan zufallen, ein Vetorechtes zu Gunsten eines approbierten Vorstandes eingeführt werden. Im Aufsichtsrat jedenfalls muss, bedingt durch die Möglichkeit der ad hoc Zustimmungsvorbehalte, stets die Mehrheit der Mitglieder der Ärzteschaft angehören, was satzungsmäßig niedergelegt werden kann. Die Mehrheit in den jeweiligen Abstimmungen kann dann über eine entsprechende Beschlussfähigkeitsklausel gesichert werden. Für den Fall des Approbationsverlustes sind approbierte Ersatzmitglieder zu bestellen.

Die Aktienanteile müssen stets entsprechend dem Satzungsquorum für Satzungsänderungen von Ärzten gehalten werden, also mindestens zu 50 % (aktienrechtlicher Normalfall ¾). Es müssen vinkulierte Namensaktien sein. Die Satzung hat vorzusehen, dass der Vorstand die Zustimmung verweigern muss,

---

[439] Dafür genügt es auch nicht, wenn mit der direkten Ausübung des Stimmrechtes nach § 134 III AktG ein Arzt betraut wird, da eine Weisungsgebundenheit des Bevollmächtigten gegenüber der juristischen Person im Innenverhältnis nicht auszuschließen ist.

[440] So auch für den anwaltlichen Bereich *Pluskat*, AnwBl., 2003, 131, 134

wenn die Aktien an einen nicht-approbierten Dritten veräußert werden sollen. Bei nicht rechtsgeschäftlicher Übertragung an berufsfremde Dritte ist eine Einziehung der betreffenden Aktien vorzusehen. Die übrigen Aktien, welche jedenfalls knapp unter 50% des Grundkapitals und der Stimmen liegen müssen, sollten als stimmrechtslose Vorzugsaktien ausgegeben werden. Dann ist es nicht erforderlich, die Teilnahme einer bestimmten Anzahl von Ärzten in der Hauptversammlung zu verlangen, was realistisch kaum durchsetzbar ist, da die Teilnahme von Aktionären an der Hauptversammlung die Ausnahme ist. Die stimmrechtslosen Anteile können auch an nicht approbierte Dritte, unabhängig von persönlichen Qualifikationen, sowie an juristische Personen ausgegeben werden.

Fraglich bleibt, ob sich hinsichtlich der Organgestaltung Besonderheiten bei mitbestimmten Gesellschaften ergeben.

III. Besonderheiten bei mitbestimmten Aktiengesellschaften

Vorab muss bemerkt werden, dass in absehbarer Zeit wohl kaum eine ambulante Arzt-AG derartige personelle Dimensionen erreichen wird, so dass die Mitbestimmungsproblematik zurzeit noch nicht akut ist. Von Saenger wird jedoch angeführt, dass es für das Problem, welches zumindest theoretisch interessant sei, noch keine -auch nicht bei der Rechtsanwaltsgesellschaft- wissenschaftliche Darstellung gebe.[441] Im Folgenden soll daher versucht werden, das Problem einer Lösung zuzuführen.

Speziell im Hinblick auf die gesetzgeberischen Bestrebungen, das ärztliche Standesrecht zu reformieren und auch überörtliche Praxen zuzulassen, wird nicht auszuschließen sein, dass sich größere ärztliche Organisationseinheiten bilden, die der Mitbestimmung unterliegen. Beispielhaft sei hier die Situation großer Rechtsanwaltsgesellschaften genannt, welche seit Jahren auf Wachstumskurs sind und die Schwelle zur Mitbestimmung überschreiten können. Langfristig ist eine solche Entwicklung auch im ärztlichen Bereich möglich und zu erwarten.

Im Zusammenhang mit der Gewährleistung ärztlichen Standesrechtes in der AG ist die Mitbestimmung hauptsächlich deshalb relevant, weil die Aufsichtsratsmitglieder der Arbeitnehmer, anders als die Mitglieder der Anteilseigner, nicht durch die Satzung an persönliche Voraussetzungen gebunden werden können.[442]

---

[441] Dies wird auch von *Saenger*, MedR 2006, 138, 143 moniert.

[442] *Freis/ Kleinfeld/ Kleinsorge/ Voigt*, Drittelbeteiligungsgesetz, Rn. 58; *Raiser*, MitbestG, 4. Aufl., 6, Rn. 25; *Hüffer*, AktG, 7. Aufl., § 100, Rn. 10

Es kann also nicht festgelegt werden, dass eine bestimmte Anzahl der in den Aufsichtsrat entsandten Arbeitnehmervertreter Ärzte sein müssen. Es könnte also zu der Situation kommen, in der die Beschlüsse des Aufsichtsrates, entgegen dem oben herausgearbeiteten Erfordernis, nicht mehrheitlich durch Ärzte gefasst wird.

1. Problemstellung

Um eine Einflussnahme der Arbeitnehmer auf Aktiengesellschaften sicherzustellen, existieren in Deutschland grundsätzlich zwei Formen der Mitbestimmung. Zum einen handelt es sich um die betriebliche Mitbestimmung nach dem BetrVG, daneben um die unternehmerische Mitbestimmung, welche hier allein von Bedeutung ist.[443] Außerhalb des Montanbereiches richtet sich die Mitbestimmung in Gesellschaften mit mehr als 500 Personen nach dem Drittelbeteiligungsgesetz (DrittelbG), in Aktiengesellschaften mit über 2000 Angestellten nach dem Mitbestimmungsgesetz (MitbestG).[444] Unterhalb dieser Grenze findet eine unternehmerische Mitbestimmung nicht statt.
Mitbestimmung bedeutet im Wesentlichen, dass den Arbeitnehmern Sitze im Aufsichtsrat zustehen,[445] bzw. dass im Vertretungsorgan, bei der AG also dem Vorstand, ein Arbeitsdirektor eingesetzt werden muss.[446]
Gerade in einer Arzt AG dürfte es zwar regelmäßig dazu kommen, dass die Arbeitnehmer, die wohl hauptsächlich der Ärzteschaft entstammen, selbst auch Ärzte in den Aufsichtsrat wählen. Zwingend ist dies jedoch nicht.[447] Denkenkbar ist z.B., dass aus dem Arbeitnehmerkreis der AG bspw. Arzthelferinnen, Krankengymnasten, Sekretariatsangestellte oder ähnliche nicht-ärztliche Mitarbeiter in den Aufsichtsrat entsandt werden. Daher muss, wegen der Möglichkeit des Aufsichtsrates, (ad hoc) Zustimmungsvorbehalte zu erlassen, untersucht werden, ob hier eine Verschiebung der nötigen Mehrheit zu Lasten der Ärzte droht und wie diese ggf. verhindert werden kann. Eine Schweigepflichtproblematik durch Eintritt nicht approbierter Personen in den Aufsichtsrat entsteht

---

[443] Die betriebliche Mitbestimmung findet nämlich grundsätzlich in allen Unternehmen mit einer bestimmten Größe statt, auch in freiberuflichen Zusammenschlüssen wie der Partnerschaftsgesellschaft oder der GbR, die Problematik ist also nicht auf die Arzt-Kapitalgesellschaft begrenzt vgl. Richardi, BetrVG, 10. Aufl., § 1, Rn. 49. Dagegen gilt die unternehmerische Mitbestimmung ausschließlich für Kapitalgesellschaften, KG a.A., Versicherungsvereine auf Gegenseitigkeit sowie die Erwerbs-, und Wirtschaftsgenossenschaften, vgl. § 1 MitbestG und § 1 DrittelbG

[444] *Westhoff*, Anwaltshandbuch. Arbeitsrecht, 4. Aufl., 4, B., Rn. 4, 7; *Edenfeld*, Recht der Arbeitnehmermitbestimmung, 2. Aufl., Rn. 340, 341

[445] Vgl. § 4 I DrittelbG bzw. § 7 MitbestG

[446] § 33 MitbestG

[447] Gerade in größeren Aufsichtsräten mit mehr als neun Mitgliedern sieht das Drittelbeteiligungsgesetz in § 4 II vor, dass nicht alle Arbeitnehmervertreter selbst aus dem Unternehmen stammen müssen. Hier könnten also auch völlig fachfremde Personen in den Aufsichtsrat gewählt werden.

nach hier vertretener Auffassung von vorneherein nicht, da alle Aufsichtsratsmitglieder beruflich tätige Gehilfen des Arztes nach § 203 Abs.3 StGB sind, und eine bestimmte Berufszugehörigkeit zumindest bezüglich der Schweigepflicht nicht erforderlich ist.[448]

2. Arzt AG als Tendenzbetrieb?

Von vorneherein keine Probleme, da von der unternehmerischen Mitbestimmung generell ausgenommen,[449] bereiten solche Unternehmen, die dem Tendenzschutz unterliegen. Fraglich ist, ob die Arzt-AG als Tendenzbetrieb einzustufen ist. Dies wurde bislang weder für die Arzt-AG noch für die Arzt-GmbH erörtert.

Tendenzbetriebe sind Unternehmen, die unmittelbar und überwiegend auf eine geistig – ideelle Zielsetzung gerichtet sind.[450] Geistig- ideelle Ziele sind nach § 1 Abs.4 Nr. 1 MitbestG bzw. §1 Abs.2 DrittelbG unter anderem karitative Zwecke. Karitativ ist eine Tätigkeit im Dienste Hilfsbedürftiger, insbesondere körperlich oder seelisch Leidender. Die Motivation zur Hilfstätigkeit spielt keine Rolle.[451] Im Normalfall sollte sich eine Arzt-AG der Heilung Kranker verschrieben haben, so dass eine karitative Tätigkeit meist gegeben sein wird.

Die karitative Tätigkeit müsste auch „unmittelbar" sein. Das Merkmal „unmittelbar" bemisst sich danach, ob der satzungsmäßige Unternehmenszweck selbst auf die dem Tendenzschutz unterfallenden Ziele gerichtet ist.[452] Auch dies dürfte bei den allermeisten Arzt-AG noch der Fall sein, da der Unternehmenszweck als medizinische Betätigung in der Satzung angeben werden muss.

Problematisch ist, dass ein „karitatives" Unternehmen dann keinen Tendenzschutz genießt, wenn die Tätigkeit mit Gewinnerzielungsabsicht erfolgt, wenn also nicht lediglich kostendeckend gearbeitet wird.[453] Dies dürfte indes bei der Arzt-AG meist nicht der Fall sein, hier wird Gewinnerzielungsabsicht vorliegen,

---

[448] S.o. 3. Kap., C, I, 3., b)

[449] Vgl. § 1 IV Nr. 1 MitbestG bzw. §1 II DrittelbG; im Unterschied zum Betriebsverfassungsrecht gilt hier der absolute Tendenzschutz, was bedeutet, dass die Mitwirkung der Arbeitnehmer auf Unternehmensebene nicht nur bei Tendenzbezogenen Entscheidungen sondern generell verdrängt wird, vgl. *Ulmer*, in Hanau/ Ulmer, MitbestG, § 1, Rn. 50; *Gach*, MitbestG, in MüKo, AktG, 2. Aufl. Bd. III, § 1, Rn. 26

[450] BAG, BB 1976, 136, 136; *Gach*, MitbestG, in MüKo, AktG, 2. Aufl. Bd. III, § 1, Rn. 33; *Ulmer*, in Hanau/ Ulmer, MitbestG, § 1, Rn. 51

[451] *Weber*, in Wiese/ Kreutz/ Oetker/ Raab/ Weber/ Franzen, BetrVG, 8. Aufl., Bd. II, § 118, Rn. 92; *Fitting/ Engels/ Schmidt/ Trebinger/ Linsenmaier*, BetrVG, 23. Aufl., § 118, Rn. 18

[452] *Gach*, MitbestG, in MüKo, AktG, 2. Aufl. Bd. III, § 1, Rn. 32; *Fitting/ Engels/ Schmidt/ Trebinger/ Linsenmaier*, BetrVG, 23. Aufl., § 118, Rn. 13

[453] So die absolut h.M. BayObLG, ZIP 1995, 1671, 1673; *Thüsing*, in Richardi, BetrVG, 10. Aufl., § 118, Rn. 59; *Weber*, in Wiese/ Kreutz/ Oetker/ Raab/ Weber/ Franzen, BetrVG, 8. Aufl., Bd. II, § 118, Rn. 93; *Ulmer*, in Hanau/ Ulmer, MitbestG, § 1, Rn. 56; *Brenner*, Arzt und Recht, S. 323; *Raiser*, MitbestG, 3. Aufl., § 1, Rn. 41; a.A. *Gach*, MitbestG, in MüKo, AktG, 2. Aufl. Bd. III, § 1, Rn. 29

im Einzelfall wird es jedoch auf die genaue Ausgestaltung und Ausrichtung ankommen. Dabei kann es unter anderem darauf ankommen, ob eine Gewinndividende an die Anteilseigner ausgeschüttet wird oder nicht.[454] Grundsätzlich ist jedoch zu erwarten, dass die überwiegende Zahl der Arzt-AG nicht dem Tendenzschutz unterfällt.[455]

3. Die Mitbestimmung nach dem DrittelbG

Sofern eine Mitbestimmung stattfindet, ist danach zu unterscheiden, ob das MitbestG oder Drittelbeteiligungsgesetz Anwendung findet.

In Gesellschaften mit 500 bis 2000 ständigen Mitarbeitern ist das DrittelbG anzuwenden. Gemäß § 4 Abs.1 DrittelbG müssen in allen AG im sachlichen Anwendungsbereich des Gesetzes 1/3 der Aufsichtsratsmitglieder Arbeitnehmervertreter sein. Da im Aufsichtsrat, wegen des relativ geringen Einflusses auf die ärztlichen Angestellten bzw. auf den Vorstand, eine einfache Mehrheit der Ärzte zur Sicherung der ärztlichen Unabhängigkeit ausreichend ist, entstehen für Aktiengesellschaften, die dem DrittelbG unterfallen keine berufsrechtlichen Probleme. Die ohnehin erforderliche Satzungsklausel, nach der stets die Mehrheit der Aufsichtsratsmitglieder aus der Ärzteschaft stammen muss, genügt. Auch wenn die Arbeitnehmer tatsächlich nur Nichtärzte in den Aufsichtsrat wählen sollten, sichert die Klausel die ärztliche Mehrheit, da dann die Anteilseigner entsprechend mehr Ärzte in den Aufsichtsrat entsenden müssen.
Weiterhin erforderlich bleibt jedoch auch in diesem Fall eine Satzungsklausel, nach der eine Beschlussfähigkeit des Aufsichtsrates nur dann vorliegt, wenn alle tatsächlich vorhandenen Mitglieder des Aufsichtsrates an der Abstimmung teilnehmen.[456]

4. Die Mitbestimmung nach dem MitbestG

Problematisch ist die Lage in solchen AG, die mehr als 2000 Angestellte dauerhaft beschäftigen und die somit dem MitbestG unterliegen.

---

[454] BayObLG, ZIP 1995, 1671, 1673

[455] Auch unter das Tendenzziel „Wissenschaft" werden Arzt-AG kaum subsumiert werden können, auch wenn unter ihrem Dach in gewissem Maße Wissenschaft betrieben wird. Erforderlich ist nämlich, dass das Tendenzziel dem Unternehmen sein „Gepräge" gibt (vgl. *Gach*, MitbestG, in MüKo, AktG, 2. Aufl. Bd. III, § 1, Rn. 33). Das dürfte, wenn überhaupt, äußerst selten der Fall sein.

[456] Siehe oben 2. Kap., C, II, 3, e), dd), (2) anders als bei einem dem MitbestG unterliegenden Unternehmen ist diese Klausel hier zulässig, da im DrittelbG keine Sonderregelungen für die Beschlussfähigkeit gefasst wurden, also § 108 II AktG einschlägig ist, (vgl. *Freis/ Kleinfeld/ Kleinsorge/ Voigt*, Drittelbeteiligungsgesetz, Rn. 174). Im Gegensatz zum MitbestG ist eine Sonderreglung auch nicht erforderlich, da nach dem DrittelbG, keine Parität zwischen Arbeitnehmervertreten und Vertretern der Anteilseigner vorgesehen ist, die gesichert werden müsste.

a) Die Situation im Aufsichtsrat

aa) Ärztemehrheit im Aufsichtsrat

Im Aufsichtsrat einer AG mit über 2000 dauerhaft Beschäftigten gilt nach § 7 Abs.1 MitbestG die paritätische Mitbestimmung, es müssen also Anteilseigner und Arbeitnehmer gleich viele Mitglieder im Aufsichtrat stellen. Wenn auch äußerst unwahrscheinlich, theoretisch denkbar ist es, dass die Arbeitnehmer, in ihrer Wahlentscheidung nicht an satzungsmäßige persönlichen Voraussetzungen für Aufsichtsratsmitglieder gebunden, ausschließlich Nichtärzte in den Aufsichtsrat wählen. Dem oben aufgestellten Erfordernis, dass Ärzte stets die Stimmenmehrheit im Aufsichtrat haben sollten, kann nur dann genügt werden, wenn alle Aufsichtsräte der Anteilseigner Ärzte sind. Dies muss satzungsmäßig niedergelegt werden, sinnvollerweise schon bei Gründung der AG, spätestens wenn eine Überschreitung der 2000 Mitarbeiter-Grenze vorhersehbar wird. Da nicht abgesehen werden kann, wie viele Nichtärzte durch die Arbeitnehmer gewählt werden, sollte die Satzung bestimmen, dass in Gesellschaften mit vielen Nichtärzten als Angestellte alle Anteilseignervertreter approbiert sein müssen.[457] Dann kann es schlimmstenfalls zu einer Pattsituation zwischen Ärzten und Nichtärzten kommen, was aufgrund einer gesetzlichen Besonderheit des MitbestG zu einem leichten Übergewicht der Anteilseignervertreter führt. In einer erneuten Abstimmung nach einer Pattsituation hat der Aufsichtsratsvorsitzende, der letztendlich von den Anteilseignervertretern bestimmt werden kann,[458] und demnach ein Arzt sein wird, nach § 29 Abs.2 S. 1 MitbestG ein Zweitstimmrecht,[459] mit dem er das Stimmenverhältnis zu Gunsten der Anteilseigner und damit der Ärzte verschieben kann. Im vollzählig abstimmenden Aufsichtsrat versetzt dieses Recht die Ärzte also in die Lage, gemeinsam nicht nur berufsrechtswidrige Beschlüsse zu verhindern, sondern sogar, sie positiv durchzusetzen.

---

[457] Bestimmungen über persönliche Anforderungen an die Aufsichtsratsmitglieder der Anteilseigner verstoßen nicht gegen den Grundgedanken des MitbestG und sind daher gültig, es gilt § 100 IV AktG, vgl. nur BGH NJW 1963, 906, 906; *Fitting/ Wlotzke/ Wißmann*, MitbestG, 2. Aufl., § 8, Rn. 1

[458] Nach § 27 I MitbestG ist im ersten Wahlgang eine 2/3 Mehrheit aller AR-Mitglieder erforderlich. Kommt diese nicht zustande, was die Vertreter der Anteilseigner verhindern können, wählen nur noch die Anteilseignervertreter den Vorsitzenden, während die Arbeitnehmervertreter dessen Stellvertreter bestimmen. Mit der Vorschrift sollte ein gewisses Übergewicht der Anteilseignerseite im Aufsichtsrat erreicht werden (vgl. *Edenfeld*, Recht der Arbeitnehmermitbestimmung, Rn. 342)

[459] Allein schon das Vorhandensein dieses Rechtes begründet faktisch in der ersten Abstimmung einen gewissen Zwang zur Einigkeit, der den Anteilseignervertreten einen Vorteil verschafft (vgl. *Hirte*, Kapitalgesellschaftrecht, 5. Aufl., Rn. 3.160)

bb) Möglichkeit einer Beschlussfähigkeitsklausel?

Wie schon an anderer Stelle dargelegt, muss auch hinsichtlich der einzelnen Abstimmungen geprüft werden, ob abwesenheitsbedingte Zufallsmehrheiten die ärztliche Dominanz vereiteln können. Gemäß § 28 S. 1 MitbestG ist der Aufsichtsrat dann beschlussfähig, wenn mindestens die Hälfte der gesetzlich erforderlichen Mitgliederzahl an der Abstimmung teilnehmen. Fraglich ist, ob die Anwesenheit aller Mitglieder des Aufsichtsrates im Wege einer Beschlussfähigkeitsklausel zur Voraussetzung erhoben werden kann. Dann wäre ein mehrheitlicher Einfluss der Ärzte im Aufsichtsrat stets sichergestellt.

(1) Meinungsstand

Anders als in den nicht-paritätisch mitbestimmten Gesellschaften verbietet sich hier nach h.M. eine Satzungsklausel, die die Beschlussfähigkeit des Aufsichtsrates an die Stimmabgabe von mehr als der Hälfte der gesetzlich vorgesehenen Aufsichtsratsmitglieder bindet.[460] § 28 AktG soll also zwingend sein. Andernfalls, so wird angeführt, könnte eine Gruppe des Plenums, entweder die Arbeitnehmer- oder die Anteilseignervertreter durch Fernbleiben eine Abstimmung verhindern, und somit die andere Gruppe blockieren.[461] Dies widerspräche zum einen dem Grundsatz der Arbeitsfähigkeit des Aufsichtsrates und zum anderen der (mitbestimmungsrechtlichen) Gleichgewichtung des Stimmverhältnisses zwischen beiden Gruppen.

Unter Hinweis auf den insoweit offenen Gesetzeswortlaut wird demgegenüber teilweise vertreten, dass auch höhere Quoren in der Satzung festgelegt werden könnten.[462] Zur Untermauerung dieser Ansicht wird angeführt, dass ein höheres Quorum ggf. dazu diene, das gesetzlich angelegte Übergewicht der Anteilseignervertreter abzusichern, was insoweit auch der Intention des Gesetzgebers entspreche.[463]

Der BGH hat sich dagegen für eine vermittelnde Auslegung des § 28 S.1 AktG ausgesprochen. Danach sollen zumindest solche Satzungsbestimmungen unzulässig sein, die einseitig der einen oder anderen Seite zu einem Übergewicht im

---

460 *Gach*, MitbestG, in MüKo AktG, 2. Aufl., Bd. III, § 28, Rn. 9; *Raiser*, MitbestG, 4. Aufl., § 28, Rn. 13; *Wiesner*, AG 1979, 205, 206; *Ulmer*, in Hanau/ Ulmer, MitbestG, § 28, Rn. 4

461 *Raiser*, MitbestG, 4. Aufl., § 28, Rn. 3; *ders.* NJW 1980, 209, 211; *Säcker*, JZ 1980, 82, 85; *Oetker*, BB 1984, 1766, 1768

462 OLG Hamburg, BB 1984, 1763, 1764; LG Frankfurt, NJW 1978, 2398, 2399; LG Mannheim, JZ 1980, 107, 108; *Hoffmann-Becking*, Münchener Hdb des Gesellschaftsrechtes, Bd. IV, 2. Aufl., § 31, Rn. 52; *Semler*, MüKo AktG, Bd. III, 2. Aufl., § 108, Rn. 63; *Lutter/ Krieger*, Rechte und Pflichten des Aufsichtsrates, § 6, Rn. 242

463 LG Frankfurt, NJW 1978, 2398. 2399

Aufsichtsrat verhelfen.[464] Ein Beispiel ist eine Klausel, dass zur Beschlussfähigkeit die Anwesenheit des Aufsichtsratsvorsitzenden erforderlich ist.[465] Von einer Unzulässigkeit sei immer dann auszugehen, wenn eine Regelung einseitig den Angehörigen einer Gruppe - im Gegensatz zu der anderen bei deren zahlenmäßigen Überlegenheit - das Recht abspricht, auf eine Entscheidung zu dringen.[466]

(2) Stellungnahme

Eine Möglichkeit zur Erhöhung des Quorums ist indes abzulehnen.
Bei einem höheren Quorum als 50% wird jeder der beiden Seiten das Recht abgesprochen, eine Entscheidung herbeizuführen, da beide durch einfaches Fernbleiben Beschlüsse der jeweils anderen Seite auch bei deren Vollzähligkeit blockieren können. Hier liegt nur vordergründig eine Gleichberechtigung beider Seiten vor. Bei genauerem Hinsehen ist dies nicht der Fall, da höhere Quoren, z.B. 75 %, die Anteilseigner benachteiligen können. Zwar kann jede Seite durch Fernbleiben einer entsprechenden Anzahl ihrer Mitglieder Beschlüsse der anderen Gruppe verhindern. Es kommt aber zu dem überraschenden Ergebnis, dass die Arbeitnehmervertreter einen Beschluss der Anteilseignerseite eher dadurch verhindern können, dass sie der Abstimmung ganz fern bleiben, als durch ihre vollzählige Anwesenheit. Denn bei vollzähliger Anwesenheit beider Gruppen könnte die Anteilseignerseite von dem Zweitstimmrecht des Vorsitzenden Gebrauch machen, und den Antrag durchsetzen. Durch ein höheres Quorum als 50 % wird somit für die Arbeitnehmerseite erst die Möglichkeit geschaffen, Anträge der Anteilseignerseite völlig zu blockieren. Da die Anteilseignerseite diese Möglichkeit, bedingt durch das Zweitstimmrecht, ohnehin besitzt, gehen solche Regelungen einseitig zu ihren Lasten.
Zumindest im Falle der hier allein zu überprüfenden Arzt -AG, wo ein ärztliches Übergewicht im Aufsichtsrat in jedem Fall sichergestellt sein muss,[467] kommen somit verschärfende Beschlussfähigkeitsklauseln nicht in Betracht. Andernfalls kann der entscheidende Einfluss der Ärzte auf die Willensbildung des Organs nicht uneingeschränkt gewährleistet werden.[468]
Satzungsmäßig kann ein Schutz vor abwesenheitsbedingten Zufallsmehrheiten somit nicht gewährleistet werden.

---

[464] BGHZ 83, 151, 154

[465] BGHZ 83, 151, 154; die Frage der Zulässigkeit sonstiger Verschärfungen des Beschlussfähigkeitsquorums von 50 % hat der BGH ausdrücklich offen gelassen

[466] BGHZ 83, 151, 154

[467] Was sich, wie oben erwähnt, nur über die Anteilseignerseite sicher erreichen lässt.

[468] Auch ein 100%- Quorum würde hieran nichts ändern, da gleichsam die Blockademöglichkeit der Arbeitnehmervertreter besteht.

Fraglich ist jedoch, ob auch ohne eine Beschlussfähigkeitsklausel zu Gunsten der ärztlichen Aufsichtsratsmitglieder der ärztliche Einfluss im Aufsichtsrat in ausreichendem Maße sichergestellt ist.
Unabhängig von dem jeweiligen Beschlussfähigkeitsquorum setzt eine gültige Abstimmung voraus, dass zumindest alle Aufsichtsratsmitglieder rechtzeitig geladen sind und Kenntnis von der Tagesordnung, also auch von den anstehenden Beschlussthemen, nehmen konnten.[469] Da die Tagesordnungspunkte hinreichend bestimmt dargelegt sein müssen, können sich alle Aufsichtsratsmitglieder schon vor der Sitzung ein ausreichendes Bild von den Themen und ihrer berufsrechtlichen Relevanz machen.[470] Dadurch soll gewährleistet werden, dass alle Aufsichtsratsmitglieder die Notwendigkeit ihres Erscheinens in der Sitzung pflichtgemäß beurteilen können und Zufallsmehrheiten so vorgebeugt werden kann.[471] Im Übrigen dürfte es selten vorkommen, dass ein Aufsichtsratsmitglied daran gehindert ist, an einer Abstimmung teilzunehmen. Die weitreichenden Möglichkeiten zur schriftlichen Stimmabgabe oder Stimmabgabe per Boten ermöglichen eine Abstimmung auch dann, wenn das Mitglied an der Teilnahme bei der Sitzung verhindert sein sollte. Man wird daher wohl sagen müssen, dass die Gefahr einer Beeinträchtigung der ärztlichen Unabhängigkeit in der AG durch Einflussnahme nicht ärztlicher Aufsichtsratsmitglieder auch in der mitbestimmten AG eher theoretischer Natur ist. Im Übrigen ist gerade in einer Arzt-AG zu erwarten, dass die Arbeitnehmervertreter hauptsächlich Ärzte sein werden.
Sinnvoll ist zwar, und zumindest im Falle der nicht mitbestimmten AG möglich, eine Beschlussfähigkeitsklausel, die alle Aufsichtsratsmitglieder und somit auch die ärztliche Mehrheit im Aufsichtsrat zur Teilnahme an der Sitzung zwingt. Hierdurch wird nicht zuletzt auch das Vertrauen der Öffentlichkeit und der angestellten Ärzte in das berufsrechtskonforme Verhalten der Arzt-AG bestärkt. Jedoch wird auch ohne dies eine Arzt-AG bei Überschreitung der Grenze zur unternehmerischen Mitbestimmung im konkreten Einzelfall in der Lage sein, eine ausreichende Absicherung der ärztlichen Unabhängigkeit vor unzulässiger Einflussnahme des Aufsichtsrates zu gewährleisten.

---

469 *Siebel*, in Semler/ v. Schenck, Arbeitshandbuch für Aufsichtsratsmitglieder, § 5, Rn. 30; *Semler*, MüKo AktG, 2. Aufl., Bd. III, § 110, Rn. 42; *Lutter/ Krieger*, Rechte und Pflichten des Aufsichtsrats, § 6, Rn. 230

470 *Semler*, MüKo AktG, 2. Aufl., Bd. III, § 110, Rn. 44; *Baums*, ZGR 1983, 300, 315; *Ulmer*, in Hanau/ Ulmer, MitbestG, § 25, Rn. 17

471 Ulmer, in Hanau/ Ulmer, MitbestG, § 25, Rn. 17; *Semler*, MüKo AktG, 2. Aufl., Bd. III, § 110, Rn. 46

b) Die Situation im Vorstand

aa) Der Arbeitsdirektor

In mitbestimmten Aktiengesellschaften ist jedoch nicht nur der Aufsichtsrat von der Mitbestimmung betroffen, sondern nach § 33 Abs.1 MitbestG auch der Vorstand. Es ist hier ein sog. Arbeitsdirektor zu bestellen, der die Belange und Interessen der Belegschaft vertreten und als Vermittler zwischen dieser und dem Vorstand fungieren soll.[472] Dem Arbeitsdirektor müssen gemäß BVerfG mindestens die Bereiche Personal- und Sozialwesen übertragen sein.[473] Jedenfalls der Kernbereich dieser Ressorts ist dem Arbeitsdirektor nicht entziehbar.[474] Ansonsten hat der Arbeitsdirektor die gleichen Rechte und Pflichten wie alle anderen Vorstandsmitglieder auch.[475]

Im Wesentlichen gehören zu den Aufgaben eines Arbeitsdirektors das Einstellungswesen, Kündigungswesen, die Arbeitssicherheit, das Pensionswesen, die Personalplanung und Organisation sowie die Aus- und Weiterbildung der Belegschaft.[476] Es ist offensichtlich, dass diese Aufgaben eng mit der Erfüllung ärztlicher Tätigkeiten in der AG im Zusammenhang stehen. Speziell die Einstellung neuer Mitarbeiter wie Ärzte, Pflegekräfte oder Arzthelferinnen kann einen großen Einfluss auf die ärztliche Tätigkeit in der AG haben, gleiches gilt für Weiterbildungsfragen im medizinischen Bereich. Auf Grund dieser Einflussmöglichkeiten der Stellung des Arbeitsdirektors auf die medizinische Ausrichtung der AG versteht es sich von selbst, dass der Arbeitsdirektor über eine ärztliche Zulassung verfügen muss.

bb) Rechtstechnische Umsetzung

Fraglich ist, ob dies rechtstechnisch abgesichert werden kann. Im Falle der nicht mitbestimmten AG kann die Satzung bestimmte sachliche Anforderungen an Vorstandsmitglieder stellen.[477] Ob dies auch bei einer mitbestimmten Aktiengesellschaft möglich ist, ist umstritten.

---

[472] *Fitting/ Wlotzke/ Wißmann*, MitbestG, 2. Aufl., § 33 Rn. 12; *Raiser*, MitbestG, 4. Aufl., § 33, Rn. 16

[473] BVerfG NJW 1979, 699, 711; *Gach*, MitbestG, in MüKo AktG, 2. Aufl., Bd. III, § 33, Rn. 29; *Ulmer*, in Hanau/ Ulmer, MitbestG, § 33, Rn. 5; *Raiser*, MitbestG, 4. Aufl., § 33, Rn. 16

[474] *Gach*, MitbestG, in MüKo AktG, 2. Aufl., Bd. III, § 33, Rn. 29; *Ulmer*, in Hanau/ Ulmer, MitbestG, § 33, Rn. 5; *Raiser*, MitbestG, 4. Aufl., § 33, Rn. 16

[475] *Kittner/ Fuchs/ Zachert/ Köstler*, Arbeitnehmervertreter im Aufsichtsrat, Bd. I, 3. Aufl., Rn 558; *Raiser*, MitbestG, 3. Aufl., § 33, Rn. 24

[476] *Fitting/ Wlotzke/ Wißmann*, MitbestG, 2. Aufl., § 33 Rn. 29; *Raiser*, MitbestG, 4. Aufl., § 33, Rn. 16; *Gach*, MitbestG, in MüKo AktG, 2. Aufl., Bd. III, § 33, Rn. 33

[477] S.o. 3. Kap., C, II, 2, b)

Teilweise werden satzungsmäßige Voraussetzungen für Vorstandsmitglieder in mitbestimmten AG grundsätzlich für unzulässig gehalten.[478] Hierfür wird vorgebracht, dass nach dem Sinn des Mitbestimmungsgesetzes die Wahl der Vorstandsmitglieder und damit auch des Arbeitsdirektors eine gemeinsame Veranstaltung der Anteilseigner- und der Arbeitnehmervertreter mit relativer Chancengleichheit sei. Daher gehe es nicht an, wenn die Anteilseigner vorher den wählbaren Kreis nach ihrem Gutdünken beschränkten.[479] Danach wäre es unmöglich, in der Satzung festzuschreiben, dass der Arbeitsdirektor ein Arzt sein muss.

Demgegenüber hält die wohl h.M. verbindliche Qualifikationsvoraussetzungen in der Satzung in gleichem Maße für zulässig, wie in der nicht mitbestimmten Aktiengesellschaft.[480] Die persönliche Voraussetzung der Approbation für den Arbeitsdirektor (der ja ein normales Vorstandsmitglied ist) wäre also ohne weiteres nach dieser Ansicht in die Satzung integrierbar.

Eine vermittelnde Ansicht will zwar grundsätzlich Satzungsbestimmungen, die persönliche Qualifikationsmerkmale für Vorstandsmitglieder einschließlich des Arbeitsdirektors[481] enthalten, auch in mitbestimmten Gesellschaften zulassen. Diese sollen jedoch wesentlich höheren sachlichen Anforderungen unterliegen.[482] So dürften nur solche Merkmale bindend in die Satzung aufgenommen werden, die „mitbestimmungsneutral" sind, wie z.B. das Höchst- bzw. Mindestalter oder eine Fachqualifikation.[483] Auch nach dieser Lesart des MitbestG ist die satzungsmäßige Forderung nach einer Approbation für den Arbeitsdirektor nicht zu beanstanden.

Abzulehnen ist jedenfalls die erste Ansicht, nach der generell ermessenseinschränkende Satzungsklauseln nichtig sind. Dadurch würde das zwischen dem Mitbestimmungsgesetz und dem Gesellschaftsrecht geltende Harmonisierungsgebot einseitig zu Gunsten des Mitbestimmungsgesetzes gelöst, ohne dass es

---

[478] *Naendrup*, AuR 1977, 268, 271; *Säcker*, DB 1977, 1791, 1792

[479] *Säcker*, DB 1977, 1791, 1793

[480] *Wiesner*, Münchener Hdb Gesellschaftsrecht, § 20, Rn. 6; *Hefermehl/ Spindler*, MüKo AktG, 2. Aufl., Bd. III, § 84, Rn. 23; *Ulmer*, in Hanau/ Ulmer, MitbestG, § 33, Rn. 13; *Immenga*, ZGR 1977, 249, 255; *Martens*, AG 1976, 113, 120

[481] *Fitting/ Wlotzke/ Wißmann*, MitbestG, 2. Aufl., § 33, Rn. 18; *Overlack*, ZHR 1977, 125, 132

[482] *Overlack*, ZHR 1977, 125, 131; *Fitting/ Wlotzke/ Wißmann*, MitbestG, 2. Aufl., § 31, Rn. 11; etwas unklar *Raiser*, MitbestG, 3. Aufl., § 31, Rn. 11; wohl auch *Ballerstedt*, ZGR 1977, 133, 156

[483] *Overlack*, ZHR 1977, 125, 131; *Fitting/ Wlotzke/ Wißmann*, MitbestG, 2. Aufl., § 31, Rn. 13

hierfür eine rechtliche Grundlage gibt.[484] Speziell bei Qualifikationsanforderungen, die sachlich begründet sind, und an deren Einhaltung die Gesellschaft im Ganzen ein Interesse hat, muss es den Anteilseignern auch in mitbestimmten Gesellschaften gestattet bleiben, diese satzungsmäßig sicherzustellen. Allenfalls verbieten sich solche Bestimmungen, die in sachlich nicht begründbarer Weise bestimmte Personen bei der Vorstandsbestellung bevorzugen sollen.[485] Da in einer Arzt-AG leicht einsehbar ist, dass der Arbeitsdirektor ein Standesangehöriger sein sollte, kann von einer unsachgemäßen Schlechterstellung anderer keine Rede sein. Die Aufsichtsratsmitglieder wären in ihrer Ermessensfreiheit ohnehin auf die Wahl eines Arztes beschränkt, um dem Unternehmensinteresse genüge zu tun. Andernfalls könnte, wie oben dargelegt, eine Verletzung ärztlichen Standesrechts mit negativen Folgen für die Gesellschaft drohen.
Es kann also durch eine einfache Satzungsbestimmung rechtstechnisch leicht sichergestellt werden, dass der Arbeitsdirektor über eine Approbation verfügt.

cc) Der übrige Vorstand

Darüber hinaus muss, wie in der nicht mitbestimmten AG, auch hier aus Gründen der ärztlichen Unabhängigkeit,[486]der Vorstand mehrheitlich mit Ärzten besetzt sein. Entsprechend dem eben Gesagten kann aber auch dies einfach in der Satzung festgelegt werden.

5. Ergebnis

Es konnte gezeigt werden, dass für medizinische Aktiengesellschaften, die die 2000 Angestellten-Grenze nicht überschreiten, von vorneherein zumindest keine berufsrechtlichen Probleme durch Arbeitnehmermitbestimmung entstehen.
Sofern die Grenze zur Mitbestimmung nach dem MitbestG überschritten wird, ist es für solche Arzt-Aktiengesellschaften, die nicht unter den Tendenzschutz fallen, erforderlich, den Posten des Arbeitsdirektors sowie die Mehrheit der Vorstandsmitglieder ärztlich zu besetzen. Dies kann durch eine entsprechende Satzungsregelung festgelegt werden.

IV. Besonderheiten bei der KG aA

Praktisch interessant ist für eine Arzt-Kapitalgesellschaft die Frage, ob sich die bezüglich der Arzt-AG oben aufgestellten Kriterien für die Organbesetzung auf eine Arzt-KG aA übertragen lassen, oder ob die ärztliche Unabhängigkeit wegen

---

[484] *Hefermehl/ Spindler*, MüKo AktG, 2. Aufl., Bd. III, § 84, Rn. 23; *Ulmer*, in Hanau/ Ulmer, MitbestG, § 33, Rn. 13
[485] *Gach*, MitbestG, in MüKo AktG, 2. Aufl., Bd. III, § 31, Rn. 8

gesellschaftrechtlicher Besonderheiten der KG aA eine abweichende Satzungsregelung erfordert.

Die Rechtsform der KG aA kann grundsätzlich auch von den Angehörigen freier Berufe gewählt werden, da eine Beschränkung auf Gewerbetreibende, anders als bei der reinen Kommanditgesellschaft,[487] nicht besteht.[488] Die Arzt- KG aA ist also dem Grunde nach zulässig.
Die KG aA ist eine eigenständige Gesellschaftsform, wobei die Führungsstruktur an die Personengesellschaft, die Kapitalstruktur an die Aktiengesellschaft angelehnt ist.[489] Anders als bei der Aktiengesellschaft besteht für die KG aA auf Grund der Anwendbarkeit der Regeln des HGB weitgehende Gestaltungsfreiheit, die aktienrechtliche Satzungsstrenge ist also stark abgeschwächt.[490] Dadurch kann die KG aA grundsätzlich flexibler an die Bedürfnisse des ärztlichen Berufsrechtes angepasst werden als die AG.
Wie bei dieser auch existieren drei gesetzliche Pflichtorgane: die persönlich haftenden Gesellschafter (§ 283 AktG), die Hauptversammlung (§ 285 AktG) und der Aufsichtsrat (§ 287 AktG).[491] Die Organe unterscheiden sich jedoch in ihrer Kompetenz und Aufgabenzuweisung erheblich von den Organen der AG. Es muss also geprüft werden, inwieweit sich hier andere Anforderungen an die organschaftliche Struktur der Gesellschaft in Hinblick auf das ärztliche Berufsrecht ergeben. Lediglich für die Rechtsanwalts-KG aA existiert hier schon eine wissenschaftliche Auseinandersetzung.

1. Die persönlich haftenden Gesellschafter

Die Komplementäre sind als persönlich haftendenen Gesellschafter das eigentliche Führungsorgan der Gesellschaft. Für sie gelten zwingend die Zuständigkeitsvorschriften, die für den Vorstand einer AG gelten.[492] Auch hier muss also sichergestellt werden, dass berufsrechtliche Belange, insbesondere die ärztliche Unabhängigkeit, gewahrt werden.[493] Im Falle der Arzt- KG aA ist dies von besonderer Wichtigkeit, da hier sogar bestimmte Beschlüsse der Hauptversamm-

---

[487] *Grunewald*, in MüKo HGB, § 161, Rn. 7

[488] *Römermann*, in Hartung/Holl, BRAO, Vor § 59 a, Rn. 112; *Henssler*, in Henssler/ Prütting, BRAO 2. Aufl., Vor § 59 c, Rn. 33; *Hoffmann*, Die anwaltliche Kapitalgesellschaft, S. 209

[489] *Semler/ Perlitt*, in MüKo AktG, 2. Aufl., Bd. 8, Vor § 278, Rn. 29

[490] Herfs, in Münchener Hdb d. Gesellschaftsrechts, Bd. 4, § 74, Rn. 10; Semler/ Perlitt, in MüKo AktG, 2. Aufl., Bd. 8, Vor § 278, Rn. 33

[491] *Semler/ Perlitt*, in MüKo AktG, 2. Aufl., Bd. 8, Vor § 278, Rn. 44

[492] *Semler/ Perlitt*, in MüKo AktG, 2. Aufl., Bd. 8, Vor § 283, Rn. 4

[493] Die Schweigepflicht bereitet in diesem Zusammenhang keine zusätzlichen Probleme, da auch die persönlich haftenden Gesellschafter als Gehilfen des Arztes zu qualifizieren sind.

lung nach § 285 Abs.2 S. 1 AktG von der Zustimmung der persönlich haftenden Gesellschafter abhängig sind, deren Einfluss somit besonders groß ist.

a) Meinungsstand

In der anwaltlichen Literatur wird daher vertreten, dass nur Rechtsanwälte und andere sozietätsfähige Personen persönlich haftende Gesellschafter der KG aA sein können.[494] Wie schon beim Vorstand der AG überzeugt dies nicht.
Teilweise wird darüberhinaus auch eine mehrheitliche Besetzung mit Rechtsanwälten gefordert.[495] Hinsichtlich der Argumentation sei auf oben verwiesen.[496]

b) Stellungnahme

Eine Beteiligung berufsfremder Personen muss solange zulässig sein, wie der ärztliche Einfluss auf die medizinisch relevanten Bereiche der Gesellschaft unangetastet bleibt.
Da nach der gesetzlichen Regelung des § 278 Abs.2 AktG iVm §§ 161 Abs.2, 114, 125 Abs.1 HGB grundsätzlich eine Einzelgeschäftsführungs- und Vertretungsbefugnis vorgesehen ist,[497] kann dies ohne eine abweichende Satzungsklausel nur dann gewährleistet werden, wenn die persönlich haftenden Gesellschafter ausschließlich Ärzte sind.
Da jedoch die satzungsrechtliche Gestaltung der KG aA flexibel ist, kann entweder eine Gesamtgeschäftsführung- bzw. Vertretung vereinbart werden, oder eine Ressort- oder Spartenorganisation eingeführt werden.[498] Es kann, anders als bei der AG sogar bestimmt werden, dass ein einzelner Komplementär entgegen der Mehrheit des Gesamtorgans eine Entscheidung durchsetzen kann.[499] Die Satzung könnte also festlegen, dass stets ein bestimmter Komplementär, der Arzt sein muss, alleine zur Geschäftsführung- und Vertretung berechtigt ist, und entgegen der übrigen Mehrheit entscheiden darf. Ebenso ist es möglich, bei einer satzungsmäßig vereinbarten Gesamtgeschäftsführung, sofern eine Ärztemehrheit bei den Komplementären besteht, zusätzlich die Einzelgeschäftsführungsbefugnis bzw. Vertretungsmacht eines ärztlichen Gesellschafters vorzusehen.[500] Dies könnte dem Führungsorgan gegenüber der reinen Gesamtvertretung

---

[494] *Römermann*, in Hartung/Holl, BRAO, Vor § 59 a, Rn. 114; *ders.* Etwicklungen und Tendenzen bei Anwaktsgesellschaften, S. 190; *Henssler*, in Henssler/ Prütting, BRAO 2. Aufl., Vor § 59 c, Rn. 33; *Muthers*, NZG 2001, 930, 934
[495] *Hoffmann*, Die anwaltliche Kapitalgesellschaft, S. 215
[496] Vgl. oben 3. Kap., C, II, 2, b), aa), (2)
[497] *Herfs*, in Münchener Hdb d. Gesellschaftsrechts, Bd. 4, § 76, Rn. 18
[498] *Semler/ Perlitt*, in MüKo AktG, 2. Aufl., Bd. 8, § 278, Rn. 226, 246
[499] *Semler/ Perlitt*, in MüKo AktG, 2. Aufl., Bd. 8, § 278, Rn. 226
[500] *Schmidt*, in MüKo HGB, Bd. 2, § 125, Rn. 29

eine größere Flexibilität verleihen. Die Satzung kann dazu selbstverständlich persönliche Eigenschaften für einzelne oder alle Komplementäre festlegen,[501] somit auch die Qualifikationsvoraussetzung der Approbation.
Die Gestaltungsmöglichkeiten, die den ärztlichen Einfluss entweder auf die Entscheidungen des Gesamtorgans oder auf ärztliche relevante Entscheidungen sichern können, sind also vielzählig und lassen die KG aA zumindest diesbezüglich als besonders geeignet für den medizinischen Bereich erscheinen.

2. Die Kommandit-Aktionäre

Die Hauptversammlung der KG aA ist grundsätzlich nur eine Versammlung der Kommandit-Aktionäre, nicht hingegen aller Gesellschafter, da die persönlich haftenden Gesellschafter dort nur dann ein Stimmrecht haben, wenn sie zugleich Kommandit-Aktionäre sind.[502] Die Kommandit- Aktionäre haben im Wesentlichen die gleichen Mitverwaltungsrechte wie die Aktionäre einer AG.[503]

a) Diskussionsstand

Für den anwaltlichen Bereich wird aus diesem Grund vertreten, dass die satzungsmäßige Absicherung einer anwaltlichen Mehrheit in der Hauptversammlung nicht erforderlich sei, weil die Komplementäre eine durchweg dominierende Position hätten.[504] Die meisten Beschlüsse der Hauptversammlung seien an die Zustimmung der Komplementäre gebunden, wodurch die dominierende Position der Anwälte gesichert sei.[505]
Demgegenüber wird jedoch auch vertreten, dass für die Anwalts- KG aA hinsichtlich der Zusammensetzung der Kommandit-Aktionäre die gleichen Voraussetzungen zu gelten hätten wie für die AG.[506] Auch den Kommandit-Aktionären sei der Einfluss auf die Gesellschaft nicht gänzlich entzogen, da sie für Satzungsänderungen zuständig seien. Es seien also nur sozietätsfähige Personen

---

[501] *Semler/ Perlitt*, in MüKo AktG, 2. Aufl., Bd. 8, § 278, Rn. 76
[502] *Semler/ Perlitt*, in MüKo AktG, 2. Aufl., Bd. 8, § 285, Rn. 9; *Hoffmann*, Die anwaltliche Kapitalgesellschaft, S. 210
[503] *Herfs*, in Münchener Hdb d. Gesellschaftsrechts, Bd. 4, § 76, Rn. 45
[504] *Römermann*, in Hartung/ Holl, BRAO, Vor § 59 a, Rn. 116; Entwicklungen und Tendenzen bei Anwaltsgesellschaften, S. 191; aA *Henssler*, in Henssler/ Prütting, BRAO, 2. Aufl., Vor § 59 c, Rn. 33; *Hoffmann*, Die anwaltliche Kapitalgesellschaft, S. 210
[505] *Römermann*, in Hartung/ Holl, BRAO, Vor § 59 a, Rn. 116; *ders.* Entwicklungen und Tendenzen bei Anwaltsgesellschaften, S. 191; allg. zur Bindung an die Zustimmung *Herfs*, in Münchener Hdb d. Gesellschaftsrechts, Bd. 4, § 76, Rn. 4; *Semler/ Perlitt*, in MüKo AktG, 2. Aufl., Bd. 8, § 278, Rn. 66
[506] *Henssler*, in Henssler/ Prütting, BRAO, 2. Aufl., Vor § 59 c, Rn. 33; *Hoffmann*, Die anwaltliche Kapitalgesellschaft, S. 210

und ferner mehrheitlich Anwälte in der KG aA als Kommanditisten zugelassen.[507]

b) Stellungnahme

Dem Grunde nach ist für die Arzt-AG der zweiten Ansicht der Vorzug zu geben. Die Struktur der Kommanditisten muss sich an der für die normale Arzt-AG herausgearbeiteten orientieren, um den Einfluss der Ärzte in der Hauptversammlung zu wahren.

Zum einen ist es nach § 278 Abs.2 AktG iVm 164 HGB erforderlich, dass die Komplementäre bei außergewöhnlichen Geschäften die Zustimmung der Hauptversammlung einholen müssen. Hierunter fallen solche Geschäfte, die ihrem Zuschnitt oder Risiko nach in der Gesellschaft nicht häufig vorkommen.[508] Nicht gänzlich ausgeschlossen ist dabei, dass außergewöhnliche Geschäftsführungsmaßnahmen die ärztliche Berufsausübung in der Gesellschaft betreffen.[509] Daneben muss es, wie auch im Falle der Arzt-AG, den ärztlichen Kommanditisten möglich sein, berufsrechtlich erforderliche Satzungsänderungen ohne Hilfe von Nichtärzten in der Hauptversammlung durchsetzen zu können. Es muss also auch bei der KG aA darauf geachtet werden, dass der nötige ärztliche Einfluss, also eine 2/3 Mehrheit bzw. eine der Satzung entsprechende Mehrheit in der Hauptversammlung gewahrt bleibt.[510] Hinsichtlich der Umsetzung dieses Erfordernisses wird auf die Ausführungen zu der Hauptversammlung der Aktiengesellschaft verwiesen.[511] Die Möglichkeit der Ausgabe von Vorzugsaktien besteht auch im Falle der KG aA.[512]

3. Der Aufsichtsrat

Im Vergleich zum Aufsichtsrat einer AG fehlen dem Aufsichtsrat einer KG aA wesentliche Kompetenzen. Zum einen ergibt sich aus der Benennung der Komplementäre in der Satzung, dass der Aufsichtsrat über keinerlei Personalkompe-

---

507 *Henssler*, in Henssler/ Prütting, BRAO, 2. Aufl., Vor § 59 c, Rn. 33; *Hoffmann*, Die anwaltliche Kapitalgesellschaft, S. 210

508 *Grunewald*, in MüKo HGB, § 164, Rn. 9

509 Zwar ist die Zustimmungspflicht der Kommanditisten dispositiv und kann durch die Satzung ausgeschlossen werden, allg. Ans. OLG Stuttgart, NZG 2003, 778, 782; *Hopt*, in Baumbach/ Hopt, HGB, 32. Aufl., § 164, Rn. 6; *Schütz/ Reger*, in Schütz/ Bürgers/ Riotte, Die Kommanditgesellschaft auf Aktien, § 5, Rn. 88 Dadurch würde aber die ohnehin schwache Stellung der Kommanditisten weiter geschwächt und ein notwendiger Mechanismus zur Kontrolle der starken Komplementäre ausgeschaltet.

510 Die Regeln des § 179 II AktG gelten nach § 278 AktG auch für die KG aA, vgl *Hüffer*, AktG, 7. Aufl., § 281, Rn. 1

511 S.o. 3. Kap., C, II, 4, c)

512 *Wieneke/ Fett*, in Schütz/ Bürgers/ Riotte, Die Kommanditgesellschaft auf Aktien, § 10, Rn. 21

tenz verfügt.[513] Er kann weder neue persönlich haftende Komplementäre aufnehmen noch alte abberufen. Daneben hat der Aufsichtsrat, anders als im Falle der AG, nicht die Möglichkeit, einen Geschäftsplan für die Komplementäre zu erlassen.[514] Er kann auch keine Maßnahmen der persönlich haftenden Gesellschafter von seiner Zustimmung abhängig machen.[515] Vielmehr hat der Aufsichtsrat im Wesentlichen die Aufgabe, die Geschäftsführung zu überwachen, wobei dies auf Grund der fehlenden Möglichkeit der Zustimmungsvorbehalte vornehmlich durch Meinungsäußerung geschieht.[516] Hierdurch steht eine unzulässige Beeinträchtigung der ärztlichen Freiheit in der KG aA nicht zu befürchten.

Der Aufsichtsrat führt daneben die Beschlüsse der Hauptversammlung aus.[517] In der bloßen Ausführung eines schon gefassten Beschlusses kann jedoch ein Verstoß gegen das Gebot der ärztlichen Unabhängigkeit nicht gesehen werden, zumal die Art und Weise der Ausführung an den Interessen der Hauptversammlung orientiert sein muss.[518] Da diese mehrheitlich mit Ärzten besetzt ist, entspricht einzig eine berufsgerechte Ausführung der Beschlüsse den Interessen der Hauptversammlung.

Es sind also keine Fälle ersichtlich, in denen der Aufsichtsrat in unzulässiger Weise Einfluss auf die Berufsausübung in der Arzt- KG aA nehmen kann. Dementsprechend ist es, abweichend von den Erfordernissen bei der AG, nicht notwendig, eine bestimmte Berufsgruppenstruktur respektive eine Ärztemehrheit zu fordern.

4. Ergebnis

Die traditionelle KG aA ist als Rechtsform für die ärztliche (kooperative) Berufsausübung besonders geeignet. Durch die Benennung der persönlich haftenden Gesellschafter in der Satzung bietet sie eine optimale Gewähr für eine kontinuierliche Sicherung des ärztlichen Einflusses in der Gesellschaft. Daneben macht die schwache Stellung des Aufsichtsrates eine hälftige Besetzung mit Ärzten überflüssig, was die Möglichkeiten zur Auswahl geeigneter Aufsichts-

---

[513] *Herfs*, in Münchener Hdb d. Gesellschaftsrechts, Bd. 4, § 77, Rn. 47; *Semler/ Perlitt*, in MüKo AktG, 2. Aufl., Bd. 8, § 287, Rn. 43

[514] *Hüffer*, AktG, 7. Aufl., § 278, Rn. 12; *Herfs*, in Münchener Hdb d. Gesellschaftsrechts, Bd. 4, § 77, Rn. 47; *Semler/ Perlitt*, in MüKo AktG, 2. Aufl., Bd. 8, § 287, Rn. 43

[515] *Semler*, in Geßler/ Hefermehl/ Eckardt/ Kropff, AktG, Band V, § 287, Rn. 26; *Hüffer*, AktG, 7. Aufl., § 278, Rn. 15; *Herfs*, in Münchener Hdb d. Gesellschaftsrechts, Bd. 4, § 77, Rn. 47; *Semler/ Perlitt*, in MüKo AktG, 2. Aufl., Bd. 8, § 287, Rn. 43

[516] *Herfs*, in Münchener Hdb d. Gesellschaftsrechts, Bd. 4, § 77, Rn. 49

[517] *Semler*, in Geßler/ Hefermehl/ Eckardt/ Kropff, AktG, Band V, § 287, Rn. 35

[518] *Semler*, in Geßler/ Hefermehl/ Eckardt/ Kropff, AktG, Band V, § 287, Rn. 37; *Semler/ Perlitt*, in MüKo AktG, 2. Aufl., Bd. 8, § 287, Rn. 60

ratsmitglieder erhöht. Durch die weitgehende Gestaltungsfreiheit der Satzung kann eine Absicherung der berufsrechtlichen Voraussetzungen besonders einfach und effektiv vorgenommen werden. Dies kann die Nachteile, die mit der persönlichen Haftung der Komplementäre einhergeht, aufwiegen.

V. Die Einmann-AG

Der Vollständigkeit halber soll in gebotener Kürze noch auf die Einmann-AG eingegangen werden, die eventuell als Rechtsform für Ärzte interessant sein könnte.

Eine Einmann-AG liegt dann vor, wenn sich alle Aktien in der Hand eines Gesellschafters befinden.[519] Wie jede andere Aktiengesellschaft auch, braucht die Einmann-AG alle notwendigen Organe, also Vorstand, Aufsichtsrat und Hauptversammlung.[520] Der alleinige Gesellschafter ist stets Vollversammlung und kann daneben als Alleinvorstand fungieren.[521] Für seine Vorstandstätigkeit kann er sich also selbst die Entlastung erteilen.[522]

Aus berufsrechtlicher Sicht ist es somit selbstverständlich, dass der Alleingesellschafter einer Arzt-AG selbst approbiert sein muss. In der Gesellschaft ärztlich tätig sein muss er entsprechend der oben vertretenen Ansicht aber nicht zwangsläufig, die medizinische Tätigkeit in der AG kann ausschließlich durch andere angestellte Ärzte erbracht werden.

Hinsichtlich der Zusammensetzung des Vorstandes, sofern nicht der Aktionär selbst Alleinvorstand ist, und des Aufsichtsrates gelten die für die normale AG herausgearbeiteten Grundsätze.

Interessant ist die Einmann-AG damit im Wesentlichen für solche Ärzte, die trotz des Rechtsformwechsels zur AG gerne in ähnlicher Weise wie selbstständige Ärzte weiterarbeiten wollen. Wenn sie Vorstand, Vollversammlung und angestellter Arzt in Personalunion sind, kommt ihre Tätigkeit der eines freien Arztes sehr nahe.

D. Ergebnis Kapitel 3

In Kapitel 3 ist untersucht worden, wie die Organstruktur einer Arzt-AG in Hinsicht auf die beiden wesentlichen Berufspflichten der Ärzte, nämlich der Schweigepflicht und der Unabhängigkeit, gestaltet werden sollte. Als Ergebnis hat sich gezeigt, dass es bei einer entsprechenden Satzungsgestaltung keines-

---

[519] *Pentz*, in MüKo AktG, Bd. I, 2. Aufl., § 42, Rn. 8 zur grundsätzlichen Zulässigkeit der Einmann-AG auch vor dem Gesetz zur Deregulierung des Aktienrechts vom 2.8.1994 siehe nur Kraft, in KölnKomm AktG, Bd. 1, 2. Aufl., § 1, Rn. 68

[520] *Hüffer*, AktG, 7. Aufl., § 42, Rn. 2; *Pentz*, in MüKo AktG, Bd. I, 2. Aufl., § 42, Rn. 14

[521] *Hüffer*, AktG, 7. Aufl., § 42, Rn. 2

[522] *Pentz*, in MüKo AktG, Bd. I, 2. Aufl., § 42, Rn. 15

wegs erforderlich ist, die Gesellschaftsorgane ausschließlich mit Berufsangehörigen zu besetzen.
Vielmehr ergab sich folgendes Bild:
Der Vorstand kann entweder mehrheitlich mit Ärzten besetzt sein, um die ärztliche Unabhängigkeit zu wahren. Daneben kommt auch eine Mehrheit anderer Berufsgruppen, z.B. Betriebswirte, in Betracht, sofern den Ärzten eine Einzelgeschäftsführung einegräumt wird und medizinisch relevante Geschäftsbereiche von ärztlichen Vorstandsmitgliedern geführt werden.

Der Aufsichtsrat ist lediglich mehrheitlich mit Ärzten zu besetzen. Eine Beschlussfähigkeitsklausel schützt vor abwesenheitsbedingten Zufallsmehrheiten.

Aktionäre einer Arzt-AG können auch Nichtärzte sein, sofern stets gewährleistet ist, dass Ärzte über eine satzungsändernde Mehrheit verfügen. Dies kann dadurch gewährleistet werden, wenn nur stimmrechtslose Vorzugsaktien an Nichtärzte ausgegeben werden.

Sofern diese Vorgaben eingehalten werden, sind Schweigepflicht und Unabhängigkeit in der AG ausreichend geschützt. Da der Fortbestand dieser Berufspflichten „die conditio sine qua non bei allen neuen Fällen der Kooperation" ist,[523] können die hier erarbeiteten Ergebnisse als berufsrechtliches Regelungsminimum für die Arzt-AG bezeichnet werden.
Im folgenden Kapitel muss nun geprüft werden, wie demgegenüber die gesellschaftsrechtlich relevanten Regelungen in den Berufsordnungen für Ärzte formuliert sind und ob sie dem hier gefundenen Ergebnis widersprechen.

---

[523] *Katzenmeier*, MedR 1998, 113, 115; *Laufs*, MedR 1995, 11, 15

4. Kapitel Die Regelungen des § 23 a MBO-Ä

Im vorherigen Kapitel ist dargestellt worden, welche gesellschaftsrechtlichen Modifikationen nach hier vertretener Ansicht zur Gründung einer Arzt-AG erforderlich sind, damit die wesentlichen Berufspflichten für Ärzte eingehalten werden. Vergleiche zur Rechtsanwalts-AG und -GmbH ermöglichten dabei eine rechtliche Einbettung der Arzt-AG in den Kontext anderer Freiberufler-Kapitalgesellschaften und halfen dabei, die Ergebnisse zu plausibilisieren.
Im folgenden Kapitel sollen nun die derzeit bestehenden Kodifikationen zur Arzt-AG bzw. zur Arzt- Kapitalgesellschaft, nämlich § 23 a MBO-Ä, [524] im Lichte der Ergebnisse des Kapitels 3 daraufhin überprüft werden, ob sie sachdienliche und in Hinblick auf die Berufspflichten erforderliche Reglementierungen enthalten. Sollte dies nicht der Fall sein, ergäbe sich daraus, dass § 23 a MBO gegen Art. 12 GG oder Art. 3GG verstoßen könnte. Vorab sei hier angemerkt, dass eine kritische Auseinandersetzung mit den Inhalten des § 23 a MBO noch kaum stattgefunden hat. In weiten Teilen kann daher wieder nur zum anwaltlichen Bereich eine Paralle gezogen werden.

A. Gewinnbeteiligungsverbot für Dritte?

I. Meinungsstand

Speziell für Ärzte- Kapitalgesellschaften wurde mit § 23 a Abs.1 c. MBO-Ä ein Verbot für Gewinnbeteiligungen Dritter an der Gesellschaft geschaffen.[525] Hintergrund des Verbotes ist es, den berufstätigen Arzt vor fachfremder Einflussnahme zu bewahren und die Erfüllung seine Aufgabe in eigener fachlicher Verantwortung zu sichern.[526]
Daher wird eine (stille) Beteiligung Dritter, also von Nichtärzten als auch von anderen Ärzten, an einer Praxis bzw. ambulanten Arzt-Kapitalgesellschaft allgemein für unzulässig gehalten.[527] Dagegen wird die Problematik für die Klinik, ohne nähere Begründung, anders beurteilt. Hier sollen arztfremde Investoren am Gewinn beteiligt werden dürfen.[528] Dieser Umstand wird noch Gegenstand der weiteren Ausführungen sein.

---

[524] Siehe oben 2. Kap.,C. Es wird hier, wie oben auch, auf die MBO-Ä abgestellt, obwohl diese wie gesagt, nicht verbindlich ist. Die Regelungen der Länderberufsordnungen sind jedoch nahezu komplett mit der MBO-Ä identisch.

[525] *Häußermann/ Dollmann*, MedR 2005, 255, 259; *Ratzel/ Lippert*, MedR 2004, 525, 256

[526] So für das ähnliche Beteiligungsverbot an Apotheken nach § 8 II ApoG BGH 75, 214, 215; *Taupitz*, Das apothekenrechtliche Verbot des „Fremd- und Mehrbesitzes" aus verfassungs- und europarechtlicher Sicht, S. 72

[527] *Goette*, DStR 1995, 1722, 1723; *Ratzel*, in Ratzel/ Lippert, MBO Kommentar, § 17, Rn. 1; *Ratzel/ Lippert*, MedR 2004, 252, 526; *Dahm*, MedR 2001, 206, 207; ähnlich BSGE 80, 131 f.

[528] *Prütting*, in Pant/ Prütting, Krankenhausgesetz NW, 2. Aufl., § 1 Rn. 32

Ein Gewinnbeteiligungsverbot gilt nach § 27 S. 1 BerufsO auch für Rechtsanwälte, wonach Dritten die Beteiligung am wirtschaftlichen Ergebnis anwaltlicher Tätigkeit verboten ist sowie mit § 59 e IV BRAO, wonach Dritte am Gewinn einer Rechtsanwalts-GmbH nicht beteiligt werden dürfen.[529] Grund für die Regelung ist auch hier die Wahrung der Eigenverantwortlichkeit sowie Unabhängigkeit anwaltlicher Berufsausübung.[530] Die Unabhängigkeit der Rechtsanwaltsgesellschaft sowie der Gesellschafter als Organe der Rechtspflege könne andernfalls einer Einflussnahme ausgesetzt sein, was mit dem Berufsbild eines Rechtsanwaltes nicht zu vereinbaren sei.[531]
Von einer im Vordringen befindlichen Meinung wird dagegen speziell für die Anwalts-AG vertreten, wegen der geringen Einflussmöglichkeit der Aktionäre auf die Tätigkeit der Anwälte sei das Gewinnbeteiligungsverbot überflüssig.[532]

II. Stellungnahme

Das Gewinnbeteiligungsverbot des § 23 a MBO-Ä muss sich an den in Kapitel 3 herausgearbeiteten Ergebnissen messen lassen, die nach hier vertetener Auffassung das Regelungsminimum füt die Arzt-AG darstellen und somit als Maßstab für die Verfassungsrechtliche Rechtfertigung der Norm dienen.

1. Verstoß gegen Art. 12 Abs. 1 GG

Das Gewinnbeteiligungsverbot greift sowohl in die Berufsfreiheit der AG selbst nach Art. 19 Abs.3 iVm 12 Abs.1 GG [533] als auch in die Berufsfreiheit der Aktionäre ein, die sich berufsmäßig der Unterstützung ärztlicher Tätigkeit widmen wollen, ohne dass der Eingriff durch vernünftige Erwägungen des Allgemeinwohls gerechtfertigt wäre:[534]

---

[529] *Passarge*, Die Aktiengesellschaft als neue Rechtsform für anwaltliche Zusammenschlüsse, S. 139

[530] So BR -Drs. 1002/ 97, S. 15; *Henssler*, in Henssler/ Prütting, BRAO, 2. Aufl., § 59 e, Rn. 24; *Jessnitzer/ Blumberg*, BRAO 9. Aufl., § 59 e, Rn. 5; *Feurich*, in Feurich/ Braun, BRAO, 6. Aufl., § 59 e, Rn. 10; *Zuck*, Anwalts-GmbH, § 59 e, Rn. 43; *Römermann*, Anwaltliche Berufsordnung, § 27, Rn. 2

[531] BR -Drs. 1002/ 97, S. 16; *Henssler*, in Henssler/ Prütting, BRAO, 2. Aufl., § 59 e, Rn. 24; *Feurich*, in Feurich/ Braun, BRAO, 6. Aufl., § 59 e, Rn. 10

[532] *Heublein*, AnwBl. 1999, S. 304, 307; *Römermann*, Entwicklungen und Tendenzen bei Anwaltsgesellschaften, S. 187, *ders.* in Hartung/ Holl, BRAO, 2. Aufl., Vor § 59a, Rn. 103; *Passarge*, NJW 2005, 1835, 1836; a.A. BGH NJW 2005, 1568, 1571; *Kempter/ Kopp*, NJW 2001, 777, 779; *Kilian*, NZG 2001, 150, 151; *Henssler*, in Henssler/ Prütting, BRAO, 2. Aufl., Vor § 59c, Rn. 26; *Pluskat*, AnwBl 2003, 131, 133; *Schumacher*, AnwBl. 1998, 364, 369; *ders.* AnwBl. 2000, 409, 411; *Hoffmann*, Die anwaltliche Kapitalgesellschaft, S. 208; wohl auch *Ludwig*, Becksches RA- Hdb, 8. Aufl., N 6 Rn. 114; *Stabreit*, NZG 1998, 452, 454

[533] Zur Grundrechtsbetroffenheit der AG siehe unten 7. Kap., A, I, 2

[534] Zur Stufenlehre und den Rechtfertigungsanforderungen siehe *Jarass*, in Jarass/ Pieroth, GG, 8. Aufl., Art. 12, Rn. 24 ff

In einer Aktiengesellschaft erfolgt eine Kapitalbeteiligung durch den Kauf von Aktien. Die Gewinnbeteiligung ist dann im Wesentlichen die Dividendenzahlung aus dem Bilanzgewinn.[535] Sollte eine Gewinnbeteiligung Dritter ausgeschlossen sein, würde das eine deutliche Einschränkung für die AG bedeuten. Diese hätte keine Möglichkeit mehr, sich bei Dritten (Eigen-) Kapital zu beschaffen, wodurch die Finanzierbarkeit und somit die Innovationsfähigkeit der AG ohne Grund nachhaltig beeinträchtigt werden könnte. Nach der oben entwickelten Ansicht ist es zumindest möglich, dass die Gesellschaft 50 % minus einer Aktie an Dritte ausgibt und sich somit externes Kapital beschafft. Das generelle Gewinnbeteiligungsverbot beeinträchtigt eine Arzt-AG also schwer, ohne dass dies durch sachliche Gründe gerechtfertigt wäre.

Es wurde schon dargelegt, dass die ärztliche Unabhängigkeit, um die es ja nach dem oben Gesagten bei dem Gewinnbeteiligungsverbot geht, nicht durch eine Aktienbeteiligung Dritter gefährdet wird. Vielmehr hängt die Sicherung der Unabhängigkeit der Berufsausübung davon ab, wie sich die gesellschaftsvertragliche bzw. satzungsmäßige Regelung der AG im Einzelfall darstellt. Sofern ausgeschlossen ist, dass fremde Kapitalgeber wirtschaftlichen Einfluss auf die ärztliche Tätigkeit an sich gewinnen, steht einer Gewinnbeteiligung nichts im Wege.[536] Dies entspricht insoweit auch der Rechtsprechung des BGH hinsichtlich des Verbotes einer stillen Beteiligung an einer Apotheke. In seinem Urteil vom 24. 09. 1979 führte das Gericht aus, dass die Kapitalannahme eines Apothekers von einem Dritten jedenfalls dann verboten werden kann, wenn dadurch die Gefahr einer wirtschaftlichen oder rechtlichen Einflussnahme durch den Kapitalgeber zu befürchten sei.[537] Aus der Formulierung „jedenfalls dann" kann geschlossen werden, dass eine Kapital- und Gewinnbeteiligung so lange hingenommen werden muss, wie eine solche Einflussnahme nicht zu befürchten ist.

Die aktienrechtlichen und arbeitsrechtlichen Mittel hierzu wurden oben dargestellt. Möglich ist beispielsweise die Ausgabe stimmrechtsloser Vorzugsaktien, durch die jegliche Einflussnahme der betreffenden Aktionäre ausgeschlossen werden kann. Das generelle Gewinnbeteiligungsverbot beschränkt die Grundrechtsträger mehr als erforderlich und ist damit unverhältnismäßig und verfassungswidrig nach Art. 12 Abs.1 GG.[538]

---

[535] *Henn*, Handbuch des Aktierechts, 7. Aufl., § 1, Rn. 49

[536] So auch *Preißler*, MedR 1998, 90, 92; *Dahm*, MedR 1998, 70, 71

[537] BGHZ 75, 214, 215; ähnlich auch für die Beteiligung an einer Rechtsanwaltsgesellschaft BGHZ 62, 234, 239

[538] So auch hinsichtlich § 8 II ApoG *Taupitz*, Das apothekenrechtliche Verbot des „Fremd- und Mehrbesitzes" aus verfassungs- und europarechtlicher Sicht, S. 72 der eine Verfassungskonformität der Norm zum Schutze der Unabhängigkeit des Apothekers jedoch für den Ausschluss fachfremder Kapitalgeber bejaht. Es ist aber zu beachten, dass Taupitz sich auf alle Gesellschaftsformen bezieht und nicht speziell auf Aktiengesellschaften.

2. Verstoß gegen Art. 3 Abs. 1 GG

Die Verfassungswidrigkeit eines Gewinnbeteiligungsverbotes ergibt sich auch aus Art. 3 Abs.1 GG wegen Verstoßes gegen den allgemeinen Gleichheitssatz. Dieser verbietet die willkürlich unterschiedliche Behandlung zweier vergleichbarer Sachverhalte.[539]

Vorliegend ist sogar eine doppelte Ungleichbehandlung gegeben.

So existieren für Krankenhäuser keine einschränkenden Regeln für Kapitalbeteiligungen Dritter. Vielmehr wird bspw. in § 1 Abs.3 KHG NRW ausdrücklich darauf verwiesen, dass Krankenhäuser auch von privaten Trägern, also Nichtärzten, betrieben und finanziert werden dürfen.[540] Eine Begrenzung auf bestimmte Berufsgruppen wird nicht verlangt. Warum im Falle ambulanter Arztgesellschaften die Gefahr einer Einflussnahme auf den ärztlichen Betrieb durch Drittbeteiligungen höher sein soll als bei Krankenhäusern, ist nicht ersichtlich. Drittinvestoren dürften in beiden Fällen ein ähnlich großes bzw. geringes Interesse an einer Einflussnahme haben. Dabei steht gerade im Krankenhaus zu befürchten, dass eine Einmischung nichtärztlicher Teilhaber in den medizinisch-pflegerischen Ablauf für den Patienten auf Grund seines Ausgeliefertseins höhere Risiken birgt als bei der ambulanten Arzt-AG. Die Schlechterstellung ambulanter Einrichtungen ist daher nicht durch sachliche Gründe gerechtfertigt sondern nach Art. 3 Abs.1 GG verfassungswidrig.

Daneben liegt ein Verstoß gegen Art. 3 Abs.1 GG auch noch unter einem anderen, bisher in der Literatur übersehenen, Blickwinkel vor. Die MBO-Ä 2004 sieht ausdrücklich vor, dass Angehörige näher bestimmter nichtärztlicher Berufe Anteile erwerben und damit am Gewinn der Arzt-AG beteiligt werden dürfen.[541] Nicht nur, dass z.B. Physiotherapeuten als Aktionäre in Betracht kommen sollen. Das wäre ggf. noch nachvollziehbar, da diese selbst auch berufsrechtlichen Vorschriften unterliegen.[542] Vielmehr werden in § 23 b Abs.1 S. 1 MBO-Ä 2004 neben den Angehörigen der Heilberufe auch Naturwissenschaftler sowie Sozialpädagogen als mögliche Gesellschafter ärztlicher Kapitalgesellschaften genannt. Hierfür ist ein Unterscheidungsgrund in keiner Weise erkennbar. Aus dem Blickwinkel der Abschirmung ärztlichen Unabhängigkeit gegenüber berufswidriger Einflussnahme von Nichtärzten kann es keinen Unterschied machen, ob wirtschaftlicher Druck auf einen Arzt durch einen Physiotherapeuten, Chemiker oder eben gar Sozialpädagogen ausgeübt wird. Dies wird aber offenbar für we-

---

[539] *Jarass*, in Jarass/ Pieroth, GG, 7. Aufl., Art 3 Rn. 4

[540] Vgl. auch *Prütting*, in Pant/ Prütting, Krankenhausgesetz NW, 2. Aufl., § 1 Rn. 32

[541] Vgl. § 23 a I iVm § 23 b I S. 1 MBO-Ä 2004

[542] Vgl. das Gesetz über die Berufe in der Physiotherapie 1994

niger gravierend gehalten, als beispielsweise eine Einflussnahme durch einen Rechtsanwalt.[543] Das Ergebnis jedenfalls ist in allen Fällen dasselbe, es liegt ein Verstoß gegen die Freiheit der ärztlichen Tätigkeit vor. Hier aber die Angehörigen naturwissenschaftlicher und sozialpädagogischer Berufe zu privilegieren, ist rechtlich und tatsächlich nicht nachvollziehbar. Eine Begrenzung auf die genannten Berufsgruppen verstößt somit gegen Art. 3 Abs.1 GG.
Es kann also festgehalten werden, dass in den Ländern, in denen die Regelung des § 23 a Abs.1 MBO-Ä 2004 übernommen worden ist, das Verbot der Kapitalbeteiligung Dritter verfassungswidrig ist und demnach keine Geltung erlangt. Dies gilt für alle Länder -mit Ausnahme von Baden- Württemberg, wo der entsprechende Absatz nicht übernommen wurde- die die Ärztekapitalgesellschaft zugelassen haben.

B. Gebot der aktiven Tätigkeit in der Gesellschaft

I. Meinungsstand

Eine weitere Facette des Drittbeteiligungsverbotes, jedoch eigenständig für die Arzt-Kapitalgesellschaft in § 23 a Abs.1 S. 3 MBO-Ä geregelt, ist das Gebot der beruflichen Tätigkeit in der Gesellschaft. Danach dürfen die Gesellschafter einer Arzt-AG ausschließlich Personen sein, die selbst in der AG beruflich tätig sind.[544] Damit soll verhindert werden, dass Gesellschafter lediglich Kapitalanteile an der Gesellschaft halten, im Übrigen aber ihren Beruf außerhalb der Gesellschaft ausüben.[545] Sinn und Zweck der Regelung ist es, einer Fremdbeherrschung der Gesellschaft entgegenzuwirken und somit die ärztliche Unabhängigkeit zu sichern.[546]

Dies entspricht auch der Rechtslage gemäß § 59 e Abs.1 S. 2 BRAO für die Anwalts- GmbH sowie der h.M. für die Anwalts-AG.[547] Dies wird damit begründet, dass nicht in der Gesellschaft tätige Aktionäre mit den gesellschaftsinternen Vorgängen weniger vertraut seien, wodurch die Gefahr einer nachteiligen Einflussnahme auf Vorstand und Berufsträger entstehe.[548]

---

[543] Ähnlich *Preißler*, MedR 1998, 90, 92

[544] Ggf. auch als Angehörige anderer Heilberufe wie Psychotherapeuten, Physiotherapeuten etc.

[545] So für die entsprechende Regelung bei der Anwalts-GmbH *Zuck*, Die Anwalts-GmbH, § 59 e, Rn. 14

[546] *Raztel*, in Ratzel/ Lippert, MBO 4. Aufl., § 23 a-d, Rn. 3

[547] Siehe für die Anwalts-GmbH § 59 e I S. 2 BRAO sowie für die Anwalts-AG *Henssler*, in Henssler/ Prütting, BRAO, 2. Aufl., Vor § 59c, Rn. 26; *Pluskat*, AnwBl 2003, 131, 133; *Schumacher*, AnwBl. 1998, 364, 369; *ders.* AnwBl. 2000, 409, 411; *Kempter/ Kopp*, NJW 2001, 777, 779; *Muthers*, NZG 2001, 930, 932; wohl auch *Ludwig*, Becksches RA- Hdb, 8. Aufl., N 6 Rn. 114; *Stabreit*, NZG 1998, 452, 454

[548] *Passarge*, Die Aktiengesellschaft als neue Rechtsform für anwaltliche Zusammenschlüsse, S. 142

Von einer im Vordringen befindlichen Ansicht wird demgegenüber vertreten, das Gebot aktiver Berufsausübung in der Anwaltsgesellschaft halte einer näheren Betrachtung nicht stand.[549] Folge sei nämlich, dass etwa die Kanzleigründer nach ihrem Ausscheiden aus dem Berufsleben nicht mehr als Gesellschafter der Gesellschaft angehören dürften, was nachteilig sein könne.[550] Das Gebot der aktiven Berufsausübung sei im Übrigen nicht durch Zwecke des Gemeinwohls begründbar und verstoße demnach gegen Art. 12 Abs.1 GG.[551]

II. Stellungnahme

Im Falle der Arzt-AG ist das Gebot der beruflichen Tätigkeit in der Gesellschaft als verfassungswidrig nach Art. 12 Abs.1 GG einzustufen. Es stellt einen erheblichen Eingriff in die Gestaltungsfreiheit der AG dar und ist aus Sicht der ärztlichen Unabhängigkeit nicht erforderlich.
Auch bei Beteiligung nicht selbst in der AG tätiger Aktionäre kann die ärztliche Unabhängigkeit gewahrt werden. Sofern dies der Fall ist, ist es unerheblich, ob der Aktionär selbst in der Gesellschaft tätig ist oder nicht. Entsprechend der oben aufgezeigten Lösung, sollte zwischen den nichtärztlichen Vorzugsaktionären und ärztlichen Aktionären mit Stimmrecht unterschieden werden.

Offensichtlich nicht erforderlich ist die Einschränkung für die stimmrechtslosen Vorzugsaktionäre. Es wurde oben ausführlich dargelegt, dass auch bei Gesellschafterstellung von Nichtärzten die Unabhängigkeit in der AG ausreichend gewahrt bleibt, sofern diesen durch die Ausgabe stimmrechtsloser Vorzugsaktien das Mitentscheidungsrecht vorenthalten wird. Warum es dann im Übrigen auf die Tätigkeit der Aktionäre in der AG ankommen soll, ist nicht ersichtlich. Nicht approbierte Aktionäre, seien sie nun in der AG angestellt oder nicht, unterfallen ohnehin nicht dem ärztlichen Berufsrecht. Die persönliche Bindung dieser Aktionäre an das ärztliche Berufsethos hängt keinesfalls von einer Tätigkeit in der Gesellschaft ab und ist mangels Einflusses irrelevant. Demgegenüber würde, bei Durchsetzung des Tätigkeitsgebotes, der Gesellschafterkreis von vorneherein umfassend beschränkt und so die Gründung einer Arzt-AG unnötig erschwert, weil externe Finanzinvestoren grundsätzlich ausgeschlossen wären.

---

[549] So auch eine neuere Ansicht für die Anwalts-AG, *Heublein*, AnwBl. 1999, 304, 307; *Römermann*, Entwicklungen und Tendenzen bei Anwaltsgesellschaften, S. 187, ders. in Hartung/ Holl, BRAO, 2. Aufl., Vor § 59a, Rn. 103; *Hoffmann*, Die anwaltliche Kapitalgesellschaft, S. 181; so sogar für die Anwalts-GmbH, bei der die Einflussmöglichkeiten der Gesellschafter ungleich größer sind als bei der AG *Römermann*, in Hartung/ Holl, Anwaltliche Berufsordnung, BRAO, 2. Aufl., § 59 e, Rn. 15; *ders.* GmbHR 1999, 526, 527

[550] *Hoffmann*, Die anwaltliche Kapitalgesellschaft, S. 180

[551] *Römermann*, in Hartung/ Holl, Anwaltliche Berufsordnung, BRAO, 2. Aufl., § 59 e, Rn. 15; *ders.* GmbHR 1999, 526, 527

Dies widerspricht jedoch der zum Gewinnbeteiligungsverbot entwickelten Ansicht, dass auch reine Finanzinvestoren Zugang zur Gesellschaft haben können.

Das Tätigkeitsgebot überzeugt indes auch nicht hinsichtlich der stimmberechtigten Arzt-Aktionäre. Als approbierte Ärzte sind sie aber dem Berufsrecht und dem ärztlichen Ethos unterworfen, unabhängig davon, ob sie in der Gesellschaft selbst mitarbeiten oder nicht.[552] Da die Arzt-Aktionäre also in jedem Fall bei Abstimmungen in der Hauptversammlung ihrem beruflichen Gewissen unterworfen sind, kann nicht davon ausgegangen werden, dass in der Gesellschaft tätige Ärzte mehr an der Wahrung der ärztlichen Unabhängigkeit in der AG interessiert sind als nicht dort tätige.[553] Auch das Argument, sie seien mit den Vorgängen in der Gesellschaft nicht vertraut und stellten somit eine Gefahr für die unabhängige Berufsausübung in der AG dar, überzeugt nicht.[554] Auch in Gesellschaften mit ausschließlich dort tätigen Arzt-Aktionären kann nicht davon ausgegangen werden, dass diese stets alle Bereiche des Unternehmens kennen und beurteilen können. Vielmehr wird ein spezialisierter Arzt eines Fachbereiches kaum einen qualifizierten Einblick in die übrigen Bereiche haben, ganz zu schweigen von den nichtärztlichen Abteilungen des Unternehmens wie Personalmanagement oder Finanzwesen. Trotzdem wird ihm zugetraut, im Rahmen seiner Aktionärsstellung auch über diese Bereiche mit zu entscheiden. Es spricht also nichts dagegen, auch dem externen Arzt-Aktionär eine qualifizierte, an den Interessen der Gesellschaft und dem Berufsrecht orientierte Ausübung seiner Rechte zuzutrauen.

Da im Übrigen die ärztliche Unabhängigkeit der angestellten Ärzte auch arbeitsvertraglich gewährleistet ist, ergibt sich keine Notwendigkeit der Beschränkung der Gesellschafterposition auf in der AG tätige Personen.[555]

Im Übrigen sei an dieser Stelle darauf hingewiesen, dass für Krankenhäuser und Kliniken, die in kapitalgesellschaftlicher Rechtsform betrieben werden, ein Gebot der aktiven Tätigkeit in der Gesellschaft für die Anteilseigner nicht besteht. Da wiederum nicht ersichtlich ist, warum gerade in ambulanten Arzt-Aktiengesellschaften ein erhöhtes Gefahrenpotenzial für die unabhängige Be-

---

[552] S.o. zu der Gebundenheit der Ärzte an berufliche Normen auch außerhalb der direkten ärztlichen Heilbehandlung 3. Kap., C, II., 3.

[553] Im Ergebnis auch *Attermeyer*, Die ambulante Arztpraxis in der Rechtsform der GmbH, S. 87 unter Hinweis darauf, dass auch das berufsrechtliche Verbot des Führens einer Zweitpraxis nicht entgegensteht, da die bloße Kapitalbeteiligung eines Arztes an der Praxis eines anderen kein „führen" der Praxis bedeutet.

[554] So jedoch *Passarge*, Die Aktiengesellschaft als neue Rechtsform für anwaltliche Zusammenschlüsse, S. 142

[555] Aus diesem Grund hat das Land Baden-Württemberg in der Berufsordnungen für Ärzte ein solches Erfordernis auch nicht von MBO-Ä 2004 übernommen und somit den Gesellschafterkreis auch für externe Investoren geöffnet.

rufsausübung in der Gesellschaft bestehen soll, verstößt die Vorschrift insoweit auch gegen Art. 3 Abs. 1 GG

Das Gebot der aktiven Tätigkeit in der Gesellschaft nach § 23 a Abs.1 S. 3 MBO-Ä hält einer verfassungsrechtlichen Prüfung somit nicht stand.

C. Verbot der Kapitalbeteiligung juristischer Personen

Laut § 23 a Abs.1 MBO-Ä 2004 soll der Aktionärskreis nur natürliche Personen umfassen.[556] Eine Begrenzung des Aktionärskreises auf natürliche Personen rechtfertigt sich nach dem oben Gesagten jedoch nur für die Aktienanteile, die zur Sicherung der beruflichen Unabhängigkeit nur an Ärzte vergeben werden dürfen. Hinsichtlich der übrigen Anteile, besonders im Falle von stimmrechtslosen Vorzugsaktien, ist eine Gefährdung der ärztlichen Freiheit in der AG bei Kapitalbeteiligung juristischer Personen ausgeschlossen. Da § 23 a Abs.1 MBO-Ä 2004 unterschiedslos eine solche Anteilseignerschaft ausschließt, ist die Norm insoweit wegen Verstoßes gegen Art. 12 Abs.1 GG verfassungswidrig.

D. Anteils- und Stimmrechtsmehrheit bei Ärzten

Daneben enthält die MBO-Ä in § 23 a Abs.1 b) das Gebot, dass die Mehrheit der Stimmrechte und Gesellschaftsanteile Ärzten zustehen muss. Diese Voraussetzung zumindest stellt sich als nicht zu restriktiv dar. Speziell im Hinblick auf Satzungsänderungen war oben vertreten worden, dass, bei entsprechender Satzungsregelung, nur knapp über 50% der Gesellschaftsanteile in ärztlicher Hand sein müssen.[557] Das Gebot der Stimmen- und Anteilsmehrheit für Ärzte nach § 23 a Abs.1 b) MBO-Ä ist also berufsrechtlich erforderlich und verfassungsrechtlich nicht zu beanstanden.

E. Ärztemehrheit im Vorstand

Die Forderung des § 23 a Abs.1 a) MBO-Ä, dass Geschäftsführer (Vorstände) der Gesellschaft mehrheitlich Ärzte sein müssen und dass die Gesellschaft stets verantwortlich von Ärzten geführt werden muss, kann im Hinblick auf die Sicherung ärztlichen Berufsrechtes nur bedingt überzeugen. Zwar wurde die ärztliche Mehrheit im Vorstand oben als eine Möglichkeit zur Verhinderung einer Fremdeinflussnahme in der AG herausgearbeitet. Daneben besteht jedoch die Möglichkeit, mittels eines Geschäftsverteilungsplanes ärztlich relevante Bereiche durch Ärzte-Vorstände leiten zu lassen.[558] Diese Möglichkeit sieht die

---

[556] § 23 a I MBO-Ä 2004 spricht insoweit davon, das Gesellschafter einer Ärztegesellschaft „nur Ärztinnen und Ärzte sowie Angehörige der in § 23 b I S. 1 genannten Berufe", also Heilpraktiker etc., sein können. Juristische Personen sind demnach ausgeschlossen.

[557] S.o. 3. Kap., C, II, 4, c)

[558] S.o. 3. Kap., C, II, 2, b), cc)

MBO-Ä jedoch gerade nicht vor, obwohl hiermit ein ebenso hoher Schutz ärztlicher Unabhängigkeit erreicht wird wie durch eine Ärztemehrheit. Die Regelung ist also verfassungsrechtlich nicht haltbar.

F. Ergebnis Kapitel 4

Die Regelungen der §§ 23 a, b MBO-Ä tragen die nach hier vertretener Ansicht erforderlichen Eingrenzungen und Beschränkungen der Organgestaltung nur zu einem geringen Teil, im Wesentlichen greifen sie jedoch unverhältnismäßig tief in die Berufsfreiheit der Gründer sowie der AG selbst ein und sind insoweit verfassungswidrig.

5. Kapitel Weitere berufsrechtliche Einflüsse auf die Arzt- AG

Im folgenden Kapitel sollen zwei umstrittene und praktisch äußerst relevante Problemfelder für die Ärzte- bzw. Freiberufler- Aktiengesellschaft untersucht werden. Zum einen stellt sich das Problem des Werbeverbotes für die Arzt-AG, zum anderen ist fraglich, welche Firmierungregeln für sie gelten.

A. Das ärztliche Werbeverbot in der AG

Gegen eine Tätigkeit von Ärzten unter dem Dach einer Kapitalgesellschaft ist eingewandt worden, dass eine Einhaltung der ärztlichen Werberegeln nicht sichergestellt sei, da sich die ärztlichen Berufspflichten nur an die Ärzte als natürliche Personen wendeten und nicht auch an juristische Personen.[559] Einigkeit besteht insoweit, dass die berufsrechtlichen Werbebeschränkungen keine unmittelbare Geltung für die Arzt-Kapitalgesllschaft entfalten. [560]Die Möglichkeit einer Umgehung der berufsrechtlichen Werbebeschränkungen hätte zur Folge, dass die rechtliche Akzeptanz der Arzt-AG in Frage gestellt würde. Es soll im Rahmen dieser Arbeit daher auch untersucht werden, in wieweit die Rechtsform der Aktiengesellschaft die Einhaltung der relevanten Vorschriften gewährleisten kann oder ob eine Umgehung des ärztlichen Werbeverbotes zu befürchten steht. Insbesondere ist dabei auch ein Vergleich zu der Werbetätigkeit von Kliniken angebracht.

I. Inhalt und Umfang des Werbeverbots

Die Beschränkung anpreisenden Verhaltens, also von Werbung und Reklame, gilt als einer der Wesenszüge freier Berufe.[561] Das ärztliche Werbeverbot findet sich im Wesentlichen in den Berufsordnungen der Länder.[562]
Die Einschränkung der Werbefreiheit für Ärzte wird mit dem Postulat gerechtfertigt, dass der Arztberuf kein Gewerbe sei und der Arzt der Gesundheit diene. Damit vertrage sich Werbung nicht, da diese dem Ansehen der Berufsgruppe schade.[563]

---

[559]KG NJW 1986, 2381; BayObLG, DVBl 2000, 1052, 1054; OVG NRW MedR 2001, 150, 153; siehe auch zur Thematik *Laufs*, MedR 1995, 11, 15; *Meyer/ Kreft*, GmbHR 1997, 193, 196

[560] Allg. Ansicht BGH GRUR 2001, 181, 184; BGH GRUR 2000, 613, 616; BGH MedR 1995, 113, 114; OLG Hamburg, MedR 1995, 115, 116; OLG Hamburg, MedR 1994, 451, 451; OLG Hamburg, MedR 1992, 280, 282; OLG Köln NJW 1994, 3017, 3019 zwar befassen sich alle aufgeführten Entscheidungen mit GmbH, insoweit ergeben sich keinerlei Unterschiede zur AG

[561] *Tettinger*, MedR 2001, 287, 292; *Ratzel*, in Ratzel/ Lippert, MBO 4. Aufl., §§ 27, 28, Rn. 1; *Laufs*, MedR 1995, 11, 15

[562] § 27 II MBO-Ä 2004 verbietet Ärzten die berufswidrige Werbung, sachliche Information ist jedoch nach § 27 I MBO-Ä 2004 gestattet

[563]Vgl. *Ratzel*, in Ratzel/ Lippert, MBO, 4. Aufl., §§ 27, 28, Rn. 2

Jedes Werbeverbot muss sich an der Berufsfreiheit der Ärzte messen lassen.[564] Das Werbeverbot wurde daher durch die Rechtsprechung im Laufe der Jahre auf ein zur Aufrechterhaltung der Berufsausübung notwendiges Maß begrenzt.[565] Sofern nicht direkte und greifbare Gefahren für das Vertrauen der Bevölkerung in die ärztliche Tätigkeit oder für die Gesundheit drohen, kann die Werbung eines Arztes nicht einfach untersagt werden.[566]
Neuerdings erkennt auch die Musterberufsordnung der Ärzte ein grundsätzliches Bedürfnis der Ärzte, Werbung zu betreiben, und der Patienten, sich sachgerecht zu informieren, an. Nach § 27 Abs.2 u.3 MBO-Ä ist dem Arzt sachliche und berufsbezogene Information gestattet. Demnach ist nicht mehr schlechthin jede Werbung untersagt, sondern nur die berufswidrige, also unsachliche, irreführende und anpreisende Werbung.[567] Grundsätzlich verboten ist einem Arzt auch das Dulden berufswidriger Werbung durch einen anderen für sich selbst.[568] Er darf eine vorgenommene Werbung weder veranlassen noch dulden, andernfalls handelt er berufswidrig.[569]
Hinsichtlich der Frage, wann ein Arzt berufswidrig wirbt, muss eine genaue Einzelfallbetrachtung angestellt werden, eine schematische Darstellung verbietet sich.[570] Niedergelassenen Ärzten ist jedenfalls weiterhin eine vergleichende Werbung untersagt.[571]

Als Rechtsfolge eines Verstoßes gegen ärztliche Werbebeschränkungen kommen sowohl eine berufsrechtliche Sanktionierung[572] durch die Berufsgerichtsbarkeit sowie eine wettbewerbsrechtliche Sanktionierung nach dem UWG in

---

564 *Papier/ Petz*, NJW 1994, 1553, 1555; *Römermann/ Schulte*, MedR 2001, 178, 180

565 Vgl. BVerfG 71, 162, 174; 82, 18, 28; 85, 248, 257; *Laufs*, NJW 1994, 1562, 1570; *Tettinger*, MedR 2001, 287, 292; Ursprünglich besagte dagegen § 27 I S. 1 MBO 1997 noch lapidar: „ Der Arzt darf für seine berufliche Tätigkeit nicht werben." Das OLG München, WRP, 1976, 397, 397 erkannte gar: „Nach allgemein in der Bevölkerung anerkannter Auffassung ist die Werbung eines Arztes grundsätzlich verwerflich"

566 Vgl. *Spickhoff*, NJW 2005, 1694, 1694

567 BVerfG, Urt. V. 18.02.2002/1BvR 1644/01, Abschn. 20; *Tettinger*, MedR 2001, 287, 292; *Jaeger*, MedR 2003, 263, 265
Im Folgenden wird unter „ Werbung eines Arztes" stets die berufswidrige Werbung verstanden, sofern nichts anderes vermerkt wird.

568 § 27 III S. 2 MBO-Ä 2004

569 *Taupitz*, FS für Geiß, 503, 507

570 Dies verdeutlicht die kleine Auswahl von Urteilen zum Werbeverbot: BVerwG MedR 1998, 220; BGH MedR 1999, 70; OVG Koblenz, NJW 1995, 1633; OVG NRW, MedR 2004, 112; OLG Hamburg, MedR 2000, 195; OLG München, MedR 2000, 370; OLG Hamburg, MedR 2000, 329; VG Münster, MedR 1999, 34; VG Mainz, MedR 1999, 379; LG Heidelberg MedR 1999, 420

571 *Beater*, Das neue Werberecht für Ärzte, 2. Aufl., S. 259

572 Nach § 58 I HeilberufsG NRW kann auf Warnung, Verweis, Entziehung des passiven Berufswahlrechtes, Geldbuße bis 50.000 EUR sowie Feststellung der Berufsunwürdigkeit erkannt werden prüfen

Betracht. Dabei sind die zuständigen Ärztekammern auch im Wettbewerbsprozess klagebefugt und können so gegen Verstöße vorgehen.[573]

II. Geltung des Werbeverbotes für die Arzt-AG

Das Werbeverbot kann in zwei Richtungen Auswirkungen auf die Arzt-AG entfalten:
Zum einen ist es den angestellten Ärzten untersagt es zu Dulden, wenn ein dritter für sie berufswidrig wirbt. Es könnte daher die in der AG angestellten Ärzte eine Verantwortlichkeit treffen, wenn sie eine unzulässige Werbung der AG für ihre Tätigkeit dulden. Zum anderen könnte die AG selbst auch unmittelbar oder mittelbar für standeswidrige Werbung berufs- oder wettbewerbsrechtlich zur Verantwortung gezogen werden können.

1. Werberechtlicher Verstoß des beworbenen Arztes

In einer Berufsausübungsgemeinschaft wie der Arzt-AG werden in den seltensten Fällen die Ärzte selbst Werbung betreiben, sondern vielmehr wird die Gesellschaft als solche entweder für die einzelnen Ärzte oder allgemein für sich selbst Werbung machen. Es stellt sich also die Frage, unter welchen Voraussetzungen die Ärzte berufsrechtlich zur Verantwortung gezogen werden können, wenn lediglich die Aktiengesellschaft wirbt. Grundsätzlich verboten ist einem Arzt das Dulden berufswidriger Werbung durch einen anderen für sich selbst.[574]
Er darf eine vorgenommene Werbung weder veranlassen noch dulden, andernfalls handelt er berufswidrig.[575]
Fraglich ist, inwieweit durch Werbung der Arzt-AG die Voraussetzungen für eine „Duldungshaftung" der Ärzte erfüllt sind. Dann müssten die Ärzte zunächst die Werbetätigkeit kennen und diese verhindern können. Ferner müsste die Werbung auch gerade *„für"* die betreffenden Ärzte stattfinden.

a) Kenntnis von der Werbetätigkeit des Dritten

Zunächst muss der beworbene Arzt Kenntnis von der Werbung haben, was eine Frage des Einzelfalles ist. Nach einem entsprechenden Hinweis der Ärztekammer, der bei berufswidriger Werbung erfolgen wird, hat der Arzt jedoch Kenntnis und kann Unterlassung von der Gesellschaft fordern.
Der Arzt muss ferner noch eine entsprechende Verhinderungsmöglichkeit der Werbemaßnahme gegenüber dem Dritten haben, da ihm ansonsten kein Verstoß

---

[573] Allg. Meinung BGHZ 79, 390, 392; OLG Hamburg, MedR 1997, 417, 418; *Piper*, FS für Brandner, 449, 471
[574] § 27 III S. 2 MBO-Ä 2004
[575] *Taupitz*, FS für Geiß, 503, 507

gegen das Berufsrecht vorgeworfen werden kann.[576] Ein in einer AG angestellter Arzt hat jedoch rechtlich stets die Möglichkeit, die AG zur Unterlassung der berufswidrigen Werbung für ihn anzuhalten. Die Gesellschaft ist im Innenverhältnis dazu verpflichtet, den Arzt nicht an der Erfüllung seiner Berufspflichten zu hindern.[577] Dies ergibt sich daraus, dass jede heilkundliche Tätigkeit, egal in welchem Rechtsverhältnis sie stattfindet, dem ärztlichen Standesrecht unterworfen ist. Aus der Pflicht zur Ermöglichung berufsgemäßen Verhaltens der angestellten Ärzte ergibt sich, dass die AG arbeitsvertraglich dem Unterlassensbegehren eines bei ihr angestellten Arztes nachkommen muss.[578]
Kenntnis des Arztes von der Werbung und deren Verhinderungsmöglichkeit dürften also meist gegeben sein.

b) Werbung für den einzelnen Arzt

Das Dulden des Arztes stellt jedoch nur dann einen Verstoß gegen das Berufsrecht dar, wenn die Werbung auch tatsächlich *„für ihn“* ist. Gerade bei einer Eigenwerbung einer Ärztegesellschaft, ohne direkte Werbung für einzelne Ärzte, könnte dies fraglich sein. Wann diese Voraussetzung erfüllt ist, ist äußerst umstritten und weithin ungeklärt.

aa) Meinungsstand

Nach einer Ansicht liegt eine Werbung einer Kapitalgesellschaft *für* einen Arzt dann nicht vor, wenn die Gesellschaft ganz allgemein für ihr Angebot wirbt, ohne dabei einen oder mehrere Ärzte konkret zu benennen.[579] Dies soll zumindest dann gelten, wenn auf eine Beteiligung von Ärzten an der Behandlung überhaupt nicht mehr geschlossen werden kann.[580]
Diese Meinung findet ihre Grundlage in der Ansicht des BGH zur Rechtfertigung des ärztlichen Werbeverbotes. Danach bestehen die Beschränkungen hauptsächlich, um eine Verfälschung des angesehenen Berufsbildes des Arztes durch gewerbliche Werbung zu verhindern bzw. um das Vertrauen der Öffent-

---

[576] *Taupitz*, FS für Geiß, 503, 506

[577] OLG Köln NJW 1994, 3017, 3019; OLG München, NJW 1993, 800, 801; OLG Hamburg, MedR 1994, 451, 451; *Taupitz*, FS für Geiß, 503, 506

[578] *Bonvie*, NJW 1994, 308, 313; *Taupitz*, FS für Geiß, 503, 506; die Respektierung der Berufspflichten durch die AG ist Teil des Arbeitsvertrages.

[579] BGH NJW-RR 2002, 1041, 1042; ähnlich *Ratzel*, in Ratzel/ Lippert, MBO, 4. Aufl., §§ 27, 28, Rn. 14 (der in gewissen Grenzen das Werben mit dem Namen als zulässig ansieht) und *Rieger*, Lexikon des Arztrechts, „Werbeverbot“ Nr. 5530, Rn. 30, der sich jedoch auf stationäre Einrichtungen bezieht, was insoweit nicht vergleichbar ist, da diese ja ohnehin unter Namensnennung werben dürfen.

[580] BGH NJW-RR 2002, 1041, 1042; in dem Fall ging es um Werbung für eine Haartransplantation ohne Nennung von Ärztenamen

lichkeit in die Tätigkeit des Arztes zu schützen.[581] Daher wird darauf abgestellt, ob eine ärztliche Tätigkeit überhaupt erkennbar ist bzw. ob ein bestimmter Arzt namentlich erwähnt ist.

Die h.M. hält demgegenüber, wenn auch ohne nähere Begründung, ein Werben *für* einen Arzt auch dann für gegeben, wenn sein Name nicht genannt wird. Voraussetzung sei vielmehr, dass diesem die Werbung wirtschaftlich zugute komme.[582]

bb) Stellungnahme

Dem kann zugestimmt werden. Ob die Werbung für einen bestimmten Arzt stattfindet, kann nicht allein daran festgemacht werden, ob eine namentliche Nennung erfolgt ist oder nicht. Zwar kann das Berufsbild des Arztes dann keinen Schaden nehmen, wenn jeglicher Bezug der Werbung zu irgendeiner ärztlichen Tätigkeit fehlt. Ein solcher Bezug fehlt aber nicht schon dann, wenn die Werbung ohne Nennung eines bestimmten Arztes stattfindet. Vielmehr muss es darauf ankommen, ob eine typischerweise durch Ärzte vorzunehmende Maßnahme beworben wird. Ist dies der Fall, so wird der Adressat die Werbung ohne weiteres für eine ärztliche Werbung halten, ob der Name eines Arztes genannt wird oder nicht. Das Berufsbild des Arztes kann also auch ohne Namensnennung gefährdet sein.[583] Abgrenzungskriterium muss also die Frage sein, ob dem Arzt die Werbung wirtschaftlich nützt. Wem eine Werbung gezielt wirtschaftlich zu Gute kommt, *für* den wurde erkennbar geworben.[584]
Richtigerweise muss man sogar davon ausgehen, dass selbst ein durch einen Arbeitgeber gezahltes Pauschalhonorar ausreichend ist, um diese Voraussetzung zu erfüllen.[585] Dem entspricht eine wirtschaftliche Betrachtungsweise. Durch die Werbung der AG soll ganz allgemein der Zulauf an Patienten oder Nachfragern ärztlicher und sonstiger Dienstleistungen erhöht werden. Ob diese dem Patienten durch die Werbung im Vorfeld einzeln bekannt waren oder nicht, kann insoweit keine Rolle spielen.[586] Vielmehr muss die faktische Wirkung bei den

---

[581] BGH MedR 1995, 113, 113; auch BVerfGE 71, 162, 174; *Piper*, in FS für Brandner, 449, 456

[582] BGH MedR 1999, 370, 371(aufgehoben durch BVerfG MedR 2000, 523, 524; dies steht Ansicht des BGH jedoch nicht im Wege, da es hier ausschließlich um Klinkwerbung im Sinne der „Sanatoriumsentscheidung" (siehe unten 5. Kap., A, II, 4) ging und die Aufhebungsgründe eine andere Fragestellung betrafen); BGH MedR 1995, 113, 113; OLG Hamburg, MedR 1997, 417, 418; LG Hamburg, MedR 1995, 82, 83; *Ratzel*, in Ratzel/ Lippert, MBO 3. Aufl., §§ 27, 28, Rn. 18

[583] I.E. ebenso *Taupitz*, FS für Geiß, 503, 511

[584] A.A. Taupitz der den wirtschaftlichen Vorteil der Ärzte für die Fragestellung für irrelevant hält *Taupitz*, FS für Geiß, 503, 512

[585] BGH MedR 1995, 113, 113; a.A. BGH NJW-RR 2002, 1041, 1042

[586] *Taupitz*, FS für Geiß, 503, 512

Ärzten, nämlich die Nachfragesteigerung[587] und ihr (wirtschaftliches) Interesse daran berücksichtigt werden. Es ist abwegig anzunehmen, dass angestellte Ärzte mit fixem Gehalt kein (wirtschaftliches) Interesse an einer AG-Werbung hätten. Das wirtschaftliche Interesse kann nicht nur durch eine direkte Gewinnbeteiligung bemessen werden. Vielmehr kommt eine verstärkte Nachfrage den Ärzten wirtschaftlich auch dann zugute, wenn sie lediglich für ein Pauschalhonorar angestellt sind. Die Gesellschaft ihrerseits wird nämlich nur durch Nachfrage in die Lage versetzt, überhaupt Ärzte einzustellen und deren Gehaltsforderungen zu erfüllen. Mögliche Lohnsteigerungen und Optionsbeteiligungen an der Gesellschaft erhöhen das wirtschaftliche Interesse der Ärzte an einer Werbung für die AG. Im Übrigen wäre ohne Nachfrage der Arbeitsplatz jedes einzelnen Arztes gefährdet. Ein wirtschaftliches Interesse der Ärzte ist nicht von der Hand zu weisen.

Auch das Schutzgut des Werbe- bzw. Duldungsverbotes sprechen für eine weite Auslegung des Merkmals *„für einen anderen“*. Das Duldungsverbot soll das Werbeverbot vor Umgehung durch die Ärzte unter Benutzung Dritter schützen, hat also dieselbe Schutzrichtung wie das Werbeverbot selbst.[588] Wie dieses bezweckt also auch das Duldungsverbot den Schutz der Bevölkerung vor unsachgemäßer Beeinflussung und Verunsicherung der Werbeadressaten im Gesundheitssektor.[589] Dieses Schutzgut ist immer dann gefährdet, wenn unsachlich für das Angebot eines Arztes geworben wird. Dabei ist es egal, ob der Arzt vorher bekannt ist, oder ob eben eine AG allgemein für ihr Spektrum an ärztlichen Leistungen wirbt, aber keinen der angestellten Ärzte direkt benennt.[590] In beiden Fällen wird eine ärztliche Leistung beworben, weshalb der Patient gleichermaßen vor unsachgemäßer Beeinflussung zu schützen ist. Auch die Schutzrichtung des „Duldungsverbotes“ spricht somit dafür, die Werbung der Arzt-AG jedem der angestellten Ärzte zuzurechnen, der in dem beworbenen Leistungsspektrum in der AG ärztlich tätig ist.

Die ärztlichen Mitarbeiter sind also berufsrechtlich verpflichtet, eine für ihr Leistungsspektrum durch die AG vorgenommene, standeswidrige Werbung zu verhindern.

---

[587] Ähnlich *Taupitz*, FS für Geiß, 503, 512

[588] OLG München, WRP 1999, 1139, 1140

[589] OLG Hamburg, WRP 1979, 376, 378; *Ratzel*, in Ratzel/Lippert, MBO, 4. Aufl., vor §§ 27, 28, Rn. 3; *Piper*, in FS für Brandner, 449, 456

[590] *Taupitz*, FS für Geiß, 503, 511

2. Keine unmittelbare Geltung für die Arzt-AG

Hinsichtlich der Frage, inwieweit das ärztliche Werbeverbot Auswirkungen auf Ärztegesellschaften in kapitalgesellschaftlicher Rechtsform hat, existieren verschiedene in Reichweite und Begründung unterschiedliche Ansätze.
Einigkeit besteht insoweit, dass die berufsrechtlichen Werbebeschränkungen keine unmittelbare Geltung für die Arzt-AG bzw. GmbH entfalten. [591] Die berufsrechtlichen Verbote richten sich nämlich ausdrücklich nur an die Ärzte als natürliche Personen, weshalb sich eine unmittelbare Anwendung auf juristische Personen als Adressaten der Norm verbietet.

3. Mittelbare Geltung für die Arzt-AG

a) Problemstellung

Fraglich ist, ob bzw. unter welchen Voraussetzungen eine mittelbare Bindung der Arzt-AG an das Werbeverbot in Betracht kommt, wenn sie für die bei ihr angestellten Ärzte wirbt.
Zunächst muss festgestellt werden, dass einer juristischen Person als am Wirtschaftsleben beteiligtes Unternehmen grundsätzlich eine Werbetätigkeit nicht untersagt werden kann, sofern dies nicht gesetzlich oder auf gesetzlicher Grundlage geregelt ist.[592] Sofern es sich um berufswidrige Werbung handelt, die niedergelassenen Ärzten versagt wäre, darf die Rechtsform der Aktiengesellschaft nicht zu einer Umgehungsmöglichkeit für das Werbeverbot werden.
Anerkannt ist, dass eine juristische Person, die im Heilwesen tätig ist, nach § 3 UWG[593] (früher § 1 UWG) zur Verantwortung gezogen werden kann, wenn sie für die angestellten Ärzte wirbt. [594] Dabei kommt sowohl eine Haftung als Verantwortlicher als auch als Störer[595] in Betracht.

Gemäß einer restriktiven Auffassung in der Rechtsprechung soll es für eine wettbewerbsrechtliche Haftung der juristischen Person erforderlich sein, dass

---

[591] Allg. Ansicht BGH GRUR 2001, 181, 184; BGH GRUR 2000, 613, 616; BGH MedR 1995, 113, 114; OLG Hamburg, MedR 1995, 115, 116; OLG Hamburg, MedR 1994, 451, 451; OLG Hamburg, MedR 1992, 280, 282; OLG Köln NJW 1994, 3017, 3019 zwar befassen sich alle aufgeführten Entscheidungen mit GmbH, insoweit ergeben sich keinerlei Unterschiede zur AG.

[592] OLG Hamburg, MedR 1995 115, 116; OLG Köln, NJW 1994, 3017, 3019

[593] Sofern nicht abders angegeben, wird hier immer die neue Fassung des UWG von 2004 verwandt.

[594] BGH MedR 1995, 113, 114; BGH GRUR 2000, 613, 614; BGH GRUR 2001, 181, 184; BGH MedR 1999, 370, 372; OLG Hamburg, MedR 1992, 283; OLG München, NJW 1993, 800, 801; OLG Köln, NJW 1994, 3017, 3019 ;grds auch OLG Hamburg, MedR 1995, 115, 116

[595] Störerhaftung ist der Begriff für die Haftung wegen adäquater Mitwirkung am Wettbewerbsverstoß eines anderen, ohne Mittäter oder Gehilfe (Verantwortlicher) zu sein *Kotthoff/ Gabel*, in Ekey/ Klippel/ Kotthoff/ Meckel/ Plaß, Wettbewerbsrecht, 2. Aufl., § 8 Rn. 48

die Gesellschaft gemeinsam mit dem angestellten und beworbenen Arzt unter dem Gesichtspunkt der „Rechtsumgehung“ (von ärztlichen Werbevorschriften) wettbewerbswidrig nach § 3 UWG gehandelt hat.[596] Dabei ist es erforderlich, dass eine Umgehungsabsicht nachgewiesen wird.[597] Es geht also darum, festzustellen, ob es sich faktisch um eine eigene Werbung des Arztes handelt, die diesem, wäre er niedergelassener Arzt, verboten wäre. Eine solche verdeckte Eigenwerbung für sich selbst kommt natürlich nur dort in Betracht, wo der beworbene Arzt ein gewisses Maß an Einfluss auf die Gesellschaft hat. Daher soll es nach der Rechtsprechung darauf ankommen, dass der beworbene Arzt selbst an der Geschäftsführung der juristischen Person oder zumindest als Kapitalgeber maßgeblich beteiligt ist. Dann seien die formal von der juristischen Person vorgenommenen Handlungen dem Arzt zuzurechnen und damit Arzt und Gesellschaft als Mittäter verantwortlich.[598]
Nach OLG Hamburg soll es dagegen genügen, wenn der Arzt die juristische Person zwar nicht rechtlich beherrscht, aber eine wirtschaftliche Beherrschung vorliegt, was schon erfüllt sei, wenn der Arzt insbesondere und im Wesentlichen wirtschaftlicher Nutznießer der juristischen Person sei.[599]

In beiden Fällen kann richtigerweise eine Verantwortlichenhaftung nach dem UWG vorliegen.[600] Eine Begrenzung auf die unmittelbare (Mit-)Täterhaftung greift jedoch zu kurz. Eine Werbung durch juristische Personen kann nach oben dargestellter Ansicht nur dann verboten werden, wenn dem beworbenen Arzt entweder durch direkte Einflussnahme oder durch wirtschaftliche Verknüpfung mit der Gesellschaft eine Umgehungsabsicht nachgewiesen werden kann. In einer Arzt-AG ist dies kaum möglich. Die angestellten Ärzte sind im Normalfall weder an der Geschäftsführung beteiligt noch beherrschen sie die Gesellschaft wirtschaftlich. Wesentlicher Nutznießer der juristischen Person und damit beherrschend sind vielmehr die Gesellschafter, allenfalls noch die Geschäftsführer. Eine Umgehungsabsicht, sofern sie denn tatsächlich vorliegen sollte, wäre nach dieser restriktiven Auffassung kaum nachweisbar.[601]

---

[596] So OLG Köln, NJW 1994, 3017, 3019; OLG Düsseldorf, MedR 1995, 280, 282; OLG Hamburg, WRP 1988, 548, 550; OLG Hamburg, MedR 1992, 280, 281
[597] *Taupitz*, FS für Geiß, 503, 505
[598] *Taupitz*, FS für Geiß, 503, 505
[599] OLG Hamburg, WRP 1988, 548, 550; OLG Hamburg, MedR 1992, 280, 281
[600] So auch *Piper*, FS für Brandner, 449, 465; *Ratzel*, Ratzel/ Lippert, MBO, 4. Aufl., §§ 27, 28, Rn. 14
[601] Ähnlich *Taupitz*, FS für Geiß, 503, 505

b) Anwendung der Störerhaftung nach § 3 UWG?

aa) Meinungsstand

Um die rechtliche Lücke zu schließen, die dadurch entsteht, dass Ärzte Kapitalgesellschaften gründen und dort angestellt sein können, ist daher nach verbreiteter Auffassung auf die wettbewerbsrechtliche Störerhaftung zurückzugreifen.[602] § 27 Abs.2 MBO (bzw. die landesrechtlichen Vorschriften) verlange nicht, dass der Arzt die berufswidrige Werbung eines anderen für ihn notwendigerweise selbst veranlasst oder beherrscht haben muss. Vielmehr genüge es, dass er sie kennt und duldet.[603] Die Arzt-AG schaffe ja erst die Voraussetzung für den Rechtsverstoß des Arztes, weshalb sie dafür auch zur Verantwortung gezogen werden müsse.[604] Es gelte der Grundsatz, dass derjenige als wettbewerbsrechtlicher Störer einzustufen sei, der in irgendeiner Weise an einer rechtswidrigen Beeinträchtigung eines anderen mitwirke.[605] Wenn ein Verstoß eines Arztes gegen das Duldungsverbot berufswidriger Werbung vorliegt, liegt also nach h.M. darin auch ein Verstoß gegen das Wettbewerbsrecht durch die Gesellschaft.

Demgegenüber wurde gegen eine Störerhaftung einer Arzt-GmbH bei Werbung für ihre Ärzte angeführt, es könne nicht hingenommen werden, aus der (an sich erlaubten) Werbung eines Dritten (hier der AG) auf einen Wettbewerbsverstoß seitens des Arztes durch Dulden zu schließen, um daraus dann wiederum eine Rechtswidrigkeit bei dem Dritten festzustellen.[606] Eine Störerhaftung komme also ohne Rechtumgehungsabsicht oder Beherrschung der Gesellschaft durch den Arzt nicht in Betracht.[607]

bb) Stellungnahme

Im Ergebnis muss aus rechtlichen Gesichtspunkten heraus mit der h.M. eine Störerhaftung der Arzt-AG bejaht werden, wenn diese in berufswidriger Weise für die bei ihr angestellten Ärzte wirbt.

---

602 So ausdrücklich BGH GRUR 2001, 181, 184; für eine Störerhaftung sind auch BGH MedR 1999, 370, 372; BGH GRUR 2000, 613, 616; OLG München, WRP 1999, 1139, 1139; LG Hamburg, MedR 1995, 82, 82; *Hasselblatt*, in Gloy/ Loschelder, Handbuch des Wettbewerbsrechts, 3. Aufl., § 51, Rn. 22; *Piper*, FS für Brandner, S. 449, 468; *Ring*, Werberecht der Ärzte, S. 227; *Meyer/ Kreft*, GmbHR 1997, 193, 195; *Taupitz*, NJW 1992, 2317, 2324; *ders.* NJW 1996, 3033, 3038

603 BGH MedR 1999, 370, 372; *Taupitz*, FS für Geiß, 503, 507

604 BGH, NJW-RR 1995, 41, 42; BGH NJW-RR 1991, 1258, 1259; *Taupitz*, FS für Geiß, 503, 508

605 *Taupitz*, FS für Geiß, 503, 508

606 *Köhler*, in Hefermehl/ Köhler/ Bornkamm, UWG 24. Aufl., § 4, Rn. 11.113; auch, obwohl im Ergebnis für die Störerhaftung, *Taupitz* FS für Geiß, 503, 508

607 *Köhler*, in Hefermehl/ Köhler/ Bornkamm, UWG 24. Aufl., § 4, Rn. 11.113

Anders als die obige restriktive Rechtsprechung verlangt § 27 Abs.2 MBO nämlich nicht, dass der Arzt die berufswidrige Werbung eines anderen für ihn notwendigerweise selbst veranlasst oder beherrscht haben muss. Ein Kennen und Dulden genügt vielmehr.[608] Dies setzt keinen beherrschenden Einfluss des Arztes auf die Gesellschaft voraus. Es ist vielmehr völlig unerheblich, in welchem wirtschaftlichen bzw. rechtlichen Verhältnis er zu dem Dritten steht. Sofern der Arzt die Möglichkeit hat, die Werbung für ihn zu unterbinden, ist er berufsrechtlich dazu verpflichtet.[609] Unterlässt er dies, verstößt er gegen berufsrechtliche Vorschriften. Damit geht notwendig auch ein Verstoß des Arztes gegen das Wettbewerbsrecht einher,[610] an dem die AG teilhat.
Damit ist schon die wesentliche Voraussetzung für die Störerhaftung geschaffen. Die Arzt- AG hat also den Wettbewerbsverstoß des Arztes verursacht.[611] Dass der Arzt-AG dann auch ein eigener Verstoß gegen § 3 UWG vorgeworfen werden kann, ergibt sich aus der einfachen Anwendung des Wettbewerbsrechts. Sofern gegen die Störerhaftung in derartigen Fällen vorgetragen wird, sie begründete aus an sich zulässigem Verhalten der AG über konstruierte Umwege ein verbotenes Verhalten, so überzeugt dieser Einwand nicht. Man muss sich hier vergegenwärtigen, dass die Rechtslage im ärztlichen Werberecht dieses Ergebnis so vorsieht.[612] Sofern schon das bloße Dulden der Werbung durch einen Arzt als berufs- und damit wettbewerbswidrig angesehen wird, muss man auch den werbenden Dritten als adäquaten Mitverursacher der Störung ansehen. Eine Kombination der beiden Rechtskonstrukte Störerhaftung und Duldungsverbotes zwingt zu diesem Ergebnis.
Grundsätzlich kann bei der Werbung der Arzt-AG für die bei ihr angestellten Ärzte also eine Störerhaftung angenommen werden.

Die AG begeht also einen ahndbaren Rechtsverstoß dann, wenn sie der Störerhaftung durch Mitwirkung der AG am Wettbewerbsverstoß des Arztes (Duldung) unterliegt.
Daneben kommt eine Eigenhaftung der AG nach dem UWG dann in Betracht, wenn sich eine berufswidrige Werbung für einen dort angestellten Arzt als

---

[608] BGH MedR 1999, 370, 372; *Taupitz*, FS für Geiß, 503, 507

[609] OLG Hamburg, MedR 1997, 417, 418; das Werbeverbot gilt für grundsätzlich für alle Ärzte, VG Münster, MedR 1995, 253, 254

[610] Jeder Verstoß gegen ärztliche Werbevorschriften ist auch ein Verstoß gegen das Wettbewerbsrecht. Dies ergibt sich daraus, dass entweder die Regeln als unmittelbar dem Wettbewerb dienend anzusehen sind (so z.B. OLG Hamburg, WRP 1982, 278, 280) oder dass die Werberegeln als allgemeine Schutznormen, deren Verletzung unlauter im wettbewerbsrechtlichen Sinne ist, gewertet werden müssen (so z.B. BGH GRUR 1982, 618, 619) allgemein BGH GRUR 2000, 613, 616; *Becker-Eberhard*, in Fezer, UWG, Bd. I, § 4 S 3, Rn. 48

[611] BGH, NJW-RR 1995, 41, 42; BGH NJW-RR 1991, 1258, 1259; *Taupitz*, FS für Geiß, 503, 508

[612] *Taupitz* FS für Geiß, 503, 508

Rechtsumgehung durch Zusammenwirken des Arztes mit der Gesellschaft darstellt.
Grundsätzlich ist die Einhaltung der Werbevorschriften für Ärzte durch Tätigkeit in einer AG also nicht gefährdet.

4. Werbeerleichterung nach der Sanatoriumsrechtsprechung?

Praktisch interessant für Gründer einer Arzt-AG dürfte die Frage sein, ob die Gesellschaft zulässigerweise anderen, also weniger strengen, Werberestriktionen unterliegt als niedergelassene Ärzte. Dies könnte sich durch einen Vergleich mit der Situation bei Krankenhäusern ergeben.

a) Problemstellung

Ausnahmen von den strengen Werberegeln gelten nach der Rechtsprechung für stationäre Einrichtungen wie Kliniken und Sanatorien.[613] Diesen ist die Werbung für die dort entweder angestellten oder als Belegärzte[614] tätigen Ärzte in weiterem Maße gestattet als niedergelassenen Ärzten. Hier gilt also ein Werbeprivileg, auch wenn im Zuge der Lockerung des ärztlichen Werbeverbotes eine stetige Angleichung stattfindet.[615] Das bedeutet, dass dem niedergelassenen, ambulanten Arzt jegliche berufswidrige Werbung untersagt ist, dem Klinikarzt und somit der Klinik jedoch nur die anpreisende Herausstellung eines angestellten Arztes bzw. unsachliche und irreführende Werbung.[616] Insbesondere ist Kliniken eine vergleichende Werbung[617] nicht untersagt, solange sie sich in den allgemeinen wettbewerbsrechtlichen Grenzen hält, niedergelassenen Ärzten dagegen schon.[618] Hierdurch kann sich ein nicht unerheblicher Werbevorteil zu Gunsten stationärer Einrichtungen ergeben, da vergleichende Werbung einen erheblichen Werbeeffekt mit sich bringen kann.

---

[613] So die „Sanatoriumsentscheidung" BVerfG 71, 183 ff; offenbar will das BVerfG trotz fortschreitende Angleichung der Werbemöglichkeiten niedergelassener Ärzte und Kliniken auch weiterhin an der Werbeprivilegierung festhalten, BVerfG MedR 2006, 107, 108; BVerfG Beschl. v. 17.07.2003, 1BvR 2115/02

[614] So BVerfG MedR 2000, 523, 524; BGH MedR 2003, 344, 347; *Spickhoff*, NJW 2004, 1710, 1712

[615] *Bahner*, Das neue Werberecht für Ärzte, 2. Aufl., S. 320

[616] *Rieger*, Lexikon des Arztrechts, „Werbeverbot" Nr. 5530, Rn. 21; a.A. neuerdings wohl *Ratzel*, in Ratzel/ Lippert, MBO, 4. Aufl., §§ 27, 28, Rn. 4

[617] Vergleichende Werbung wird als jede Werbung, die unmittelbar oder mittelbar einen Mitbewerber oder die von einem Mitbewerber angebotenen Waren und Dienstleistungen erkennbar macht, vgl *Köhler*, in Hefermehl/ Köhler/ Bornkamm, Wettbewerbsrecht, UWG, 24. Aufl., § 6, Rn. 17

[618] *Bahner*, Das neue Werberecht für Ärzte, 2. Aufl., S. 320
Inwieweit das Verbot vergleichender Werbung für Ärzte in den Berufsordnungen unter Hinblick auf die EU-Richtlinie 97/55/EG, die vergleichende Werbung innerhalb gewisser Parameter erlaubt, europarechtlich zulässig ist, soll hier dahingestellt bleiben.

Auch ein Werben mit dem Namen eines leitenden oder angestellten Arztes ist Kliniken nicht grundsätzlich verboten, sofern sie den Arzt nicht anpreisen,[619] was unter Umständen erhebliche Werbewirkungen haben kann, wenn der genannte Arzt einen guten Ruf besitzt. Unter dennoch auch Kliniken verbotenem „Anpreisen" wird im Allgemeinen eine besonders aufdringliche Form der Werbung verstanden z.B. überzogenes Eigenlob oder Blickfangwerbung.[620] Soweit diese Grenzen nicht überschritten werden, dürfen Sanatorien für ihre Ärzte und sich werben.[621] So können Klinken beispielsweise in Werbebroschüren auf die Vorzüge ihres Klinikkonzeptes hinweisen.[622] Auch das Werben mit Slogans ohne sachlichen Inhalt ist Kliniken im Gegensatz zu niedergelassenen Ärzten erlaubt.[623] Dabei ist es nach der Rechtsprechung des BVerfG einer Klink nicht verwehrt, auch für ihr ambulantes Leistungsspektrum diese Werbevergünstigungen in Anspruch zu nehmen, obwohl sie sich dadurch einen Wettbewerbsvorteil gegenüber den direkt konkurrierenden niedergelassenen Ärzten verschafft.[624] Gerechtfertigt wurde auch dies mit einer klaren Trennung der gewerblichen, und damit frei bewerbbaren Tätigkeit, von privaten Sanatorien und Kliniken von der freiberuflichen Tätigkeit ambulanter Ärzte.[625]
Diese Ungleichbehandlung wird im Allgemeinen mit einem unterstellten höheren Investitions- und Kostenbedarf stationärer Einrichtungen begründet, welche zur Existenzsicherung durch großzügigere Werbemöglichkeiten ausgeglichen werden müssten.[626] Hier zeige sich der Unterschied zwischen gewerblicher und freiberuflicher Tätigkeit.[627]

b) Übertragung auf die ambulante Arzt-AG?

Es stellt sich die Frage, ob sich eine Ärzte-AG die Erleichterungen der Sanatoriumsrechtsprechung zu Nutze machen kann, oder ob werberechtlich eine Gleichstellung mit niedergelassenen Ärzten zu erfolgen hat.

---

[619] BVerfG 71, 183, 198; BGH MedR 2003, 344, 347 im Gegensatz zu niedergelassenen Ärzten

[620] *Ratzel*, in Ratzel/ Lippert, MBO, 4. Aufl., §§ 27, 28, Rn. 5

[621] Auf die einzelnen, sich daraus ergebenden Werbemöglichkeiten soll hier nicht eingegangen werden, da dies nicht Thema der vorliegenden Arbeit ist

[622] BGH MedR 2003, 344

[623] *Balzer*, KHuR 2003, 87, 90

[624] So BVerfG MedR 2000, 523, 523, zustimmend *Rieger*, MedR 2000, 525, 525; anders noch das zugrunde liegende Urteil des BGH MedR 1999, 370

[625] BVerfG MedR 2000, 523, 524

[626] BVerfG 71, 183, 194; *Rieger*, Lexikon des Arztrechts, „Werbeverbot" Nr. 5530, Rn. 20

[627] BVerfG MedR 2000, 523, 524

aa) Meinungsstand

Nach dem derzeitigen Stand der Rechtsprechung halten die Gerichte noch immer an der klaren Unterscheidung zwischen gewerblichen stationären Kliniken einerseits und nicht-gewerblichen ambulanten Einrichtungen andererseits fest.[628] Der Fall wurde für eine Arzt-AG freilich noch nicht entschieden. Da eine ambulante Arzt-AG zwar eine nach § 2 HGB gewerbliche, nicht jedoch stationäre Einrichtung im Sinne einer Klinik darstellt, ist es aber wahrscheinlich, dass die dort angestellten Ärzte werberechtlich von der Rechtsprechung den niedergelassenen Ärzten zugerechnet werden.[629] Eine Abkehr des BVerfG von seiner Abgrenzung nach stationär und ambulant ist, trotz Kritik daran,[630] nicht erkennbar. In zwei Urteilen neueren Datums hat das Gericht ausdrücklich auf die Sanatoriumsentscheidung in ihren entscheidenden Teilen Bezug genommen und inzident an dem Abgrenzungskriterium stationär/ ambulant festgehalten.[631]

Unter Erweiterung der Sanatoriumsrechtsprechung haben sich einige Gerichte gelegentlich dafür ausgesprochen, ambulante juristischer Personen werberechtlich weniger streng zu behandeln, wenn das Leistungsangebot der Gesellschaft über das niedergelassener Ärzte hinausgehe und die Werbung für diese Zusatzleistung[632] als notwendige Folge eine Werbung für den einzelnen Arzt mit sich bringe.[633] Hinsichtlich der Zusatzleistung stünde die Gesellschaft nicht in erster Linie mit niedergelassenen Ärzten im Wettbewerb, sondern mit anderen gewerblichen Anbietern und müsste folglich zur Existenzsicherung werben dürfen.[634] Auch habe die Öffentlichkeit ein Interesse an einer Information über be-

---

628 Statt vieler BVerfG MedR 2000, 523, 524; BVerfG MedR 2006, 107, 108; BVerfG Beschl. v. 17.07.2003, 1BvR 2115/02

629 So hatte der BGH in einem Fall eine ambulante tätige GmbH den strengen Werberregeln für niedergelassene Ärzte unterstellt, BGH MedR 1995, 113, 114. Dies spricht dafür, dass die Arzt-AG nicht anders behandelt werden wird. Ähnlich auch das LG Hamburg, MedR 1995, 82, 82 nach dem eine ambulante Arzt-AG ein gewöhnlicher Wettbewerber der Niedergelassenen sei und demnach das für diese geltende Werbeverbot, mittelbar über die angestellten Ärzte, zu beachten habe.

630 *Rieger*, Lexikon des Arztrechts, „Werbeverbot" Nr. 5530, Rn. 50; *Ratzel*, ZMGR 2005, 241, 243; ders, in Ratzel/ Lippert, MBO, 4. Aufl., § 27/ 28, Rn. 3

631 BVerfG MedR 2006, 107, 108; BVerfG Beschl. v. 17.07.2003, 1BvR 2115/02; vgl. auch *Balzer*, KHuR 2003, 87, 90

632 Solche gewerblichen Zusatzleistungen können vielfältig sein und von kosmetischer Behandlung bis zu einem ärztlichen Hotelservice (so OLG München, WRP 1999, 1139) reichen

633 BGH GRUR 1989, 601, 602; BGH MedR 1995, 113, 114; OLG München, WRP 1999, 1139, 1141;in die gleiche Richtung geht auch BVerfG MedR 2000, 523, 524 (obwohl dieser Entscheidung eine stationäre Einrichtung zu Grunde liegt, die für ihr ambulantes Angebot wirbt.); i.E. auch Bay. Landesberufungsgericht für Heilberufe, MedR 1990, 295, 296

634 OLG München, WRP 1999, 1139, 1141; LG Hamburg, MedR 1995, 82, 82

sondere Angebote, die üblicherweise nicht von niedergelassenen Ärzten erbracht werden.[635]

bb) Stellungnahme

Unter Berücksichtigung dieser Rechtsprechung sowie der Schwächen der Sanatoriumsrechtsprechung erscheint eine Neubewertung der Beurteilungskriterien für Werbeerleichterungen angebracht.

Das nach der Sanatoriumsrechtsprechung für die unterschiedliche Behandlung von stationären und ambulanten Einrichtungen angeführte Argument, die höhere betriebswirtschaftliche Kostenbelastung stationärer Einrichtungen,[636] trägt nicht mehr. Eine schematische Unterscheidung zwischen stationär und ambulant mit dem Argument der Kostenbelastung lässt die tatsächlichen Entwicklungen in unhaltbarer Weise unberücksichtigt. Immerhin sind auch bei größeren bzw. hoch spezialisiert ambulant tätigen Organisationen erhebliche Kosten möglich, die durchaus den Investitionsaufwand von Kliniken und Sanatorien erreichen können.[637] Dies gilt umso mehr, als heutzutage dank des technischen Fortschritts eine teuere Apparatemedizin kein Spezifikum stationärer Kliniken mehr ist, sondern durchaus auch im ambulanten Bereich zu finden ist. Auch hier kann ohne angemessene Werbung die Existenz gefährdet sein. Es kann rechtlich daher keinen Unterschied machen, ob die personellen und sachlichen Investitionskosten bei dem Betrieb einer ambulanten oder stationären (ggf. sogar mit nur zwei Betten)[638] Einrichtung entstehen.[639] Das Argument des höheren Ausgabenaufwandes vermag somit in der durch die Gerichte vorgebrachten Pauschalität nicht mehr zu überzeugen. Die schematische Einteilung von stationär und ambulant sollte daher aus verfassungsrechtlichen Gründen[640] einer Einzelfallbewertung weichen. Wenn eine Arzt-AG hohe Investitionskosten aufweist, muss sie

---

[635] OLG München, WRP 1999, 1139, 1141

[636] BVerfG 71, 183, 194; BGH MedR 1995, 113, 114

[637] So auch *Ratzel*, in Ratzel/ Lippert, MBO, 4. Aufl., §§ 27, 28, Rn. 4; *Rieger*, Lexikon des Arztrechts, „Werbeverbot" Nr. 5530, Rn. 25

[638] So lag der Fall bei der Entscheidung BVerfG MedR 2000, 523. Das Gericht hat hier mit keinem Wort die Tatsache angesprochen, dass die „Klinik" nur aus zwei Betten bestand. Dennoch ging das BVerfG vom Vorliegen einer Klinik aus. Kritisch dazu *Rieger*, MedR 2000, 252, 526

[639] *Rieger*, Lexikon des Arztrechts, „Werbeverbot" Nr. 5530, Rn. 50; *Ratzel*, ZMGR 2005, 241, 243; in eine ähnliche Richtung scheint OLG München, NJW 1993, 800, 801 zu tendieren. Dort wird am Beispiel eines überbetrieblichen ambulanten Dienstes von Betriebsärzten ausgeführt, dass diese im konkreten Fall eben keine so hohen (kostenmäßigen) Anforderungen erfüllen müssten wie stationäre Kliniken und Sanatorien. Dem Urteil lässt sich jedoch, wenn auch nicht in wünschenswerter Deutlichkeit, entnehmen, dass in anders gelagerten Sachverhalten eine Gleichstellung ambulanter Dienste mit Sanatorien in Betracht kommen könnte.

[640] Ansonsten liegt eine ungerechtfertigte Ungleichbehandlung nach Art. 3 I iVm 19III GG vor.

auch in den Genuss der Werbeerleichterungen nach der Sanatoriumsrechtsprechung kommen.[641]
Im Übrigen muss es im Sinne der neueren Rechtsprechung auch darauf ankommen, ob die Gesellschaft neben dem herkömmlichen ärztlichen Angebot noch zusätzliche gewerbliche Leistungen anbietet. Mit diesem Zusatzangebot steht sie dann nicht in Konkurrenz zu den niedergelassenen Ärzten und muss dafür werben dürfen. Hier besteht genauso wenig Grund, aus Konkurrenzschutzgründen eine Werbetätigkeit zu beschränken, wie im stationären Bereich,[642] wo gewerbliche Zusatzangebote ohne weiteres beworben werden dürfen. Für diese Zusatzangebote gelten die Werbebeschränkungen der Berufsordnungen nämlich nicht. Ein damit einhergehender Werbeeffekt für die angestellten Ärzte muss aus Gründen der Gewerbefreiheit hingenommen werden.[643]
Nach der verfassungsrechtlich gebotenen Neubewertung der Werbekriterien stellt sich die Situation der Arzt-AG wie folgt dar:
Sofern im Einzelfall vorwiegend für das ärztliche (Heil-) Angebot geworben wird, und keine Investitionsbelastung vorliegt, die die von normal niedergelassenen Ärzten übersteigt, sind für die Arzt- AG die gleichen Werbemaßstäbe anzulegen wie für niedergelassene Ärzte.[644]
Erreicht die Kostenbelastung ein Niveau, wie es bei (auch kleinen) Kliniken zu finden ist, muss die AG werberechtlich mit diesen gleichgestellt werden.
Liegt der Schwerpunkt der Werbung zumindest auch auf dem gewerblichen Zusatzangebotangebot, muss die Arzt-AG mit stationären Einrichtungen gleichgestellt werden, und für das Zusatzgebiet werben dürfen. Ein eventueller Werbeeffekt für die angestellten Ärzte ist hier hinzunehmen.
Eine vergleichende Werbung, wie sie Kliniken erlaubt ist, bleibt der ambulanten Arzt-AG hingegen in jedem Fall versagt. Für Kliniken ergibt sich die Erlaubnis vergleichender Werbung aus § 39 Abs.3 SGB V, wonach stationäre Leistungen in einem Verzeichnis vergleichbar dargestellt werden müssen.[645] Hieraus wird eine, sich auch auf das Berufsrecht durchschlagende, Genehmigung zur verglei-

---

[641] Von *Papier/ Petz*, NJW 1994, 1553, 1558 wird jedoch gesagt, dass allein eine kostenintensive Ausstattung und Behandlungsmethode den niedergelassenen Arzt noch nicht zum Gewerbetreibenden mache, was den Unterschied zum gewerblichen Sanatorium rechtfertige. Hinsichtlich der Arzt-AG verfängt dieses Argument jedoch nicht, da dieses zweifellos durch die Fiktion des § 2 S. 1 HGB ein Gewerbebetrieb ist.

[642] Ähnlich LG Hamburg, MedR 1995, 82, 82

[643] Vgl. BGH GRUR 1989, 601, 602

[644] So auch BGH MedR 2003, 344, 347 wobei die Fallgestaltung eine stationäre Einrichtung mit ambulanten Leistungen betraf. Die Grundsätze können jedoch übertragen werden

[645] Damit soll eine Kostentransparenz erreicht werden, die es dem überweisenden Arzt und den Kassen ermöglicht, preisgünstige Krankenhäuser bevorzugt in Anspruch zu nehmen, vgl. *Zipperer*, in Maaßen/ Schermer/ Wiegand/ Zipperer, SGB V Komm., Bd. I, § 39, Rn. 28. Diese Überlegungen greifen im Falle ambulanter Arztformen nicht.

chenden Werbung für Kliniken gesehen.[646] Dies gilt nur innerhalb der Grenzen des § 39 Abs.3 SGB V und daher nur für stationäre Leistungen. Für ambulante Leistungen dürfen also auch Kliniken nicht vergleichend werben. Gleiches gilt auch für die ambulante Arzt-AG.

5. Ergebnis

Wie gezeigt wurde, droht eine Umgehung des ärztlichen Werbeverbotes durch Gründung einer Arzt-AG nicht. Zum einen bleiben die angestellten Ärzte berufsrechtlich verpflichtet, gegen eine berufswidrige, also unsachliche oder irreführende, Werbung durch die AG vorzugehen, sofern sie in dem beworbenen Indikationsgebiet tätig sind. Darüber hinaus haftet wettbewerbsrechtlich auch die AG selbst, wenn die Ärzte unzulässige Werbung dulden.

B. Die Firmierung der Arzt-AG

Praktisch relevant, wenn auch noch nicht im Focus wissenschaftlicher Auseinandersetzung, ist das Firmierungsrecht für Ärztekapitalgesellschaften. Für andere Freiberufler-Aktiengesellschaften, insbesondere die Anwalts-AG, existiert bereits eine kontroverse Diskussion hierüber, auf die im Folgenden vergleichend Bezug genommen wird.

Die Namensgebungsfreiheit für Ärztegesellschaften wird sowohl durch handelsrechtliche als auch berufsrechtliche Vorschriften begrenzt. Beide sollen hier dargestellt werden.

I. Handels- und gesellschaftsrechtliche Vorschriften

Gemäß § 17 ff HGB besteht im Hinblick auf die Firma weitgehende Gestaltungsfreiheit.[647] Seit der Handelsrechtsreform von 1998 wurde das Prinzip der Namensfirma, welches bis dahin für Kaufleute gegolten hatte, aufgegeben und eine weitreichende Firmierungsfreiheit mit der Zulässigkeit von Sach- und Phantasiefirma eröffnet.[648] Somit ist grundsätzlich jede Firma zulässig, solange sie sich zur Kennzeichnung des Unternehmens eignet, Unterscheidungskraft besitzt und nicht irreführend ist.[649]
Etwas anderes galt bis zu der Reform für das Aktienrecht. Dieses bestimmte im Gegensatz zum allgemeinen Handelsrecht, dass die Firma sich im Regelfall, d.h.

---

[646] *Rieger*, MedR 1999, 513, 518; *Bahner*, Das neue Werberecht für Ärzte, 2. Aufl., S. 321

[647] *Roth*, in Koller/ Roth/ Morck, HGB, 5. Aufl., § 18, Rn. 1

[648] *Roth*, in Koller/ Roth/ Morck, HGB, 5. Aufl., § 18, Rn. 1; *Ruß*, in HK HGB, 6. Aufl., § 18, Rn. 1

[649] *Hopt*, in Baumbach/ Hopt, HGB, 32. Aufl., § 18, Rn. 1; *Roth*, in Koller/ Roth/ Morck, HGB, 5. Aufl., § 18, Rn. 1; *Ruß*, in HK HGB, 6. Aufl., § 18, Rn. 1

bis auf Ausnahmetatbestände, aus dem Unternehmensgegenstand zu bilden habe, also eine Sachfirma sein musste.[650] Erst im Zuge der Reform eröffnete sich für alle Aktiengesellschaften die Möglichkeit, neben Sach- auch Namens- und Phantasiefirmen zu wählen.[651] Bestehen blieb hingegen die Vorschrift des § 4 AktG, wonach bei Aktiengesellschaften die Firma einen zwingenden Rechtsformzusatz enthalten muss.[652]

II. Firmierungsregeln in der MBO-Ä 2004

Wesentlich einengender gestaltet sich die derzeitige Rechtslage in den Ländern, die die Firmierungsvorschriften der MBO-Ä 2004 übernommen haben.[653]

1. Nur Namensfirma?

a) Meinungsstand

Gemäß § 23 a Abs.2 MBO-Ä 2004 darf der Name der Gesellschaft ausschließlich die Namen der in der Gesellschaft tätigen ärztlichen Gesellschafter enthalten. Es genügt jedoch die Nennung mindestens eines Namens.[654] Sofern Ärzte mit anderen Heilberufen eine medizinische Kooperationsgemeinschaft nach § 23 b MBO-Ä 2004 bilden, muss die Firma mindestens den Namen eines ärztlichen Gesellschafters enthalten. Daraus ergibt sich, dass für Ärztekapitalgesellschaften die Sach- bzw. Phantasiefirma generell ausgeschlossen ist.[655]
Ähnliches gilt nach § 59 k BRAO beispielsweise für die Rechtsanwalts-GmbH, wobei hier nur die reine Sachfirma ausgeschlossen ist. Eine Kombination aus Personen- und Sachfirma ist dagegen zulässig.[656] Die Begründung für diese weitreichende Einschränkung wird vielfach im Wesen der freien Berufe erblickt. Die Angabe des Namens sei kennzeichnend für die freiberufliche und eigenverantwortliche Tätigkeit und stehe für eine vertrauensvolle Beziehung zwi-

---

[650] *Eckardt*, in Geßler/ Hefermehl/ Eckardt/ Kropff, AktG Bd. I, § 4, Rn. 9

[651] *Hüffer*, AktG, 7. Aufl., § 4, Rn. 11

[652] *Hüffer*, AktG, 7. Aufl., § 4, Rn. 1; *Hopt*, in Baumbach/ Hopt, HGB, 32. Aufl., § 18, Rn. 3

[653] Vgl. §§ 23 a, 23 b BO Sachsen-Anhalt 2004; §§ 23 a, 23 b BO Mecklenburg-Vorpommern 2006; §§ 23a, 23b BO Thüringen 2004; §§ 23 a, 23 b BO Sachsen 2004; §§ 23 a, 23 b BO Westfalen- Lippe 2004; §§ 23 a, 23 b BO Rheinland- Pfalz 2006; §§ 23 a, 23 b BO Hessen 2005; §§ 23 a, 23 b BO Saarland 2005; §§ 23 a, 23 b BO Hamburg 2005

[654] *Häußermann/ Dollmann*, MedR 2005, 255, 261

[655] *Saenger*, MedR 2006, 138, 145; *Braun/ Richter*, MedR 2005, 685, 686; *Häußermann/ Dollmann*, MedR 2005, 255, 261

[656] *Heublein*, AnwBl 1999, 304, 305; *Schumacher*, AnwBl 1998, 364, 364; *ders.* AnwBl. 2000, 409, 410; *Pluskat*, AnwBl 2003, 131, 138; mangels eigener gesetzlicher Regelung sind diese Beschränkungen jedoch nicht auf die Anwalts-AG übertragbar, so dass hier Firmierungsfreiheit gelten soll (so das BayObLG, NZG 2000, 649 f.; a.A *Kempter/ Kopp*, NJW 2000, 3449, 3450)

schen Freiberufler und Kunden.[657] So sei z.B. der Mandant einer Rechtsanwaltskanzlei daran interessiert zu erfahren, wer in der Kanzlei tätig sei und Zugang zu seinen persönlichen Daten habe.[658]

Von einer im Vordringen befindlichen Gegenansicht im anwaltlichen Bereich wird die Begrenzung der Firmierungsfreiheit auf Grund ihrer sachlichen Unbegründetheit für verfassungsrechtlich nicht haltbar erklärt.[659] Die Firma sei eines der effektivsten Marketinginstrumente. Es überzeuge daher nicht, die Anwalts-AG, abweichend vom sonstigen nationalen und internationalen Firmenrecht, auf die Namensfirma zu begrenzen, obwohl eine Irreführung nicht zu befürchten sei.[660]
Die Regelung der MBO wurde dagegen in der Literatur bislang noch keiner kritischen Überprüfung unterzogen.

b) Stellungnahme

Eine Begrenzung der Arzt-AG auf die Namensfirma überzeugt nicht, sie ist verfassungswirdrig.
Beschränkungen der Namensfreiheit stellen für die Betroffenen stets eine intensive Beeinträchtigung ihrer Berufsausübungsfreiheit dar, weil auch die Außendarstellung des Grundrechtsträgers in den Schutzbereich des Art. 12 Abs.1 GG fällt.[661] Somit müssen alle Beschränkungen der Firmierungsfreiheit zumindest mit vernünftigen Überlegungen zum Gemeinwohl gerechtfertigt werden können. Dies ist bei der Begrenzung ärztlicher Firmen auf die Namensfirma nicht der Fall. Das pauschale Verbot einer Sach- bzw. Phantasiefirma für Ärztekapitalgesellschaften trägt bei genauerem Hinsehen nicht.
Sofern begründend angeführt wird, dass die Namensangabe für eine freiberufliche Tätigkeit stehe, kann dieser Grundsatz nicht auf eine Kapitalgesellschaft übertragen werden, die in keiner Weise mit freiberuflicher Tätigkeit gleichgesetzt werden kann. Die Arzt-AG sowie die ärztlichen Gesellschafter und angestellten Ärzte sind gerade keine Freiberufler. Soweit Kapitalgesellschaften im Gesundheitssektor zugelassen sind, hat eine partielle Abkehr vom Primat der Freiberuf-

---

[657] So bzgl. Rechtsanwälten *Kempter/ Kopp*, NJW 2000, 3449, 3450

[658] *Kempter/ Kopp*, NJW 2000, 3449, 3450

[659] So *Henssler*, in Henssler/ Prütting, BRAO, 2. Aufl., § 59 k, Rn. 2; *ders.* NZG 2000, 875, 876; *Heublein*, AnwBl 1999, 304, 305; *Schumacher*, AnwBl 1998, 364, 364; *ders.* AnwBl. 2000, 409, 410; *Pluskat*, AnwBl 2003, 131, 138; *Passarge*, Die Aktiengesellschaft als neue Rechtsform für anwaltliche Zusammenschlüsse, S. 162; *Römermann*, GmbHR 1999, 526, 530

[660] *Henssler*, in Henssler/ Prütting, BRAO, 2. Aufl., § 59 k, Rn. 2; *ders.* NZG 2000, 875, 876; *Hoffmann*, Die anwaltliche Kapitalgesellschaft, S. 195

[661] BVerfG NJW 1992, 2341; *Manssen*, Bonner GG, 4. Aufl., Bd. I, Art. 12 I, Rn. 63; *Heublein*, AnwBl 1999, 304, 305; *Schumacher*, AnwBl. 2000, 409, 410

lichkeit stattgefunden. Daher können Einschränkungen der Berufsfreiheit diesen Gesellschaften gegenüber nicht mit dem Dogma der Freiberuflichkeit gerechtfertigt werden.[662] Alles andere wäre systemwidrig.
Eine Beschränkung auf die Namensfirma kann nicht mit einem Schutz des Patienten vor Irreführung gerechtfertigt werden.[663] Ein ausreichender Schutz vor Irreführung besteht schon durch die handelsrechtliche Regelung nach § 18 Abs.2 HGB. Danach ist eine Firma irreführend und somit verboten, wenn sie bei den maßgeblichen Verkehrskreisen eine falsche Vorstellung erweckt.[664] Eine Sachfirma muss also einen nachvollziehbaren Bezug zum Unternehmensgegenstand haben.[665] Wie dies einer Irreführung der Patienten Vorschub leisten soll, ist nicht ersichtlich. Vielmehr steckt in einer angemessenen Sachfirma ein wesentlich höherer Informationsgehalt als in einer Namensfirma, so dass der Patient von vorneherein ein klareres Bild von der Gesellschaft hat. Gleiches kann auch für eine Phantasiefirma gelten, wenn beispielsweise über den Namen bei dem Patienten eine zutreffende Assoziation erweckt wird. Vornehmlich im Bereich der Namensfirma kann es demgegenüber zu Missverständnissen kommen, wenn der Patient davon ausgeht, gerade von dem persönlich genannten Arzt behandelt zu werden, dieser die bestimmte Art der Behandlung jedoch grundsätzlich gar nicht durchführt, sondern angestellten Ärzten überlässt.[666]
Gerade auch die spezielle Rechtsform der Aktiengesellschaft spricht dagegen, die Firma auf eine reine Namensfirma zu begrenzen, da eine AG nicht personalistisch sondern kapitalistisch ausgeprägt ist.[667] Eine Identifikation der Gesellschaft, welche einer der Gründe für die Namensfirma ist,[668] findet also, anders als bspw. bei der GbR, im Wesentlichen nicht über die Gesellschafter statt. Aus diesem Grund war jahrelang die Namensfirma für Aktiengesellschaften nur als Ausnahme zulässig.[669] Auch wenn sich dies durch die Handelsrechtsreform ge-

---

[662] Daher überzeugt auch der Einwand von *Kempter/ Kopp*, NJW 2001, 777, 778, dass eine unterschiedliche Behandlung der AG gegenüber der GbR nicht zu rechtfertigen sei, nicht.

[663] Der Schutz Irreführung des Publikums wird teilweise als Grund für Namensfirma genannt, vgl. *Feurich*, in Feurich/ Weyland, BRAO, 6. Aufl., § 59 k, Rn. 2

[664] *Roth*, in Koller/ Roth/ Morck, HGB, 5. Aufl., § 18, Rn. 7; *Hopt*, in Baumbach/ Hopt, HGB, 32. Aufl., § 18, Rn. 9

[665] *Ruß*, in HK HGB, 6. Aufl., § 18, Rn. 17

[666] So für die Rechtsanwalts-AG *Passarge*, Die Aktiengesellschaft als neue Rechtsform für anwaltliche Zusammenschlüsse, S. 163.

[667] Unter Hinweis darauf, dass ein physischer Inhaber fehlt, auf den ein Personenname hinweisen könnte *Wilhelmi*, in Godin/ Wilhelmi, AktG, Bd. I, § 4 Anm. 4; aus diesem Grund zweifelt auch das BayObLG, NZG 2000, 649, 649 an der Sinnhaftigkeit einer Beschränkung der Anwalts-AG auf die Namensfirma; ähnlich auch *Heublein*, AnwBl 1999, 304, 305

[668] *Zimmer*, in Ebenroth/ Boujong/ Joost, HBG, Bd. 1, § 18, Rn. 6; für die RA-AG, *Feurich*, in Feurich/ Weyland, BRAO, 6. Aufl., § 59 k, Rn. 2

[669] BayObLG, NZG 2000, 649, 649; *Hüffer*, AktG, 7. Aufl., § 4, Rn. 11

ändert hat, spricht einiges dagegen, nun umgekehrt ausgerechnet die Namensfirma für Aktiengesellschaften im medizinischen Bereich zur Pflicht zu machen. Denn auch aus der Nennung eines Gesellschafter-Arztes in der Firma kann der Patient keineswegs folgern, dass dieser Einfluss auf die (Qualität der) Gesellschaft besitzt, da die Beteiligungsverhältnisse dem Patienten nicht notwendigerweise bekannt sind. Die Aktiengesellschaft basiert aber nun einmal in hohem Maße auf dem Grundsatz, dass die Gesellschafter im Rahmen ihrer Beteiligung Einfluss auf die Gesellschaft ausüben können. Durch die Namensnennung eines renommierten Arztes in der Firma bekommt der Patient jedoch den verständlichen Eindruck, dieser Arzt könne die Geschicke der AG zumindest erheblich beeinflussen, auch wenn das nicht der Fall sein muss.[670] Hier besteht die wirkliche Gefahr einer Irreführung und nicht bei der Sachfirma.[671]
Es zeigt sich also, dass die starre Abgrenzung zwischen Namensfirma auf der einen Seite und Sach- und Phantasiefirma auf der anderen Seite für die Arzt-AG nicht zu rechtfertigen ist. Vielmehr muss bei konsequenter Anwendung der handelsrechtlichen Firmenwahrheit und des Irreführungsverbotes darauf geachtet werden, dass der Patient durch die Firma keinen falschen Vorstellungen hinsichtlich der Gesellschaft unterliegt, ganz gleich ob es sich um eine Personen- oder Sachfirma handelt.

Die derzeitigen Regelungen der MBO schränken die Firmierungsfreiheit zumindest der Arzt-AG über Gebühr ein und verstoßen demnach gegen Art. 12 Abs.1 GG, soweit sie die Sach- und Phantasiefirma für die Ärzte-AG verbieten.[672]
Der Aktiengesellschaft stehen damit alle handelsrechtlich zulässigen Firmierungsformen, nämlich Personenfirma, Sachfirma sowie Phantasiefirma zur Verfügung. Dadurch bieten sich der Arzt-AG gegenüber den anderen Organisationsformen für Ärzte erhebliche Wettbewerbsvorteile. Hier sollte durch eine Deregulierung des gesamten ärztlichen Firmenrechts eine Wettbewerbsgleichheit geschaffen werden.

2. Namensfortführung bei ausgeschiedenen Gesellschaftern?

Sofern die Gesellschaft eine Personenfirma erhalten soll, stellt sich die Frage, ob ausgeschiedene Gesellschafter weiterhin in der Firma Erwähnung finden dürfen.

---

[670] Ähnlich Bedenken äußert auch *Meurers*, in Kuhls/ Meurers/ Maxl/ Schäfer/ Goez/ Willerscheid, StBerG, 2. Aufl., § 53, Rn. 20 im Falle der Steuerberatungsgesellschaft

[671] Da die MBO nichts darüber aussagt, wie zum einen die ärztliche Tätigkeit in der AG, noch zum anderen die kapitalistische Beteiligung des Arztes auszusehen hat. Daher könnte sich eine Gesellschaft einen renommierten Arzt als „Zugpferd" hinzuholen, ohne dass dieser einen wesentlichen Beitrag zur ärztlichen Tätigkeit leisten, noch maßgeblich als Gesellschafter beteiligt sein muss. Eine Minimalbeteiligung würde ausreichen.

[672] So auch für die Anwalts-AG *Schumacher*, AnwBl 1998, 364, 364; *ders.* AnwBl. 2000, 409, 410

Nach § 23 a Abs.2 S. 1 MBO ist ausdrücklich nur in der Gesellschaft tätigen Gesellschaftern eine Namensnennung in der Firma gestattet.[673] Daraus ergibt sich, dass ausgeschiedene Gesellschafter nicht mehr in der Firma genannt werden dürfen.
Soweit eine Namensfortführung ausgeschiedener Gesellschafter untersagt wird, ist der Eingriff in die Berufsfreiheit sachlich gerechtfertigt und verhältnismäßig. Ein renommierter Name in der Firma kann den Eindruck erwecken, dass damit ein Minimum an Einfluss durch den Namensgeber auf die Gesellschaft und damit an Qualität vorhanden ist. Dies ist aber bei ausgeschiedenen Gesellschaftern nicht mehr der Fall. Gerade im Bereich des Gesundheitswesens ist vor einer solchen Irreführung zu schützen, da ungerechtfertigtes Vertrauen für den hilfesuchenden Patienten mit erheblichen Nachteilen verbunden sein kann.[674] Insoweit kann und muss einem Missbrauch der Personenfirma vorgebeugt werden. Wenn der Satzungsgeber dem Grundsatz der Firmenwahrheit Vorrang vor dem Grundsatz der Firmenbeständigkeit gewähren will, kann dies nicht beanstandet werden. Das Verbot der Namensfortführung stellt sich somit als eine sachlich begründete und verfassungsrechtlich nicht zu beanstandende Regelung dar.
Der Name eines ausgeschiedenen Gesellschafters darf nicht fortgeführt werden.[675]

3. Erforderlichkeit eines berufsbezeichnenden Zusatzes?

Selbstverständlich enthalten muss die Firma einer Ärzte-AG den allgemeinen Rechtsformzusatz „Aktiengesellschaft“ oder die Kurzform „AG“, wie sich aus § 4 AktG ergibt.[676]
Im Bereich der Rechtsanwalts-GmbH bestimmt § 59 k Abs.1 S. 1BRAO darüber hinaus, dass die Firma zwingend den berufsbezeichnenden Zusatz „Rechtsanwaltsgesellschaft“ enthalten muss. Gleiches wird teilweise, auch ohne ausdrückliche gesetzliche Regelung, im Wege der Analogie zu § 59 k BRAO für die Anwalts-AG gefordert.[677]

---

673 § 23 a II, S. 1 MBO lautet: „Der Name der Ärztegesellschaft des Privatrechts darf nur die Namen der in der Gesellschaft tätigen ärztlichen Gesellschafter enthalten.“

674 So wird ein Patient dazu neigen, anzunehmen, das mit einem Namen verbundene Fachwissen und hohe Kompetenz seien in der Gesellschaft tatsächlich vorhanden. Dies ist jedoch gerade bei schon länger ausgeschiedenen Kompetenzträgern nicht zwingend der Fall.

675 Bei Rechtsanwälten und Steuerberatern ist eine Namensfortführung dagegen zulässig, vgl. § 56 II S. 4 BOStB und §§ 59 k BRAO iVm 24 HGB. Auch hier sind jedoch die oben angeführten Bedenken angebracht.

676 *Häußermann/ Dollmann*, MedR 2005, 255, 261

677 *Kempter/ Kopp*, NJW 2001, 777, 778 a.A.*Heublein*, AnwBl 1999, 304, 305; *Pluskat*, AnwBl 2003, 131, 138; *Passarge*, Die Aktiengesellschaft als neue Rechtsform für anwaltliche Zusammenschlüsse, S. 162; wohl auch BayObLG, NZG 2000, 649 f.

Für das ärztliche Firmenrecht existiert keine Vorschrift, die einen berufsbezeichnenden Zusatz wie beispielsweise „Ärztegesellschaft“ oder „Ärzteaktiengesellschaft“, zur Pflicht machen würde.[678] Eine solche Pflicht kann aus verfassungsrechtlichen Gründen auch nicht aus allgemeinen Zweckmäßigkeitserwägungen heraus begründet werden, da mit ihr ein Eingriff in die Berufsfreiheit der Ärzte sowie der AG einhergehen würde, der einer ausdrücklichen Regelung bedurft hätte.[679] Im Übrigen ist auch nicht ersichtlich, wie ein berufsbezeichnender Zusatz dem Schutz der Patienten dienen soll. Wer eine Behandlung wünscht und sich daher in die Obhut der Arzt- AG begibt, braucht einen solchen Zusatz nicht. Er ist über das Wesen der Gesellschaft in ausreichendem Maße durch den allgemeinen Rechtsformzusatz „AG“ informiert und weiß im Übrigen, dass es sich um eine Heilberufsgesellschaft handelt. Wer dagegen keine Behandlung wünscht, wird durch das Fehlen des Zusatzes nicht stärker beeinflusst als bei dessen Vorhandensein. Der Zusatz ist vielmehr als informationsneutral einzuschätzen und daher nicht erforderlich.

4. Ergebnis

Wie sich zeigen ließ, unterliegt die Arzt-AG im Wesentlichen nur den allgemeinen handelsrechtlichen Firmierungsregeln, die entgegenstehende Vorschrift des § 23 a Abs.2 MBO-Ä 2004 ist insoweit verfassungswidrig, als sie für die Arzt-AG die Verwendung von Sach- und Phantasiebezeichnungen untersagt. Abweichend vom allgemeinen Firmenrecht ist jedoch die Fortführung des Namens eines ausgeschiedenen Gesellschafters nach §§ 23 a Abs.2 iVm 18 a Abs.1 MBO-Ä 2004 unzulässig. Im Übrigen muss die Gesellschaft den Rechtsformzusatz des § 4 AktG enthalten. Ein berufsbezeichnender Zusatz, wie dies bei den Anwaltskapitalgesellschaften der Fall ist, ist nicht erforderlich.

---

678 So auch *Saenger*, MedR 2006, 138, 145; missverständlich insoweit *Häußermann/ Dollmann*, MedR 2005, 255, 261, die sich jedoch offenbar nur auf den Rechtsformzusatz, wie z.B. GmbH oder AG, beziehen.

679 So für RA-AG BayObLG, NZG 2000, 649 f.; *Pluskat*, AnwBl 2003, 131, 138

6. Kapitel Folge berufsrechtlicher Verstöße

A. Problemstellung

Gegen Rechtsanwalts-Kapitalgesellschaften wurde von Hommelhoff/ Schwab der Einwand vorgebracht, dass die Einhaltung der berufsrechtlich erforderlichen Kautelen des Gesellschaftsvertrages nicht abgesichert sei.[680] Die registergerichtliche Kontrolle könne nicht davor bewahren, dass der Gesellschaftsvertrag bzw. die Satzung den aufgestellten Erfordernissen nicht entspreche, es fehle eine wirksame Bestandskontrolle, die bspw. eine Einhaltung des Mehrheitserfordernisses für Rechtsanwälte bei den Aktionären garantiere.[681] Daher sei eine Rechtsanwalts-AG unzulässig.

Bezogen auf die Arzt- AG gewinnt diese Problematik an Bedeutung und Plausibilität vor dem Hintergrund, dass nach der Neufassung des § 38 AktG eine Ablehnung der Eintragung ins Handelsregister durch den Registerrichter nur auf abschließend erwähnte Gründe gestützt werden kann, die gegenüber der alten Rechtslage stark eingeschränkt sind. Es muss also erörtert werden, ob dennoch Kontrollmechanismen und Sanktionen eine Einhaltung der oben für erforderlich gehaltenen Kautelen in der Satzung bei Eintragung und auch danach gewährleisten können.[682]

Gleiches gilt für berufsrechtswidrige Arbeitsverträge, denen die Wirksamkeit versagt werden muss. Das Problem liegt hier darin, dass in der Literatur teilweise vertreten wird, ein Verstoß eines Rechtsgeschäfts, z.B. eines Gesellschaftsvertrages bzw. Arbeitsvertrages, gegen Vorschriften der ständischen Berufsordnungen könne keine Nichtigkeitsfolge des Rechtsgeschäfts nach § 134 BGB nach sich ziehen.[683] Sollte dem zuzustimmen sein, was nun überprüft werden muss, könnte dies zur Folge haben, dass Verstöße der Satzung bzw. der ärztlichen Arbeitsverträge gegen berufsrechtliche Vorschriften nicht wirksam geahndet werden können.

B. Nichtigkeit berufsrechtswidriger Arbeitsverträge

Zunächst soll erörtert werden, welche Konsequenzen berufsrechtswidrige Arbeitsverträge nach sich ziehen, da diese letztendlich für den Arzt eine unmittel-

---

[680] *Hommelhoff/ Schwab*, WiB 1995, 115, 118

[681] *Hommelhoff/ Schwab*, WiB 1995, 115, 118

[682] Ähnlich *Attermeyer*, Die ambulante Arztpraxis in der Rechtsform der GmbH, S. 117

[683] *Palm*, in Erman, BGB, 11. Aufl., Bd. I § 134, Rn. 8; *Taupitz*, JZ 1994, 221, 226; hinsichtlich der Begründung zivilrechtlicher Ansprüche BGH VersR 1987, 1191, 1191

bare Gefahr für dessen berufsrechtskonforme Tätigkeit darstellen. Die Problematik ist bislang kaum im Focus wissenschaftlichen Interesses gewesen, was überrascht, da Arbeitsverträge eine Grundvoraussetzung für ärztliche Tätigkeit in Anstellung sind und erheblichen Einfluss auf die Berufsausübung haben können.
Es wäre zumindest nicht unwahrscheinlich, dass ein Arbeitsvertrag beabsichtigt oder unbeabsichtigt gegen Grundsätze der ärztlichen Berufsausübung verstößt. So könnten Arbeitsverträge eine Klausel enthalten, nach der der angestellte Arzt bestimmte medizinische Maßnahmen nur in Absprache mit dem betriebswirtschaftlichen Leiter der AG vornehmen darf oder dass die wirtschaftlichen Interessen der AG Vorrang vor der Beachtung ärztlichen Berufsrechtes haben. Denkbar sind in diesem Zusammenhang auch ganz allgemein jegliche andere Verstöße gegen das Berufsrecht.[684]
Möglich ist, dass in diesem Fall der Arbeitsvertrag wegen Verstoßes gegen das Berufsrecht nach § 134 BGB nichtig ist.

Soweit ersichtlich, wurde lediglich von einer Literaturstimme die Problematik angesprochen, dass Arbeitsvertäge einer GmbH mit einem Arzt bei Verstößen gegen das Berufsrecht nichtig sein können.[685]
Ob dem zugestimmt werden kann, ist Gegenstand der folgenden Prüfung:

Voraussetzung hierfür ist zunächst, dass die ärztlichen Berufsvorschriften Verbotsgesetze im Sinne des § 134 BGB darstellen und dass ein Verstoß hiergegen zur zivilrechtlichen Nichtigkeit des Rechtsgeschäftes führt. Ferner muss im Falle der Nichtigkeit des betreffenden Teils eine Gesamtnichtigkeit des Arbeitsvertrages angeordnet sein.

I. Gesetz im Sinne des § 134 BGB

§ 134 BGB ordnet die Nichtigkeit eines Rechtsgeschäftes nur dann an, wenn es gegen ein „gesetzliches Verbot" verstößt. Die meisten berufsrechtlichen Vorschriften finden sich in den Berufsordnungen der Länder, welche Satzungsstatus haben. Es stellt sich also die Frage, inwieweit dieses Satzungsrecht als Gesetz im Sinne des § 134 BGB bezeichnet werden kann.
Unter den Gesetzesbegriff des § 134 BGB fallen alle Rechtsnormen, die von Art. 2 EGBGB erfasst sind,[686]also grundsätzlich auch materielle Gesetze wie

---

[684] Z.B. eine Verpflichtung zum Bruch der Schweigepflicht oder allgemein ein Außerkraftsetzen von Teilen der Berufsordnung im Arbeitsvertrag.
[685] Die Thematik wurde daher von *Attermeyer* für die GmbH angesprochen, Die Ambulante Arztpraxis in der Rechtsform der GmbH, S. 131

Satzungen, sofern sie durch höherrangiges Recht legitimiert wurden. Dies ist bei Satzungen der Ärztekammern der Fall.[687]

II. Verbot im Sinne des § 134 BGB

Fraglich ist jedoch, ob es sich bei den Berufsvorschriften auch um Gesetze handelt, welche ein Verbot im Sinne des § 134 BGB aussprechen. Grundsätzlich liegt ein gesetzliches Verbot dann vor, wenn das Gesetz den Inhalt oder die Vornahme eines Rechtsgeschäftes untersagt.[688] Zunächst wenden sich die Berufsvorschriften an die Ärzte im Rahmen der Berufsausübung und ergeben somit einen Verhaltenskodex, der von den Ärzten einzuhalten ist. Es handelt sich also um ein sich an die Ärzte richtendes Verbot, den Heilberuf entgegen den Vorgaben der Berufsordnungen auszuüben. Selbstverständlich umfassen diese Verbote nicht nur bestimmte Verhaltensweisen bei der Behandlung von Patienten. Vielmehr tragen die einzelnen Normen auch dem Umstand Rechnung, dass eine Gefährdung ordnungsgemäßer ärztlicher Berufsausübung auch durch Rechtsgeschäfte eines Arztes entstehen kann.[689] § 2 Abs.4 MBO untersagt beispielsweise eine ärztliche Tätigkeit, die nicht frei von fachlichen Weisungen eines Nichtarztes ist. Damit richtet sich die Norm aber gleichzeitig auch gegen Verträge eines Arztes, welche seine Weisungsfreiheit einschränken, da ansonsten ein Einschreiten gegen Verstöße nur schwer möglich ist. Ein Verbot von tatsächlichen Verhaltensweisen als auch von Rechtsgeschäften im materiellen Sinne liegt also vor, mithin sind die Berufspflichten in den Berufsordnungen Verbotsgesetze im Rahmen des § 134 BGB[690]

III. Nichtigkeitsanordnung

1. Allgemeine Möglichkeit der Nichtigkeitsanordnung in Satzungen

Die Tatsache, dass ein Gesetz ein Verbot ausspricht, hat jedoch noch keinen Einfluss auf die Frage, ob damit auch gleichzeitig eine Nichtigkeitsanordnung

---

[686] Nach Art. 2 EGBGB ist Gesetz im Sinne des BGB jede Rechtsnorm.

[687] BGH NJW 1986, 2360, 2361; BayObIG, MedR 2001, 206, 209; *Sack*, in Staudinger, §§ 134-136, 2003, § 134, Rn. 16;

[688] *Sack*, in Staudinger, §§ 134-136, 2003, § 134, Rn. 30; *Hefermehl*, in Soergel, BGB, 12. Aufl., § 134, Rn. 14

[689] In diesem Sinne allgemein auf Verbotsgesetze bezogen auch BayObLG, MedR 2001, 206, 210; *Larenz/ Wolf*, BGB AT, 9. Aufl., § 40, Rn. 2

[690] So die h.M. BayObLG MedR 2001, 206, 209; *Ahlers*, in Festschrift für Rowedder 1994, 1, 12; *Sack*, in Staudinger, §§ 134-136, 2003, § 134, Rn. 27; *Heinrichs*, in Palandt, 63. Aufl., § 134, Rn. 2; *Ratzel*, MedR 2002, 492, 492; a.A. unter Hinweis auf die fehlende Kompetenz des Satzungsgebers zur Regelung zivilrechtlicher Rechtsfolgen *Palm*, in Erman, Bd. 1, 11. Aufl., § 134 Rn. 8; *Taupitz*, JZ 1994, 221, 226

für betreffende Rechtsgeschäfte einhergeht. Beide Problemkreise sind voneinander zu trennen.[691]

a) Diskussionsstand

Umstritten ist, ob berufsständische Satzungen überhaupt die Nichtigkeit eines Rechtsgeschäftes bewirken können.

Die h.M. geht davon aus, dass Verbotsnormen in Berufsordnungen die Nichtigkeitsfolge für entgegenstehende Rechtsgeschäfte nach sich ziehen kann.[692] Sofern die Zivilrechtliche Regelungskompetenz für eine Nichtigkeitsfolge beim Satzungsgeber fehle, könne ergänzend die Nichtigkeitsfolge aus § 134 BGB direkt entnommen werden.[693]

Gegen eine Nichtigkeitsanordnung auf Grund berufsständischer Satzungsnormen wird hingegen vereinzelt eingewandt, dass der Satzungsnormgeber keinerlei Kompetenz zu derart weitreichenden, zivilrechtlichen Regelungen habe.[694] Die Ermächtigung der Ärztekammern beziehe sich nämlich nur auf die Schaffung „materiellen Disziplinarrechtes". Daher umfasse sie nicht die Regelung zivilrechtlicher Umstände für die Kammermitglieder und könne folglich auch keine Nichtigkeitsanordnung umfassen.[695]

b) Stellungnahme

Dem kann nicht zugestimmt werden. Die letzgenannte Auffassung geht von der Prämisse aus, dass die Nichtigkeitsfolge immer allein in dem Verbotsgesetz enthalten sein muss. Die zivilrechtliche Sanktion würde demgemäß also nicht aus § 134 BGB direkt folgen, sondern allein aus der Verbotsnorm, wobei ein Verbotswille durch Auslegung zu ermitteln sei.[696] Dies käme indes einer weitgehenden Sinnentleerung des § 134 BGB gleich, was vom Gesetzgeber nicht gewollt sein kann. Andernfalls könnte § 134 BGB ebenso gut gestrichen werden,

---

[691] So zutreffend *Sack*, in Staudinger, §§ 134-136, 2003, § 134, Rn. 9; *Palm*, in Erman, BGB, 11. Aufl., § 134, Rn. 11; *Mayer-Maly/ Armbrüster* in, MüKo, Bd. I, 4. Aufl., § 134, Rn 42

[692] BGH NJW 1986, 2360, 2361; BayObLG, MedR 2001, 206, 210; *Mayer- Maly*, in MüKo, BGB, Bd. 1, 3. Aufl., § 134, Rn. 28a; *Sack*, in Staudinger, BGB, §§ 134-163, 2003, § 134, Rn. 309

[693] Vgl. BayObLG, MedR 2001, 206, 210; *Beater*, AcP 197 (1997), 505, 515; *Attermeyer*, Die ambulante Arztpraxis in der Rechtsform der GmbH, S. 107; ohne Begründung BGH NJW 1986, 2360, 2361; mit widersprüchlicher Ansicht *Sack*, in Staudinger, BGB, §§ 134-163, 2003, § 134, Rn. 80, 309

[694] *Taupitz*, JZ 1994, 221, 226

[695] *Palm*, in Erman, BGB, 11. Aufl., Bd. I § 134, Rn. 8; *Taupitz*, JZ 1994, 221, 226; hinsichtlich der Begründung zivilrechtlicher Ansprüche BGH VersR 1987, 1191, 1191

[696] So insbesondere *Flume*, AT II, § 17 I, S. 341; *Taupitz*, JZ 1994, 221, 226; ähnlich *Hefermehl*, in Soergel, BGB Bd. I, 12. Aufl., § 134, Rn. 29

da er sich jeder materiellen Aussage enthält und nur die schon durch das Verbotsgesetz angeordnete Nichtigkeitswirkung noch einmal bestätigt.[697] Ein Wille zur Schaffung einer derart im Sinngehalt beschränkten Regelung kann den Verfassern des BGB nicht unterstellt werden. Vielmehr war eine große Mehrheit der Reichstagskommission der Ansicht, dass die Frage der Nichtigkeitsandrohung „an sich dem Verbotsgesetz selbst vorbehalten werden" müsse. Eine Interpretationsregel lasse sich in dieser Beziehung aber dahingehend aufstellen, dass, sofern sich aus dem Gesetze kein anderer Sinn ergebe, Nichtigkeit als die gewollte Rechtsfolge betrachtet werden müsse.[698] Daraus lässt sich entnehmen, dass § 134 BGB entgegen der oben angeführten Ansicht eine Auslegungsregel in dem Sinne enthält, dass bei Schweigen des Verbotsgesetzes hinsichtlich seiner Rechtsfolge Nichtigkeit anzunehmen ist.[699] Steht also der Gesetzesverstoß fest, muss allein geprüft werden, ob das Verbotsgesetz eine andere Rechtsfolge als Nichtigkeit aussprechen will, was wiederum anhand seines Zweckes zu messen ist. Nur in diesem Fall greift die Auslegungsregel des § 134 BGB nicht ein und das Rechtsgeschäft ist wirksam.[700]

Allein diese Ansicht lässt sich auch mit dem Wortlaut des § 134 BGB in Einklang bringen.[701] „Wenn sich nicht aus dem Gesetz ein anderes ergibt" macht deutlich, dass als primäre Rechtsfolge, eben als Auslegungsregel, die bundesgesetzlich angeordnete Nichtigkeit des Rechtsgeschäftes eingreifen soll, sofern das Verbotsgesetz nicht ausdrücklich oder nach Auslegung von einer Nichtigkeit absehen will.[702]

Gleiches, also eine Nichtigkeitsanordnung durch § 134 BGB, muss aber auch dann möglich sein, wenn sich das Verbotsgesetz schon aus kompetenzrechtlichen Gründen einer Aussage über die Rechtsfolge enthält, wie dies bei den Berufsordnungen der Fall ist.[703] Da der Bundesgesetzgeber unstreitig die verfassungsrechtliche Zuständigkeit für das Bürgerliche Recht nach Art. 74 Abs.1 Nr.1 GG hat, muss es ihm freistehen, die Nichtigkeitsfolge an jedes Verbotsge-

---

697 *Attermeyer*, Die ambulante Arztpraxis in der Rechtsform der GmbH, S. 113

698 *Mugdan*, Motive Bd. I, S. 969

699 *Sack*, in Staudinger BGB, § 134- 163, 2003, § 134, Rn. 62; *Bork*, BGB AT, Rn. 1111; *Larenz/ Wolf*, BGB AT, 9. Aufl., § 40, Rn. 10

700 *Sack*, in Staudinger BGB, § 134- 163, 2003, § 134, Rn. 58; *Palm*, in Erman, Bd. I, 11. Aufl., § 134, Rn. 12; *Larenz/ Wolf*, BGB AT, 9. Aufl., § 40, Rn. 10

701 § 134 BGB: „Ein Rechtsgeschäft, das gegen ein gesetzliches Verbot verstößt, ist nichtig, wenn sich nicht aus dem Gesetz ein anderes ergibt."

702 Vgl. *Sack*, in Staudinger BGB, § 134- 163, 2003, § 134, Rn. 58; *Attermeyer*, Die ambulante Arztpraxis in der Rechtsform der GmbH, S. 107

703 Vgl. BayObLG, MedR 2001, 206, 210; *Beater*, AcP 197 (1997), 505, 515; *Attermeyer*, Die ambulante Arztpraxis in der Rechtsform der GmbH, S. 107; ohne Begründung BGH NJW 1986, 2360, 2361; mit widersprüchlicher Ansicht *Sack*, in Staudinger, BGB, §§ 134-163, 2003, § 134, Rn. 80, 309

setz anzuknüpfen, solange damit die Wertung dieses Gesetzes nicht unterlaufen wird.
§ 134 BGB kann also auch infolge eines Verstoßes gegen ärztliches Satzungsrecht die Nichtigkeitsfolge für das betreffende Rechtsgeschäft anordnen.[704]

2. Nichtigkeit infolge Verstoßes gegen Berufspflichten

Liegt im Ergebnis also ein Verbotsgesetz vor, und kann die Rechtsfolge (entweder nach dem Verbotsgesetz selbst oder aber subsidiär nach § 134 BGB) grundsätzlich die Nichtigkeit sein, bleibt zu prüfen, ob der Sinn des Verbotsgesetzes der Nichtigkeitsfolge entgegensteht.
Im Falle der Berufspflichten eines Arztes ist zu bemerken, dass diese gerade zum Schutze des Patienten und der Allgemeinheit größte Bedeutung haben. Arbeitsverträge von Ärzten, die gegen ärztliches Satzungsrecht verstoßen und somit eine Berufsausübung gemäß den Berufspflichten erschweren bzw. unmöglich machen, sollen verhindert werden. Dieser Schutzzweck wird nur dann erreicht, wenn solchen Verträgen die Wirksamkeit versagt wird.[705] Aus den Regelungen der Berufsordnungen ergibt sich nach Sinn und Zweck nicht, dass eine andere Rechtsfolge als Nichtigkeit eintreten soll. Somit bleibt es bei der oben gefundenen Auslegungsregel, nach der ein Verstoß gegen das Verbotsgesetz zur Nichtigkeit des Rechtsgeschäftes führt.[706]

3. Nichtigkeit auch bei einseitigem Verstoß?

a) Problemstellung

Problematisch ist ferner, dass die Ärzte den Arbeitsvertrag mit der AG als juristischer Person abschließen, die als Arbeitgeberin und Vertragspartnerin der angestellten Ärzte nicht den berufsrechtlichen Pflichten der Berufsordnungen unterliegt. Daher würde es sich bei dem Abschluss eines standesrechtswidrigen Arbeitsvertrages mit einer AG um einen einseitigen Berufsrechtsverstoß seitens des Arztes handeln. Fraglich ist, ob auch dann die Nichtigkeit des Vertrages als Rechtsfolge angenommen werden kann.
Dies wird in der Literatur, soweit die Thematik schon Gegenstand wissenschaftlicher ist Betrachtung, für einen Arbeitsvertrag einer GmbH mit einem Arzt be-

---

[704] BGH NJW 1986, 2360, 2361; BayObLG, MedR 2001, 206, 210; *Mayer- Maly*, in MüKo, BGB, Bd. 1, 3. Aufl., § 134, Rn. 28a; *Sack*, in Staudinger, BGB, §§ 134-163, 2003, § 134, Rn. 309

[705] *Sack*, in Staudinger, BGB Komm., 13. Bear., § 134, Rn. 309; *Attermeyer*, Die ambulante Arztpraxis in der Rechtsform der GmbH, S. 133

[706] Allgemein *Sack*, in Staudinger BGB, § 134- 163, 2003, § 134, Rn. 58; *Palm*, in Erman, Bd. I, 11. Aufl., § 134, Rn. 12; *Larenz/ Wolf*, BGB AT, 9. Aufl., § 40, Rn. 10

jaht.[707] Der Sinn und Zweck der Berufspflichten, nämlich der Schutz der Patienten, könnten wirkungsvoll nur dann durchgesetzt werden, wenn auch bei einseitigem Verstoß dem Arbeitsvertrag die Wirksamkeit versagt werde. Dies rechtfertige eine Anwendung des § 134 BGB.[708]

b) Stellungnahme

Dem kann zugestimmt werden. Grundsätzlich sind Verträge bei Verstoß gegen ein Verbotsgesetz, welches sich lediglich gegen einen Vertragspartner richtet, wirksam.[709] Etwas anderes gilt dann, wenn es mit Sinn und Zweck des Verbotsgesetzes unvereinbar wäre, die sich aus dem verbotswidrigen Rechtsgeschäft ergebende Rechtsfolge bestehen zu lassen.[710] Dies ist regelmäßig dann der Fall, wenn das Gesetz gerade (auch) dem Schutz des Vertragspartners oder der Allgemeinheit dient, und der angestrebte Schutzerfolg die Nichtigkeit des Geschäfts erfordert.[711] Arbeitsverträge eines Arztes mit einer AG, welche berufsrechtliche Vorschriften bewusst umgehen bzw. außer Kraft setzen, gefährden das Ziel des Standesrechtes, nämlich die Qualitätssicherung der ärztlichen Versorgung.[712] Es ist also selbstverständlich, dass sich die berufsrechtlichen Normen der Ärzte nicht lediglich gegen die Vornahme entgegenstehender Verträge richten, sondern gegen die Verträge als solche. Etwas anderes kann nicht nur deshalb gelten, weil die Arzt-AG als Arbeitgeberin wegen ihrer Rechtsnatur zufällig nicht dem ärztlichen Berufsrecht unterliegt. Demnach kann ein Verstoß des Arbeitsvertrages gegen Regeln der Berufsordnungen nur seine Nichtigkeit zur Folge haben.

4. Gesamtnichtigkeit

Fraglich bleibt, ob sich daraus stets eine Gesamtnichtigkeit des Arbeitsvertrages ergibt, oder ob, z.B. bei einem abgrenzbaren Verstoß gegen Berufsrecht, nur dieser Teil unwirksam ist, der Arbeitsvertrag an sich aber von der Nichtigkeitsfolge unberührt bleibt.

Eigentliche Rechtsfolge von Verstößen gegen Verbotsnormen ist die Gesamtnichtigkeit des Rechtsgeschäftes.[713] Entsprechend dem Sinn und Zweck der

---

[707] *Attermeyer*, Die ambulante Arztpraxis in der Rechtsform der GmbH, S. 134

[708] *Attermeyer*, Die ambulante Arztpraxis in der Rechtsform der GmbH, S. 134

[709] BGH 37, 258, 262; 118, 142, 145; *Palm*, in Erman, BGB 11. Aufl., § 134, Rn. 11

[710] BGH 37, 258, 262; 46, 24, 26; 71, 358, 360; 78, 263, 265; 118, 142, 145; *Palm*, in Erman, BGB 11. Aufl., § 134, Rn. 11

[711] BGH 115, 123, 129; BGH VersR 1992, 448, 449; *Sack*, in Staudinger, BGB, §§ 134-163, 2003, § 134, Rn. 73; *Larenz/ Wolf*, BGB AT, 9. Aufl., § 40, Rn. 21

[712] So auch *Attermeyer*, Die ambulante Arztpraxis in der Rechtsform der GmbH, S. 133

[713] BGHZ 50, 90, 92; *Palm*, in Erman, Bd. I, 11. Aufl., § 134, Rn. 14; *Mayer-Maly*, in MüKo, BGB, Bd. 1, 3. Aufl., § 134, Rn. 89; kritisch *Sack*, in Staudinger, BGB, §§ 134-163, 2003, § 134, Rn., 87

Nichtigkeitsanordnung darf diese jedoch nicht weitergehen, als es zur Erreichung der Zielsetzung des Verbotsgesetzes erforderlich ist.[714] Dies ist wiederum anhand der Verbotsnorm zu ermitteln. Auf den ersten Blick könnte man annehmen, dass es genügt, eine einzelne Klausel, die direkt gegen ärztliches Berufsrecht verstößt, für unwirksam zu erklären, so dass der Arzt hieran nicht gebunden ist, im Übrigen seiner Tätigkeit aber weiterhin nachgehen kann. Zu beachten ist jedoch auch, inwieweit das gesetzliche Verbot (unausgesprochen) spezial- und generalpräventive Zwecke verfolgt, die eine Gesamtnichtigkeit erfordern können.[715] Gerade im sensiblen Bereich des ärztlichen Berufsrechtes erscheint es nicht hinnehmbar, den Parteien zunächst die Möglichkeit einzuräumen, Verträge unter Verstoß gegen Berufsvorschriften einzugehen mit dem Wissen, dass die schärfste Sanktion nur ein „Streichen" der untersagten Klauseln sein kann, ansonsten aber nichts zu befürchten ist. Dies könnte viele Arbeitgeber dazu verleiten, mangels weiterführender Konsequenz zunächst einmal das Berufsrecht zu missachten. Unter dem Gesichtspunkt der Prävention kann also der Verbotszweck, die Qualität der gesundheitlichen Versorgung, nur dann erreicht werden, wenn es bei der Regel der Gesamtnichtigkeit verbleibt.[716]

5. Faktisches Arbeitsverhältnis?

Der Schutz der Berufspflichten durch die abschreckende Wirkung der Nichtigkeitsfolge kann jedoch nur dann wirksam eingreifen, wenn dem Arbeitsvertrag die Gültigkeit ex tunc versagt wird.

Problematisch ist daher, dass die Nichtigkeitsanordnung nach § 134 BGB im Falle eiens Arbeitsverhältnisses grundsätzlich nicht ex tunc sonder ex nunc gelten, da das faktische Arbeitsverhältnis eingreift.[717]

Hier muss im Sinne des oben Erörterten festgestellt werden, dass die Rechtsordnung ein berufsrechtswidriges Arbeitsverhältnis an sich missbilligt, da die berufsrechtlichen Normen für Ärzte zum Schutz der Allgemeinheit erlassen wurden und eine entgegenstehende Tätigkeit nicht hingenommen werden kann. Die Rechtsordnung verbietet also aus Allgemeinwohlinteressen heraus ganz allgemein berufsrechtswidrige Arbeitsverträge. Deshalb verbietet sich die Anwen-

---

[714] *Sack*, in Staudinger, BGB, §§ 134-163, 2003, § 134, Rn., 88; *Palm*, in Erman, Bd. I, 11. Aufl., § 134, Rn. 14; *Mayer-Maly*, in MüKo, BGB, Bd. 1, 3. Aufl., § 134, Rn. 89

[715] *Palm*, in Erman, Bd. I, 11. Aufl., § 134, Rn. 14

[716] Allg. *Palm*, in Erman, Bd. I, 11. Aufl., § 134, Rn. 14; i.E. *Attermeyer*, Die ambulante Arztpraxis in der Rechtsform der GmbH, S. 114

[717] *Richardi*, in Münchener Hdb Arbeitsrecht, Bd. I, 2. Aufl., § 46, 71; *Sack*, in Staudinger, BGB Komm., 13. Bear., § 134, Rn., 121; das bedeutet, dass das AV zwar für die Zukunft keine Leistungspflichten mehr begründet, jedoch für die Vergangenheit wie ein wirksames AV behandelt wird

dung des faktischen Arbeitsverhältnisses. Hier muss wieder auf die Gedanken der Spezial- und Generalprävention zurückgegriffen werden. Das hohe Schutzgut der Gesundheit muss mit allen zur Verfügung stehenden Mitteln geschützt werden. Dem würde es widersprechen, wenn nachträglich entgegenstehende Verträge als faktisch wirksam gebilligt würden.
Auch die Rechtsprechung des BGH zum Gesellschaftsrecht, nach der bei berufsrechtswidrigen Gesellschaftsverträgen die Anwendung des sog. faktischen Gesellschaftsvertrages[718] ausscheidet, steht in Einklang mit der hier befürworteten Auslegung. Zur Begründung wird dort angeführt, dass die Rechtsordnung ein von ihr verbotenes Rechtsgeschäft nicht anerkennen könne, sofern gewichtige Interessen der Allgemeinheit entgegenstünden.[719] Nach dieser Begründung macht es keinen Unterschied, ob es sich bei dem verbotenen Rechtsgeschäft um einen Gesellschafts- oder Arbeitsvertrag handelt. Die Argumentation des BGH lässt sich also auf Arbeitsverhältnisse übertragen.
Im Falle eines Verstoßes gegen das Berufsrecht im Arbeitsvertrag ist dieser also von Anfang an als unwirksam anzusehen.

IV. Ergebnis

Berufsrechtwidrige Arbeitsverträge sind demnach ex tunc nichtig nach § 134 BGB.

Es bleibt zu prüfen, ob auch eine wirksame Kontroll- bzw. Sanktionsmöglichkeit bei Nichteinhaltung der berufsrechtlichen Kautelen, wie z.B. dem Erfordernis der mehrheitlichen Besetzung des Aufsichtsrates mit Ärzten, gegeben ist. Dies wird im Folgenden überprüft.

C. Rechtsfolge satzungsmäßiger Verstöße gegen ärztliches Berufsrecht

I. Problemstellung

Wie schon einleitend erwähnt, wird von Hommelhoff/ Schwab gegen eine Rechtsanwalts-AG der Einwand vorgebracht, Verstöße der Satzung gegen die berufsrechtlichen Kautelen seien nicht wirksam durch die Registergerichte prüf- und sanktionierbar.[720]

Es stellt sich also die noch weithin unbeachete Frage, welche Maßnahmen gegen eine Arzt-AG, deren Satzung nicht den hier als Minimum erkannten Stan-

---

[718] Dieser basiert insoweit auf denselben Grundsätzen wie das faktische Arbeitsverhältnis.
[719] BGHZ 62, 234, 240; 97, 243, 250; auch BayOblG MedR 2001, 206, 210
[720] *Hommelhoff/ Schwab*, WiB 1995, 115, 118

dards entspricht, und die somit die Einhaltung des Berufsrechtes durch die Ärzte gefährdet, ergriffen werden können.

Sanktionsmöglichkeiten könnten sich aus zwei Tatbeständen heraus ergeben: Zum einen ist denkbar, dass die Arzt-AG selbst Adressat der Berufspflichten ist und mithin unmittelbar durch die Berufspflichten gebunden ist. Dann könnten Verstöße direkt mit berufsrechtlichen Mitteln, z.B. Bußgelder oder Berufsverbot, geahndet werden.
Weiterhin ist zu prüfen, ob mit handelsregisterrechtlichen Maßnahmen gegen die AG vorgegangen werden kann.

II. Unmittelbare berufsrechtliche Sanktionsmöglichkeiten gegen die AG

1. Geltung des Berufsrechts für die Arzt-AG

Soweit die Problematik schon erörtert wird, ist vertreten worden, die ärztlichen Berufsordnungen entfalteten keine unmittelbare Bindungswirkung für eine ärztliche Kapitalgesellschaft, da sich die Berufsordnungen nur an die Kammermitglieder, also die Ärzte wenden.[721]

Dem muss zugestimmt werden. Die Berufsordnungen werden auf Grund der Satzungsautonomie im Rahmen der ärztlichen Selbstverwaltung durch die Ärztekammern erlassen.[722] Es handelt sich also um autonomes Recht.[723] Dieses autonome Recht kann jedoch Wirkung grundsätzlich nur innerhalb der autonomen, d.h. selbstverwaltungsmäßig organisierten, Gruppe entfalten. Der personelle Geltungsbereich einer Satzung ist damit beschränkt auf die Mitglieder der Selbstverwaltungskörperschaft. Die Arzt-AG selbst ist jedoch eine juristische Person des Privatrechtes. Mitglieder der Ärztekammern sind derzeit ausschließlich approbierte Ärzte als natürliche Personen, die AG also gerade nicht.[724]
Eine personale Ausdehnung der Satzung im Sinne einer unmittelbaren Erstreckung der Wirkung auf Nicht-Mitglieder kommt nur ausnahmsweise dann in Betracht, wenn hierzu eine ausdrückliche, gesetzliche Ermächtigung besteht.[725]

---

[721] I.E. OLG Köln, NJW 1994, 3017, 3019; OLG München, NJW 1993, 800, 801; *Taupitz*, ZZP 100 (1987), 287, 329; *Attermeyer*, Die ambulante Arztpraxis in der Rechtsform der GmbH, S. 149; unklar hierzu *Künnemann*, Deutsches Ärzteblatt 2004, A1151, A1152

[722] Vgl. hierzu oben 2. Kap., C, I

[723] *Ossenbühl*, in Isensee/ Kirchhof, Handbuch des Staatsrechtes, Bd. III, § 66, Rn. 30; *Badura*, Staatsrecht, 3. Aufl., S. 325

[724] Vgl. insoweit nur die Regelung der §§ 2 I, 1 Nr. 1 HKaG NW; ähnlich *Deutsch/ Spickhoff*, Medizinrecht, 5. Aufl., Rn. 26; *Attermeyer*, Die ambulante Arztpraxis in der Rechtsform der GmbH, S. 149

[725] Dies ergibt sich daraus, dass die Selbstverwaltungskörperschaften ihr Satzungsrecht nicht zuletzt aus ihrer demokratischen Organisation heraus zugesprochen bekommen haben. Dritte stehen jedoch ausserhalb dieses

Die Ermächtigung zum Erlass der Berufsordnungen ergibt sich aus den Heilberufs- und Kammergesetzen der Länder. Eine Ermächtigung der Ärztekammern zur Schaffung einer unmittelbaren Außenwirkung gegenüber Dritten lässt sich derzeit aber keinem dieser Gesetze entnehmen. Vielmehr beziehen sich die Ländergesetze in ihrer Ermächtigung der Ärztekammern zum Erlass bzw. der Ausgestaltung der Berufsregeln ausdrücklich auf die Kammermitglieder, [726] also nur auf die Ärzte, und nicht auf Dritte, wie die Arzt-AG. Auch für eine stillschweigende Ermächtigung zur Schaffung der Außenwirkung, sofern man diese überhaupt als ausreichend betrachtet,[727] sind Anhaltspunkte nicht ersichtlich. Vielmehr wurden die meisten Kammergesetze in jüngerer Zeit überarbeitet und geändert. Die Ärzte-Kapitalgesellschaft war zu dieser Zeit aber schon in der Diskussion. Sofern eine Ausdehnung durch die Gesetzgeber gewollt gewesen wäre, hätte eine ausdrückliche Regelung nahe gelegen. Das Schweigen der Kammergesetze hierzu kann nicht als stillschweigende Ermächtigung angesehen werden. Folglich ist eine unmittelbare Sanktionierung der Arzt-AG nach den Vorschriften der Berufsordnungen nicht möglich.[728]

2. Kammermitgliedschaft der Arzt-AG de lege ferenda?

Etwas anderes könnte sich allenfalls dann noch ergeben, wenn die Arzt-AG selbst Mitglied der Ärztekammer sein könnte.[729] Denn in diesem Fall fänden die Berufsordnungen direkte Anwendung.

Für den anwaltlichen Bereich existieren Vorschriften, die eine Mitgliedschaft der Anwalts-GmbH in der Rechtsanwaltskammer vorsehen.[730] In den §§ 59 c, d

---

demokratischen Legitimationszusammenhanges, weshalb die Normen für sie grundsätzlich keine Bedeutung entfachen können, vgl. *Taupitz*, Die Standesordnungen der freien Berufe, S. 677 u. 1258; *Ossenbühl*, in Isensee/ Kirchhof, Handbuch des Staatsrechtes, Bd. III, § 66, Rn. 32, ebenso *Feuerich*, in Feuerich/ Weiland, BRAO, 6. Aufl., § 59 b, Rn. 3

[726] Vgl. hierzu nur § 28 HeilBerG Bremen, der die Berufspflichten für „Kammerangehörige" festlegt. „Das nähere zu § 28" wird dann den Berufsordnungen überlassen. Damit ist klar, dass eine Begrenzung auf die Kammerangehörigen vorliegt.

[727] In diese Richtung *Bonvie*, MedR 1994, 308, 312, der von mitgewollten Reflexwirkungen gegenüber Dritten spricht. Diese Reflexwirkungen sind vom Gesetzgeber jedoch allenfalls hinsichtlich der zu schützenden Patienten gewollt, jedenfalls nicht gegenüber einer Arzt-AG.

[728] I.E. ebenso OLG Köln, NJW 1994, 3017, 3019; OLG München, NJW 1993, 800, 801; *Taupitz*, ZZP 100 (1987), 287, 329; *Attermeyer*, Die ambulante Arztpraxis in der Rechtsform der GmbH, S. 149; unklar *Künnemann*, Deutsches Ärzteblatt 2004, S. A1151, A1152

[729] So für die GmbH *Attermeyer*, Die ambulante Arztpraxis in der Rechtsform der GmbH, S. 147 sowie *Heyde*, Niedersächsisches Ärzteblatt, 2005, Ausgabe 10, 8

[730] Vgl. §§ 59 c, d, BRAO

BRAO ist für die GmbH ein eigenes Zulassungsverfahren festgelegt worden.[731] Zuständig zur Erteilung der Zulassung ist die Rechtsanwaltskammer.[732] Solange die berufsrechtliche Zulassung nicht erfolgt, kann eine Eintragung der Rechtsanwalts-GmbH ins Handelsregister nicht vorgenommen werden, da die Zulassung eine staatliche Genehmigung im Sinne des § 8 Abs.1 Nr. 6 GmbHG darstellt.[733] Die Regelungen der BRAO gelten also unmittelbar auch für eine zugelassene Rechtsanwalts-GmbH. Für die Anwalts-AG wird mangels gesetzlicher Regelung ein Zulassungsverfahren demgegenüber überwiegend abgelehnt, gleichwohl wird auch hier eine Notwendigkeit zu einer gesetzlichen Regelung anerkannt.[734]

Fraglich ist, wie die Rechtslage im medizinischen Bereich gestaltet ist.
Die Mitgliedschaft in den Ärztekammern ist geregelt in den jeweiligen Heilkunde- und Kammergesetzen der Länder. Diese sehen eine Mitgliedschaft jedoch nur für Ärzte vor, also nur für natürliche Personen.[735] Eine Ausweitung auf juristische Personen verbietet sich auch insoweit, als es um eine Kammermitgliedschaft geht.[736] De lege lata kommt eine Mitgliedschaft einer Arzt-AG in einer Ärztekammer somit nicht in Betracht.

De lege ferenda wäre jedoch eine andere Rechtslage angebracht. Eine Mitgliedschaft juristischer Personen in den Ärztekammern hätte den Vorteil, dass diese die Aufsicht über die Überwachung der Berufspflichten im gesamten ambulanten Gesundheitssektor ausüben würden. Bei einem Verstoß einer Arzt-AG gegen ärztliches Berufsrecht könnte gezielt auch gegen diese mit dem berufsrechtlichen Maßnahmenkatalog[737] vorgegangen werden, und nicht lediglich gegen die angestellten Ärzte.[738] Der vielfach als gefährdet angesehene Patientenschutz wäre abgesichert. Aus diesen Gründen wurde auch von der Kammerversamm-

---

731 Für die Anwalts-AG wird mangels gesetzlicher Regelung von der h.M. eine Zulassung nicht verlangt, a.A. BRAO *Passarge*, die Aktiengesellschaft als neue Rechtsform für anwaltliche Zusammenschlüsse, S. 88

732 Zwar sind nach § 59 g I BRAO grds. die Landesjustizverwaltungen für die Erteilung der Zulassungen zuständig, § 224a BRAO überträgt die Zuständigkeit jedoch auf die Rechtsanwaltskammern

733 *Feuerich, in:* Feuerich/ Weyland, BRAO, 6. Aufl., § 59 d, Rn. 2

734 *Stabreit*, NZG 1998, 452, 454; *Schumacher*, AnwBl. 2000, 409, 410; ähnlich *Pluskat*, AnwBl. 2003, 131, 140, die jedoch nicht von einem Zulassungs- sondern einem Anerkennungsverfahren spricht.

735 Ähnlich *Saenger*, MedR 2006, 138, 144; Attermeyer, Die ambulante Arztpraxis in der Rechtsform der GmbH, S. 147

736 Vgl. für die GmbH *Attermeyer*, Die ambulante Arztpraxis in der Rechtsform der GmbH, S. 147

737 Z.B. Bußgeld, Verwarnung oder Feststellung der Berufsunwürdigkeit nach § 60 I HeilberufsG NRW

738 *Heyde*, Niedersächsisches Ärzteblatt, 2005, Ausgabe 10, 8; *Saenger*, MedR 2006, 138, 144

lung der Ärztekammer Niedersachsen gefordert, juristischen Personen im Gesundheitswesen modifizierte Mitgliedschaft zu ermöglichen.[739]

3. Ergebnis

Eine berufsrechtliche Sanktionierung einer Arzt-AG kommt derzeit nicht in Betracht, um eine berufsrechtskonforme Gestaltung der Gesellschaft durchzusetzen. Es bleibt also zu prüfen, ob andere Möglichkeiten bestehen, eine Einhaltung berufsrechtlicher Kautelen durch die Arzt-AG zu gewährleisten.

III. Sonstige Sanktionsmöglichkeiten gegen die Arzt- AG

Denkbar ist jedoch eine mittelbare Bindung der Gesellschaft an die Berufsordnung, welche sich daraus ergibt, dass ein Verstoß des Gesellschaftsvertrages bzw. der Satzung[740] gegen Vorschriften des Berufsrechtes ein aktienrechtliches Vorgehen gegen die AG ermöglicht.

Soweit die Thematik schon in der Literatur angesprochen wurde, ist für den anwaltlichen Bereich vertreten worden, die registergerichtliche Kontrolle nach § 38 AktG schütze vor einer Eintragung einer Anwalts-AG, deren Satzung die berusfrechtlichen Voraussetzungen nicht erfüllt.[741] Dies soll als Schutz vor berufrsrechtwidrigen Satzungsbestimmungen genügen.
Demgegenüber gehen Homelhoff/ Schwab, wie erwähnt, davon aus, dass durch das AktG zumindest eine wirksame Bestandskontrolle für die Einhaltung des Berufsrechts nicht gewährleistet werden könne.[742]

Auf Grund der hohen Bedeutung für die Arzt-AG soll die Problematik hier umfassend erörtert werden, um eine abschließende Stellungnahme zu ermöglichen. Zu unterscheiden ist nach der Rechtslage vor Eintragung der Gesellschaft ins Handelsregister und der danach.

1. Kontrolle nach § 38 AktG vor der Eintragung

Zunächst stellt sich die Frage, ob die Eintragung einer Gesellschaft ins Handelsregister abgelehnt werden kann, wenn diese gegen berufsrechtliche Vorgaben, wie z.B. eine mehrheitliche Organbesetzung mit Ärzten, verstößt.

---

[739] Vgl. *Heyde*, Niedersächsisches Ärzteblatt, 2005, Ausgabe 10, 8

[740] In der Feststellung des Gesellschaftsvertrages liegt gemäß § 2 AktG der Abschluss der Satzung, beide stimmen also im Zeitpunkt der Gründung überein, vgl. *Hüffer*, AktG, 7. Aufl. § 2 Rn. 2 f; *ders*, Gesellschaftsrecht, 6. Aufl., S. 277; *Grunewald*, Gesellschaftsrecht, 5. Aufl., S. 225

[741] *Henssler*, in Henssler/ Prütting, BRAO, 2. Aufl., Vor § 59 c, Rn. 20; *Heublein*, AnwBl. 1999, 304, 304

[742] *Hommelhoff/ Schwab*, WiB 1995, 115, 118

a) Problemstellung

Die Gründung einer AG setzt voraus, dass ein entsprechender Gesellschaftsvertrag zwischen den Gründern abgeschlossen und festgestellt wurde.[743] Die juristische Person der Arzt-AG entsteht jedoch erst mit ihrer Eintragung ins Handelsregister nach § 38 AktG.[744] Zwischen Feststellung der Satzung und der Eintragung liegt eine Gründungsgesellschaft oder Vorgesellschaft vor.[745] Durch die Eintragung sollen die wesentlichen Gesellschaftsverhältnisse publik gemacht werden.[746] Sofern die Eintragung erfolgt ist, ergibt sich daraus ein Bestandsschutz für die AG, der dazu führt, dass nur noch gravierende Gründungsmängel den Bestand der AG als solche beenden können.[747] Es muss also durch die registergerichtliche Kontrolle in jedem Fall wirksam verhindert werden können, dass eine berufsrechtwidrige Satzung zur Eintragung gelangt.
Nach § 38 AktG ist für die Eintragung das Registergericht zuständig. Wegen der durch Eintragung eintretenden Bestandsschutzwirkung hat das Gericht vor Eintragung nach § 38 Abs.1 AktG die Satzung sowohl in formeller als auch in materieller Hinsicht auf ihre Rechtmäßigkeit zu überprüfen.[748]
Seit dem Handelsrechtsreformgesetz ist die materielle Prüfungskompetenz des Gerichtes stark eingeschränkt. Hierdurch sollte die Prüfung durch das Gericht auf ein zur Eintragung absolut erforderliches Maß beschränkt und so das Verfahren beschleunigt werden.[749] Danach kann die Eintragung wegen eines Gesetzesverstoßes im Sinne des § 134 BGB im Wesentlichen nur noch dann abgelehnt werden, wenn die betreffende Rechtsvorschrift überwiegend im öffentlichen Interesse liegt.

b) Ablehnung der Eintragung nach § 38 Abs. 3 Nr. 2 AktG

Nach § 38 Abs.3 Nr. 2 AktG kann eine Eintragung abgelehnt werden, wenn einzelne Bestimmungen der Satzung gegen Vorschriften verstoßen, die überwiegend dem öffentlichen Interesse dienen.
Welche Vorschriften hier erfasst sind, lässt sich mangels Konkretisierung im Gesetz am besten vom Begriff des öffentlichen Interesses her bestimmen. Der

---

743 *Heider*, in MüKo AktG, Bd. I, 2. Aufl., § 2, Rn. 27

744 *Pentz*, in MüKo AktG, Bd. I, 2. Aufl., § 39, Rn. 22; *Hoffmann-Becking*, Münchener Hdb d. Gesellschaftsrechts, Bd. IV, 2. Aufl., § 3, Rn. 27

745 *Hoffmann-Becking*, Münchener Hdb d. Gesellschaftsrechts, Bd. IV, 2. Aufl., § 3, Rn. 27

746 *Pentz*, in MüKo AktG, Bd. I, 2. Aufl., § 39, Rn. 4; *Hüffer*, AktG, 7. Aufl., § 39, Rn. 1

747 Vgl. insoweit nur § 275 AktG, der eine enge Begrenzung auf abschließend aufgezählte Nichtigkeitsgründe vorsieht, siehe auch *Schmidt*, Gesellschaftsrecht, 4. Aufl., S. 150

748 *Pentz*, in MüKo AktG, Bd. I, 2. Aufl., § 39, Rn. 17

749 *Pentz*, in MüKo AktG, Bd. I, 2. Aufl., § 39, Rn. 70

Begriff orientiert sich an der gleich lautenden Bestimmung des § 241 Nr. 3 AktG.[750]

Nach überwiegender Ansicht ist der Begriff des öffentlichen Interesses weit auszulegen.[751] Gemeint seien hier all die Interessen, deren Wahrnehmung nicht allein den Gesellschaftern bzw. der Hauptversammlung überlassen werden dürfe.[752] In Betracht kommen danach also alle unter § 134 BGB fallende Normen, sofern sie im Wesentlichen die Allgemeinheit schützen.[753]

Nach einer entgegenstehenden Ansicht sind bei dieser Tatbestandvariante nur gesellschaftsrechtliche Vorschriften gemeint, nicht jedoch auch allgemein dem öffentlichen Interesse dienende Normen.[754]

Dem kann jedoch nicht gefolgt werden. Zuzustimmen ist hier insoweit, als der Tatbestand des § 38 Abs.3 Nr. 2 AktG auch Vorschriften nennt, „die ausschließlich oder überwiegend zum Schutze der Gläubiger" erlassen sind. Hierunter fallen nach h.M. tatsächlich nur gesellschaftsrechtliche Normen.[755] Diese Begrenzung gilt jedoch gerade nicht für die Tatbestandsvariante „sonstige Vorschriften im öffentlichen Interesse." Eine andere Auslegung würde weder der Wortlaut noch der Sinn und Zweck des Gesetzes zulassen. Der Wortlaut ist insoweit offen. Eine Eingrenzung ergibt sich hieraus also nicht. Insbesondere lässt aber auch der Schutzzweck der Vorschrift eine andere Auslegung nicht zu. Danach sollen alle, die mit der Aktiengesellschaft rechtlich in Kontakt treten, sich darauf verlassen können, dass jegliche, zu ihrem Schutz erlassene Vorschriften, Einhaltung finden.[756] Dementsprechend finden sowohl Strafvorschriften und allgemeinschützende Vorschriften der öffentlichen Ordnung Anwendung im Rahmen des §§ 241 Nr.3 bzw. 38 Abs.3 Nr. 2 AktG.[757]

---

750 *Pentz*, in MüKo AktG, 2. Aufl., Bd. 1, § 38, Rn. 83

751 OLG Düsseldorf, AG 1968, 19, 22; *Hüffer*, AktG, 7. Aufl., § 241, Rn. 18; *ders.* in Geßler/ Hefermehl/ Eckardt/ Kropff, AktG, Bd. V, § 241, Rn. 46; *Godin/ Wilhelmi*, AktG, Bd. II, § 241, Anm. 10

752 *Hüffer*, in Geßler/ Hefermehl/ Eckardt/ Kropff, AktG, Bd. V, § 241, Rn. 47

753 *Koppensteiner*, in Rowedder/ Schmidt-Leithoff, GmbHG, 4. Aufl., § 47, Rn. 103; *Raiser*, in Hachenburg, GmbHG, 8. Aufl., Bd. 2, Anh § 47, Rn. 50

754 *Pentz*, in MüKo AktG, Bd. I, 2. Aufl., § 38, Rn. 84

755 *Hüffer*, in Geßler/ Hefermehl/ Eckardt/ Kropff, AktG, Bd. V, § 241, Rn. 4, *ders.* in MüKo AktG, 2. Aufl., Bd. 7, § 241, Rn. 54

756 *Schilling*, in Großkomm. AktG, 3. Aufl., Bd. III § 241, Anm. 21

757 *Schilling*, in Großkomm. AktG, 3. Aufl., Bd. III § 241, Anm. 21; *Hüffer*, in MüKo AktG, 2. Aufl., Bd. 7, § 241, Rn. 58; so für die GmbH-Beschlüsse, bei denen die Nichtigkeitsvorschriften in Anlehnung an § 241 AktG gebildet wurden *Schmidt*, in Scholz, GmbHG, 9. Aufl., Bd. II, § 45, Rn. 75; und *Koppensteiner*, in Rowedder/ Schmidt-Leithoff, GmbHG, 4. Aufl., § 47, Rn. 104

Die Normen der Berufsordnungen sind Vorschriften, deren Beachtung im öffentlichen Interesse geboten ist, und nicht der Gründerversammlung einer AG anheim gestellt werden können. Dies wird besonders deutlich, wenn man die Rechtsfolge der Eintragung betrachtet, nämlich ein äußerst weitgehender Bestandsschutz der AG nach § 275 AktG. Dies ist gerade im Falle von Satzungsbestimmungen, die das ärztliche Berufsrecht außer Kraft setzen, keinesfalls hinnehmbar.
Somit zählen auch die Vorschriften der Berufsordnungen und Kammergesetze, welche die ärztliche Berufsausübung im Interesse der Gesundheitsversorgung regeln, zu den Normen im Sinne des § 38 Abs.3 Nr. 2 AktG.

c) Zwischenergebnis

Jegliche Satzungsverstöße gegen ärztliches Berufsrecht führen also dazu, dass die Eintragung der Gesellschaft durch den Registerrichter abzulehnen ist. Eine wirksame Kontrolle der Berufsrechtskonformität der Aktiengesellschaft ist gewährleistet. Dies ist selbst bei geringfügigen Verstößen nicht unzumutbar belastend. Sofern der Mangel behebbar ist, kann das Gericht durch eine Zwischenverfügung auf das Eintragungshindernis aufmerksam machen und eine Beseitigung des Mangels ermöglichen.[758] Ist der Mangel unbehebbar, was kaum vorstellbar ist, so besteht auch kein Bedürfnis nach einer rechtlichen Anerkennung der Gesellschaft.

2. Nach Eintragung

Sofern die AG wirksam eingetragen ist, stellt sich die Problematik, wie verhindert werden kann, dass die Satzung nachträglich unter Verstoß gegen die berufsrechtlichen Kautelen geändert wird.
Hier kommen zum einen berufsrechtwidrige Beschlüsse der Hauptversammlung in Betracht. Eine Gefahr dürfte im Wesentlichen darin bestehen, dass von den oben herausgearbeiteten Grundsätzen ärztlicher Organisation in der AG abgewichen wird, etwa durch Fallenlassen des ärztlichen Mehrheitserfordernisses im Aufsichtsrat. Derartige Beschlüsse müssen verhindert, bzw. ihre Ausführung unterbunden werden können.

a) Nichtigkeit von Hauptversammlungsbeschlüssen nach § 241 AktG

§ 241 AktG bestimmt, wann Hauptversammlungsbeschlüsse wegen inhaltlicher Mängel nichtig sind und keine Wirkung entfalten. Wie schon § 275 AktG bezweckt auch § 241 AktG gerade die Begrenzung der Nichtigkeitstatbestände aus

---

[758] *Hüffer*, AktG, 7. Aufl., § 38, Rn. 16

Bestandsschutzgründen auf ein absolut notwendiges Maß.[759] Die abschließende Aufzählung der Nichtigkeitsgründe bewirkt, dass alle anderen Mängel des Beschlusses zur bloßen Anfechtbarkeit führen.[760] Es ist also zu prüfen, ob berufsrechtliche Verstöße bloß zur Anfechtbarkeit oder zur Nichtigkeit des Beschlusses nach § 243 AktG führen.
In Betracht kommen als Nichtigkeitsgründe- bei Verstößen gegen das Berufsrecht- eine Verletzung von Normen, die überwiegend im öffentlichen Interesse gegeben sind (§ 241 Nr. 3, Var. 3 AktG) oder die Sittenwidrigkeit des Beschlusses (§ 241 Nr. 4 AktG) in Betracht.

aa) Verstoß gegen Normen im öffentlichen Interesse

Wie oben erwähnt, sind die Normen der Berufsordnungen und Kammergesetze, welche die ärztliche Berufsausübung betreffen, Vorschriften im Sinne des § 241 Nr. 3 AktG, welche überwiegend dem öffentlichen Interesse zu dienen bestimmt sind.
In Anlehnung an die oben geführte Diskussion, ist eine Nichtigkeit von Hauptversammlungsbeschlüssen immer dann die Folge eines Gesetzesverstoßes, wenn die bloße Anfechtbarkeit des rechtswidrigen Beschlusses im öffentlichen Interesse nicht hingenommen werden kann.[761] Insbesondere ist hier auf die Bestandskraft unanfechtbarer Beschlüsse zu verweisen. Nach Ablauf der einmonatigen Anfechtungsfrist gemäß § 246 Abs.1 AktG kann der rechtswidrige Beschluss nicht mehr beseitigt werden.[762] Es kann nicht hingenommen werden, dass Beschlüsse, die die gesundheitliche Versorgung der Patienten beeinträchtigen können, von der Rechtsordnung mit Bestandskraft ausgestattet werden. Vielmehr ist dafür Sorge zu tragen, dass zum Schutze der Patienten solchen Beschlüssen jegliche Wirksamkeit versagt wird.
Berufsrechtswidrige Beschlüsse der Hauptversammlung sind daher stets nach § 241 Nr. 3 AktG nichtig und entfalten keinerlei Wirkung. Dies gilt unabhängig davon, ob es sich um satzungsändernde, satzungsdurchbrechende oder einfache Beschlüsse handelt.

bb) Sittenwidrigkeit nach § 241 Nr. 4?

Daneben könnten berufsrechtswidrige Beschlüsse noch nach § 241 Nr. 4 AktG wegen Verstoßes gegen die guten Sitten nichtig sein.

---

[759] *Hüffer*, AktG, 7. Aufl., § 241, Rn. 1, *ders.* in Geßler/ Hefermehl/ Eckardt/ Kropff, AktG, Bd. V, § 241, Rn. 5
[760] *Hüffer*, in MüKo AktG, 2. Aufl., Bd. 7, § 241, Rn. 7
[761] so hinsichtlich der insoweit tatbestandsgleichen Nichtigkeit *Schmidt*, in Scholz, GmbHG, 9. Aufl., Bd. II, § 45, Rn. 75
[762] *Schmidt*, in Scholz, GmbHG, 9. Aufl., Bd. II, § 45, Rn. 75

Fraglich ist hier jedoch schon, ob ein Verstoß gegen berufsrechtliche Normen unbedingt einen Sittenverstoß mit sich bringen muss. Dies richtet sich nach § 138 BGB. Überwiegend wird bei Verstoß gegen Standesrecht ein gleichzeitiger Sittenverstoß verneint, es sei denn, dass die missachtete Pflicht für das Berufsrecht wesentlich ist.[763] Einfache Berufspflichten zählen meist nicht zu dem, was jeder billig und gerecht denkende Arzt für sich als zwingend und unerlässlich empfindet. Dies wird allein dadurch deutlich, dass zahlreiche Berufspflichten in ihrer Ausprägung unter der Ärzteschaft höchst umstritten sind und daher nicht zum konsensfähigen Kanon gezählt werden können.[764]
Grds. kommt also eine Sittenwidrigkeit wegen Verstoßes gegen das Berufsrecht nur bei Verletzung besonders wichtiger Standespflichten in Betracht. Dies ist eine Frage des Einzelfalls.

cc) Zwischenergebnis

Berufsrechtswidrige Hauptversammlungsbeschlüsse sind in jedem Fall nichtig nach § 241 Nr. 3 AktG und entfalten keinerlei Wirkung. Daneben kommt, bei Verletzung einer besonders wichtigen Standespflicht, auch noch eine Nichtigkeit wegen Verstoßes gegen die guten Sitten in Betracht gemäß § 241 Nr. 4 AktG. Sanktionsmöglichkeiten gegen standesrechtswidrige Beschlüsse der Hauptversammlung sind also sichergestellt.

b) Möglichkeit der Amtslöschung der Gesellschaft nach Eintragung?

aa) Problemstellung

Von Hommelhoff/ Schwab wurde im Falle der Rechtsanwalts-AG die Problematik angesprochen, dass nach Eintragung ins Handelsregister eine ausreichende Satzungskontrolle auf ihre Berufsrechtskonformität nicht mehr stattfinde.[765] Nur soweit der im Handelsregister tatsächlich eingetragene Inhalt des Unternehmensgegenstandes unzulässig sei, könne die Gesellschaft nach § 275 Abs.1 AktG aufgelöst bzw. nach §§ 144, 144a AktG gelöscht werden. Ein Grund zur Amtsauflösung der Gesellschaft wegen berufsrechtswidriger Beschlüsse, die nur faktisch gegen die Satzung verstoßen bzw. diese nur faktisch ändern, sei also nicht gegeben.[766] Dies ergebe sich daraus, dass nach der EG- Publizitätsrichtlinie, welche durch § 275 AktG umgesetzt werde, gerade ein umfassender Bestandsschutz bereits eingetragener Gesellschaften bezweckt werde, welcher nur

---

[763] BGHZ 39, 142, 148; 60, 28, 33; *Sack*, in Staudinger, BGB, 1996, §§ 134-163, § 138, Rn. 416; *Mayer-Maly/ Armbrüster*, in MüKo BGB, 4. Aufl., Bd. 1, § 138, Rn. 47
[764] Hier sei nur das Werbeverbot oder die Reichweite der ärztlichen Schweigepflicht genannt.
[765] *Hommelhoff/ Schwab*, WiB 1995, 115, 118
[766] *Hommelhoff/ Schwab*, WiB 1995, 115, 118

dann durchbrochen werden könne, wenn die Satzung bzw. der Unternehmensgegenstand formell geändert werde.[767] Satzungsdurchbrechende Beschlüsse genügten dafür gerade nicht. Die Rechtsform Aktiengesellschaft sei also nicht der Lage, die tatsächliche Einhaltung der satzungsmäßigen Kautelen nach Eintragung zu gewährleisten.

bb) Stellungnahme

Dem kann nicht gefolgt werden.

Zuzugestehen ist hier zunächst, dass der Vertrauens- und Bestandsschutz einer schon eingetragenen Gesellschaft deren nachträgliche Auflösbarkeit erheblich einschränkt. Nicht jeder Satzungsverstoß kann zur Löschung der Gesellschaft führen. Eine zwangsweise Auflösung der schon eingetragenen Gesellschaft nach § 275 AktG bzw. § 144 FGG kommt im Wesentlichen, neben anderen, hier nicht einschlägigen Gründen,[768] nur dann in Betracht, wenn die Satzungsbestimmung über den Unternehmensgegenstand nichtig ist.[769] Dies setzt Gesetzes- oder Sittenwidrigkeit der Bestimmung im Sinne des § 241 Nr. 3 oder 4 AktG voraus.[770] Die Gesetzeswidrigkeit muss sich jedoch schon aus dem Wortlaut der Bestimmung selbst ergeben, es genügt nicht, wenn der tatsächlich verfolgte Unternehmensgegenstand gesetzeswidrig ist.[771] Das ergibt sich daraus, dass die §§ 241, 275 Abs.1 AktG im Sinne der Publizitätsrichtlinie (Art. 11 Abs.1 Nr. 2 lit b, c der europäischen Publizitätsrichtlinie (68/151/EWG))[772]auszulegen sind. Diese bestimmt abschließend, welche Nichtigkeitsgründe für bereits eingetragene Aktiengesellschaften anzuerkennen sind. Es soll verhindert werden, dass eine einmal ins Leben gerufene Gesellschaft aus beliebigen Gründen zum Nachteil Dritter vernichtet werden kann.[773] Eine Amtsauflösung bzw. Löschung einer Gesellschaft kommt danach also nur dann in Betracht, wenn der Unternehmensgegenstand seinem Wortlaut nach nichtig ist.[774] Diese Auffassung geht zurück auf die Marleasing- Entscheidung des EuGH.[775] Die gegenläufige Ansicht,[776] nach der auf den tatsächlich verfolgten Untrenehmensgegenstand abzustellen ist,

---

767 *Hommelhoff/ Schwab*, WiB 1995, 115, 118

768 Z.B. Fehlen oder Nichtigkeit der Bestimmungen über das Grundkapital, § 275 I 1.Alt.

769 *Hüffer*, in MüKo AktG, Bd. 7, § 275, Rn. 20; *Wiesner*, in Münchener Hdb Gesellschaftsrecht, Bd 4, 2. Aufl., § 6, Rn. 7

770 *Hüffer*, in MüKo AktG, Bd. 7, § 275, Rn. 21; *ders.* AktG, 7. Aufl., § 275, Rn. 11

771 *Hüffer*, in MüKo AktG, Bd. 7, § 275, Rn. 22; *ders.* AktG, 7. Aufl., § 275, Rn. 12

772 Abgedruckt bei *Lutter*, ZGR Sonderheft 1, Europäisches Unternehmensrecht, 4. Aufl., S. 104 f.

773 *Meyer*, ZIP 1994, 1661, 1663

774 *Hüffer*, in MüKo AktG, Bd. 7, § 275, Rn. 22; *ders.* AktG, 7. Aufl., § 275, Rn. 12

775 EuGH, DB 1991, 157

776 So allerdings *Kraft*, in KölnKomm, Bd. 5/3, 2. Aufl., § 275, Rn. 19; für die GmbH *Schmidt*, in Scholz GmbHG, 9. Aufl., Bd. II, § 75, Rn. 11

ist aufgrund der Befugnis des EuGH zur letztverbindlichen Auslegung des Gemeinschaftsrechts nicht mehr haltbar.[777]

Das Problem liegt also darin, dass eine Arzt-AG, die lediglich einzelne Bestimmungen der Satzung in berufsrechtlich unzulässiger Weise ändert, aber die Bestimmung des Unternehmensgegenstandes unverändert gültig lässt, nicht nach §§ 144 FGG, 275 Abs.1 AktG aufgelöst werden kann. Dass eine Gesellschaft direkt die Bestimmung des Unternehmensgegenstandes in gesetzeswidriger Weise abändert, ist unwahrscheinlich. Eine nachträgliche Löschung der Gesellschaft kommt damit in den meisten Fällen nicht in Betracht.

Entgegen der oben dargestellten Ansicht von Hommelhoff/ Schwab führt dies jedoch nicht dazu, dass die Freiberufler-AG unzulässig ist.
Vor einer Eintragung einer Gesellschaft mit berufsrechtswidriger Satzung sollen die Registergerichte schützen. Eingetragene Gesellschaften sind also berufsrechtliche unbedenklich. Gelangt dennoch eine unzulässige Arzt-AG zur Eintragung, so spricht dies nicht gegen die Rechtsform der Aktiengesellschaft als solche. Mängel des staatlichen Zulassungsaktes dürfen aus verfassungsrechtlicher Sicht nicht zum Nachteil des Zulassungssubjektes ausgelegt werden.
Sofern eingewandt wird, der Schutz vor nachträglicher Satzungsänderung sei nicht ausreichend, so überzeugt dies nicht. Tatsächlich wird den jeweiligen Beschlüssen die Wirksamkeit versagt. Ein nichtiger Beschluss entfaltet keine Wirkung und kann, sofern er ins Handelsregister eingetragen worden ist, nach § 144 Abs.2 FGG gelöscht werden. Die Nichtigkeit berufsrechtwidriger Beschlüsse nach § 241 AktG wurde oben festgestellt. Sollte die Hauptversammlung also Beschlüsse jeglicher Art fassen, die nicht mit dem Berufsrecht bzw. mit den berufsrechtlichen Kautelen der Satzung in Einklang stehen, haben diese Beschlüsse keine Rechtswirkung. Mehr kann und muss dass Recht zum Schutz der Berufspflichten nicht leisten. Werden die nichtigen Beschlüsse in der Gesellschaft dennoch implemetiert, kann mit berufsrechtlichen Mitteln gegen die praktizierenden Ärzte im Unternehmen, also gegen ärztliche Organmitglieder sowie die angestellten Ärzte, vorgegangen werden. Dies genügt.

Neben rechtswidrigen Hauptversammlungsbeschlüssen kommt noch ein direkt rechtsverletzendes Verhalten von Vorstand und Aufsichtrat in Betracht, durch welches das Berusfrecht gefährdet werden könnte.

---

[777] *Hüffer*, in MüKo AktG, Bd. 7, § 275, Rn. 22; *ders.* AktG, 7. Aufl., § 275, Rn. 12

c) Konsequenzen rechtsverletzenden Verhaltens der Organe

Sofern der Vorstand oder der Aufsichtsrat einen erheblichen Gesetzesverstoß begehen, kommt eine gerichtliche Auflösung der Gesellschaft nach § 396 AktG in Betracht, wenn die Hauptversammlung bzw. der Aufsichtsrat den Verwaltungsträger nicht von selbst abberufen.[778] Die erforderliche Gemeinwohlgefährdung kann bei ärztlichen Organmitgliedern[779] auch in einem Verstoß gegen das Berufsrecht liegen.

Da es sich jedoch um ganz erhebliche Rechtsverletzungen bzw. um schwere Gemeinwohlbeeinträchtigungen handeln muss, dürfte eine Anwendung des § 396 AktG, der ohnehin keine praktische Bedeutung hat,[780] wegen Verstoßes gegen Berufsvorschriften kaum vorkommen.

Dennoch bleiben Berufsrechtsverstöße durch die Organe nicht sanktionslos. Jede ärztlich relevante Maßnahme wird durch Angehörige des Arztberufes dominiert, sofern die oben dargestellten Maßnahmen zur Organbesetzung umgesetzt werden. Berufsrechtswidrige Beschlüsse werden also immer (zumindest auch) von Ärzten gefasst. Auch die Tätigkeit eines Arztes im Vorstand oder Aufsichtsrat stellt aber eine ärztliche Tätigkeit dar,[781] und unterliegt somit den Regeln der Berufsordnung. Verstöße können also gegen die betreffenden Organmitglieder direkt mit den Sanktionsmitteln der Berufsordnungen geahndet werden.

IV. Ergebnis

Es konnte gezeigt werden, dass das ärztliche Berufsrecht keine direkte Geltung für die Arzt-AG entfaltet. Mittelbar existiert jedoch eine umfassende registergerichtliche Kontrolle der Satzung hinsichtlich der Einhaltung ärztlichen Berufsrechtes. Auch nach Eintragung der Gesellschaft ist Einhaltung die ärztlichen Standesvorschriften dadurch gewährleistet, dass entgegenstehende Hauptversammlungsbeschlüsse nichtig sind.

Um passendere und direktere Sanktionen gegen die Arzt-AG zu ermöglichen, sollte de lege ferenda erwogen werden, wie im Falle der Anwalts-GmbH, ein eigenes Zulassungsverfahren für die Arzt-AG und somit eine eigene Mitgliedschaft in den Ärztekammern vorzusehen.

---

778 Zu den Voraussetzungen im einzelnen *Kropff*, in Geßler/ Hefermehl/ Eckardt/ Kropff, AktG, Bd. VI, § 396, Rn. 8f.

779 Sofern das Gesetz an subjektive Voraussetzungen geknüpft ist, müssen diese durch den Verwaltungsangehörigen erfüllt sein, vgl. *Kropff*, in Geßler/ Hefermehl/ Eckardt/ Kropff, AktG, Bd. VI, § 396, Rn. 9; Da sich die BO subjektiv nur an Ärzte wenden, können Verstöße dagegen auch grds. nur von Ärzten begangen werden.

780 *Kropff*, in MüKo AktG, 2. Aufl., Bd. 9/2, § 396, Rn. 7

781 3. Kap., C, II, 3

7. Kapitel Verfassungskonformität der Arzt-AG Verbote?

Wie im zweiten Kapitel dargestellt, existieren in Niedersachsen, Bremen, Berlin, Rheinland- Pfalz, Brandenburg, Schleswig-Holstein und Bayern noch berufsrechtliche Verbote der Arzt-AG. Im Verlaufe der Arbeit ist jedoch herausgearbeitet worden, dass die Berufspflichten in einer Arzt-AG bei Einhaltung entsprechender berufsrechtlicher Kautelen keiner Gefahr ausgesetzt sind. Es stellt sich also hier die Frage, inwieweit diese Verbote eine rechtliche Prüfung im Lichte des Grundgesetzes bestehen.
Die Verbotsnormen im Gebiet der Ärztekammer Nordrhein und in Bayern haben einer Überprüfung durch die Rechtsprechung des OVG Münster sowie des BayVerfGH Stand gehalten.[782] Daher soll auf die von beiden Gerichten vorgebrachten Argumente, die zur Rechtfertigung der landesgesetzlichen Verbotsnormen angeführt wurden, eingegangen werden. Insbesondere soll versucht werden, die gegen die Arzt-AG angeführten Argumente durch die oben herausgearbeiteten Ergebnisse zu widerlegen.

A. Eingriff in Art. 12 Abs. 1 GG

In einer pluralistisch- freiheitlichen Gesellschaft kommt dem Recht des Einzelnen zur freien Wahl seines Berufes erhebliches Gewicht zu.[783] Art. 12 GG schützt daher in umfassender Weise das Recht eines jeden Deutschen bzw. einer jeden deutschen juristischen Person (iVm Art. 19 Abs.3 GG), sich frei einen Beruf zu erwählen, soweit nicht der Gesetzgeber in begrenzender und verfassungskonformer Weise von dem Gesetzesvorbehalt des Art 12 Abs.1 S.2 GG Gebrauch gemacht hat.

I. Prüfungsmaßstab des Art. 12 Abs. 1 GG

Ein jedes die Berufsfreiheit einschränkende Gesetz ist daran zu messen, ob es tatsächlich einem legitimen Zweck dient, diesen zumindest teilweise erfüllt, und erforderlich ist, mithin also zur Erreichung des Zweckes das mildeste Mittel darstellt.[784] Dabei ist zu beachten, dass die Anforderungen an Gesetze, die in die Berufsfreiheit eingreifen, umso höher zu stellen sind, je intensiver in das Grundrecht eingegriffen wird.[785] Die Intensität eines Grundrechtseingriffs lässt sich unter anderem danach bestimmen, ob die Regelung lediglich die Berufsaus-

---

[782] BayVerfGH DVBl. 2000, 1052, 1053; OVG Münster, MedR 2001, 150, 151 zu dem zwischenzeitlich gelockerten, aber grundsätzlich immer noch bestehenden Verbot. Vgl. oben Kap 2, B, I., 2

[783] *Sodan*, NJW 2003, 257, 257

[784] *Jarass*, in Jarass/ Pieroth, GG, 8. Aufl., Art. 12, Rn. 31

[785] *Manssen*, in v. Mangoldt/ Klein/ Starck, GG Komm., 5. Aufl., Bd. I, Art. 12, Rn. 138; *Tettinger*, in Sachs, GG, 3. Aufl., Art. 12, Rn. 100

übung durch einen Grundrechtsträger näher ausgestaltet oder ob gar die Berufsausübung eines bestimmten, gesetzlich näher fixierten Berufsbildes gänzlich untersagt wird. In letzterem Fall ist es nach dem BVerfG erforderlich, dass das Verbot zur Abwehr nachweisbarer und höchstwahrscheinlich schwerer Gefahren für ein überragend wichtiges Gemeinschaftsgut erforderlich ist.[786] Soweit es sich lediglich um berufsausübungsregelnde Normen handelt, genügen zur verfassungsrechtlichen Rechtfertigung vernünftige Erwägungen des Gemeinwohls.[787] Es stellt sich also zunächst die Frage, ob das Verbot des Führens einer ambulanten Arztpraxis in der Rechtsform der AG einen Eingriff in die Berufsausübungsfreiheit der betroffenen Grundrechtsträger darstellt, oder ob es sich um eine Beschränkung seiner Berufswahlfreiheit handelt.

1. Die angestellten Ärzte als Grundrechtsträger

a) Meinungsstand

Sowohl das OVG NW als auch der BayVerfGH gehen in ihren Entscheidungsgründen davon aus, dass lediglich die Berufsausübungsfreiheit der approbierten Ärzte betroffen sei.[788] Der BayVerfGH stützt seine Ansicht dabei auf die Überlegung, dass dem approbierten Arzt weiterhin die Wahl frei stehe, ob er seine Berufstätigkeit als frei niedergelassener Arzt oder als angestellter Arzt in einem Krankenhaus ausüben will.[789] Beide Tätigkeitsformen unterschieden sich laut BayVerfGH in ihrer sozialen Ausrichtung und Gewichtung deutlich, die Niederlassung auf der einen Seite und die Anstellung auf der anderen. Demgegenüber sei die Unterscheidung zwischen der Führung einer Praxis durch eine natürliche Person oder eine juristische Person des Privatrechtes nur eine Spielart innerhalb des einheitlichen Berufsbildes des „niedergelassenen Arztes".[790] Dem Gericht zu Folge kann also bezüglich des einzelnen Arztes nur von einer Begrenzung der Berufsausübungsfreiheit ausgegangen werden.

b) Stellungnahme

Die Beurteilung vermag nicht zu überzeugen. Für den einzelnen Arzt stellt sich der Unterschied in der „sozialen Ausrichtung" zwischen Niederlassung und Tätigkeit in einer AG als ebenso groß dar, wie der durch das Gericht anerkannte

---

786 BVerfG 7, 377, 408

787 So BayVerfGH DVBl. 2000, 1052, 1053; *Tettinger*, in Sachs, GG, 3. Aufl., Art. 12, Rn. 101; für die Rechtsanwalts-AG *Kempter/ Kopp*, NJW 2004, 3605, 3607

788 BayVerfGH DVBl. 2000, 1052, 1053; leider ohne nähere Begründung OVG Münster, MedR 2001, 150, 151

789 BayVerfGH DVBl. 2000, 1052, 1053 unter Zugrundelegung von BVerfGE, 16, 286, 296; i.E. auch *Dauner-Lieb*, GmbHR 1995, 259, 260 für die Anwalts-GmbH

790 BayVerfGH DVBl. 2000, 1052, 1053

Unterschied zwischen Anstellung in einem Krankenhaus und der Niederlassung. Die Tätigkeit in einer AG ist nämlich keinesfalls mit einer freien Niederlassung eines Arztes vergleichbar. Jeder Arzt, der in der AG ärztlich tätig sein will, muss sich, sei er Gründer der Gesellschaft oder nicht, von der AG anstellen lassen. Er ist also gerade nicht in „seiner Praxis" tätig und daher nicht niedergelassen.[791]

Der wesentliche Unterschied zwischen der Anstellung und Niederlassung liegt darin begründet, dass der niedergelassene Arzt das wirtschaftliche Risiko seines Berufes voll selbst trägt, wohingegen der angestellte Arzt, wenn überhaupt, lediglich mittelbar am wirtschaftlichen Erfolg oder Misserfolg der Gesellschaft beteiligt ist. Im Übrigen ist der angestellte Arzt in den Grenzen seiner ärztlichen Freiheit den dienstlichen Weisungen seines Arbeitgebers unterworfen, der niedergelassene Arzt hingegen ist in seiner Berufsausübung völlig frei. Hierin liegt die völlig andere soziale Ausrichtung und Gewichtung seines Berufes.

Im Übrigen ist die Tätigkeit eines Arztes in einer ambulanten Arzt-AG auch nicht mit der eines Krankenhausarztes vergleichbar. Ein Krankenhausarzt ist im Rahmen seiner Tätigkeit, entsprechend der in Kapitel 1 vorgenommen Abgrenzung von stationären zu ambulanten Einrichtungen,[792] im Wesentlichen mit längerfristigen Behandlungen betraut. In einer ambulanten Arzt-AG werden hingegen im Wesentlichen Behandlungen zeitlich und medizinisch weniger problematischer Krankheitsbilder oder überhaupt nicht medizinisch indizierte Maßnahmen vorgenommen, wie z.B. in der kosmetischen Chirurgie. Die physischen und psychischen Anforderungen, die an Krankenhausärzte gestellt werden, unterscheiden sich daher von denen, die ambulant tätige Ärzte erfüllen müssen.

Die Tätigkeit eines angestellten Arztes in der AG ist also ein, sowohl im Vergleich zum niedergelassenen Arzt als auch zum Krankenhausarzt, anderes Berufsbild. Für den einzelnen Arzt ist das Verbot also eine Berufswahlregel. Da die Beschränkung alle Ärzte unabhängig von ihren persönlichen Eigenschaften betrifft und außerhalb ihrer Lebenssphäre liegt, handelt es sich um eine objektive Berufswahlschranke.[793]

---

[791] BGH VersR 1993, 428; BGH VersR 1994, 207; *Prölss*, in Prölss/ Martin, MB/KK 27. Aufl., § 4, Rn. 8; *Attermeyer*, Die ambulante Arztpraxis in der Rechtsform der GmbH, S. 27

[792] S.o. 1. Kap., D III.

[793] Allg. zum Vorliegen objektiver Beschränkungen siehe *Gubelt*, in von Münch/ Kunig, GG, 5. Aufl., Bd. I, Art. 12, Rn. 65

2. Die AG als Grundrechtssubjekt

a) Meinungsstand

Auch für die juristische Person Arzt-AG als Grundrechtsträger beurteilt der BayVerfGH das Verbot als Berufsausübungsregel.[794] Der AG stünden sämtliche Spielarten des ärztlichen Berufes, wie beispielsweise die Eröffnung eines Krankenhauses, zur Verfügung. Die juristische Person treffe ihre Berufswahl in dem Augenblick, in dem sie sich für den ärztlichen Bereich entscheide.[795] Anders als bei einer natürlichen Person könne sie jedoch nicht zwischen den Berufen „freier" und „angestellter" Arzt wählen, da aufgrund der Unmöglichkeit, Patienten selbst zu behandeln, eine Anstellung nicht in Betracht komme.[796] Ob sie nach der Berufswahl „Arzt" eine ärztliche Praxis führe oder ein Krankenhaus organisiere, sei lediglich eine Frage der beruflichen Ausrichtung. Mithin liege eine Berufsausübungsregel vor.[797] Im Übrigen führt der BayVerfGH aus, dass die juristische Person über Art. 19 Abs.3 GG keinen umfassenderen Grundrechtsschutz genießen könne als die natürlichen Personen, welche für sie handeln.[798]

Demgegenüber sieht eine andere Ansicht im Falle berufsrechtlicher Rechtsformverbote die Berufswahlfreiheit der juristischen Person betroffen.[799] Sofern gesagt werde, dass die juristische Person keinen weitergehenden Grundrechtsschutz genießen könne, als die dahinter stehenden natürlichen Personen, führe dies zu einer Aushöhlung des Art. 19 Abs.3 GG. Wenn der Grundrechtsschutz einer juristischen Person identisch bzw. begrenzt wäre auf den der hinter ihr stehenden natürlichen Personen, so würde eine Prüfung von Art. 19 Abs.3 GG lediglich feststellen, dass diese natürlichen Personen in ihren Grundrechten nicht verletzt sind, wenn sie eine juristische Person gründen können.[800] Ein solches Ergebnis widerspräche offenbar dem Grundrechtsgehalt des Art. 19 Abs.3 GG, der dazu bestimmt ist, die Grundrechtsaussage der einzelnen Grundrechte zu er-

---

[794] BayVerfGH DVBl. 2000, 1052, 1053; ebenso für die Anwalts-GmbH *Dauner- Lieb*, GmbHR 1995, 259, 260

[795] BayVerfGH DVBl. 2000, 1052, 1053

[796] BayVerfGH DVBl. 2000, 1052, 1053

[797] BayVerfGH DVBl. 2000, 1052, 1053

[798] BayVerfGH DVBl. 2000, 1052, 1053; andere Ansicht offenbar noch das BayObLG, NZG 2000, 649, 649 für die Anwalts-AG

[799] Wenn auch ohne nähere Begründung BGH, ZIP 94, 381, 382; *Katzenmeier*, MedR, 98, 113, 114; *Eisenberg*, Ärztliche Kooperations- und Organisationsformen, S. 250; so wohl auch für die RA-AG BFH, NJW 2004, 1974, 1974; *Kempter/ Kopp*, NJW 2004, 3605, 3607

[800] Vgl. *v. Mutius*, in Bonner Kommentar GG Bd. 4, Art. 19 III, Rn. 30; *Eisenberg*, Ärztliche Kooperations- und Organisationsformen, S. 249

höhen,[801] und nicht lediglich die Individualgrundrechte natürlicher Personen zu bestätigen.

b) Stellungnahme

Nach hier vertretener Auffassung sind die Verbote als Berufswahlregelungen für die AG aufzufassen.

Soweit das BayVerfG darauf abstellt, dass der juristischen Person nur die Facette der ärztlichen Praxis versagt sei, also kein komplettes Berufsbild, so ergibt sich meines Erachtens durch konsequente Anwendung der Argumentation des Gerichts etwas anderes. Im einen Fall nämlich, beim natürlichen Arzt, stellte das Gericht fest, dass eine Niederlassung in eigener Praxis ein gänzlich anderes Berufsbild als das eines angestellten Arztes im Krankenhaus sei. Da es dem Arzt jedoch sowohl möglich sei, sich selbst niederzulassen als auch sich im Krankenhaus anstellen zu lassen, liege hier lediglich eine Ausübungsregel vor.[802] Im Falle der juristischen Person soll dies anders sein. Hier soll die Entscheidung zwischen der Leitung einer Praxis oder eines Krankenhauses so ähnlich sein, dass nur eine Wahl innerhalb desselben Berufsbildes vorliegt. Begründet wird dies damit, dass sich die AG nicht, wie der Arzt, anstellen lassen kann. Dem ist zwar zuzustimmen, ändert aber nichts daran, dass das Berufsbild einer Praxis, ob mit angestellten oder freiberuflich tätigen Ärzten, von dem eines Krankenhauses grundverschieden ist. Die ärztliche Tätigkeit lässt sich nämlich nicht nur in die Berufsbilder „angestellt" und „freiberuflich" unterteilen, sondern auch in „ambulant" und „stationär". Für den, einen ärztlichen Rat suchenden, Patienten stellt sich die Wahl zwischen ambulanter Praxis-AG und Krankenhaus genauso einschneidend dar wie sonst auch zwischen niedergelassenem Arzt und Krankenhaus. Auch für die juristische Person und die dort angestellten Ärzte ist es ein großer Unterschied, ob zusätzlich zur ärztlichen Behandlung noch ein erheblicher pflegerischer und versorgungstechnischer Aufwand zur Führung einer stationären Einrichtung betrieben werden muss oder nicht. Entprechend der im ersten Kapitel dargestellten Abgrenzung zwischen ambulanten und stationären Versorgungsformen stellt sich die ambulante Berufstätigkeit als gänzlich unterschiedlich zur stationären dar. Dementsprechend liegt auch für die Arzt-AG ein anderes Berufsbild im Vergleich zum Krankenhaus vor, wenn sie ambulant tätig sein will.

Im Übrigen führt der BayVerfGH aus, dass die juristische Person über Art. 19 Abs.3 GG keinen umfassenderen Grundrechtsschutz genießen könne als die na-

---

[801] *Krebs*, in v. Münch/ Kunig, GG, 5. Aufl., Bd. I, Art 19, Rn. 28

[802] Vgl. BayVerfGH DVBl. 2000, 1052, 1053

türlichen Personen, welche für sie handeln.[803] Aus rechtsdogmatischen Gründen soll also die AG eine ebenso schwache Grundrechtsposition erhalten wie die angestellten Ärzte.

Dies überzeugt nicht. Zum einen wurde oben schon dargelegt, dass auch die natürliche Person Arzt in ihrer Berufswahlfreiheit betroffen ist, weshalb die dogmatischen Bedenken des BayVerfGH nach hier vertretener Auffassung von vorneherein nicht bestehen.
Selbst wenn man aber bezüglich der einzelnen Ärzte, wie das Gericht, lediglich von einer Berufswahlregelung ausgeht, kann der Argumentation nicht zugestimmt werden. Sofern man den Grundrechtsschutz für juristische Personen ernst nimmt, muss es diesen, unabhängig von den dahinter stehenden Individuen,[804] offen stehen, sich in bestimmten Berufszweigen zu betätigen.[805] Die juristische Person ist hier nicht nur Grundrechtsmittler sondern –Träger und damit von ihren Gründern unabhängig. Ansonsten würde sich Art. 19 Abs.3 GG jeder normativen Aussage enthalten, eine fast völlige Sinnentleerung wäre die Folge.[806] Dem kann nur dadurch entgegengewirkt werden, dass man der juristischen Person als solcher eine eigene Grundrechtssubjektivität zuspricht,[807] die im vorliegenden Fall bewirkt, dass die Intensität ihrer Grundrechtsbetroffenheit nur an ihren eigenen Maßstäben gemessen wird.
Es handelt sich also auch für die AG als juristische Person um eine Beschränkung der Berufswahlfreiheit.

3. Objektive Berufswahlbeschränkung für die AG

Bei dem Verbot der Führung einer Praxis in der Rechtsform der AG handelt es sich gegenüber der Gesellschaft um eine objektive Zulassungssperre.[808] Nach der Rechtsprechung des BVerfG liegt eine objektive Zulassungsschranke immer dann vor, wenn es nicht um die persönlichen Eigenschaften der Person geht und diese keinen Einfluss auf die Erfüllung des Kriteriums hat.[809] Ein Beispiel ist

---

[803] BayVerfGH DVBl. 2000, 1052, 1053; andere Ansicht offenbar noch das BayObLG, NZG 2000, 649, 649 für die Anwalts-AG
[804] *V. Mutius*, in Bonner Kommentar GG Bd. 4, Art. 19 III, Rn. 30
[805] *Hennsler*, ZIP 94, 844, 846; *Taupitz*, NJW 96, 3032, 3039; *ders.*, JZ 1994, 1100, 1103
[806] *V. Mutius*, in Bonner Kommentar GG, Bd. 4, Art. 19 III, Rn. 33
[807] *V. Mutius*, in Bonner Kommentar GG, Bd. 4, Art. 19 III, Rn. 34; ähnlich auch *Henssler*, ZIP 1994, 844, 846
[808] Wenn auch ohne Begründung BGH, ZIP 94, 381, 382; für die GmbH *Emmerich*, in Scholz GmbHG, 9. Aufl. § 1, Rn. 14; *Katzenmeier*, MedR, 98, 113, 114; sowie *Rieger*, MedR 1995, 87, 88; a.A. *Henssler*, ZIP 1994, 844, 846; *Attermeyer*, Die ambulante Arztpraxis in der Rechtsform der GmbH, S. 51; so auch für die Anwalts-GmbH *Strotmann*, Zusammenschluss von Rechtsanwälten, S. 189
[809] BVerfG 7, S. 377, 407; Gubelt, in von Münch/ Kunig, GG 5. Aufl., Bd. I, Art. 12, Rn. 65 ähnlich Tettinger, in Sachs GG, 3. Aufl., Art. 12, Rn. 103

hier das Alter einer Person, auf welches diese freilich keinen Einfluss hat, das aber als persönliche Eigenschaft lediglich als subjektives Zulassungskriterium gilt.[810]
Die Rechtsform einer juristischen Person ist jedoch keine solche persönliche Eigenschaft. Der Begriff *„persönliche Eigenschaft"* setzt voraus, dass eine Person vorhanden ist, der die Eigenschaft zuzuordnen ist. Sind Eigenschaft und Person mehr oder weniger identisch, handelt es sich gerade nicht um eine persönliche Eigenschaft. Da die Rechtsform einer juristischen Person das entscheidende Wesensmerkmal und damit alleiniges Definitionsmerkmal selbiger ist, kann es keine persönliche Eigenschaft sein. Eine juristische Person ist nicht existent, wenn sie nicht GmbH oder AG ist. Es geht also nicht, wie bei der genannten Rechtsprechung, darum, einer bestimmten Gruppe von Individuen denjenigen mit einer bestimmten Eigenschaft die Wahl eines Berufes zu untersagen. Dann wäre in der Tat von einer subjektiven Wahlbeschränkung auszugehen. Vielmehr soll vorliegend eine abgeschlossene Gruppe auf Grund ihres gemeinsamen *existenzbegründenden* bzw. *wesensbildenden* Merkmals von einer Berufsgruppe ausgeschlossen werden.[811] Es liegt also für die AG eine objektive Berufswahlregelung vor, da es um eine Bedingung geht, deren Erfüllung der juristischen Person, aus der Natur der Sache folgend, entzogen ist[812] und es sich dabei nicht um eine persönliche Eigenschaft handelt.

Nach der „Stufentheorie" ist somit zur Rechtfertigung des Eingriffs sowohl hinsichtlich der Ärzte als auch der AG als Grundrechtssubjekt die oben schon erwähnte Abwehr nachweisbarer und höchstwahrscheinlich schwerer Gefahren für ein überragend wichtiges Gemeinschaftsgut als Prüfungsmaßstab im vorliegenden Falle zu Grunde zu legen.[813]

---

[810] Vgl. Wieland, in Dreier, GG, Art. 12, Rn. 75; Gubelt, in von Münch/ Kunig, GG, 5. Aufl., Bd. I, Art. 12, Rn. 53; Tettinger, in Sachs GG, 3. Aufl., Art. 12, Rn. 103

[811] Hierin liegt bspw. der Unterschied zum subjektiven Unterscheidungsmerkmal „Geschlecht". Das Geschlecht ist nur ein Merkmal des Menschen und nicht das hauptsächlich definierende.

[812] Ähnlich *Manssen*, in v. Mangoldt/ Klein/ Starck, GG Komm., 5. Aufl., Bd. I, Art. 12, Rn. 140; *Pieroth/ Schlink*, Grundrechte, S. 202

[813] Auch wenn man die „Stufentheorie" als zu schematisch ablehnen will, bedarf es zur Rechtfertigung des Eingriffs einer spezifizierten Verhältnismäßigkeitsprüfung unter Abwägung der Gemeinschaftsinteressen und den Folgen für die in Ihrer Grundrechtsausübung beschränkte AG, grundlegend *Bachof*, Freiheit des Berufs, in Bettermann/ Nipperdey/ Scheuner, Die Grundrechte, Bd. 3,1, S. 155, 217; *Henssler*, ZIP 94, 844, 847 mehr

II. Nachweisbare Gefahren für ein überragendes Rechtsgut?

Als überragendes Rechtsgut wurde schon im Apothekerurteil des BVerfG die Volksgesundheit anerkannt.[814] Ein anderes überragendes Rechtsgut steht vorliegend nicht im Raum.
Ausgehend von dem oben angelegten Prüfungsmaßstab kann eine Verfassungkonformität eines AG-Verbotes für ambulante Praxen somit nur dann festgestellt werden, wenn schwere und nachweisbare Gefahren für die Volksgesundheit bei Zulassung von Aktiengesellschaften zur ambulanten Arztversorgung zu befürchten stünden.

Der BayVerfGH hat in seinem Urteil vom 13.12.1999 ausgeführt, dass es dem Gesetzgeber freistehe, Berufsbilder gesetzlich zu fixieren und die freie Berufswahl somit in diesem Bereich zu verengen.[815] Bei Anwendung dieses rechtlichen Grundsatzes[816] ist jedoch zu beachten, dass die Schaffung von Berufsbildern niemals losgelöster Selbstzweck sein darf, sondern dass damit immer auch ein Eingriff in den Schutzbereich des Grundrechtes einhergeht, der seine verfassungsrechtlichen Schranken in den Maßgaben der Stufen- bzw. Verhältnismäßigkeitslehre findet.
Im Übrigen muss bei der Schaffung bzw. Begrenzung neuer Berufsbilder auf die aktuelle Berufswirklichkeit mit ihren Entwicklungen und Veränderungen Rücksicht genommen werden.[817] Unter diesem Blickwinkel kann es zumindest aus heutiger Sicht nicht mehr überzeugen, wenn der BayVerfGH ausführt, dass der Bayerische Gesetzgeber die aktuelle berufliche Wirklichkeit verfassungsrechtlich korrekt eingeschätzt hat, wenn er davon ausgeht, dass „eine Praxisführung durch juristische Personen noch nicht zwingend in die Gestaltung des Berufsbildes aufzunehmen“ sei.[818] Spätestens seit Einführung des § 95 Abs.1 s.3 SGB V, der MBO-Ä 2004 sowie zahlreicher landesgesetzlicher Regelungen, die die Führung einer Praxis in Rechtsform einer AG anerkannt haben, dürfte die AG in die ärztliche Berufswirklichkeit Einzug gehalten haben. Dieser Tatsache werden sich wohl auch die übrigen Landesgesetzgeber, trotz des Gesundheitsföderalismus, nicht mehr lange verschließen können, zumal sogar gemeinschaftsrechtli-

---

[814] BVerfG 7, 344, 414
[815] BayVerfGH DVBl, 2000, 1052, 1053
[816] *Tettinger*, in Sachs, GG Kommentar, 3. Aufl., Art. 12, Rn. 52
[817] BayVerfGH, DVBL. 2000, 1052, 1054; *Tettinger*, in Sachs, GG Kommentar, 3. Aufl., Art. 12, Rn. 52 Rn. 54; *ders.* in MedR 2001, 287, 291
[818] So der BayVerfGH DVBl. 2000, 1052, 1054

che und internationale Entwicklungen zu beachten sein können.[819] Dies sollte erst recht für innerdeutsche Gegebenheiten Geltung haben.
Dennoch, selbst wenn die Berufswirklichkeit des Arztberufes die Einschätzung zuließe, dass die ambulante Arzt-AG noch nicht zwingend ein aktuelles Berufsbild darstellt, muss das Verbot des (neuen) Berufsbildes Arzt-AG den Schrankenanforderungen des Art. 12 Abs.1 GG genügen.

1. Arzt als freier Beruf

a) Problemstellung

Verschiedentlich wurde gegen eine Zulassung von Kapitalgesellschaften zur ambulanten medizinischen Versorgung angeführt, dass der Arztberuf traditionell ein freier Beruf sei, und somit nicht gewerblichen organisiert werden sollte.[820] Merkmale des freien Berufes seien insbesondere ein hohes Maß an Verantwortungsbewusstsein des Handelnden, Unabhängigkeit -auch wirtschaftliche- in der gesamten Berufsgestaltung und die Festlegung der Berufspflichten in entsprechenden Standesrichtlinien.[821]

b) Stellungnahme

Dies entspricht nicht mehr der Berufswirklichkeit. Neben dem frei niedergelassenen Arzt hat sich seit geraumer Zeit eine weitere Form fest etabliert, die des in Kliniken, bei anderen niedergelassenen Ärzten, als Betriebsarzt oder sonst im öffentlichen Dienst oder in der Industrie angestellten Arztes.[822] Die ggf. früher einmal gültige Tradition des Arztes als selbstständigem Freiberufler dürfte sich inzwischen zu Gunsten einer größeren Vielfalt aufgelöst haben. So standen im Jahr 2005 einer Anzahl von 126.252 niedergelassenen Medizinern insgesamt 181.325 Ärzte in Anstellung gegenüber,[823] was lediglich einer Quote von ca. 41 % niedergelassener Ärzte entspricht. Demnach kann das angebliche Leitbild ärztlicher Selbstständigkeit nicht mehr glaubhaft zur Begründung eines Verbotes kapitalgesellschaftlicher Rechtform für Ärzte angeführt werden.
Problematisch an einer solchen Begründung ist ferner der Vergleich zu anderen „freien“ Berufen, bei denen die Berufsausübung in Form von juristischen Personen auf weniger Bedenken stößt. So war eine derartige Betätigung von Archi-

---

[819] *Tettinger*, in Sachs, GG Kommentar, 3. Aufl., Art. 12, Rn. 52 Rn. 54; *ders.* in MedR 2001, 287, 291; sogar auch BayVerfGH, DVBL. 2000, 1052, 1054

[820] OVG Münster, MedR 2001, 150, 152; BayVerfGH, DVBl 2000, 1052, 1054; vgl. für die Probloematik bei der Rechtsanwalts-GmbH *Henssler*, JZ 1992, 697, 704; Michalski, Das Gesellschafts- und Kartellrecht der berufsrechtlich gebundenen freien Berufe, S. 352

[821] BayVerfGH, DVBl. 2000, 1052, 1054

[822] So schon *Laufs*, NJW 1994, 1562, 1570

[823] Quelle: Bundesärztekammer www.bundesaerztekammer.de /30/Aerztestatistik/index.htm

tekten und Ingenieuren schon seit jeher anerkannt,[824] auch für Wirtschaftsprüfer und Steuerberater erfolgte eine ausdrückliche Zulassung kapitalgesellschaftlicher Rechtsformen durch Gesetz.[825] Sogar für Rechtsanwälte, welche ähnlich strenge Berufspflichten zu beachten haben wie Ärzte, ist die Berufsausübung durch Gesellschaften mit beschränkter Haftung 1998 durch § 59 c BRAO eingeführt worden. Dies zeigt, dass allein die Einordnung eines Berufsfeldes als „freier" Beruf die Tätigkeit unter dem Dach einer juristischen Person nicht auszuschließen vermag. Um so mehr gilt dies, als der Begriff „freier Beruf" der Rechtsordnung nicht direkt vorgegeben ist,[826] sondern als soziologische Wortschöpfung lediglich einen überwiegend anerkannten Begriffskern enthält,[827] zu dem offenbar das Rechtsformverbot für Kapitalgesellschaften nicht (mehr) gehört. Selbst wenn ein Beruf unstreitig den freien Berufen zuzurechnen ist, lassen sich daraus gemäß Rechtsprechung des BVerfG „präzise normative Wirkungen für seine Behandlung im Recht" nicht ableiten.[828]
Der Wille des Gesetzgebers allein, den Arztberuf als „frei" festzuschreiben, ist daher verfassungsrechtlich nur dann haltbar, wenn neben dieser abstrakten Einordnung die von ihm befürchteten Gefahren durch eine Öffnung des Berufsbildes tatsächlich bestehen. Im Folgenden sollen, anhand der oben gefunden Ergebnisse, die Argumente, die für die Verbotsnormen vorgebracht werden, kritisch überprüft werden.

2. Weisungsfreiheit und Gewinnerzielungsabsicht

a) Problemstellung

Einen Grund zur Beschränkung des Berufsbildes sieht der BayVerfGH in der gegenüber niedergelassenen Ärzten eingeschränkten Weisungsfreiheit und Unabhängigkeit der angestellten Ärzte. Sobald ein Arzt bei einer juristischen Person tätig sei, könnte er (mittelbar) durch wirtschaftliche Zwänge in seiner Unabhängigkeit gefährdet sein, was zu einer Verschlechterung seiner ärztlichen Leistungen führen könne.[829]
Diesen Einwand hat jedoch sogar das OVG NW als zu theoretisch abgelehnt, da eine derartige Gefahr nicht konkret nachgewiesen werden könne.[830]

---

[824] *Lutter/ Bayer*, in Lutter/ Hommelhoff, GmbHG, 16. Aufl., §1, Rn.8
[825] Vgl. §§ 1 III, 27 ff. WPO; §§ 3, 49 ff. StBerG
[826] *Bachmann*, NJW 2001, 3385, 3385; *Hörnemann*, Kassenarzt als freier Beruf, S. 101 unter Hinweis auf die mangelnde gesetzliche Kodifikation des Begriffs
[827] Hörnemann, Kassenarzt als freier Beruf, S. 102
[828] BVerfG 10, 354, 364
[829] BayVerfGH DVBl. 2000, 1052, 1054
[830] OVG Münster, MedR 2001, 150, 152, i.E. auch *Henssler*, ZIP 94, 844, 847; *Katzenmeier*, MedR 1998, 113, 115

b) Stellungnahme

Dem ist zuzustimmen. Die Weisungsfreiheit eines bei einer AG angestellten Arztes kann nicht abstrakt beurteilt werden. Es muss anhand der konkreten gesellschaftsvertraglichen Regelung festgestellt werden, ob die ärztliche Unabhängigkeit in ausreichendem Maße gewährleistet ist.[831] Dass eine solche Gestaltung des Gesellschaftsvertrages bzw. der Satzung, die dem behandelnden Arzt eine ausreichende Unabhängigkeit gegenüber berufsfremder Einflussnahme sichert, durchaus möglich ist, wurde oben ausführlich dargestellt. Da vor einer Eintragung der AG in das Handelsregister auch die ausreichende Absicherung berufsrechtlicher Vorschriften durch das Registergericht überprüft wird,[832] besteht eine konkrete Gefahr für die ärztliche Unabhängigkeit nicht. Ein AG- Verbot im ambulanten ärztlichen Bereich kann nicht auf diesen Gesichtspunkt gestützt werden kann.

Im Übrigen droht der ärztlichen Unabhängigkeit Gefahr aus einer ganz anderen Richtung. Arzneimittel-Positivlisten, Praxisbudgets und statistische Durchschnittskosten begrenzen die Therapiefreiheit des Arztes so sehr,[833] so dass von einer ärztlichen Unabhängigkeit in weiten Teilen nicht mehr gesprochen werden kann. So unerlässlich derartige Regelungen für das Funktionieren des Gesundheitssystems sind, so wenig verständlich ist dann der Einwand, gerade die Zulassung von Kapitalgesellschaften zum Gesundheitswesen würde die ärztliche Unabhängigkeit zu Fall bringen.

Die in diesem Zusammenhang erkannte Verschlechterung der Gesundheitsversorgung durch eine gesteigerte Gewinnerzielungsabsicht[834] juristischer Personen gegenüber anderen Formen ärztlicher Berufssausübung vermag auch unter einem anderen Gesichtspunkt nicht zu überzeugen. Der enorme Kostendruck, dem sich unser Gesundheitswesen derzeit ausgesetzt sieht, erfasst alle an ihm Beteiligten gleichermaßen. Dass gerade vor diesem Hintergrund Arztgesellschaften ihre kommerziellen Interessen um so vieles stärker in den Vordergrund drängen wollen als dies ein niedergelassener Arzt tun würde, ist zumindest nicht mit der im Sinne der Stufentheorie zu fordernden Wahrscheinlichkeit festzustellen.[835] Vielmehr ist zu bemerken, dass selbst vom Zentralinstitut für Kassenärztliche Versorgung darauf hingewiesen wird, dass „steigende Praxiskosten einhergehend mit rückläufigen Umsätzen sowie zunehmender Konkurrenzdruck das ge-

---

831 So auch *Henssler*, ZIP 94, 844, 847; *Katzenmeier*, MedR 1998, 113, 115

832 Siehe oben 6. Kap., B, III, 1 sowie für Anwaltsgesellschaften *Henssler/Prütting*, BRAO, 2. Aufl. Vor § 59 c, Rn. 19 sowie

833 *Laufs*, NJW 1999, 2717, 2717; *ders.* FS Deutsch 1999, 625, 628; ähnlich auch *Scheler*, FS für Deutsch 1999, 739, 742 f.; *Quaas*, MedR 2001, 34, 37; *Narr*, Ärztliches Berufsrecht, 2. Aufl. Bd. I A 24

834 So auch das OVG Münster unter dem Stichwort „Geschäfte mit der Gesundheit", MedR 2001, 150, 153

835 Vgl. *Taupitz*, NJW 1996, 3033, 3036

genwärtige Bild der Vertragsarztpraxis" prägen. Weiter heißt es, dass „langfristig nur noch derjenige Arzt finanziell sicher dastehen wird, der über seine ärztliche Qualifikation hinaus seine Praxis unter unternehmerischen Gesichtspunkten führt".[836] Wirtschaftliches Denken und ökonomische Orientierung sind somit längst im alltäglichen Bereich ambulanter medizinischer Versorgung zu einem wesentlichen Kriterium geworden[837] und können damit nicht mehr allein den klassischen Marktwirtschaftsteilnehmern wie juristischen Personen zugeordnet werden. Im Übrigen wird die Gefahr einer Kostensenkungsspirale zu Lasten der Patienten in Krankenhaus-Aktiengesellschaften nicht gesehen, wobei hier die Gefahr ebenso bestehen müsste.
Gewinnerzielungsabsicht und eingeschränkte Weisungsfreiheit vermögen also ein Arzt-AG- Verbot nicht zu rechtfertigen.

3. Haftungsbegrenzung zu Lasten des Patienten?

a) Problemstellung

Als ein weiteres wesentliches Argument für eine Verfassungskonformität eines Verbotes juristischer Personen im ambulanten Gesundheitssektor führt der BayVerfGH an, dass andernfalls die behandelnde und die vertraglich haftende Person auseinander fielen.[838] Daraus ergebe sich die Gefahr, dass der Patient möglicherweise bei einer Aufspaltung deliktischer und vertraglicher Haftung wegen der Personenverschiedenheit auf ärztlicher Seite keine Möglichkeit mehr habe, gegen die Forderungen der juristischen Person aus dem Behandlungsvertrag mit seinen Schmerzensgeldansprüchen aufzurechnen, da diese nur gegenüber dem Arzt bestünden.[839] Im Übrigen führe die aufgespaltene Haftung zu einer unterschiedlichen Verjährungsfrist für den deliktischen und den vertraglichen Anspruch, weshalb nach drei Jahren eine Inanspruchnahme des Arztes nicht mehr möglich sei.[840]

b) Stellungnahme

Diese Bedenken greifen jedoch nicht durch. Zwar wird alleiniger Vertragspartner des Patienten die AG. Der behandelnde Arzt haftet daher, gleichgültig ob er

---

[836] *Wolf*, Rationelle Praxisorganisation, Zentralinstitut für die Kassenärztliche Versorgung in der BRD, 2004, 9; so auch *Heßbrügge*, Deutsches Ärzteblatt 2005, A 1830

[837] *Dahm*, MedR 1998, 70, 70; *Rieger*, MedR 1995, 87, 88

[838] BayVerfGH, DVBl. 2000, 1052, 1054; In ähnlicher Weise äußerte sich hierzu auch *Henssler*, der jedenfalls nicht ausschließen will, dass die Haftungsbeschränkung einer GmbH missbraucht werden könnte *Henssler*, ZIP 94, 844, 847

[839] BayVerfGH, DVBl. 2000, 1052, 1054

[840] BayVerfGH, DVBl. 2000, 1052, 1055

Aktionär oder lediglich angestellt ist, nur deliktisch,[841] insbesondere aus § 823 Abs.1 BGB. Die AG als Vertragspartner des Patienten haftet dagegen nur vertraglich.[842] Dem Patienten entstehen aus dieser aufgespaltenen Haftung, anders als beispielsweise im Bereich der Anwaltshaftung,[843] jedoch mehr Vor- als Nachteile. Die vertraglichen und die deliktischen Pflichten eines behandelnden Arztes treten im Arztrecht nahezu inhaltsgleich nebeneinander.[844] Ein verschuldeter Behandlungsfehler eines Arztes stellt für den Patienten regelmäßig eine Körperverletzung, also ein Delikt im Sinne des § 823 Abs.1 BGB dar, gleichzeitig aber auch eine Pflichtverletzung nach dem Behandlungsvertrag, was eine Schadenersatzpflicht nach § 280 ff. BGB auslösen kann. Nichts anderes gilt im Falle der Verletzung der ärztlichen Aufklärungspflicht. Auch hier greift § 823 Abs.1 BGB in den allermeisten Fällen zu Gunsten des Patienten ein, da es ohne ordnungsgemäße Aufklärung an einer rechtfertigenden Einwilligung in die Behandlung mangelt und mithin Körperverletzung vorliegt.[845] Dies gilt selbst dann, wenn lediglich wirtschaftliche Interessen des Patienten betroffen sind.[846]
Der geschädigte Patient erhält im Falle eines Behandlungs- oder Aufklärungsfehlers nicht bloß einen Schuldner, sondern zwei. Gerade in einem Umfeld wirtschaftlicher Instabilität auf dem Gesundheitsmarkt kann hierdurch die Gefahr einer privaten wie geschäftlichen Insolvenz für den Patienten minimiert werden. Unter diesem Gesichtspunkt ist es wünschenswert, dass der geschädigte Patient die Wahl zwischen zwei Schuldnern hat.
Das Argument der unterschiedlichen Verjährung hat seit Einführung des § 195 BGB durch das Schuldrechtsmodernisierungsgesetz im Jahre 2002 seine Überzeugungskraft verloren. Seither gilt nach § 195 BGB sowohl für deliktische als auch für vertragliche Ansprüche eine einheitliche Regelverjährungsfrist von 3 Jahren.[847] Eine Besserstellung des deliktisch haftenden Arztes gegenüber der vertraglich haftenden AG steht demnach nicht mehr zu befürchten.
Die ferner durch das Gericht gesehene Gefahr einer Beschränkung der Aufrechnungsmöglichkeiten des Patienten ist eher theoretischer Natur. Zum einen begegnet dieselbe Rechtslage im Falle eines bei einem niedergelassenen Arzt angestellten Arztes offenbar keinen schwerwiegenden Bedenken. Auch dort

---

841 Die Haftung der Aktionäre einer AG für Gesellschaftsschulden ist ausgeschlossen, *Hueck/ Windbichler*, Gesellschaftsrecht, 20. Aufl., S. 232

842 Ggf. auch deliktisch, jedoch mit Exculpationsmöglichkeit.

843 Da es hier meist um deliktsrechtlich nicht erfasste Vermögensschäden geht; *Dauner-Lieb*, GmbHR 1995, 259, 263

844 *Laufs*, in Laufs/ Uhlenbruck, Hdb des Arztrechts, 3. Aufl., § 97, Rn. 9; *Meyer/Kreft*, GmbHR 97, 193, 195

845 *Broglie*, in Ehlers/ Broglie, Arzthaftungsrecht, 2. Aufl. S. 182; *Meyer/Kreft*, GmbHR 97, 193, 195; kritisch *Laufs*, in Laufs/ Uhlenbruck, Hdb des Arztrechts, 3. Aufl., § 68, Rn. 22

846 *Meyer/Kreft*, GmbHR 97, 193, 195

847 *Heinrichs*, in Palandt, BGB Kommentar, 63 Aufl. § 195, Rn. 4

kommt nämlich der Vertrag nur mit dem Praxisinhaber zustande,[848] der daher auch nur vertraglich haftet.[849] Der behandelnde angestellte Arzt haftet demgegenüber, wie im Falle der AG, nur deliktisch.[850] Zum anderen verbleibt dem Patienten in jedem Falle seine Aufrechnungsmöglichkeit gegenüber Forderungen der AG mit seinen gegen die AG gerichteten vertraglichen Schadensersatzansprüchen aus § 280 Abs.1 BGB, er ist also nicht wehrlos den Ansprüchen der AG ausgeliefert. Der geringe Nachteil beim Patienten durch Nichtaufrechenbarkeit des Schmerzensgeldanspruchs wird durch den Vorteil, der sich aus einem zusätzlichen Schuldner ergibt, mehr als aufgewogen.
Jedenfalls genügen derart vage und geringfügige Bedenken nicht den verfassungsrechtlichen Anforderungen an ein Verbot einer beruflichen Tätigkeitsform.[851]

4. Gefährdung des Vertrauensverhältnisses zwischen Arzt und Patient

Gelegentlich wurde gegen die Führung einer Praxis durch eine juristische Person des Privatrechtes noch eingewandt, die vertragliche Zwischenschaltung einer juristischen Person könne das Vertrauensverhältnis zwischen Arzt und Patient gefährden.[852]
Dem ist jedoch entgegenzuhalten, dass das Verhältnis Arzt - Patient nicht davon abhängt, mit wem der Patient den Behandlungsvertrag abschließt. Vielmehr ist die persönliche und fachliche Qualifikation des behandelnden Arztes ausschlaggebend.[853] Ein Patient, welcher sich in die Behandlung eines neu niedergelassenen Arztes in eigener Praxis begibt, wird kaum ein größeres Anfangsvertrauen zu diesem haben, als ein bei einer AG behandelter Patient. In beiden Fällen hängt die Bildung des Vertrauens nicht von der Rechtsnatur der Beziehung zwischen Arzt und Patient ab, sondern davon, dass der Patient weiß, dass der Arzt seine Berufspflichten einhält und fachlich wie menschlich kompetent ist.
Dass der Patient mit einer AG als Vertragspartner keinen rechtlichen Anspruch hat, von einem bestimmten Arzt behandelt zu werden, ist zweitrangig. Zum einen liegt in Krankenhäusern und Gemeinschaftspraxen eine ganz ähnliche Situation vor, ohne dass von einer Störung des Vertrauensverhältnisses gesprochen worden wäre.[854] Im Übrigen muss und wird auch in einer Arzt-AG der Wunsch

---

[848] *Quaas/ Zuck*, Medizinrecht, § 13, Rn. 19
[849] OLG Frankfurt, VersR 1998, 1282, 1283
[850] *Kamps*, MedR 2003, 63, 64
[851] I.E. *Katzenmeier*, MedR. 98, 113, 116
[852] *Kremer*, GmbHR 83, 259, 265; zur Vertrauensproblematik auch *Michalski*, Das Gesellschafts- und Kartellrecht der berufsrechtlich gebundenen freien Berufe, S. 283; Vgl. auch *Henssler*, JZ 1992, 697, 707
[853] *Katzenmeier*, MedR 98, 113, 115; *Rieger*, MedR 1995, 87, 88
[854] *Taupitz*, NJW 1996, 3033, 3037

des Patienten, von einem bestimmten Arzt behandelt zu werden, nach Möglichkeit berücksichtigt werden.[855] Zum anderen hat der BGH für den Fall einer Gemeinschaftspraxis zu Recht entschieden, dass ein Patient, der sich an ein nach außen hin als Einheit auftretendes Institut wendet, nicht von einem bestimmten Arzt allein behandelt werden will, sondern durch alle dort zusammengeschlossenen Ärzte.[856] Gerade die Austauschbarkeit der ärztlichen Leistung bei einer Gemeinschaftspraxis ist für den Patienten maßgeblich. Nichts anderes kann für den Fall einer AG mit mehreren dort angestellten Ärzten gelten. Ein Grund für ein AG Verbot lässt sich jedenfalls nicht mit dem Vertrauensverhältnis rechtfertigen.

5. Gefährdung der ärztlichen Schweigepflicht

Ebenfalls nicht zur Rechtfertigung eines Arzt-AG Verbotes herangezogen werden können Bedenken hinsichtlich der Sicherung der ärztlichen Schweigepflicht. Wie oben gezeigt, bereitet die Verschwiegenheitspflicht in der AG sowie nach außen hin keine größeren Schwierigkeiten.[857]

6. Umgehung des ärztlichen Werbeverbotes?

Ferner wird die Gefahr gesehen, dass die Ärztekapitalgesellschaft dazu benutzt werden könnte, das strenge ärztliche Werberecht zu umgehen, da Kapitalgesellschaften als juristische Personen nicht Adressaten des ärztlichen Werbeverbotes seien.[858]

Wie oben ausführlich behandelt worden ist, droht eine Umgehung des Werbeverbotes durch ärztliche Tätigkeit in der Arzt-AG jedoch nicht.[859]

Die Zulässigkeit einer Arzt-AG kann also nicht unter dem Gesichtspunkt der Umgehung des ärztlichen Werbeverbotes abgelehnt werden, da eine solche nicht zu befürchten ist.

7. Ergebnis

Es zeigt sich also, dass die angegriffenen Regelungen schon einer Überprüfung im Lichte des Art. 12 Abs.1 GG nicht standhalten. Selbst wenn davon auszugehen wäre, das „Gesichtspunkte der Zweckmäßigkeit" im Sinne der Stufentheorie für ein Verbot sprechen (was nach dem soeben Gesagten nicht der Fall ist), könnte das Ergebnis nicht anders ausfallen. Da eine objektive Berufswahlrege-

---

[855] *Uhlenbruck/ Schlund*, in Laufs/ Uhlenbruck, Hdb. des Arztrechts, 3. Aufl., § 18, Rn. 14; *Quaas/ Zuck*, Medizinrecht, § 14, Rn. 4
[856] BGH NJW 1986, 2364
[857] Vgl. 3. Kap., C, I, 7
[858] OVG NRW MedR 2001, 150, 153
[859] S.o. 5. Kap.

lung vorliegt, müssten jedenfalls nachweisliche und höchstwahrscheinliche Gefahren für ein überragend wichtiges Rechtsgut drohen. Dies ist offenbar nicht der Fall, weshalb die überprüften Regelungen nach Art. 12 Abs.1 GG verfassungswidrig sind.

B. Verstoß gegen Art. 3 Abs. 1 GG

Im Übrigen könnten die Regelungen auch unter dem Gesichtspunkt des allgemeinen Gleichheitssatzes nach Art. 3 Abs.1 GG verfassungswidrig sein. Danach ist es dem Gesetzgeber verboten, wesentlich Gleiches ohne rechtfertigenden Grund, d.h. willkürlich, ungleich zu behandeln.[860]

Zu denken wäre hier an die Tatsache, dass Krankenhäusern seit Jahrzehnten nach einhelliger Auffassung der Betrieb in kapitalgesellschaftlicher Rechtsform gestattet ist, ambulanten Einrichtungen dies jedoch versagt werden soll.[861] Hierin könnte eine unzulässige Ungleichbehandlung zu sehen sein.

Dabei ist zunächst zu prüfen, ob die in Frage stehenden Sachverhalte tatsächlich im Wesentlichen gleich sind, ob sie mithin unter einen gemeinsamen Oberbegriff fallen.[862]

Im Wesentlichen gleich könnten hier die ambulante Behandlung durch Krankenhäuser und einer solchen durch Arztpraxen in der Rechtsform einer juristischen Person des Privatrechtes sein.

Der BayVerfGH geht in seinem Urteil davon aus, dass ein Verstoß gegen den allgemeinen Gleichheitssatz schon deshalb nicht vorliegt, weil eine Ungleichbehandlung von wesentlich Gleichem nicht gegeben ist.[863] Dies ergebe sich daraus, dass Krankenhäuser nur eingeschränkt im ambulanten Bereich tätig seien, da § 115 a SGB V eine ambulante Versorgung durch Krankenhäuser nur im Rahmen einer zeitlich begrenzten Vor- und Nachsorge zur stationären Behandlung vorsehe.[864] Die ambulante Behandlung von Krankenhäusern sei damit, als Annex zur Hauptaufgabe, im Wesentlichen auf die Fälle begrenzt, die eng mit der stationären Behandlung sowie der Notfallbehandlung in Zusammenhang stünden.[865]

---

[860] Vgl. *Starck*, in v. Mangoldt/ Klein/ Starck, GG Komm., 5. Aufl., Bd. I, Art. 3 Abs. I, Rn. 10; *Rieger*, MedR 1995, 87, 89

[861] BGHZ 70, 158, 166; *Taupitz*, NJW 1992, 2317, 2318; *Hildebrandt*, Entwicklungen und Rechtsprobleme freiberuflicher Zusammenschlüsse, S. 101

[862] *Gubelt*, in von Münch/ Kunig, GG, 5. Aufl., Bd. 1, Art. 3, Rn. 16a; *Kannengießer*, in Schmidt-Bleibtreu/ Klein , GG, 10. Aufl., Art. 3, Rn. 17

[863] BayVerfGH, DVBl. 2000, 1052, 1055

[864] BayVerfGH, DVBl. 2000, 1052, 1055

[865] BayVerfGH, DVBl. 2000, 1052, 1055

Nach hier vertretener Ansicht kann dem jedoch nicht gefolgt werden. Als übergeordnete Vergleichsgruppen sind vorliegend nicht die generelle Tätigkeit von Krankenhäusern auf der einen Seite und die Tätigkeit von Arztpraxen auf der anderen Seite zu betrachten. Vielmehr ist der allein zu untersuchende Oberbegriff die ambulante ärztliche Tätigkeit unter Organisation einer juristischen Person. Es ist ohne weiteres anerkannt, dass Krankenhäuser in der Rechtsform einer juristischen Person des Privatrechtes ambulante Maßnahmen anbieten dürfen.[866] Die Art dieser Tätigkeit ist aber im Falle eines Krankenhauses verglichen zu einer Arzt-AG die Gleiche. Alleiniger Unterschied ist, dass das Krankenhaus zusätzlich noch stationäre Leistungen anbietet.[867] Auch wenn diese ambulanten Leistungen mit der stationären Behandlung in Zusammenhang stehen, könnten diese dennoch auch von einem rein ambulant tätigen Arzt erbracht werden. Eine Ungleichbehandlung von wesentlich Gleichem liegt also vor.

Fraglich bleibt, ob für diese Ungleichbehandlung ein sachlich rechtfertigender Grund vorliegt.
Diesbezüglich wird ausgeführt, dass hinreichender Differenzierungsgrund die unterschiedliche Art der Versorgung sei. Für die stationäre Behandlung durch Krankenhäuser komme es eher auf die Besonderheiten der Krankenhausausstattung an, bei ambulant tätigen Ärzten stehe eher die personale Vertrauensbeziehung zwischen Arzt und Patient im Mittelpunkt.[868] Wenn der Gesetzgeber in einer Leitentscheidung die ambulante Grundversorgung in die Hände niedergelassener Ärzte legen wolle, sei daran aus verfassungsrechtlicher Sicht nichts zu beanstanden.[869]
Die verfassungsrechtlichen Möglichkeiten des Gesetzgebers, bestimmte Berufsbilder zu fixieren bzw. von der Berufswirklichkeit auszuschließen, wurde schon erörtert. An dieser Stelle soll noch einmal darauf hingewiesen werden, dass allein der Wille des Gesetzgebers zur Regelung eines Berufsbildes keinen hinreichenden Grund für Grundrechtseingriffe darstellt. Das gilt nicht nur für Art. 12 GG sondern auch für Art. 3 Abs.1 GG, da hier ein sachlicher Differenzierungsgrund vorhanden sein muss.[870] Ein sachlicher Grund für eine Differenzierung lässt sich hieraus also nicht entnehmen.
Weiterhin könnte ein Differenzierungsgrund § 30 GewO sein, der für gewerbliche Krankenhäuser in Rechtsform einer juristischen Person eine Konzessions-

---

[866] BGHZ 70, 158, 166
[867] *Taupitz*, NJW 96, 3033, 3041; *Eisenberg*, Ärztliche Kooperations- und Organisationsformen, S. 276
[868] BayVerfGH, DVBl. 2000, 1052, 1055
[869] BayVerfGH, DVBl. 2000, 1052, 1055
[870] *Kannengießer*, in Schmidt-Bleibtreu/ Klein , GG, 10. Aufl., Art. 3, Rn. 15; *Osterloh*, in Sachs, GG, 3. Aufl., Art. 3, Rn. 8

pflicht statuiert. Zweck des § 30 GewO ist jedoch allein der Schutz vor typischen Gefahren, die durch eine Aufnahme in eine stationäre Einrichtung entstehen können, wie unzureichende technische Ausstattung oder unzuverlässige Führung der Anstalt. [871] Ein Schutz vor Gefahren, die der ambulanten Tätigkeit innewohnen, wird durch § 30 GewO nicht bezweckt.[872]

Ein Differenzierungsgrund ist also auch unter diesem Gesichtspunkt nicht gegeben. Die noch bestehenden Arzt-AG- Verbote sind also auch gemäß Art. 3 Abs.1 GG verfassungsrechtlich nicht haltbar.

C. Ergebnis Kapitel 7

Die einzelnen Länderverbote der Rechtsform „Aktiengesellschaft" für Ärzte halten somit weder einer verfassungsrechtlichen Prüfung nach Art. 12 Abs.1 GG noch einer solchen nach Art. 3 Abs.1 GG stand.[873] Es sind nach hier vertretener Ansicht keine durchgreifenden Gründe ersichtlich, die ein Verbot der Arzt-AG rechtfertigen können. Die befürchteten Bedenken, die ein Verbot von Kapitalgesellschaften im ambulanten Arztbereich stützen sollen, erwiesen sich unter Berücksichtigung der zuvor in dieser Arbeit gefundenen Ergebnisse als unbegründet.

---

[871] BVerwG, NJW 1985, 1414; *Rieger*, MedR 1995, 87, 89; *Dreher*, VersR 1995, 245, 251

[872] OLG- Düsseldorf, NJW 1992, 808, 809; *Rieger*, MedR 1995, 87, 89

[873] Verfassungswidrig, soweit sie der Berufsausübung in Rechtform der AG widersprechen, sind also § 18 I S. 2 HKaG Bayern; § 29 II HeilberufeG Schleswig- Holstein; § 4a IV Kammergesetz Berlin; § 20 II HBerG Rheinland Pfalz; § 31 II HeilBerG Brandenburg; § 17 I BO Niedersachsen 2005; § 17 I BO Bremen 2004

8. Kapitel Abrechnungsmöglichkeiten der Arzt-AG

In der Literatur wurde des Öfteren angeführt, die Arzt-AG sei aus wirtschaftlichen Gesichtspunkten heraus als Gesellschaftsform für Ärzte uninteressant, da eine Abrechnung der Gesellschaft gegenüber den gesetzlichen Krankenkassen ausgeschlossen sei.[874] Teilweise wird sogar vertreten, dass auch eine Kostenerstattung durch die privaten Krankenkassen nicht in Betracht komme.[875]
Sollte dies tatsächlich der Fall sein, wäre der praktische Erfolg einer Arzt-AG gefährdet. Es muss also untersucht werden, ob eine Arzt-AG eine Kostenerstattung gegenüber privaten und gesetzlichen Krankenversicherungen geltend machen kann.

A. Abrechnung der AG gegenüber den gesetzlichen Kassen

Die Abrechnung von Leistungen gegenüber den gesetzlichen Krankenversicherungen setzt das Vorhandensein einer Kassenzulassung der Arzt-AG voraus. Diese ermöglicht dann die für jeden ärztlichen Leistungserbringer wirtschaftlich elementare Teilnahme an der vertragsärztlichen Versorgung. Ohne diese (Kassen-) Zulassung besteht für die Arzt-AG keine Abrechnungsmöglichkeit für Leistungen gegenüber Kassenpatienten.

Gerade für kleine Arzt-AGen, welche faktisch eher mit niedergelassenen Ärzten verglichen werden können, würde eine Nichtabrechenbarkeit von Kassenleistungen die wirtschaftliche Sinnhaftigkeit der Rechtsform AG von vorneherein in Frage stellen.[876] Allenfalls bliebe die Leistungserbringung gegenüber privat versicherten Patienten oder Selbstzahlern,[877] welche allein ihrer geringen Anzahl wegen ein flächendeckendes und wirtschaftlich sicheres Agieren von kleinen Arzt –AG erheblich erschweren würde. Es blieben also als Betätigungsfelder für eine Arzt-AG nur solche Bereiche, in denen ohnehin keine erstattungsfähigen Leistungen erbracht werden, [878] wie bspw. in der kosmetischen Chirurgie ohne medizinische Indikation. Die Frage, ob die Arzt-AG überhaupt an der vertragsärztlichen Versorgung teilzunehmen berechtigt ist, ist vor diesem Hintergrund von erheblicher Bedeutung.

---

[874] *Quaas/ Zuck*, Medizinrecht, § 15, Rn. 36; *Deutsch/ Spickhoff*, Medizinrecht, 5. Aufl., Rn. 108, *Laufs*, MedR 1995, 11, 16; *Meyer/Kreft*, GmbHR 1997, 193, 196

[875] BGH NJW 1978, 589, 589; OLG Düsseldorf, VersR 1994, 207, 207; OLG Karlsruhe, VersR 1994, 1459, 1459

[876] Ähnlich *Quaas/ Zuck*, Medizinrecht, § 15, Rn. 36

[877] *Deutsch/ Spickhoff*, Medizinrecht, 5. Aufl., Rn. 108, *Laufs*, MedR 1995, 11, 16

[878] *Meyer/Kreft*, GmbHR 1997, 193, 196

Zu unterscheiden ist hier zwischen Arzt-Aktiengesellschaften, die die Voraussetzungen eines MVZ erfüllen und den übrigen Gesellschaften.

I. Die Arzt- AG als MVZ

1. Die Kassenzulassung der MVZ-AG

Eine Möglichkeit für Ärzte, die im Rahmen einer Aktiengesellschaft kooperieren und an der kassenärztliche Versorgung teilnehmen wollen, bietet sich durch die Gründung eines Medizinischen Versorgungszentrums in Rechtform der AG. Nach der Neufassung des § 95 Abs.1 SGB V haben diese MVZ das Recht, eine Kassenzulassung zu erhalten und somit auch Patienten gesetzlicher Kassen zu behandeln.

Wie im Falle der Gemeinschaftspraxis[879] erhält grundsätzlich nicht der einzelne, in einem MVZ tätige Arzt eine Vertragsarztzulassung, die Zulassung wird dem MVZ vielmehr selbst erteilt.[880] Die Zulassung des MVZ bewirkt nach § 95 Abs.3 S. 2 SGB V, dass die angestellten Ärzte Mitglieder der zuständigen kassenärztlichen Vereinigung werden. Gleichzeitig wird das zugelassene MVZ zur Teilnahme an der vertragsärztlichen Versorgung berechtigt und verpflichtet. Die Möglichkeit einer Zulassung eines MVZ steht jedoch, genau wie die Zulassung eines neuen Vertragsarztsitzes für niedergelassene Ärzte, unter dem Vorbehalt der seit langem bekannten Bedarfsplanung nach § 103 Abs.1 S. 2 SGB V. In überversorgten Gebieten kommt daher die Zulassung eines MVZ genauso wenig in Betracht wie die Niederlassung als Kassenarzt.[881]

Grundsätzliche kann aber eine Arzt-AG eine Zulassung zur Kassenärztlichen Versorgung erhalten, wenn sie die materiellen Voraussetzungen für MVZ einhält.

---

879 *Uhlenbruck/ Schlund*, in Laufs/ Uhlenbruck, Hdb. des Arztrechts, 3. Aufl., § 18, Rn. 12

880 *Hencke*, in Peters, SGB V, Bd. 3, § 95, Rn. 10a; *Orlowski/ Wasem*, Gesundheitsreform 2004, 84; *Hiddemann/ Muckel*, NJW 2004, 7, 9

881 *Wigge*, MedR 2004, 123, 128; *Hiddemann / Muckel*, NJW 2004, 7, 10
Eine Möglichkeit zur Gründung eines MVZ innerhalb eines zulassungsbeschränkten Gebietes wird jedoch durch § 103 IV a S. 2 SGB V eröffnet. Dieser ermöglicht es, dass ein MVZ im Falle der Praxisnachfolge, z.B. bei Praxisaufgabe, die Praxis fortführt und den Vertragsarztsitz übernimmt. Somit wird auch in überversorgten Gebieten eine Möglichkeit zur Zulassung von MVZ geschaffen, vgl. *Orlowski / Wasem*, Gesundheitsreform 2004, 85; *Künnemann*, Deutsches Ärzteblatt, 2004, A 1153; *Degener-Hencke*, NZS 2003, 629, 630

2. Voraussetzungen

Im Folgenden sollen die Voraussetzungen dargestellt werden, die an medizinische Versorgungszentren nach § 95 Abs.1 SGB V gestellt werden.[882] Dabei ist die Einhaltung der Kriterien nicht nur Ausschlussgrund für den Erhalt der Zulassung, sondern auch für deren Bestand. Erfüllt ein MVZ eine der gesetzlichen Bedingungen nicht mehr, so ist ihm nach § 95 Abs.6 S. 2 SGB V die Zulassung wieder zu entziehen.

Die genauen Voraussetzungen sind in § 95 Abs.1 S. 2 u. 3 SGB V umrissen und lehnen sich an die Legaldefinition eines MVZ an.[883] Danach muss ein MVZ fachübergreifend tätig sein, eine ärztliche Leitung haben und darf nur von dem im System der GKV anerkannten Leistungserbringern gegründet oder betrieben werden.

a) Fachübergreifende Tätigkeit

aa) Problemstellung

Laut Gesetzesbegründung wurden die medizinischen Versorgungszentren unter anderem deshalb eingeführt, um den Versicherten eine Versorgung „aus einer Hand" zu ermöglichen. Dieses Ziel soll insbesondere durch ein zwingend fachübergreifendes Angebot der MVZ erreicht werden.[884]
In der Literatur wird daher von einer Meinung der Schluss gezogen, dass mindestens zwei Ärzte unterschiedlicher Fachrichtungen in einem MVZ tätig sein müssten, da ansonsten das Merkmal fachübergreifend nicht erfüllt sei.[885] Der Zusammenschluss lediglich eines Arztes mit anderen Heilberufen käme also nicht in Betracht.

bb) Stellungnahme

Die Gesetzessystematik spricht zwar für die erste Ansicht, also für die Begrenzung auf Facharztgruppen. Die MVZ finden im SGB V nämlich nur Erwähnung im 2. Abschnitt, der sich zur vertragsärztlichen Versorgung verhält.[886] Andere Versorgungsträger werden hier nicht behandelt. Daraus könnte sich ableiten las-

---

[882] Vgl. *Wigge*, in Schnapp/ Wigge, Handbuch des Vertragsarztrechts, 2. Aufl., § 6, Rn. 63 f.; *Krauskopf*, in Krauskopf, Soziale Krankenversicherung Komm., § 95 SGB V, Rn. 35 f.; *Degener-Hencke*, NZS 2003, 629, 630; *Häußermann/ Dollmann*, MedR 2005, 255, 260; *Ziermann*, MedR 2004, 540, 544

[883] Vgl. § 95 I S. 2 SGB V

[884] BT-Dr 15/ 1525, S. 108

[885] Alle ohne Begründung: *Schallen*, Ärzte-ZV, 4. Aufl. Rn. 405; *Hess*, KassKomm, § 95, Rn. 9b; *Andreas*, ArztR 2005, 144, 145; *Künnemann*, Deutsches Ärzteblatt 2004, A 1151, A 1152;*Hoffmann-Goldmayer/ Langsdorff/ Altmiks*, Leitfaden GMG für Ärzte, S. 62

[886] *Fiedler/ Weber*, NZS 2004, 358, 359

sen, dass das Merkmal „fachübergreifend“ sich nur auf die verschiedenen Vertragsarzt-Fachrichtungen bezieht.
Diese Begründung vermag indes nicht zu überzeugen.
Die entscheidende Frage lautet, ob der Begriff „fachübergreifend“ im Sinne des Gesetzes so zu verstehen ist, dass er lediglich die verschiedenen Facharztgruppen umfasst, oder ob er extensiv auch auf andere Versorgungsformen der Leistungserbringer im System der GKV[887] auszuweiten ist. Mit dem Sinn und zweck des Gesetzes ist nur eine solche Auslegung vereinbar, nach der unter „fachübergreifend“ auch eine Tätigkeit eines Arztes mit einem anderen Leistungserbinger, z.B. einem Krankenhaus, einem Reha-Zentrum oder einer ähnlichen Einrichtungen, verstanden wird. Die Gesetzesbegründung stellt nämlich ausdrücklich darauf ab, dass auch andere Leistungserbringer wie Pflegedienste und Heilmittelerbringer mit den MVZ zusammenarbeiten können, und dass die Kooperation ärztlicher und nicht- ärztlicher Leistungserbringer gefördert werden soll.[888] Trotz der missverständlichen Stellung der MVZ im Gesetz lässt sich der Gesetzesbegründung also eine extensiven Auslegung des Begriffes „fachübergreifend“ entnehmen. Das Merkmal fachübergreifend wird also erfüllt durch einen Zusammenschluss jedweder Kombination zwischen den Leistungserbringern, solange zumindest ein Arzt die *ärztliche Leitung* übernimmt.[889]

b) Mögliche Gesellschafter einer MVZ-AG

Gemäß § 95 Abs.1 S. 3 HS 2 SGB V dürfen MVZ nur von solchen Gesellschaftern betrieben werden, die selbst auf Grund von Zulassung, Ermächtigung oder Vertrag an der medizinischen Versorgung teilnehmen.[890] Mit dieser Regelung soll nach Ansicht des Gesetzgebers gewährleistet werden, dass eine primär an medizinischen Interessen orientierte Führung der Zentren besteht.[891]

---

887 Solche sind bspw. Leistungen von Reha-Einrichtungen, Apotheken, Krankenhäusern, Heilmittelerbringern etc, vgl. *Hess*, KassKomm, § 95, Rn. 9c

888 BT-Drs 15/ 1525, S, 108

889 Im Ergebnis *Rau*, MedR 2004, 667, 671; wohl auch *Orlowski/ Wasem*, Gesundheitsreform 2004, 83; *Fiedler/ Weber*, NZS 2004, 358, 359
Nach überwiegender Auffassung gilt dies auch für Zahnärzte. Zwar verweist § 95 I S. 2 SGB V lediglich auf das Arztregister nach § 95 II S. 3 Nr. 1, welches nur für Ärzte gilt (Für Zahnärzte ist Nr. 2 einschlägig). Jedoch lässt sich der Gesetzesbegründung zur Neufassung des § 32 b ZV-Z (Altersgrenze) ausdrücklich entnehmen, dass die Aufhebung der Altersgrenze auch für Zahnärzte in einem MVZ gilt (BT-Drs 15/1525, S. 159). Im Übrigen widerspricht ein Ausschluss von Zahnärzten aus MVZ auch dem gesetzlichen Ziel der möglichst umfassenden Versorgung aus einer Hand; ausführlich *Ziermann*, MedR 2004, 540 ff; *Fiedler/ Weber*, NZS 2004, 358, 359

890 In Betracht kommen insbes. Vertragszahnärzte und Psychotherapeuten (§ 72 I SGB V), Vorsorge- und Reha-Einrichtungen (§ 111 SGB V), Heilmittel- und Hilfsmittelerbringer (§§ 124, 126 SGB V), Krankenhausapotheken (§ 129a SGB V) Personen der häuslichen Krankenpflege (§ 132a SGB V) oder freiberuflich tätige Hebammen (§ 134 SGB V)

891 BT-Drs. 15/ 1525, S. 108

Es bleibt festzustellen, dass der Gesellschafterkreis eines MVZ auf die Leistungserbringer im System der GKV, also z.B. auf Krankenhäuser, Apotheken, Reha-Einrichtungen oder Vertragsärzte beschränkt bleibt. Somit haben externe Investoren keine Aussicht auf eine Aktionärsstellung in einem MVZ.

c) Ärztliche Leitung

Letztes wesentliches Erfordernis eines MVZ ist die „ärztliche Leitung" der Einrichtung. In Anlehnung an die Regelung in Krankenhäusern, ist es erforderlich, dass ein weisungsungebundener leitender Arzt die Gesamtverantwortung für die Leistungserbringung im ärztlichen Bereich trägt.[892]
Unter ärztlicher Leitung ist jedoch nur die rein medizinisch- fachliche Leitung der Einrichtung zu verstehen, die kaufmännische Geschäftsführung bleibt von der ärztlichen Leitung unberührt.[893] Eine Begrenzung des Vorstandes auf Ärzte lässt sich dem Erfordernis der „ärztlichen Leitung" also nicht entnehmen.

3. Fazit

Eine Aktiengesellschaft, welche als MVZ eine Zulassung zur vertragsärztlichen Versorgung erhalten möchte, ist, wie soeben dargestellt, strengen Regularien unterworfen, so dass diese Möglichkeit längst nicht für alle Arzt-AG einen gangbaren Weg darstellt. Zu nennen sei hier nur die Einmann-AG oder bspw. eine reine „Radiologen-AG", welche auf Grund des Merkmales „fachübergreifend" eine Zulassung als MVZ nicht erlangen könnten. Im Übrigen verhindern die starren Vorschriften über die Gesellschafterstellung in einem MVZ die Beteiligung externer Investoren, so dass speziell für sehr kapitalintensive Arztformen die Gründung eines MVZ nicht in Betracht kommt, wenn es nicht gelingt, einen Leistungserbringer des GKV-Systems von einer Investition zu überzeugen. Ob eine solche Beteiligung bei der desolaten finanziellen Lage im öffentlichen Gesundheitssektor realistisch ist, erscheint eher zweifelhaft.

II. Die „normale" Arzt-AG

Es stellt sich im Folgenden nun die Frage, ob auch eine normale Arzt- AG, welche nicht die Voraussetzungen eines MVZ erfüllt, ihre - Kassenpatienten gegenüber erbrachten - Leistungen eigenständig abrechnen kann.

---

[892] *Wigge*, MedR 2004, 123, 126; *Pant/ Prütting*, Krankenhausgesetz NRW, 2. Aufl., § 36 Rn. 8; *Andreas*, ArztR 2005, 144, 145; *Fiedler/ Wigge*, MedR 2004, 358, 360

[893] *Künnemann*, Deutsches Ärzteblatt 2004, A 1151, A 1152; ; *Fiedler/ Weber*, NZS 2004, 358, 360

1. Kassenabrechung der Arzt-AG de lege lata?

Die Abrechnung von ärztlichen Leistungen gegenüber einer gesetzlichen Krankenversicherung setzt gemäß § 95 SGB V voraus, dass der Leistungserbringer, neben einer Ausübung der ärztlichen Tätigkeit durch approbierte Ärzte, noch eine „Berechtigung" zur Abrechung hat. Hierfür stehen mehrere Möglichkeiten zur Auswahl. So können nur zugelassene Ärzte, zugelassene MVZ, zur vertragsärztlichen Versorgung ermächtigte Ärzte und ermächtigte ärztlich geleitete Einrichtungen an der kassenärztlichen Versorgung teilnehmen.[894] Normale Ärztegesellschaften, also GmbH, AG, Partnerschaft oder GbR, können dagegen, trotz Rechtsfähigkeit eine Zulassung[895] nicht erhalten, sie sind nicht zulassungsfähig.[896]

Die Unmöglichkeit der Zulassung der Arzt-AG könnte wirtschaftlich dann ausgeglichen werden, wenn eine Zulassungsmöglichkeit der angestellten Ärzte besteht.[897] Nach § 32 Abs.1 S. 1 Ärzte-ZV hat der „Vertragsarzt ...die vertragsärztliche Tätigkeit persönlich in freier Praxis auszuüben...", er muss also niedergelassen sein. Der angestellte Arzt ist jedoch nach herkömmlicher Sichtweise nicht niedergelassen, da er nicht in freier Praxis tätig ist.[898] Somit kommt für den AG-Arzt eine Zulassung wegen des klaren Wortlautes des § 32 Abs.1 S. 1 Ärzte-ZV nicht in Betracht.

2. Verfassungskonformität der fehlenden Zulassungsfähigkeit

Fraglich ist also, inwieweit die Beschränkung der Zulassungsfähigkeit auf natürliche Personen bzw. auf MVZ durch § 95 Abs.1 SGB V aus Sicht der Ärzte-Aktiengesellschaften verfassungsrechtlich haltbar ist.[899]

Die Problematik ist noch nicht erörtert worden. Dies soll hier, wegen der erheblichen praktischen Bedeutung für die Arzt-AG, getan werden.

---

[894] *Hencke*, Peters, SGB V, Bd. 3, § 95, Rn. 10a; *Hess*, in KassKomm, SGB V, Bd. I, § 95, Rn. 3; *Attermeyer*, Die ambulante Arztpraxis in der Rechtsform der Aktiengesellschaft, S. 197;

[895] Nicht verwechselt werden darf die vertragsarztrechtliche Zulassung nach § 95 SGB V mit der berufsrechtlichen Zulassung, die zur besseren Durchsetzung der Einhaltung des Berufsrechtes oben gefordert wurde, s.o. 6. Kap., C, II, 3

[896] *Wertenbruch*, NJW 2003, 1904, 1904; *Laufs*, MedR 1995, 11, 16; *Taupitz*, VersR 1992, 1064, 1064; *Meyer/ Kreft*, GmbHR 1997, 193, 196;

[897] So *Attermeyer*, Die ambulante Arztpraxis in der Rechtsform der GmbH, S. 201

[898] *Taupitz*, VersR 1992, 1064, 1065; *Schneider*, Handbuch des Kassenarztrechts, Rn. 798; *Meyer/ Kreft*, GmbHR 1997, 193, 196; *Katzenmeier*, MedR 1998, 113, 118; a.A. *Attermeyer*, Die ambulante Arztpraxis in der Rechtsform der GmbH, S. 201

[899] Nicht verwechselt werden darf diese Prüfung mit der schon lange in Schrifttum und Praxis diskutierten verfassungsrechtlichen Zulässigkeit der Bedarfsplanung nach § 92 I bis III, 101, 103 SGB V. vgl. hierzu BVerfGE 11, S. 30, 43; 12, S. 144, 148; *Sodan*, Freie Berufe als Leistungserbringer im Recht der gesetzlichen Krankenversicherungen, S. 221 ff. sowie von *Maydell/ Pietzker*, Begrenzung der Kassenarztzulassung, S. 15 ff.

Es kommen sowohl ein Verstoß gegen die Berufsfreiheit nach Art. 12 Abs.1 GG als auch gegen den Gleichheitssatz des Art. 3 Abs.1 GG in Betracht.

a) Verletzung des Art. 12 Abs. 1 GG

aa) Prüfungsmaßstab

Schon dargestellt wurde, dass das Grundrecht der Berufsfreiheit gemäß Art. 12 Abs.1, 19 Abs.3 GG auch auf juristische Personen Anwendung findet.[900]

Es muss geprüft werden, auf welcher Belastungsstufe im Sinne der Stufentheorie die Begrenzung für die AG wirkt, ob die Beschränkung für die AG also als Zulassungssperre oder als Ausübungsregel zu betrachten ist. Dies hängt in erster Linie davon ab, ob der Arzt mit Kassenzulassung ein eigenständiges Berufsbild darstellt.

Für den frei praktizierenden Arzt als natürliche Person hat das BVerfG entschieden, dass sich die Kassenzulassung lediglich als Ausprägung des Berufs des frei praktizierenden Mediziners darstellt.[901] Die Tätigkeit des zugelassenen Arztes sei dieselbe wie die des nicht zugelassenen Arztes, nämlich die medizinische Heilbehandlung. Gleiches gelte auch für den Patientenkreis, da auch der Nicht-Vertragsarzt Kassenpatienten behandeln dürfe, sofern diese selbst bezahlten.[902] Der Vertragsarzt sei also nicht soweit aus dem Kreis der frei praktizierenden Ärzte herausgehoben, als dass man seine Tätigkeit als einen eigenen Beruf bezeichnen könnte.[903]

Übertragen auf die ärztliche Berufsausübung in einer Arzt-AG bedeutet dies, dass die Kassenzulassung die AG nicht in ein neues Berufsbild erhebt, sondern nur eine neue Spielart des Berufes eröffnet.[904] Folglich stellt sich die Zulassungsunfähigkeit für die AG als eine Berufsausübungsregelung und somit einen Eingriff auf niederster Stufe dar. Dieser kann grundsätzlich mit vernünftigen Überlegungen des Gemeinwohls gerechtfertigt werden.[905]

Die Einordnung in die Stufe der Berufsausübung wird jedoch durch das BVerfG relativiert und korrigiert, indem es für die Rechtfertigung des Eingriffs auf die tatsächlichen Auswirkungen des beschränkenden Gesetzes ankommen soll. Je einschneidender die Freiheit der Berufsausübung begrenzt wird, desto höher

---

[900] S.o. 7. Kap., A, I, 2 sowie Isensee, Kassenarztmonopol und nichtärztliche Leistungserbringer, S. 31 f.

[901] BVerfGE 11, 30, 41; 12, 144, 147

[902] BVerfGE 11, 30, 41

[903] BVerfGE 11, 30, 41; 12, 144, 147; *Manssen*, in v. Mangoldt/ Klein/ Starck, GG, 5. Aufl., Bd. I, Art. 12, Rn. 184

[904] Ähnlich *Isensee*, Kassenarztmonopol und nichtärztliche Leistungserbringer, S. 47; *Manssen*, in v. Mangoldt/ Klein/ Starck, GG, 5. Aufl., Bd. I, Art. 12, Rn. 179

[905] BVerfGE 7, 377, 406; *Manssen*, in v. Mangoldt/ Klein/ Starck, GG, 5. Aufl., Bd. I, Art. 12, Rn. 145

müssen die Anforderungen an eine verfassungsrechtliche Rechtfertigung gestellt werden.[906] Im Falle des Kassenarztes entschied das BVerfG im Kassenarzt-Urteil aus dem Jahre 1960, dass sich die Nicht-Zulassung zur vertragsärztlichen Versorgung in ihren praktischen Auswirkungen für den Arzt wie eine Berufswahlregelung darstelle.[907] Ohne eine Zulassung stehe den meisten Ärzten, sofern sie nicht dem kleinen Kreis von Spezialärzten mit besonderer Ermächtigung angehörten, der Großteil des Patientenkreises nicht zur Verfügung. Eine (wirtschaftlich) erfolgreiche ärztliche Tätigkeit sei ohne Zulassung praktisch kaum möglich.[908] Könne aber der frei praktizierende Arzt seine Tätigkeit ohne Kassenzulassung nicht wirtschaftlich ausüben, so komme die Begrenzung der Zulassung einer Begrenzung der Berufswahl gleich.[909] Diese kann nur durch besonders wichtige Interessen der Allgemeinheit gerechtfertigt werden.[910]
Dieser Rechtsprechung lag eine Kassenpatientenquote von ca. 80 % zu Grunde. Im Jahre 2005 lag diese Quote schon bei ca. 85 %.[911] Der Trend dürfte sich noch verstärken, zumal es im Zuge der Gesundheitsreformen Bestrebungen gibt, die Beitragsbemessungsgrenze weiter anzuheben und den Wechsel zu privaten Krankenkassen zu erschweren. Auf die Arzt-AG, die allgemeine medizinische Leistungen abseits der Selbstzahlungsleistungen[912] und der Behandlung von Privatpatienten anbieten will, lässt sich die Argumentation des BVerfG übertragen. Eine ärztliche Einmann- AG steht in ihrer wirtschaftlichen und sozialen Ausprägung einem normalen frei praktizierenden Arzt nahe. Sie ist zur Sicherung ihrer wirtschaftlichen Existenz ebenso auf die Behandlung von Kassenpatienten angewiesen wie dieser auch. Insoweit stellt sich die Begrenzung des § 95 Abs.1 SGB V für die Arzt-AG faktisch wie eine Begrenzung der Berufswahlfreiheit dar.[913] Es besteht kein Grund, hier einen anderen verfassungsrechtlichen Maßstab anzulegen als bei freiberuflich tätigen Ärzten. Die Zulassungsunfähigkeit

---

[906] BVerfGE 11, S. 30, 41; 12, S. 144, 147; Gubelt, in von Münch/ Kunig, GG, 5. Aufl., Bd. 1, Art. 12, Rn. 45; *Isensee*, Kassenarztmonopol und nichtärztliche Leistungserbringer, S. 48; *Sodan*, Freie Berufe als Leistungserbringer im Recht der gesetzlichen Krankenversicherungen, S. 228

[907] BVerfGE 11, 30, 41

[908] BVerfGE 11, 30, 41; 12, 144, 147; so auch *Isensee*, Kassenarztmonopol und nichtärztliche Leistungserbringer, S. 48; *Sodan*, Freie Berufe als Leistungserbringer im Recht der gesetzlichen Krankenversicherungen, S. 229

[909] BVerfGE 11, 30, 44; anders sieht dies das BVerfG 16, 286, 297 für einen Chefarzt, der zusätzlich zu seiner Krankenhaustätigkeit noch Kassenpatienten behandeln will. Im Unterschied zum normalen Arzt hat dieser nämlich schon ein existenzsicherndes Einkommen.

[910] BVerfGE 11, 30, 41; 12, 144, 147; *Isensee*, Kassenarztmonopol und nichtärztliche Leistungserbringer, S. 49

[911] Diese Quote ergibt sich aus einer Zahl von ca. 70.500.000 Versicherten der gesetzlichen Krankenversicherungen (Quelle: www.bmg.bund.de, Stand 07.04.2006) im Verhältnis zu 82.438.000 Einwohnern in Deutschland (Quelle: www.destatis.de, Stand 09.08.2006)

[912] Dies sind im Wesentlichen solche ohne medizinische Indikation.

[913] So auch für ein Dialyse-Zentrum *Isensee*, Kassenarztmonopol und nichtärztliche Leistungserbringer, S. 48

der Arzt-AG kann also als (faktisch) objektive Berufswahlschranke nur durch höchstwahrscheinliche und nachweisbare Gefahren für besonders wichtige Interessen der Allgemeinheit gerechtfertigt werden, die anders nicht geschützt werden können.[914]

bb) Beeinträchtigung besonders wichtiger Gemeinschaftsgüter?

Fraglich ist, ob die grundsätzliche Begrenzung der Kassenzulassung auf niedergelassene Ärzte mit einer Gefahr für wichtige Gemeinschaftsgüter gerechtfertigt werden kann.
Im sog. Chefarztbeschluss des BVerfG[915] setzte sich das Gericht mit den Gründen für eine vorrangige Beteiligung frei niedergelassener Ärzte an der kassenärztlichen Behandlung auseinander. Gegenstand des Urteils war die Frage, ob auch Chefärzte von Krankenhäusern, obgleich sie keine niedergelassenen Ärzte sind, an der kassenärztlichen Versorgung teilnehmen dürfen. Das Gericht führte die einzelnen Gründe auf, die für eine Begrenzung der Zulassungsfähigkeit auf niedergelassene Ärzte sprechen. Diese lassen sich auf das Verhältnis der Arzt-AG zu niedergelassenen Ärzten übertragen:

(1) Persönliche Verfügbarkeit

Als ein wichtiges Kriterium des frei niedergelassenen Arztes sah es das Gericht an, dass dieser seine ganze berufliche Kraft nur der ambulanten Behandlung und im Wesentlichen der Behandlung gesetzlich versicherter Patienten zur Verfügung stellt.[916]

Im Verhältnis zur Arzt-AG vermag dieses Argument jedoch nicht zu überzeugen. Zum einen ist die angemessene Verfügbarkeit des Kassenarztes für die Kassenpatienten lediglich eine vernünftige Erwägung von Allgemeininteressen, ein überragendes Gemeinschaftsgut stellt sie hingegen keineswegs dar. Die Dichte und Qualität der kassenärztlichen Versorgung verlangt keineswegs ausschließlich nach einem Arzt, der quasi rund um die Uhr nur für die Kassenpatienten zur Verfügung steht. Immerhin können frei praktizierende Ärzte auch dann eine Zulassung erhalten, wenn sie überwiegend Privatpatienten behandeln. Daneben besteht zwischen dem Arzt einer kleinen Arzt-AG und dem niedergelassenen Arzt, wie gesagt, kaum ein Unterschied. Auch dieser wird sich, je nach Behandlungsgebiet, hauptsächlich und im Wesentlichen mit seiner ganzen be-

---

914 Allg. *Manssen*, in v. Mangoldt/ Klein/ Starck, GG, 5. Aufl., Bd. I, Art. 12, Rn. 147

915 BVerfGE 16, 286 ff. Hier wollte sich der Chefarzt eines Krankenhauses gegen die (damals) für leitende Krankenhausärzte geltende Zulassungsbegrenzung des § 368 a RVO wenden.

916 BVerfGE 16, 286, 297

ruflichen Kraft der ambulanten Behandlung seiner (Kassen-) Patienten widmen. Ein Grund für den Ausschluss der ambulanten Arzt-AG liegt hierin also nicht.

(2) Gefahr für die Existenzsicherung der niedergelassenen Ärzte

Ferner führt das Gericht aus, dass an der Sicherung der Existenz der freien (Fach-) Ärzte ein allgemeines Interesse bestehe, weshalb diese vorrangigen Zugang zur vertragsärztlichen Versorgung haben müssten. Bei Zulassung weiterer Versorgungsträger zur kassenärztlichen Versorgung könnten die freien (Fach-) Ärzte in ihrer Existenz gefährdet sein.[917]

Wenn dies zutreffen sollte, sind Grundlage des Arguments jedoch nur vernünftige Gemeinwohlüberlegungen, nicht jedoch die nach hier vertretener Ansicht erforderlichen überragenden Gemeinwohlinteressen.
Warum die fachärztliche Versorgung unbedingt durch freie Ärzte erbracht werden soll, ist nicht nachvollziehbar. Vielmehr entscheidend sein dürfte, dass eine qualitativ und quantitativ ausreichende Versorgung überhaupt gewährleistet ist, unabhängig von einer Niederlassung des behandelnden Arztes. Die Einordnung ärztlicher Tätigkeit als freier Beruf ist an sich kein überragend wichtiges Rechtsgut.[918]
Im Übrigen sei angemerkt, dass der Konkurrenzschutz, der in diesem Argument anklingt, nach h.M. niemals eine objektive Berufswahlregelung zu rechtfertigen vermag.[919] Dieser Grundsatz geht so weit, dass der Konkurrenzschutz möglichst sogar als reine Nebenwirkung vermieden werden muss.[920] Eine solche Nebenwirkung liegt jedoch vor, wenn niedergelassene Ärzte durch Zulassungsbevorzugung, wenn auch nicht final, so doch zumindest faktisch, vor Konkurrenz im Gesundheitswettbewerb geschützt werden. Diese Nebenwirkung des Konkurrenzschutzes könnte nur dann hingenommen werden, wenn die Institution des niedergelassenen Arztes ein überragend wichtiges Gemeinschaftsgut darstellen würde.[921] Dies ist, wie gesagt, nicht der Fall. Wertungsabhängige Berufsbildfixierungen durch den Gesetzgeber genügen grundsätzlich nicht, um Berufswahlschranken zu legitimieren.[922]

---

917 BVerfGE 16, 286, 300

918 S.o. 7. Kap., A, II, 1, b)

919 BVerfGE 93, 362, 370; *Gubelt*, in von Münch/ Kunig, GG, 5. Aufl., Bd. I, Art. 12, Rn. 66; *Isensee*, Kassenarztmonopol und nichtärztliche Leistungserbringer, S. 54

920 BVerfGE 7, 377, 408; *Gubelt*, in von Münch/ Kunig, GG, 5. Aufl., Bd. I, Art. 12, Rn. 66; *Isensee*, Kassenarztmonopol und nichtärztliche Leistungserbringer, S. 54

921 *Breuer*, Handbuch des Staatsrechts, Bd. VI, § 148, Rn. 51; *Isensee*, Kassenarztmonopol und nichtärztliche Leistungserbringer, S. 54

922 *Breuer*, Handbuch des Staatsrechts, Bd. VI, § 148, Rn. 51

Das Argument der Existenzsicherung des Standes der niedergelassenen Ärzte rechtfertigt somit den Eingriff in Art. 12 Abs.1 GG nicht.

(3) Gefahr der Bildung von „Ambulatorien“

Als wesentlichstes Argument für eine Begrenzung der Zulassung auf niedergelassene Ärzte sah das BVerfG aber die Gefahr an, dass es zu einer Bildung von Krankenhausambulatorien kommen könne, bei denen der jeweils diensthabende Krankenhausarzt die Patienten auch ambulant behandelt.[923] Dadurch würden die Freiheit des Arztberufes und das Vertrauensverhältnis zwischen Patient und Arzt ernsthaft gefährdet.[924] Das Gericht sah also den Grund für Beschränkung gerade auch darin, dass die ambulante Versorgung zunehmend durch wechselnde angestellte Ärzte erbracht werden könnte, was zu einem Vertrauensverlust zwischen Arzt und Patient führen könnte.

Übertragen auf die Arzt-AG ist dieses Argument plausibel, da sie in geradezu typischer Weise ein solches befürchtetes „Ambulatorium“ verkörpert. Dennoch überzeugt die Argumentation, bedingt durch die zwischenzeitlich eingetretenen gravierenden Änderungen des Arztberufes, heute nicht mehr.
Zum einen wurde ausführlich dargelegt, dass das Vertrauensverhältnis zwischen Arzt und Patient keineswegs leiden muss, wenn dieser lediglich Angestellter und nicht Freiberufler ist. Gleiches gilt für die Qualität der ärztlichen Versorgung.
Zum anderen bietet das moderne Gesundheitswesen den Ärzten mehr und mehr organisatorische Freiheiten. Der Gesetzgeber hat den Weg zur ambulanten Institutsbehandlung sozialversicherungsrechtlich durch die Zulassung von MVZ geebnet, die geradezu in klassischer Weise durch die „alles unter einem Dach“ Prämisse die Abkehr vom herkömmlichen Bild des in seiner Praxis niedergelassenen Einzelarztes darstellen. Daneben wurde in den meisten Länderberufsordnungen die Ärzte-Kapitalgesellschaft für ärztliche Zusammenschlüsse grundsätzlich für zulässig erklärt. Auch hier finden sich also neuerdings neben der Niederlassung noch weitere Organisationsformen für Ärzte. Längst gehören die Gemeinschaftspraxis, Partnerschaftsgesellschaft und Arzt-GmbH zum normalen Bild in der ambulanten Versorgung. Die durch das Gericht befürchteten „Ambulatorien“ sind schon Realität. Die Bedenken des BVerfG greifen heute also nicht mehr durch. Zur Begründung des Ausschlusses der Arzt-AG von der vertragsärztlichen Versorgung kann also dieses Argument nicht mehr herangezogen werden.

---

[923] BVerfGE 16, 286, 303
[924] BVerfGE 16, 286, 303

Es sind somit keine höchstwahrscheinlichen Gefahren für die Gesundheitsversorgung ersichtlich, die einen Ausschluss der „normalen" Arzt-AG von der kassenärztlichen Versorgung rechtfertigen könnten. Die Begrenzung der Zulassungsmöglichkeit auf niedergelassene Ärzte und MVZ verstößt somit gegen Art. 12 Abs.1 GG.[925]

b) Verstoß gegen Art. 3 I GG

Daneben kommt auch ein Verstoß gegen den allgemeinen Gleichheitssatz nach Art. 3 Abs.1 GG in Betracht, da die Ärzte-AG zwar als MVZ eine Zulassung erhalten kann, nicht aber, wenn sie die Voraussetzungen für MVZ nicht erfüllt. Dies ist nicht zu rechtfertigen.

Art. 3 Abs.1 GG ist nach der Rechtsprechung des BVerfG insbesondere dann verletzt, wenn „eine Gruppe von Normadressaten im Vergleich zu anderen Normadressaten anders behandelt wird, obwohl zwischen beiden Gruppen keine Unterschiede von solcher Art und solchem Gewicht bestehen, dass sie die ungleiche Behandlung rechtfertigen könnten."[926] Die Differenzierung muss immer mit Blick auf ein bestimmtes Differenzierungsziel erfolgen, sie ist also zweckgebunden.[927] Ziel der Zulassung von MVZ zur vertragsärztlichen Versorgung durch Neuregelung des § 95 Abs.1 SGB V ist die Schaffung einer ambulanten fachübergreifenden Versorgungsform, also von kassenärztlichen Leistungen aus einer Hand.[928] Dadurch soll der Wettbewerb zwischen eingleisigen und fachübergreifenden Leistungserbringern ermöglicht und gefördert werden.[929]

Dieses Ziel ist zwar legitim, vermag eine Ungleichbehandlung jedoch nicht zu rechtfertigen. Entgegen einer früher vertretenen Ansicht genügt für eine Differenzierung nämlich nicht das bloße Vorhandensein eines sachlich nachvollziehbaren Grundes.[930] Vielmehr muss die Bedeutung des Zieles bzw. Grundes für die Differenzierung so gewichtig sein, dass die Differenzierung dadurch getragen wird, mithin verhältnismäßig ist. Dabei sind an die Verhältnismäßigkeit umso strengere Anforderungen zu stellen, je intensiver die Auswirkungen der Ungleichbehandlung auf die betroffene Gruppe sind.[931] Dies gilt insbesondere dann, wenn durch die Differenzierung auch andere grundrechtlich geschützte

---

[925] In eine ähnliche Richtung tendieren *Katzenmeier*, MedR 1998, 113, 118 sowie *Laufs*, MedR 1995, 11, 16

[926] BVerfGE 55, 72, 88; 82, S. 60, 86; *Gubelt*, in von Münch/ Kunig, GG, 5. Aufl., Bd. I, Art. 3, Rn. 14

[927] BVerfGE 100, 59, 92; *Gubelt*, in von Münch/ Kunig, GG, 5. Aufl., Bd. I, Art. 3, Rn. 18

[928] BT-Dr. 15/1525, S. 108

[929] *Dalichau*, MedR 2004, 197, 199

[930] *Gubelt*, in von Münch/ Kunig, GG, 5. Aufl., Bd. I, Art. 3, Rn. 14; *Kirchhof*, in Handbuch des Staatsrechts, Bd. V, § 124, Rn. 217

[931] *Kannengießer*, in Schmidt-Bleibtreu/ Klein, GG, 10. Aufl., Art. 3, Rn. 17

Freiheiten betroffen sind.[932] Der Gesetzgeber will vorliegend einen gezielten Wettbewerb zwischen zwei spezifischen und konkretisierten Versorgungsformen schaffen. Auch unter Beachtung des gesetzgeberischen Gestaltungsspielraumes[933] kann aber dadurch nicht gerechtfertigt werden, andere Versorgungsformen, die diesen Wettbewerb nicht direkt fördern, von der vertragsärztlichen Versorgung auszuschließen. Hiermit geht nämlich ein intensiver Eingriff in Art 12 I GG einher. In Hinblick auf die Rechtfertigungsschranke des Art. 3 GG könnte dies nur dann hingenommen werden, wenn der Wettbewerb und die medizinische Versorgung aus einer Hand derart wichtige Ziele darstellten, dass sie den schweren Eingriff in die Rechte der Arzt-AG rechtfertigen könnten. Dies ist nicht der Fall; der Wettbewerb zwischen eingliedrigen und fachübergreifenden Versorgungsformen mag ein legitimes Ziel sein, hinreichend wichtig ist er nicht. Die Begrenzung der Zulassungsmöglichkeit auf niedergelassene Ärzte und MVZ ist also auch nach Art. 3 Abs.1 GG verfassungswidrig.

c) Ergebnis

Die Verfassungswidrigkeit der Regelung konnte somit sowohl nach Art. 12 Abs.1 GG als auch nach Art. 3 Abs.1 GG nachgewiesen werden.
Grundsätzlich sind Arzt-Aktiengesellschaften zur vertragsärztlichen Versorgung zuzulassen, auch wenn sie nicht die Voraussetzungen eines MVZ erfüllen.

B. Abrechnung der AG gegenüber den privaten Kassen

Ferner stellt sich die praktisch ebenso relevante Frage, ob eine Kostenerstattung durch die privaten Krankenkassen erfolgt, wenn eine Arzt-AG Privatpatienten behandelt.

Dies richtet sich nach den Musterbedingungen der privaten Krankenversicherungen (MB/KK). Die MB/KK sind die Allgemeinen Versicherungsbedingungen (AVB) der Privatkassen.[934] Aus ihnen ergibt sich der Umfang bzw. der Ausschluss der Kostenerstattung.
Zentrale Norm zur Beantwortung der Frage nach der Erstattungsfähigkeit von durch ambulante Arzt-AG erbrachten Leistungen ist § 4 Abs.2 S. 1 MB/KK. Danach haben die Versicherten das Recht, unter den niedergelassenen approbierten Ärzten frei zu wählen. Dem Wortlaut der Norm nach können Kosten für Leistungen der Arzt-AG nur dann erstattet werden, wenn die Voraussetzung der Niederlassung durch den Arzt erfüllt ist.

---

932 BVerfGE 89, 365, 376; *Gubelt*, in von Münch/ Kunig, GG, 5. Aufl., Bd. I, Art. 3, Rn. 14

933 Zum Gestaltungsspielraum BVerfGE 3, 162, 182; *Gubelt*, in von Münch/ Kunig, GG, 5. Aufl., Bd. I, Art. 3, Rn. 18

934 *Moser*, in Bach/ Moser, MB/KK, 3. Aufl., Einl., Rn. 1

I. Niederlassung im Sinne des § 4 Abs. 2 S. 1 MB/KK ?

Wann eine Niederlassung im Sinne der Norm vorliegt, ist mangels gesetzlicher Definition fraglich. Die Rechtsprechung hierzu ist unübersichtlich und auf Grund der unterschiede zwischen den jeweiligen Fällen gestützt auf unterschiedliche Gesichtspunkte.

1. Auslegung nach dem juristsichen Sprachgebrauch

Zur Auslegung von allgemeinen Geschäftsbedingungen, um die es sich bei AVB handelt,[935] ist grundsätzlich ein objektiver Auslegungsmaßstab heranzuziehen.[936] Das bedeutet, dass es auf den Wortlaut der Norm ankommt, so wie ihn ein durchschnittlicher, juristisch und versicherungstechnisch nicht vorgebildeter, Versicherungsnehmer verstehen kann.[937] Ein Verständiger und aufmerksamer Versicherungsnehmer wird einen Arzt dann als niedergelassen ansehen, wenn dieser nach außen hin als praktizierender Arzt in Erscheinung tritt und seine Tätigkeit der Öffentlichkeit in geeigneter Form kundtut, zum Beispiel durch eine Ankündigung auf einem Praxisschild.[938] Den internen Modalitäten der Berufsausübung, ob also Selbstständigkeit oder Anstellung vorliegen, dürfte der durchschnittliche Dritte regelmäßig keine Bedeutung beimessen.[939] Nach Auslegung durch den verständigen Versicherungsnehmer könnte somit auch der in einer AG angestellte Arzt niedergelassen sein, wenn er auf dem Praxisschild mit seiner Fachgebietsbezeichnung benannt ist und sein ärztliches Tätigwerden somit öffentlich bekundet hat.

Eine Einschränkung erfährt die Auslegung nach dem Verständnis des verständigen Dritten nach allg. Meinung jedoch dann, wenn ein abweichender, fest umrissener juristischer Fachsprachgebrauch besteht.[940] Berufsrechtlich ist unter Niederlassung ausschließlich die öffentlich erkennbare Bereitstellung des Arztes

---

[935] *Horn*, in Wolf/ Horn/ Lindacher, AGBG, 4. Aufl., § 23, Rn. 450

[936] BGHZ 22, 109, 113; 77, 116, 118; 79, 117, 118; *Ulmer*, in Ulmer/ Brandner/ Hensen, AGBG 9. Aufl., § 5, Rn. 7; *Lindacher*, in Wolf / Horn/ Lindacher, AGBG, 4. Aufl., § 5, Rn. 5

[937] OLG Hamm, NJW 1993, 801, 802; OLG München, VersR 1990, 614, 614; *Prölss*, in Prölss/ Martin, VVG, 27. Aufl., Vorb. III, Rn. 6, 7; *Horn*, in Wolf/ Horn/ Lindacher, AGBG, 4. Aufl., § 23, Rn. 462

[938] OLG München, VersR 1990, 614; *Dreher*, VersR 1995, 245, 249; *Attermeyer*, Die ambulante Arztpraxis in der Rechtsform der GmbH, S. 192

[939] *Attermeyer*, Die ambulante Arztpraxis in der Rechtsform der GmbH, S. 192

[940] *Prölss*, in Prölss/ Martin, VVG, 27. Aufl., Vor. III, Rn. 7; *Ulmer*, in Ulmer/ Brandner/ Hensen, AGBG 9. Aufl., § 5, Rn. 23; *Basedow*, in MüKo BGB, 4. Aufl., Bd. I, § 5 AGBG, Rn. 8; *Lindacher*, in Wolf / Horn/ Lindacher, AGBG, 4. Aufl., § 5, Rn. 13; *Römer*, in Römer/ Langheid, VVG, 2. Aufl., Vor § 1, Rn. 18; *Bach/ Hütt*, in Bach/ Moser, MB/KK, 3. Aufl., Einl., Rn.54

zur Ausübung ärztlicher Tätigkeit in selbstständiger Praxis zu verstehen.[941] Angestellte Ärzte können demzufolge nicht niedergelassen sein. Es existiert also ein grundsätzlich dem Verständnis des durchschnittlichen Versicherungsnehmers in der Auslegung vorgehender Rechtsbegriff. Daher scheidet, bei Anwendung der anerkannten Auslegungsregeln für AGB und AVB, mangels Selbstständigkeit der in einer AG angestellte Arzt bzw. die Arzt-AG für die privatärztliche Versorgung aus.[942]

Von dem Grundsatz der Auslegung anhand des juristisch gebrauchten Wortsinns existiert jedoch eine Ausnahme. In den Fällen, in denen neben dem juristischen Fachsprachgebrauch noch eine davon divergierende Begrifflichkeit des allgemeinen Sprachgebrauchs existiert, soll nach einer Ansicht letztere bei der Auslegung den Vorrang erhalten.[943]
Demgegenüber vertritt eine entgegenstehende Meinung die These, dass es auf den allgemeinen Sprachgebrauch nicht ankomme, wenn eine eindeutige juristische Umschreibung des Begriffs anerkannt sei.[944]
Dieser Streit kann vorliegend dahingestellt bleiben, wenn ein allgemeiner Sprachgebrauch des Wortes niedergelassen ohnehin nicht existiert, da dann nach beiden Ansichten der juristische Sprachgebrauch ausschlaggebend ist.

Für einen Rückgriff auf den allgemeinen Sprachgebrauch des Wortes „niedergelassen“ wäre es erforderlich, dass das Wort abseits des Rechts- und Fachverkehres überhaupt eine eigenständige, allgemeine Verwendung erfährt.
Dem ist jedoch nicht so. Der Begriff der „Niederlassung“ existiert im allgemeinen deutschen Sprachgebrauch nicht, da er kein Bestandteil der Umgangssprache ist. Der Begriff entstammt ausschließlich dem ärztlichen Berufsrecht, er wurde dort gebildet.[945] Er ist fest umrissen und stellt im Wesentlichen auf die selbstständige Tätigkeit des Arztes ab. Allein die Tatsache, dass der durchschnittliche Versicherungsnehmer den Begriff eventuell nach seiner Auslegung

---

[941] BGH NJW 1978, 589, 589; BGH VersR 1993, 428; BGH VersR 1994, 207; OLG München, VersR 1993, 428, 429; OLG Düsseldorf, VersR 1994, 207, 207; OLG Karlsruhe, VersR 1994, 1459, 1459; *Prölss*, in Prölss/ Martin, MB/KK 27. Aufl., § 4, Rn. 8

[942] BGH NJW 1978, 589, 589; OLG Düsseldorf, VersR 1994, 207, 207; OLG Karlsruhe, VersR 1994, 1459, 1459

[943] So BGH NJW 1983, 2638, 2638; BGH, VersR 1977, 417, 418; BGH VersR 2000, 311, 312; BGH VersR 1986, 537, 538; OLG München, VersR 1990, 614, 614 (ohne Begründung); *Dreher*, VersR 1995, 245, 249; *Attermeyer*, Die ambulante Arztpraxis in der Rechtsform der GmbH, S. 192

[944] BGH NJW 1978, 589, 589; BGH VersR 1986, 537, 538; OLG München, VersR 1993, 428, 429; OLG Düsseldorf, VersR 1994, 207, 207; OLG Karlsruhe, VersR 1994, 1459, 1459

[945] BGH NJW 1978, 589, 589; OLG Hamm, NJW 1993, 801, 802; OLG Karlsruhe, VersR 1994, 1459, 1459; OLG Düsseldorf, VersR 1994, 207, 207; OLG München, VersR 1993, 428, 429

anders verstehen könnte als der Rechtsverkehr, lässt keineswegs darauf schließen, dass deshalb ein divergierender allgemeiner Sprachgebrauch besteht. Der allgemein anerkannte Grundsatz, dass fest umrissene Fachtermini den Vorrang vor dem Verständnis des durchschnittlichen Dritten haben, wäre obsolet, wenn dieses abweichende Verständnis des Dritten schon den allgemeinen Sprachgebrauch begründen würde, der die Anwendung des Fachterminus a priori ausschlösse. Ein Begriff, der gewöhnlich außerhalb bestimmter Fachkreise keine Verwendung findet, kann kein Terminus des allgemeinen Sprachgebrauchs sein. Es besteht hier kein schützenswertes Interesse des Versicherungsnehmers vor einer Irreführung.
Somit ist für die Auslegung des Merkmals „niedergelassen" im Sinne des § 4 Abs.2 S. 1 MB/KK der Begriff des ärztlichen Berufsrechtes heranzuziehen.[946] Der Wortlaut der Norm verbietet also eine Abrechung der durch die Arzt-AG erbrachten Leistungen gegenüber privaten Krankenkassen.

2. Ausnahme durch teleologische Reduktion?

a) Problemstellung

Teilweise ist versucht worden, durch Wortlauterweiterung bzw. durch teleologische Extension ein anderes Ergebnis zu begründen.[947] Die Nur-Ärzte-GmbH beispielsweise sei ihrer ganzen Ausprägung nach mit einer Gemeinschaftspraxis zu vergleichen.[948] Da deren Leistungen auch gegenüber privaten Kassen abgerechnet werden können, müsse dies nach Sinn und Zweck der Regelung auch für die Arzt-GmbH gelten, deren Gesellschafter die behandelnden Ärzte sind.[949] Hierzu sei eine teleologische Extension des Merkmals „niedergelassen" vorzunehmen.[950]

---

[946] BGH NJW 1978, 589, 589; OLG Hamm, NJW 1993, 801, 802; OLG Karlsruhe, VersR 1994, 1459, 1459; OLG Düsseldorf, VersR 1994, 207, 207; OLG München, VersR 1993, 428, 429;
die einzige entgegenstehende Entscheidung des OLG München, VersR 1990, 614, 614 stellt dagegen auf die Sicht des durchschnittlichen Versicherungsnehmers ab. Sie setzt sich jedoch nicht mit der Problematik auseinander, dass damit noch kein schützenswerter allgemeiner Sprachgebrauch vorliegt, der der Verwendung des Fachbegriffs im entgegenstünde. Ebenso auch *Dreher*, VersR 1995, 245, 249; *Attermeyer*, Die ambulante Arztpraxis in der Rechtsform der GmbH, S. 192

[947] So der BGH im DKD-Urteil NJW 1978, 589 f.; *Prölss*, in Prölss/ Martin, MB/KK 27. Aufl., § 4, Rn. 11

[948] *Prölss*, in Prölss/ Martin, MB/KK 27. Aufl., § 4, Rn. 11

[949] *Prölss*, in Prölss/ Martin, MB/KK 27. Aufl., § 4, Rn. 11

[950] *Prölss*, in Prölss/ Martin, MB/KK 27. Aufl., § 4, Rn. 11, der jedoch von teleologischer Reduktion spricht

b) Stellungnahme

Dies überzeugt nicht.Eine teleologische Erweiterung muss am Telos, also am Ziel der zu erweiternden Norm, ausgerichtet sein.[951] Durch Einführung des Niederlassungsmerkmals wollte die private Versicherungswirtschaft gerade der Entwicklung im Arztwesen hin zu Untersuchungszentren und ähnlichen ärztlichen Einrichtungen entgegenwirken.[952] Zumindest sollten diese nicht gefördert werden.[953] Es sollte also die Abrechnungsmöglichkeit tatsächlich auf selbstständige Ärzte, die nicht in solchen Zentren angestellt sind, begrenzt werden. Wenn aber gerade einer Entwicklung hin zu solchen Organisationseinheiten entgegengewirkt werden sollte, verbietet sich eine teleologische Extension, die genau dies bewirken würde.
Aus diesem Grund kann der eindeutige Wortlaut des § 4 Abs.2 S. 1 MB/KK nicht ignoriert werden.[954]

II. Unwirksamkeit der Klausel nach § 307 BGB

Zu fragen bleibt nach dieser Auslegung des Merkmals „niedergelassen", ob die Klausel des § 4 Abs.2 S. 1 MB/KK den Versicherungsnehmer unangemessen benachteiligt und wegen Verstoßes gegen § 307 BGB unwirksam ist.
Ob dies der Fall ist, ist, soweit die Thematik schon erörtert wurde, umstritten.[955] Auf die Argumente der gegenläufigen Ansichten wird bei den jeweiligen Prüfungspunkten im Rahmen des § 307 BGB eingegangen.

Zunächst ist festzustellen, ob § 4 Abs.2 S. 1 MB/KK überhaupt einer AGB-rechtlichen Kontrolle unterliegt. Grundsätzlich ist dies der Fall, da die AVB Allgemeine Geschäftsbedingungen iSd § 305 f BGB darstellen.[956] Nach § 307

---

951 Ähnlich *Larenz*, Methodenlehre der Rechtswissenschaft, 6. Aufl., S. 400

952 *Gitter*, NJW 1980, 2745, 2746

953 *Gitter*, NJW 1980, 2745, 2746

954 Daher ist die Wortlautausdehnung im DKD-Urteil des BGH (BGH, NJW 1978, 589 f) zu kritisieren. Nachdem er zunächst zutreffend ausgeführt hatte, dass der Chefarzt eines Krankenhauses nach dem engen Niederlassungsbegriff nicht niedergelassen und damit dem Wortlaut des § 4 II, S. 1 MB/KK nicht für die Versicherten zur Auswahl stand, stellte der BGH fest, dass dieses Ergebnis nicht dem versicherungswirtschaftlichen Zweck der Klausel entspreche. Der Chefarzt eines anerkannten Krankenhauses biete die gleiche Gewähr für eine am medizinisch Notwendigen ausgerichtete, fachgerechte Behandlung, wie der niedergelassene Arzt. Daher falle auch der Chefarzt eines anerkannten Krankenhauses unter § 4 II, S. 1 MB/KK. Diese ausdrückliche Wortlautausdehnung verbietet sich jedoch unter methodologischen Gesichtspunkten. Eine Auslegung und Ausdehnung eines Begriffes ist nämlich nur in den äußersten Grenzen des Wortlautes möglich. Alles was darüber hinausgeht ist teleologische Erweiterung. Diese ist wie gesagt, hier nicht möglich.

955 Dagegen OLG München, VersR 1990, 614, 614; *Attermeyer*, Die ambulante Arztpraxis in der Rechtsform der GmbH, S. 195; a.A. *Dreher*, VersR 1995, 245

956 *Römer*, in Römer/ Langheid, VVG, 2. Aufl., Vor § 1, Rn. 18; *Moser*, in Bach/ Moser, MB/KK, 3. Aufl., Einl., Rn. 1

Abs.3 entziehen sich jedoch solche Klauseln der Überprüfbarkeit, die Leistungsbeschreibungen enthalten.[957] Dagegen sind Klauseln, die das Hauptleistungsversprechen modifizieren und einschränken, in vollem Umfang kontrollfähig.[958] Da sich die Leistungsbeschreibung schon § 1 MB/KK entnehmen lässt,[959] handelt es sich bei § 4 Abs.2 S. 1 MB/KK lediglich um eine kontrollfähige Einschränkung des Leistungsversprechens.[960]
Dies führt dann zur Unwirksamkeit der Begrenzung nach § 307 BGB, wenn der Versicherungsnehmer unangemessen benachteiligt wird. Das muss im Wege einer beiderseitigen Interessenabwägung nach Treu und Glauben festgestellt werden.[961]

1. Interessen des Verwenders

Sinn und Zweck der Begrenzung der Kostenerstattung auf niedergelassene Ärzte ist letztendlich die Tatsache, dass davon ausgegangen wird, der niedergelassene Arzt behandle streng nach den Grundätzen der ärztliche Kunst und werde keine andere als die notwendige Heilbehandlung ausführen.[962] Dass er dabei selbstverständlich stets lege artis vorgeht, bedarf keiner Erwähnung. Es soll also eine Kostenerstattung nur für die ordnungsgemäße Heilbehandlung erfolgen, ohne dass dem Versicherer unzumutbare Untersuchungspflichten hinsichtlich der Notwendigkeit der Maßnahmen aufgebürdet werden.[963] Er soll also gerade davor bewahrt bleiben, zeit- und kostenintensive Nachforschungen über die Notwendigkeit und Fachgerechtheit der ärztlichen Maßnahme anstellen zu müssen.[964] Versicherer und der Versicherte könnten gerade auf Grund der mit der Niederlassung verbundenen Berufspflichten davon ausgehen, dass die von einem niedergelassenen Arzt gewährte Heilbehandlung kunstgerecht, geeignet und medizinisch notwendig ist.[965] Kein spezifisches Ziel, sondern allenfalls erwünschter Nebeneffekt, ist die Kosteneinsparung dadurch, dass bei juristischen

---

[957] *Roloff*, in Ermann, BGB, 11. Aufl., Bd. 1, § 307, Rn. 42; *Römer*, in Römer/ Langheid, VVG, 2. Aufl., Vor § 1, Rn. 9

[958] BGHZ 127, 35, 41; 141, 137, 141; *Roloff*, in Ermann, BGB, 11. Aufl., Bd. 1, § 307, Rn. 42; *Brandner*, in Ulmer/ Brandner/ Hensen, AGBG 9. Aufl., § 8, 37; *Dreher*, VersR 1995, 245, 249

[959] Nach § 1 I MB/KK bietet der Versicherer „Versicherungsschutz für Krankheiten, Unfälle und andere....Ereignisse. Er gewährt im Versicherungsfall ... Ersatz von Aufwendungen für Heilbehandlungen.... "

[960] I.E. auch OLG München, VersR 1990, 614, 614; *Dreher*, VersR 1995, 245, 249

[961] *Roloff*, in Ermann, BGB, 11. Aufl., Bd. 1, § 307, Rn. 9; *Basedow*, in MüKo BGB, 4. Aufl., Bd. I, § 9 AGBG, Rn. 11; *Brandner*, in Ulmer/ Brandner/ Hensen, AGBG 9. Aufl., § 9, 71

[962] BGH NJW 1978, 589, 590; OLG München, VersR 1993, 428, 430; OLG Düsseldorf, VersR 1994, 207, 207; OLG Karlsruhe, VersR 1994, 1459, 1460; *Dreher*, VersR 1995, 245, 250; *Gitter*, NJW 1980, 2745, 2746

[963] BGH NJW 1978, 589, 590; *Dreher*, VersR 1995, 245, 250

[964] BVerfG NJW 1978, 589, 590; OLG Karlsruhe, VersR 1994, 1459, 1460

[965] BGH NJW 1978, 589, 590; *Schoenfeld/ Kalis*, in Bach/ Moser, MB/KK, 3. Aufl., § 4, Rn. 21

Personen im Medizinwesen eventuell höhere Kosten in Rechnung gestellt werden könnten, als dies bei niedergelassenen Ärzten üblicherweise der Fall ist.[966]

2. Interessen der Versicherten

Demgegenüber verfolgen die versicherten Personen mit Abschluss des Versicherungsvertrages regelmäßig andere Ziele. Ihnen ist im Wesentlichen an einer räumlich und fachlich lückenlosen Abdeckung mit medizinischen Angeboten gelegen. Dabei muss konstatiert werden, dass sich speziell die Interessen der Versicherten seit einiger Zeit in einem Wandel befinden. War früher noch der niedergelassene Arzt in seiner eigenen Praxis das gesetzliche und tatsächliche Leitbild ärztlicher Berufsausübung und somit bestimmend für die Berufswirklichkeit, so hat in den letzten Jahren insoweit einen Paradigmenwechsel stattgefunden.[967] Der niedergelassene Arzt ist längst nicht mehr der einzige Anbieter ambulanter ärztlicher Leistungen. Partnerschaftsgesellschaften, Ärzte-GmbH und MVZ werden als zukunftsfähige Modelle für Ärzte propagiert und gesetzlich geregelt.[968] Sogar das Berufsrecht hat mittlerweile die Ärztegesellschaft in Rechtsform der juristische Person akzeptiert, vgl. § 23 a MBO-Ä 2004.
Der Versicherte hat ein verständliches Interesse daran, dass ihm möglichst viele Organisations- und Versorgungsformen offen stehen und er die Möglichkeit zur Wahl der ihm am besten erscheinenden hat. Die Begrenzung auf niedergelassene Ärzte benachteiligt ihn also.

3. Unangemessenheit der Benachteiligung

a) Problemstellung

Ob die Benachteiligung des Versicherten unangemessen ist, muss letztlich anhand einer Interessenabwägung ermittelt werden.

Zum Teil wird hier argumentiert, dass der Versicherte schon deshalb nicht unangemessen benachteiligt sei, weil ihm, bei Ausschluss juristischer Personen, noch immer genügend niedergelassene Ärzte zur Auswahl stünden.[969] Dagagen seien andernfalls die Interessen des Versicherers unangemessen berücksichtigt,

---

[966] BGH NJW 1978, 589, 590; *Dreher*, VersR 1995, 245, 250; *Attermeyer*, Die ambulante Arztpraxis in der Rechtsform der GmbH, S. 189

[967] *Laufs*, NJW 1994, 1562, 1570; *Dreher*, VersR 1995, 245, 251; vgl. auch oben fn. 6

[968] Ähnlich *Laufs*, NJW 1995, 11, 11; vgl. auch die obigen Ausführungen zur MBO-Ä 2004 sowie zur Einführung der MVZ

[969] OLG München, VersR 1990, 614, 614; *Attermeyer*, Die ambulante Arztpraxis in der Rechtsform der GmbH, S. 195

da dieser nun nicht mehr darauf vertrauen könne, der Arzt werde seine Behandlung ausschließlich am medizinisch Notwendigen ausrichten. [970]

Dagegen wird von Dreher vetreten, eine Begrenzung der Kostenerstattung auf niedergelassene Ärzte benachteilige den Patienten unangemessen. Je weiter sich die ärztliche Versorgung für Formen abseits der Niederlassung öffne, desto schwerer beeinträchtige das Niederlassungsgebot die Versicherten.[971] Im Übrigen seien auch Ärzte-Kapitalgesellschaften in der Lage, eine Einhaltung des Berufsrechts zu gewährleisten und die Regeln der Heilkunst zu befolgen. Die Versicherer seien also nicht unangemessen benachteiligt, wenn Ärzte- Kapitalgesellschaften in § 4 Abs.2 MB/ KK einbezogen würden.[972]

b) Stellungnahme

Der ersten Ansicht kann nicht mehr zugestimmt werden. Der oben schon erwähnte Wechsel in der tatsächlichen Ausprägung des ärztlichen Berufes begrenzt mehr und mehr die Wahlmöglichkeiten der privat versicherten Personen.[973] Die Entwicklung wird sich weiter fortsetzen, da sich alternative Organisationsformen wie MVZ und Arzt-GmbH bzw. AG unter den Ärzten großer Beliebtheit erfreuen.[974] So kann es für den privatversicherten Patienten zu der überraschenden Situation kommen, dass eine Kostenerstattung für die Leistungen eines MVZ, welches mit Kassenzulassung sogar gesetzlich versicherten Patienten offensteht, gerade für ihn als Privatpatienten ausscheidet, er also schlechter gestellt ist als der Kassenpatient. Dies muss als eine erhebliche Beeinträchtigung seiner Interessen anerkannt werden. Je öfter der Versicherte auf medizinische Angebote stößt, die für ihn auf Grund seines Vertrages mit der Versicherung nicht nutzbar sind, desto schwerer wiegt seine Benachteiligung.[975]
Demgegenüber stellt sich die Beeinträchtigung der Interessen der Versicherer durch Erweiterung der Kostenerstattung auf juristische Personen als gering dar. Sofern oben als Begründung für die Begrenzung genannt wurde, dass niedergelassene Ärzte durch die Bindung an das Berufsrecht eine Gewähr für fachgerechte und am Notwendigen orientierte Leistung anbieten, kann nichts anderes für die Arzt-AG gelten. Die angestellten Ärzte sind ebenso wie die Freiberufler

---

[970] OLG München, VersR 1990, 614, 614; *Attermeyer*, Die ambulante Arztpraxis in der Rechtsform der GmbH, S. 195

[971] *Dreher*, VersR 1995, 245, 252

[972] *Dreher*, VersR 1995, 245, 252

[973] *Dreher*, VersR 1995, 245, 251

[974] So stieg von 2004 bis Mitte 2006 die Zahl der MVZ auf 491 an, Quelle: Kassenärztliche Bundesvereinigung www.kbv.de/themen/ 7178.html, Stand 27.07.2006

[975] *Dreher*, VersR 1995, 245, 251

an das ärztliche Berufsrecht gebunden.[976] Daneben wurde schon gezeigt, dass die Arzt-AG bei korrekter gesellschaftsrechtlicher Ausgestaltung sehr wohl in der Lage ist, das ärztliche Berufsrecht auch de facto umzusetzen. Es ist also abwegig anzunehmen, die Arzt-AG würde sich per se weniger am medizinisch Notwendigen orientieren als der niedergelassene Arzt. Gerade die wirtschaftliche Notlage vieler kleinerer Niederlassungen von Ärzten birgt die Gefahr, dass hier eher der Gewinn denn die medizinische Erforderlichkeit über den konkreten Einsatz einer Maßnahme entscheidet. In einer kostenoptimiert arbeitenden und wirtschaftlich gesunden Arzt-AG dagegen ist diese Gefahr zumindest nicht größer als dort auch.

Wenn hier eingewendet wird, dass neben den finanziellen Interessen der Ärzte auch noch die der Kapitalgeber befriedigt werden müssten, so überzeugt dieser Einwand nicht.[977] Auch hinter vielen Krankenhäusern in kapitalgesellschaftlicher Rechtsform stehen externe Kapitalgeber. Dennoch dürfen angestellte Ärzte dieser Häuser ihre ambulanten Leistungen privatversicherten Personen anbieten.[978] Als Unterscheidungsgrund wird zur Rechtfertigung stets angeführt, dass Privatkrankenanstalten einer Genehmigung nach § 30 GewO bedürften, welche ihre besondere Eignung belege.[979] Dieses Argument überzeugt jedoch nicht. Die Genehmigung nach § 30 GewO soll nur vor solchen Gefahren schützen, die spezifisch mit der stationären Behandlung der Patienten einhergehen, also speziell mit der Ausstattung und Organisation des stationären Bereiches zusammenhängen.[980] Warum aber die stationäre Ausstattung eines Krankenhauses ein Garant für qualitativ hochwertige ambulante Versorgung sein soll, ist nicht ersichtlich. Hiergegen wird eingewandt, dass die Eignung der Einrichtung zur ambulanten Versorgung aus der Eignung zur stationären Versorgung „ad minus" zu folgern sei.[981]

Dies ist gerade, selbst bei unterstellter Richtigkeit, im vorliegenden Zusammenhang bedeutungslos. Die Eignung eines Arztes zur medizinischen Versorgung ergibt sich allein aus seiner Approbation.[982] Insoweit war Ausgangspunkt für die Begründung der Begrenzung auf niedergelassene Ärzte auch nicht die „Eig-

---

[976] *Laufs*, in Laufs/ Uhlenbruck, Handbuch des Arztrechtes, 3. Aufl., § 3, Rn. 11; *Dreher*, VersR 1995, 245, 252

[977] So aber OLG Hamm, NJW 1993, 801, 802; *Prölss*, in Prölss/ Martin, MB/KK 27. Aufl., § 4, Rn. 9

[978] BGH NJW 1978, 589 f.; *Schoenfeldt/ Kalis*, in Bach/ Moser, MB/KK, 3. Aufl., § 4, Rn. 29; *Taupitz*, VersR 1992, 1064, 1067

[979] BGH NJW 1978, 589, 590; OLG Düsseldorf, VersR 1994, 207, 207; OLG Köln, VersR 1992, 952, 953; *Prölss*, in Prölss/ Martin, MB/KK 27. Aufl., § 4, Rn. 9

[980] BVerwG, NJW 1985, 1414; *Rieger*, MedR 1995, 87, 89; *Dreher*, VersR 1995, 245, 251

[981] *Prölss*, in Prölss/ Martin, MB/KK 27. Aufl., § 4, Rn. 9

[982] Wäre jeder Arzt, der in Einrichtungen ohne Zulassung nach § 30 GewO praktiziert, nicht für die ambulante Behandlung geeignet, stünde es schlecht um die Gesundheitsversorgung in Deutschland, da auch größere Gemeinschaftspraxen einer Zulassung nach dieser Norm nicht bedürfen.

nung" der Ärzte bzw. der juristischen Personen für die ambulante Versorgung, sondern die unterstellte Gewähr für die Ausführung fachgerechter Maßnahmen ausschließlich im Rahmen des Notwendigen. Diese Gewähr kann aber auch ein Krankenhaus nicht eher bieten als eine Arzt-AG.
Die Arzt-AG kann damit all dem gerecht werden, was die Versicherer zum Erlass des Niederlassungsgebotes bewogen hat. Selbst wenn dem nicht so wäre, wenn also zusätzliche Belastungen auf die privaten Krankenversicherungen zukommen würden, ergibt sich allein aus der immer weiter sinkenden Zahl niedergelassener Ärzte gegenüber anderen Organisationsformen, dass der Patient durch die Begrenzung unangemessen benachteiligt wird. Seine Auswahlfreiheit wird über Gebühr und Notwendigkeit hinaus eingeschränkt. § 4 Abs.2 S. 1 MB/KK ist daher nach § 307 BGB unwirksam.[983]

III. Ergebnis

Eine Kostenerstattung für ambulante Leistungen der Arzt-AG durch private Krankenversicherungen ist möglich.[984] Es besteht jedoch die Gefahr, dass die Gerichte auch künftig nicht von ihrer restriktiven Linie abrücken werden, und eine Kostenerstattung weiterhin verneinen. Die Arzt-AG ist daher verpflichtet, die Patienten vor Abschluss des Behandlungsvertrages auf diesen Umstand hinzuweisen, andernfalls droht eine Schadenersatzpflicht.[985]

C. Gesamtergebnis

Sowohl im vertragsärztlichen Bereich als auch gegenüber den privaten Krankenversicherungen ist eine Arzt-AG grundsätzlich zur Abrechnung berechtigt. Es bleibt dennoch abzuwarten, wie lange es noch dauern wird, bis die ablehnende Haltung gegenüber ambulanter ärztlicher Heilbehandlung so weit abgebaut ist, dass sich auch in der Praxis eine der Rechtslage entsprechende Handhabung durchsetzt.

---

[983] So auch *Dreher*, VersR 1995, 245, 254; *Laufs*, NJW 1995, 1590, 1595; a.A. OLG München, VersR 614, 614; *Prölss*, in Prölss/ Martin, MB/KK 27. Aufl., § 4, Rn. 9; *Schoenfeldt/ Kalis*, in Bach/ Moser, MB/KK, 3. Aufl., § 4, Rn. 26; *Attermeyer*, Die ambulante Arztpraxis in der Rechtsform der GmbH, S. 196

[984] So hinsichtlich der GmbH *Dreher*, VersR 1995, 245, 254; *Laufs*, NJW 1995, 1590, 1595; *Andreas*, ArztRecht 2005, 144, 147; i.E. ebenso *Attermeyer*, Die ambulante Arztpraxis in der Rechtsform der GmbH, S. 196; kritisch zur Gegenansicht auch *Taupitz*, VersR 1992, 1064, 1067

[985] BGH NJW 1983, 2630, 2630; BGH NJW 1988, 759, 760; *Prölss*, in Prölss/ Martin, MB/KK 27. Aufl., § 4, Rn. 9; *Taupitz*, VersR 1992, 1064, 1067; *Katzenmeier*, MedR 1998, 113, 118

9. Kapitel Vor- und Nachteile einer Arzt-AG

Nachdem die Arbeit bislang gezeigt hat, welchen berufs- und gesellschaftsrechtlichen Beschränkungen die Arzt-AG unterliegt, kann nun im Folgenden dargestellt werden, welche unmittelbaren Vor- und Nachteile die Gründung einer Arzt-AG gegenüber anderen Gesellschaftsformen mit sich bringt. Hier sind sowohl die allgemeinen Vor- und Nachteile, die eine AG- Gründung bietet, als auch die steuerlichen Auswirkungen im Vergleich zur Arzt-GbR und PartGG zu erwähnen.

A. Allgemeine Vorteile

Die Rechtsform der AG bietet für Ärzte im Vergleich zu den anderen, ihnen zur Verfügung stehenden Möglichkeiten einige Vorteile für die Gründer:

I. Die Haftungsbegrenzung

Für viele Ärzte dürfte die Haftungsbegrenzung ein wesentliches Argument sein, die Rechtsform der Aktiengesellschaft in Betracht zu ziehen. Zwar lässt sich dadurch nicht die Haftung für ärztliche Kunst- oder Aufklärungsfehler bei der Behandlung von Patienten begrenzen. Wie gesagt, haftet jeder Arzt in vollem Umfang deliktisch nach § 823 BGB gegenüber den Patienten für Kunstfehler.[986] Die Haftungsbegrenzung in einer AG greift jedoch hinsichtlich der gesamten Rechtsbeziehungen der Gesellschaft zu Dritten, die keinen Berührungspunkt zur ärztlichen Heiltätigkeit haben, ein. Gerade Teilhabern solcher Gesellschaften, die in hohem Maße kapitalintensiv arbeiten und hohe Ausstattungskosten haben, kommt die Haftungsbegrenzung zugute. Viele Ärzte in kleinen Einzelpraxen, die sich persönlich überschuldet haben, um teure Apparate anzuschaffen, laufen Gefahr, später unter dem finanziellen Druck zusammenzubrechen und vor dem persönlichen finanziellen Ruin zu stehen.[987] Hier kann die Gründung einer Arzt-AG eine interessante Alternative sein.[988]

II. Einfache Anteilsübertragung

Ein weiterer Vorteil der Arzt-AG besteht darin, dass die Anteilsübertragung schnell und unbürokratisch vonstatten gehen kann. Es bedarf lediglich eines

---

[986] Siehe nur *Taupitz*, NJW 1992, 2317, 2324; im Übrigen siehe zur Haftungsbegrenzung 7. Kap., A., II, 3

[987] *Taupitz*, NJW 1996, 3033, 3040; *Uhlenbruck/Schlund*, in Laufs/ Uhlenbruck, Hdb. Des Arztrechtes, 3. Aufl., § 18, Rn. 14

[988] Dagegen wird teils eingewandt, dass die Finanzierung größerer Anschaffungen in Kapitalgesellschaften mit geringem Grundkapital möglicherweise nur noch gegen eine persönliche Haftungserklärung erfolgen wird, *Meyer/ Kreft*, GmbHR 1997, 193, 195

formfreien Übertragungsaktes entweder entsprechend den Regeln des §§ 929 f BGB für Inhaberaktien oder durch Indossament und Übereignung des Papiers nach § 68 Abs.1 AktG bei Namensaktien.[989]
Damit gestaltet sich die Rechtslage bei der Anteilsübertragung einfacher, als im Falle der GmbH, der GbR oder der Partnerschaftsgesellschaft, welches die gängigen Rechtsformen für Ärztekooperationen sind:
Bei der GmbH ist für eine Verfügung über einen Gesellschaftsanteil in jedem Fall nach § 15 Abs.3 u.4 GmbHG eine notarielle Beurkundung erforderlich. Dies gilt sowohl für das Verpflichtungs- als auch für das Verfügungsgeschäft.[990]
Im Falle der BGB-Gesellschaft und der Partnerschaftsgesellschaft ist die Übertragung von Geschäftsanteilen sogar von der Zustimmung aller übrigen Anteilseigner abhängig, sofern sie nicht ausdrücklich im Gesellschaftsvertrag zugelassen ist.[991] Dies kann einen erheblichen bürokratischen Mehraufwand mit sich bringen. Im Falle der Partnerschaftsgesellschaft bedürfen darüber hinaus die Zustimmung der anderen Gesellschafter selbst sowie der Übertragungsvertrag nach § 3 Abs.1 PartGG der Schriftform, da es sich hier um eine Änderung des Partnerschaftsvertrages handelt.[992]
Die Aktiengesellschaft ist hier also wesentlich flexibler und ermöglicht ein einfaches Verschieben von Geschäftsanteilen unter den Gesellschaftern oder an Dritte.

III. Börsennotation

Wie oben ausführlich dargelegt, muss zumindest ein Großteil der Aktien der Gesellschaft aus vinkulierten Namensaktien bestehen, die Übertragung also von der Zustimmung der Gesellschaft anhängig gemacht werden. Solche Aktien können zwar grundsätzlich börsenfähig sein, sofern sie mit einem Blankoindossament nach § 13 Abs.2 S. 1 WG versehen sind.[993] Da jedoch diese Aktien der Arzt-AG ausschließlich an Ärzte veräußert werden dürfen, bietet sich hier eine Börsennotation nicht an, da die Versagung der Zustimmung zur Übertragung

---

[989] *Bayer*, in MüKo AktG, 2. Aufl., Bd. II, § 68, Rn. 3; *Hueck/ Windbichler*, Gesellschaftsrecht, 20. Aufl., § 26, Rn.1; *Ganster*, Freier Beruf und Kapitalgesellschaft, S. 504; *Passarge*, Die Aktiengesellschaft als neue Rechtsform für anwaltliche Zusammenschlüsse, S. 58

[990] *Schmidt*, Gesellschaftsrecht, 4. Aufl., § 35, II Nr. 1; *Ganster*, Freier Beruf und Kapitalgesellschaft, S. 504; *Passarge*, Die Aktiengesellschaft als neue Rechtsform für anwaltliche Zusammenschlüsse, S. 58

[991] Für die BGB-Gesellschaft *Schmidt*, Gesellschaftsrecht, 4. Aufl., § 59, II, 2. c); Für die PartGG *Michalski/ Römermann*, PartGG 3. Aufl., § 1 Rn. 131

[992] *Michalski/ Römermann*, PartGG 3. Aufl., § 1 Rn. 131

[993] *Bayer*, in MüKo AktG, 2. Aufl., Bd. II, § 68, Rn. 6; *Wiesner*, Münchener Hdb Gesellschaftsrecht, 2. Aufl., Bd. 4, § 14, Rn. 9; *Hueck/ Windbichler*, Gesellschaftsrecht, 20. Aufl., § 26, Rn. 1

eher der Regelfall sein dürfte und nicht die Ausnahme. Der Verwaltungsaufwand wäre zu hoch.
Entsprechend der oben entwickelten Ansicht, dass die Aktiengesellschaft zum Teil auch nicht vinkulierte Aktien als stimmrechtslose Vorzugsaktien ausgeben kann, bietet sich jedoch für die AG die Möglichkeit, diese Vorzugsaktien an der Börse zu handeln. Dies ist auch dann zulässig, wenn die Aktien der anderen Gattung, also die Namensaktien, nicht an der Börse notiert werden.[994]
Allerdings ist hier im Einzelfall zu prüfen, ob die durch das Aktienrecht vorgenommene Differenzierung zwischen börsennotierten und nicht- börsennotierten Gesellschaften ggf. zu Nachteilen führt, die durch die Börsennotierung eines relativ kleinen Teils der Aktien nicht kompensiert werden können. So werden an börsennotierte Gesellschaften höhere Verhaltenspflichten gestellt als an andere, wie z.B. die zweimalige Zusammenkunftspflicht des Aufsichtsrates pro Jahr.[995] Ferner können hohe Emissionskosten entstehen.[996]
Es bleibt also festzuhalten, dass eine Börsennotation auch für die Arzt-AG grundsätzlich in Frage kommt, ob dies jedoch rechtlich und betriebswirtschaftlich sinnvoll ist, muss anhand des jeweiligen Einzelfalles geprüft werden.

IV. Sonstiges

Neben diesen Besonderheiten bietet die Rechtsform der Aktiengesellschaft noch weitere Vorteile. So wird insbesondere durch die Ausgabe neuer Aktien die Möglichkeit einer Eigenkapitalbeschaffung erweitert.[997] Dieser Vorteil verstärkt sich noch gegenüber allen anderen Gesellschaftsformen, da, wegen des geringen Einflusses der Aktionäre, bei der Aktiengesellschaft auch die Beteiligung berufsfremder Kapitalgeber nach hier vertretener Ansicht nicht gegen das Berufsrecht verstößt.[998] Gerade für eine Arzt-AG, die hohe Investitionskosten zu bewältigen hat, dürfte die Möglichkeit der Eigenkapitalbeschaffung durch externe Investoren von erheblicher Bedeutung sein.
Daneben zeichnen sich Aktiengesellschaften durch ihre einfache Führbarkeit aus. Die übersichtliche Führungsstruktur und die klare Kompetenzabgrenzung zwischen den Organen erleichtern es dem Vorstand größerer Unternehmen, fle-

---

[994] Zwar gilt im Wertpapierrecht der Grundsatz der Gesamtzulassung aller Wertpapiere einer Emission, dies gilt jedoch nach § 7 I S. 1 BörsZulV nur für die Papiere innerhalb derselben Gattung, *Groß*, in Marsch-Barner/ Schäfer, Handbuch börsennotierte AG, S. 349; *ders.* Kapitalmarktrecht, 3. Aufl., BörsZulV, Rn. 12

[995] Bei nicht börsennotierten Gesellschaften lässt § 103 III AktG eine Sitzung pro Jahr genügen.

[996] Diese können sich aus Kosten der Emissionsbanken, Börsenzulassungsgebühren, Kosten für Verkaufsunterlagen sowie laufenden Kosten zusammensetzen, siehe *Schanz*, Börseneinführung, 2. Aufl. § 10, Rn. 130 f.; auch *Passarge*, Die Aktiengesellschaft als neue Rechtsform für anwaltliche Zusammenschlüsse, S. 63

[997] *Hueck/ Windbichler*, Gesellschaftsrecht, 20. Aufl., § 20, Rn. 12

[998] S.o. 4. Kap., A

xibel und angemessen in seinem wirtschaftlichen Umfeld zu agieren. Speziell verglichen mit der GmbH, wo die Gesellschafterversammlung dem Vorstand Weisungen erteilen kann, stellt sich der Vorstand der AG als handlungsfähiger dar.[999]

Gegenüber der GmbH ist die Aktiengesellschaft auch nicht in gleicher Weise mit dem, sich dort schon aus dem Namen ergebenden, Makel der Haftungsbeschränkung belastet, was gegenüber dem Kunden oder Patienten einen psychologischen Vorteil bringen kann.[1000] Dieser weiß im Normalfall nicht, dass der behandelnde Arzt neben der Gesellschaft voll für seine Kunstfehler nach § 823 BGB haftet und dass ihm dadurch aus der Haftungsbeschränkung keinerlei Nachteile erwachsen. Der offensichtliche Haftungsausschluss bei der GmbH wird somit vom Patienten als negativ empfunden werden. Die AG steht diesbezüglich besser da. So suggeriert der Rechtsformzusatz dem Patienten eine gewisse Größe und Vertrauenswürdigkeit der Gesellschaft.[1001] Mit einer Aktiengesellschaft wird üblicherweise durch den Laien ein Unternehmen verbunden, welches durch Kompetenz und Qualität den Sprung zur Aktiengesellschaft geschafft hat. Diese positive Assoziation kann sich die Arzt-AG zu nutze machen.

B. Allgemeine Nachteile

Freilich bringt die Aktiengesellschaft als Rechtsform für Ärztekooperationen oder -Organisationen auch gewisse allgemeine Nachteile mit sich.[1002]

Zunächst ist hier der hohe Kostenaufwand zu nennen. Nach § 7 AktG beträgt das Mindeststammkapital einer AG 50.000 EUR, während für eine GmbH nach § 5 Abs.1 GmbHG schon ein Stammkapital von 25.000 EUR ausreichend ist. Da die ärztliche Berufsausübung jedoch in den meisten Fällen ein hohes Investitionsvolumen voraussetzt, welches in jedem Fall unabhängig von der Gesellschaftsform aufgebracht werden muss und 50.000 EUR regelmäßig bei weitem übersteigt,[1003] fällt das relativ hohe Mindeststammkapital der AG meist nicht weiter ins Gewicht. Das Mindeststammkapital ist ja nicht zusätzlich zu den Investitionskosten aufzubringen, vielmehr können diese aus dem Gesellschaftskapital bestritten werden.

---

[999] Vgl. *Passarge*, Die Aktiengesellschaft als neue Rechtsform für anwaltliche Zusammenschlüsse, S. 58; *Hoffmann*, Die anwaltliche Kapitalgesellschaft, S. 237

[1000] *Henssler*, NJW 1999, 241, 247

[1001] Ähnlich *Passarge*, Die Aktiengesellschaft als neue Rechtsform für anwaltliche Zusammenschlüsse, S. 59

[1002] Die Nachteile, die sich ggf. durch eine fehlende Abrechnungsmöglichkeit oder durch steuerliche Besonderheiten ergeben, werden in den nachfolgenden Abschnitten ausführlich behandelt.

[1003] In den Jahren 2000/ 2001 lag das durchschnittliche Investitionsvolumen aller Arztgruppen bei 173.000 EUR für die Neugründung einer Einzelpraxis. Selbst bei den wenig kapitalintensiven Neurologen lag das durchschnittlich benötigte Anfangskapital mit 99.000 EUR ca. doppelt so hoch wie das Mindeststammkapital einer AG. (Quelle: *Bicanski/ Caesar*, Die Finanzierung der Arztpraxis, S. 17)

Schwerer wiegen dürfte dagegen die Pflicht von Kapitalgesellschaften, ab einer bestimmten Größe einen obligatorischen Jahresabschluss durch einen Abschlussprüfer durchführen zu lassen. Hierzu sind nach § 316 Abs.1 HGB alle Kapitalgesellschaften verpflichtet, die nicht zu den kleinen Gesellschaften im Sinne des § 267 Abs.1 HGB zählen.[1004] Dies bringt bürokratischen und kostenmäßigen Aufwand mit sich, der in einer BGB-Gesellschaft oder Partnerschaft nicht anfallen würde.[1005]Praktisch werden aber Arzt- Aktiengesellschaften in absehbarer Zeit wohl kaum eine prüfungspflichtige Größe erreichen, so dass dieser Nachteil zu vernachlässigen ist.
Der Verwaltungs- und Kostenaufwand einer AG erhöht sich gegenüber den Personengesellschaften auch noch dadurch, dass gemäß §§ 130 Abs.1, 179 AktG jede Satzungsänderung notariell beurkundet und nach § 181 Abs.3 AktG in das Handelregister eingetragen werden muss.[1006]
Als wesentlicher Nachteil muss auch noch die aktienrechtliche Satzungsstrenge nach § 23 Abs.5 AktG angeführt werden. Im Gegensatz zur GmbH und zu Personengesellschaften zeigt sich die AG als relativ unflexibel gegenüber den persönlichen Gestaltungswünschen der Gründer und Aktionäre. So ist es beispielsweise nur in engen Grenzen möglich, die aktienrechtliche Kompetenzverteilung zu Gunsten der Ärzte-Vorstände zu verschieben. Ebenso wenig kann eine ärztliche Approbation den Aktionären zur Nebenpflicht gemacht werden, wodurch eine verhältnismäßig komplizierte Satzungsgestaltung erforderlich wird, um einen beherrschenden ärztlichen Einfluss in der Hauptversammlung zu wahren.

C. Steuerliche Vor- und Nachteile

Deutlich anders als bei der Arzt-Praxis in Rechtsform der GbR oder der Partnerschaft stellt sich die Besteuerungssituation der Arzt-AG dar. Entgegen der Rechtslage bei den Personengesellschaften erfolgt bei juristischen Personen eine direkte Besteuerung der Gesellschaft, sie selbst ist Steuerschuldner und nicht die Gesellschafter. Im Einzelnen unterliegt die Arzt-AG der Gewerbesteuer (§ 2 Abs.2 GewStG), der Körperschaftssteuer (§ 1 Abs.1 Nr. 1 KStG) und dem Solidaritätszuschlag (§ 2 Nr. 3 SolzG). Aus diesen Einzelbelastungen kann eine sog. Definitvbelastung ermittelt werden, die einen ungefähren Vergleich zwischen der Steuerbelastung einer Arzt-Personengesellschaft und einer Kapitalgesellschaft ermöglicht.

[1004] „Klein" und somit prüfungsverpflichtet ist eine AG nach § 267 I HGB dann, wenn zwei der drei genannten Merkmale nicht überschritten werden: höchstens 3.438.000 EUR Bilanzsumme; höchstens 6.875.000 EUR Umsatzerlös; höchstens fünfzig Arbeitnehmer im Jahresdurchschnitt.

[1005] Dagegen verweist *Ganster* darauf, dass der Jahresabschluss ähnlich einem „Gütesiegel" zur Vertrauensbildung bei den Patienten beitragen kann, Freier Beruf und Kapitalgesellschaft, S. 506

[1006] *Ganster*, Freier Beruf und Kapitalgesellschaft, S. 504

Hier ist abzuwägen und anhand des Einzelfalls zu prüfen, inwieweit sich aus der unterschiedlichen Steuerrechtslage Vor- bzw. Nachteile für die Arzt-AG ergeben.

I. Steuerbelastung der Arzt-AG

1. Die Besteuerung des Einkommens

a) Gewerbesteuer

Nach § 2 Abs.2 GewStG unterliegt die Arzt-AG der Gewerbesteuer sogar auch dann, wenn der Gesellschaftszweck ein nicht-gewerblicher ist.[1007] Bei Kapitalgesellschaften folgt die Gewerbesteuer aus der Rechtsform und nicht aus der Art der Betätigung. Die Gewerbesteuer wird gemeinhin als ein erheblicher steuerlicher Nachteil für die Arzt-AG angesehen.[1008] Sie ist eine Realsteuer, die die Ertragskraft eines Objektes besteuern soll.[1009] Die tatsächliche Steuerbelastung ist abhängig vom jeweiligen Hebesatz der Gemeinden, der nach § 16 Abs.4 S. 2 GewStG mindestens 200 % bezogen auf die Steuermesszahl betragen muss,[1010] die nach der Unternehmensteuerreform 2008 für Kapitalgesellschaften 3.5 % beträgt, § 11 Abs.2 Nr. 2 GewStG. Wie viel Gewerbesteuer eine Arzt-AG zahlen muss, hängt also neben der Bemessungsgrundlage im Wesentlichen davon ab, in welcher Gemeinde sie sich ansiedelt. Für die Ermittlung der Bemessungsgrundlage der Gewerbesteuer verweist § 7 GewStG auf die Gewinnermittlungsvorschriften des KStG und dieses auf das EStG. Da nach § 4 Abs.5 b EStG die Gewerbesteuer künftig nicht mehr als Betriebsausgabe abzugsfähig ist, können die Gewerbesteueraufwendungen nicht mehr zur Verminderung der Bemessungsgrundlage herangezogen werden.[1011] Daher liegt die effektive Gewerbesteuerbelastung von Körperschaften bei einem Hebesatz von 200% bei 7 %, bei einem Hebesatz von 400 % bei 14 % des Gewerbeertrages.[1012] In Großstädten und Ballungsräumen ist der Hebesatz im Allgemeinen etwas höher als in ländlichen Regionen. Im Jahre 2004 betrug der durchschnittliche Hebesatz in

---

[1007] *Ganster*, Freier Beruf und Kapitalgesellschaft, S. 485

[1008] Für die GmbH GmbHR 1995, 249, 256; *Ganster*, Freier Beruf und Kapitalgesellschaft, S. 487

[1009] *Scheffler*, Besteuerung von Unternehmen I, 8. Aufl., S. 227

[1010] *Güroff*, in Glanegger/ Güroff, GewStG, 6. Aufl., § 16, Rn. 11a; *Braun/ Richter*, Gesellschaftsrechtliche und steuerrechtliche Grundfragen der Ärzte-GmbH, MedR 2005, 685, 689

[1011] *Bis zur Unternehmenssteuerreform 2008 verminderte die Gewerbesteuer hingegen als Betriebsausgabe ihre eigene Bemessungsgrundlage, vgl. Scheffler*, Besteuerung von Unternehmen I, 8. Aufl., S. 268; *Braun/ Richter*, Gesellschaftsrechtliche und steuerrechtliche Grundfragen der Ärzte-GmbH, MedR 2005, 685, 689

[1012] Die Formel für die Berechnung lautet nach dem oben gesagten: GewSt = Steuermesszahl (Stmz): 100 x Hebesatz (H): 100

Deutschland 388 %,[1013] woraus sich eine durchschnittliche Gewerbesteuerbelastung von 13.58 % ergibt.

b) Körperschaftssteuer

Daneben ergibt sich aus § 1 Abs.1 Nr. 1 KStG, dass die Arzt-AG auch Körperschaftssteuer zu zahlen hat. Die Körperschaftssteuer ist so etwas wie die Einkommensteuer der juristischen Personen.[1014]
Nach § 23 Abs.1 KStG n.F. beträgt der Steuersatz nach der Unternehmensteuerreform 2008 nur noch 15 % statt vormals 25 %, so dass die Arzt-AG aus steuerlicher Sicht deutlich an Attraktivität gewonnen haben dürfte. Auf der anderen Seite hat sich jedoch die Bemessungsgrundlage für besteuerungsfähige Gewinne verbreitert, auf Details kann an dieser Stelle nicht eingegangen werden.
Der einheitliche Steuersatz von 15 % ist unabhängig davon, ob die Gewinne der Arzt-AG ausgeschüttet oder ob diese thesauriert werden.[1015] Da bei der Einkommensberechung der AG die Gewerbesteuer nicht mehr als Betriebsausgabe abzugsfähig ist, kann sie bei der Errechnung der Definitivbelastung nicht mehr berücksichtigt werden.

c) Solidaritätszuschlag

Zusätzlich zum Körperschaftssteuersatz kommt noch der Solidaritätszuschlag mit grundsätzlich 5,5 % nach § 4 SolzG, gemessen an der realen Körperschaftssteuer.[1016] Bei einer Körperschaftssteuer von 15 % liegt der Solidaritätszuschlag somit bei 0,82 %.

Die Arzt AG selbst wird also insgesamt beim Mindesthebesatz mit insgesamt 22,8 %, bei einem Hebesatz von 400 % mit 29,8 % auf Gesellschaftsebene besteuert.

2. Besteuerung von ausgeschütteten Gewinnen

Zusätzlich zu dieser Steuerbelastung, die die Unternehmen direkt betrifft, muss aber auch noch die Steuer hinzugerechnet werden, die zwar nicht bei der AG selbst, wohl aber bei den Gesellschaftern erhoben wird. Zu Unterscheiden ist hier die Rechtslage bis 2009 und danach.

[1013] Pressemitteilung des Statistischen Bundesamtes vom 01.09.2005 www.destatis.de/presse/deutsch/ pm2005/ p3600061.htm

[1014] *Heurung*, in Erle/ Sauter, KStG, Einführung, Rn. 1; *Scheffler*, Besteuerung von Unternehmen I, 8. Aufl., S. 159

[1015] *Schulte*, in Erle/ Sauter, KStG, § 8, Rn. 79; *Scheffler*, Besteuerung von Unternehmen I, 8. Aufl., S. 159

[1016] *Feyerabend*, in Erle/ Sauter, KStG, III SolzG, Rn. 19; *Scheffler*, Besteuerung von Unternehmen I, 8. Aufl., S. 282; *Braun/ Richter*, Gesellschaftsrechtliche und steuerrechtliche Grundfragen der Ärzte-GmbH, MedR 2005, 685, 689

Bis 2009 werden die von der AG an die Aktionäre ausgeschütteten Gewinne bei diesen steuerlich zu dem jeweils geltenden persönlichen Tarif mit Einkommenssteuer (§ 20 Abs.1 Nr. 1 EStG) und Solidaritätszuschlag (§ 1 Abs.1 SolzG) besteuert. Da die ausgeschütteten Gewinne steuerlich schon bei der Gesellschaft erfasst sind, werden sie nun im Rahmen der Besteuerung des Gesellschafters zur Hälfte steuerfrei gestellt, um die Doppelbelastung der Gewinne abzumildern, vgl. § 3 Nr. 40 d) EStG.[1017] Unterstellt man ein Gesamteinkommen der Aktionäre, welches den derzeit gültigen Steuersatz für Einkommen bis € 250.000 von 42 % anwendbar macht, vgl., § 32 a Abs.1 Nr. 4 EStG, so ergibt sich hieraus eine zusätzliche Einkommenssteuerbelastung mit Solidaritätszuschlag für die ausgeschütteten Gewinne in Höhe von 22,15 %.[1018]

Ab dem Jahre 2009 werden alle privaten Kapitaleinkünfte in vollem Umfang einer 25 % igen Abgeltungssteuer unterworfen, es sei denn der persönliche Steuersatz des Steuerpflichtigen liegt unter 25 %, § 32 Abs. 6 EStG n.F. Hinzu kommt selbstverständlich wieder der Solidaritätszuschlag in Höhe von 5,5 %, so dass sich ab dem Jahre 2009 eine Besteuerung in Höhe von 26,4 % ergibt.

3. Die Umsatzsteuer

Eine Aktiengesellschaft unterliegt als Unternehmer im Sinn des § 2 Abs.1 S. 1 UStG grundsätzlich der Umsatzsteuer nach § 1 Abs.1 UStG. Von der Umsatzsteuer befreit sind jedoch die Umsätze aus einer Tätigkeit als Arzt nach § 4 Nr. 14 UstG. Hier ist nicht nur die freiberufliche Tätigkeit gemeint, so dass auch eine Arzt-AG als gewerbliche Anbieterin medizinischer Leistungen in den Genuss der Ausnahme kommen kann. Auf die Rechtsform des Unternehmens oder der Tätigkeit kommt es nicht an.[1019]

Die Tätigkeit der Arzt-AG ist dann von der Umsatzsteuer befreit, wenn sie die medizinische Betreuung von Personen durch das Diagnostizieren und Behandeln von Krankheiten oder anderen Gesundheitsstörungen zum Gegenstand hat.[1020] Nicht medizinisch indizierte Leistungen wie z.B. Maßnahmen in der kosmetischen Chirurgie fallen daher nicht hierunter und sind von der Umsatzsteuer nicht befreit.[1021] Pauschal kann davon ausgegangen werden, dass Leistungen, die von den Krankenkassen erstattet werden, unter die Ausnahmeregelung fallen, andere meist nicht.

[1017] *Scheffler*, Besteuerung von Unternehmen I, 8. Aufl., S. 72

[1018] 42 : 2 + (42 : 2 x 5,5 : 100)

[1019] *Heidner*, in Bunjes/ Geist, UStG, 7. Aufl., § 4, Nr. 14, Rn. 21; *Braun/ Richter*, Gesellschaftsrechtliche und steuerrechtliche Grundfragen der Ärzte-GmbH, MedR 2005, 685, 688

[1020] EUGH IStR 2000, 594; *Heidner*, in Bunjes/ Geist, UStG, 7. Aufl., § 4, Nr. 14, Rn. 14

[1021] *Husmann*, in Rau/ Dürrwächter, UStG, § 4 Nr. 14, Rn. 67

Daneben kommt noch eine Befreiung nach § 4 Nr. 16 UstG wegen Betriebes einer ärztlichen Einrichtung zur Heilbehandlung und Befunderhebung in Betracht. Auch hier kommen jedoch wiederum nur solche Leistungen in Betracht, die Krankheiten und andere Körperschäden feststellen oder heilen sollen.[1022] Die medizinischen Maßnahmen der Arzt-AG, die fachlich indiziert sind, sind also auch unter diesem Gesichtspunkt von der Umsatzsteuer befreit. Jedoch ist die AG nach § 15 Abs.1 Nr. 1 UStG dann insoweit nicht mehr berechtigt, einen Vorsteuerabzug für an sie gerichtete Leistungen geltend zu machen.
Leistungen, die nicht unter die eben genannten Tatbestände fallen, sind hingegen zu versteuern, sofern sie über der Umsatzgrenze des § 19 Abs.1 S. 1 UStG liegen.[1023]

II. Steuerbelastung der Arzt-GbR

Gänzlich anders stellt sich demgegenüber die Besteuerungssituation einer Arztpraxis in Rechtsform der GbR dar. Hier unterliegen alle Gewinne der Einkommensteuer und dem Solidaritätszuschlag. Die Gewinnermittelung kann bei der Personengesellschaft nach § 4 Abs. 3 EStG durch einfache Feststellung des Überschusses der Betriebseinnahmen über die Betriebsausgaben erfolgen.[1024]
Bei einem unterstellten Einkommenssteuersatz der Gesellschafter nach § 32 a Abs.1 S.1 Nr. 4 EStG von 42 % (Einkommen bis € 250.000) ergibt sich unter Hinzurechnung des Solidaritätszuschlags eine Gesamtbelastung in Höhe von 43,57 %. Sollten einige oder gar alle Gesellschafter mit einem geringeren persönlichen Steuersatz zu besteuern sein, verringert sich dieser Satz entsprechend dem jeweiligen Gewinnanteil. Anders als bei der Arzt- AG macht es steuerlich jedoch keinen Unterschied, ob die Gewinne an die Gesellschafter tatsächlich ausgezahlt werden oder nicht.[1025]
Im Zuge der Unternehmenssteuerreform 2008 kam es jedoch diesbezüglich zu einer Änderung: Künftig werden thesaurierte Gewinne nach § 34 a Abs. 1 EStG n.F. mit einem ermäßigten Einkommenssteuersatz von 28, 25 % zzgl. Solidariätszuschlag besteuert. Erfolgt dann in späteren Jahren eine Entnahme der Gewinne, kommt es zu einer Nachbesteuerung mit 25 % zzgl. Solidaritätszuschlag nach § 34 Abs 4 EStG n.F. Zunächst werden thesaurierte Gewinne also mit 29,77 % besteuert, was in etwa der Steuerlast einer Kapitalgesellschaft entspricht. Sofern die Gewinne später entnommen werden, kommt es insgesamt zu

---

[1022] *Husmann*, in Rau/ Dürrwächter, UStG, § 4 Nr. 16, Rn. 39

[1023] Mindestumsatz mit zu versteuernden Leistungen von 17.500 EUR im Vorjahr und voraussichtlich 50.000 im laufenden Jahr

[1024] *Scheuffler*, MedR 1995, 99, 99, für die PartG *Sommer*, GmbHR 1995, 249, 256

[1025] *Sommer*, GmbHR 1995, 249, 256

einer Besteuerung in Höhe von 48,3 %, also einer deutlich höheren Steuerlast als im Fall der AG.
Zu Beachten ist, dass Gewerbesteuer bei der Arzt-GbR nur dann nicht anfällt, wenn diese ausschließlich ärztliche Leistungen erbringt. Sollte auch eine gewerbliche Tätigkeit innerhalb der GbR angeboten werden, werden nach der Abfärbetheorie auch alle ärztlichen Leistungen der Gewerbesteuer unterworfen.

III. Ergebnis

Bei der Arzt-AG bewegt sich die Definitivbelastung abhängig vom jeweiligen Hebesatz zur Gewerbesteuer in einem Rahmen von 22,8 % im Falle des Mindesthebesatzes und 29,8 % im Falle des Hebesatzes von 400 %. Die Umsatzsteuer wird hier außer Betracht gelassen, da es wie gesagt von dem Leistungsangebot der jeweiligen Arzt-AG abhängt, ob sie anfällt oder nicht.
Dagegen wird die Arzt-Personengesellschaft bzw. die ärztliche Einzelpraxis mit 43,57 % unter Annahme eines Steuersatzes von 42 % höher besteuert. Sollte es hier jedoch zu einer Thesaurierung der Gewinne kommen, ermäßigt sich die Steuerlast auf 29,77 %.
Bei einer Arzt-AG, die Gewinne an die Gesellschafter ausschüttet, muss noch die zusätzliche Steuerbelastung der Gewinne in Höhe von 50% des persönlichen Einkommensteuersatzes (bis 2009) des jeweiligen Gesellschafters bzw. die Abgeltungssteuer in Höhe von 25 % (ab 2009) in die Rechnung eingestellt werden.
Durch die Unternehmenssteuerreform 2008 haben sich somit die Unterschiede zwischen der letzendlichen Steuerlast einer AG und einer GbR deutlich verringert. In beiden Fällen wird eine Thesaurierung der Gewinne steuerlich belohnt, eine spätere Entnahme /Ausschüttung mit 25 % besteuert.

In einer Ärztekapitalgesellschaft kann daneben bei der Gewinnermittelung die Gehaltszahlungen an Ärzte-Gesellschafter, insbesondere an Gesellschafter-Vorstände, steuerlich geltend gemacht werden, was nicht unterschätzt werden darf.[1026] Der Gesellschafter muss dann das an ihn ausgezahlte Gehalt als Einkünfte aus nichtselbstständiger Arbeit nach § 19 EStG versteuern, während die Gehaltszahlung als Betriebsausgabe die Bemessungsgrundlage der AG mindert.[1027] So kann zwischen der AG und dem Gesellschafter als unterschiedliche Steuerschuldner die Steuerlast optimal verteilt werden. Sofern die Beschäftigung des Anteilseigners sozialversicherungspflichtig ist, vermindert sich das

---

[1026] *Ganster*, Freier Beruf und Kapitalgesellschaft, S. 490; *Braun/ Richter*, Gesellschaftsrechtliche und steuerrechtliche Grundfragen der Ärzte-GmbH, MedR 2005, 685, 689; so auch für die Anwalts-AG *Passarge*, Die Aktiengesellschaft als neue Rechtsform für anwaltliche Zusammenschlüsse, S. 61
[1027] *Ganster*, Freier Beruf und Kapitalgesellschaft, S. 490

steuerpflichtige Einkommen der AG sogar noch weiter um den Arbeitgeberanteil zur Sozialversicherung.[1028] Begrenzt wird diese Möglichkeit durch die Regeln über die verdeckte Gewinnausschüttung. Danach muss sich ein Gesellschafter-Geschäftsführer Gehalt im Rahmen des Angemessenen bewegen, was grundsätzlich durch einen Fremdvergleich mit einem ordentlichen und gewissenhaften Geschäftsleiter zu ermitteln ist.[1029] Die AG darf also ihren Aktionärs-Vorständen nicht mehr an Vergütung zufließen lassen, als unabhängige Dritte zur Vergütung untereinander auch vereinbart hätten.[1030]
Diese knappe Gegenüberstellung der steuerlichen Situationen zwischen Ärzte-Personengesellschaften bzw. einzeln tätigen Ärzten und der Arzt-AG macht deutlich, dass hier ein pauschales Urteil über die Vorteilhaftigkeit der einen oder anderen Konzeption nur schwer möglich ist. Es kommt vielmehr auf die Umstände des konkreten Einzelfalls an. Zumindest kann gesagt werden, dass die Arzt-AG steuerlich nicht nachteilig sein muss.

[1028] *Scheuffler*, MedR 1995, 99, 100; *Ganster*, Freier Beruf und Kapitalgesellschaft, S. 490

[1029] *Ganster*, Freier Beruf und Kapitalgesellschaft, S. 493; *Braun/ Richter*, Gesellschaftsrechtliche und steuerrechtliche Grundfragen der Ärzte-GmbH, MedR 2005, 685, 689

[1030] Etwas anderes lässt sich auch nicht durch den regelmäßig höheren persönlichen Einsatz der beruflich tätigen Anteilseigner in einer Freiberufler-Kapitalgesellschaft schließen. Auch diese wird letztlich gegründet, um Gewinne zu erzielen, also einen Überschuss zu erwirtschaften, so dass sich auch hier dass Gehalt der Vorstände/ Geschäftsführer im Rahmen des Angemessenen bewegen muss, wobei die Grenze hier leicht nach oben verschoben sein kann. So auch *Gosch*, KStG, § 8, Rn. 811; *Ganster*, Freier Beruf und Kapitalgesellschaft, S. 495; a.A. *Braun/ Richter*, Gesellschaftsrechtliche und steuerrechtliche Grundfragen der Ärzte-GmbH, MedR 2005, 685, 690

10. Kapitel Zusammenfassung

Ziel der Arbeit war es, die Tauglichkeit der Gesellschaftsform „Aktiengesellschaft“ als Kooperations- bzw. Organisationsform für ambulante ärztliche Leistungserbringung zu untersuchen. Schwerpunkt der Thematik war dabei die Frage, wie eine tragfähige gesellschaftsrechtliche Umsetzung der berufsrechtlichen Erfordernisse des Arztberufes in der AG aussehen sollte. Im Übrigen war zu zeigen, wie die Arzt-AG nach aktuell geltendem Bundes- und Landesrecht behandelt wird. Zum Abschluss wurden die Vor- und Nachteile einer ambulanten Arzt-AG unter besonderer Berücksichtigung der Abrechungsmöglichkeiten gegenüber privaten und gesetzlichen Krankenkassen sowie der steuerlichen Rahmenbedingungen untersucht.

Die eingehende Befassung mit dem Thema hat als wichtigste Ergebnisse hervorgebracht:

A. Zulässigkeit der Arzt-AG

Die Aktiengesellschaft ist in allen Bundesländern zulässige Rechtsform für die ambulante Berufsausübung. Die meisten Länder haben dies mittlerweile ausdrücklich in ihren Heilberufsgesetzen bzw. Berufsordnungen anerkannt. Soweit die Landesregelungen immer noch Verbote der kapitalgesellschaftlichen Rechtsform vorsehen, so sind diese als verfassungswidrig einzustufen und daher nicht beachtlich.

B. Die Absicherung der Schweigepflicht

Die Absicherung der Schweigepflicht in der Aktiengesellschaft bereitet keine Probleme:

Nach richtiger Auffassung sind sowohl die Mitglieder des Vorstandes als auch des Aufsichtsrates beruflich tätige Gehilfen des Arztes im Sinne des § 203 Abs.3 StGB bzw. des § 9 Abs.3 MBO. Die Eröffnung von Patientendaten innerhalb dieses Kreises stellt also keinen Verstoß gegen die Schweigepflicht dar.

Nach außen ist die Verschwiegenheit der Gesellschaft strafrechtlich nach § 203 Abs.2 u. 3 StGB und aktienrechtlich nach §§ 404 Abs.1 u. 93 Abs.1, S. 2 AktG gewährleistet.

Die Aktionäre sind keine Gehilfen des Arztes. Ihnen gegenüber kann der Vorstand jedoch die Auskunftserteilung über Patientendaten nach § 131 Abs.3 S. 1 Nr. 1 u. 5 AktG verweigern.

Zur prozessualen Absicherung der Schweigepflicht steht den Organmitgliedern ein Schweigerecht nach § 383 Abs.1 Nr. 6 ZPO bzw. § 53 a Abs.1 StPO zu.

C. Die Absicherung der ärztlichen Unabhängigkeit

Auch die ärztliche Unabhängigkeit in einer Arzt-AG kann ausreichend abgesichert werden:
Die ärztliche Unabhängigkeit in der AG erfordert es nicht, dass jedes Vorstandsmitglied über eine Approbation verfügt. Vielmehr genügt es, eine Ärztemehrheit im Vorstand zu haben, so dass die Beschlüsse des Vorstandes ärztlich dominiert werden. Für den Fall des Verlustes der Approbation muss die Satzung eine Abberufung des entsprechenden Mitgliedes vorsehen, wenn anders die Ärztemehrheit nicht gewahrt ist.
Ferner kann eine funktionale Einzelgeschäftsführung satzungsmäßig festgelegt werden, wobei Ärzten die medizinisch relevanten Bereiche zufallen müssen. Für Beschlüsse, die notwendigerweise einem Gesamtvorbehalt unterliegen, ist das Vetorecht eines Arztes vorzusehen.

Im Falle des Aufsichtsrates stellen insbesondere die ad hoc Zustimmungsvorbehalte eine Gefahr für ärztliche Unabhängigkeit dar. Daher ist eine Ärztemehrheit im Aufsichtsrat erforderlich. Auch hier ist als Grund für eine gerichtliche Abberufung nach § 103 Abs.3 AktG der Verlust der Approbation vorzusehen. Zum Schutz vor abwesenheitsbedingten Zufallsmehrheiten ist eine Beschlussfähigkeitsklausel vorzusehen, die alle Aufsichtsratsmitglieder zur Teilnahme an der Sitzung zwingt.

Die Stellung der Hauptversammlung ist in Bezug auf die Unabhängigkeit problematisch, da sie sowohl die Aufsichtsratsmitglieder vorzeitig abberufen als auch Satzungsänderungen vornehmen kann.
Aus diesem Grund muss stets eine ärztliche Dominanz in den Abstimmungen vorhanden sein. Eine vollständige Besetzung mit Ärzten ist aus berufsrechtlicher Sicht nicht erforderlich. Ärzte müssen jedoch die Mehrheit zur Durchsetzung von Satzungsänderungen haben. Dies kann einfach erreicht werden durch die Ausgabe von stimmrechtslosen Vorzugsaktien an die Nichtärzte in der Hauptversammlung. Bis zu knapp unter 50 % der Anteile können so an Nichtärzte ausgegeben werden, wenn die Satzung die Quoren für Satzungsänderungen und Abberufungen des Aufsichtsrates entsprechend nach unten verschiebt. Die Aktien der Arzt-Aktionäre sind hingegen zu vinkulieren, Versagungsgrund bei rechtgeschäftlicher Übertragung muss laut Satzung die fehlende Berufszugehörigkeit sein. Bei dennoch erfolgter nicht-rechtgeschäftlicher Übertragung ist in der Satzung die Einziehung der Aktien vorzusehen.
Eine berufliche Tätigkeit der Aktionäre in der AG ist nicht erforderlich. Ebenso wenig kann juristischen Personen eine Aktionärsstellung versagt werden.

In nach dem MitbestG mitbestimmten Gesellschaften muss der Arbeitsdirektor über eine Approbation verfügen. Ansonsten sind hier keine weiteren Maßnahmen erforderlich.

D. Werbeverbot für Ärzte

Die ärztlichen Werbebeschränkungen gelten grundsätzlich auch für die Berufsausübung in einer AG. Bei berufswidriger Werbung der AG sind die Ärzte zur Geltendmachung ihres Unterlassungsanspruchs verpflichtet, andernfalls begehen sie einen Verstoß gegen die Berufsordnung.
Die AG selbst haftet dementsprechend bei berufswidriger Werbung als Störer nach § 3 UWG, da sie die den Verstoß der Ärzte gegen die Berufsordnung erst ermöglicht. Ein eigener Verstoß gegen die Berufsordnung kann der AG dagegen mangels Mitgliedschaft in der Ärztekammer nicht vorgeworfen werden.

E. Firmierung

Grundsätzlich kann die AG zwischen der Namensfirma, der Phantasie- sowie der Sachfirma wählen, solange eine Irreführung Dritter ausgeschlossen bleibt. Die Namensfortführung ausgeschiedener Gesellschafter ist unzulässig. Ein berufsbezeichnender Zusatz ist nicht erforderlich.

F. Konsequenzen von Verstößen der AG gegen Berufsrecht

Die Arzt-AG ist auch ansonsten sowohl bei der Gründung als auch anschließend zur Beachtung des Berufsrechtes verpflichtet:
Berufsrechtswidrige Arbeitsverträge für Ärzte sind nach § 134 BGB ex tunc nichtig. Ein Rückgriff auf das faktische Arbeitsverhältnis findet nicht statt.
Ein Verstoß der Satzung gegen ärztliches Berufsrecht führt zur Ablehnung der Eintragung bei der registergerichtlichen Kontrolle nach § 38 Abs.3 Nr. 2 AktG.
Berufsrechtswidrige Hauptversammlungsbeschlüsse sind nach § 241 Nr. 3 AktG nichtig.

G. Abrechnungsmöglichkeiten der AG

Trotz entgegenstehender Regelung im SGB V sind keine Gründe ersichtlich, der Arzt-AG eine Teilnahme an der vertragsärztlichen Versorgung durch Zulassung, entsprechend niedergelassenen Ärzten, zu versagen. Die dem entgegenstehende Norm des § 95 Abs.1 SGB V verstößt insoweit sowohl gegen Art. 12 Abs.1 GG als auch, im Vergleich zu den zugelassenen MVZ-AG, gegen Art. 3 Abs.1 GG
Gleichfalls muss der Arzt-AG eine Behandlung privat versicherter Personen offen stehen. § 4 Abs.2 S. 1 MB/ KK, der einen Erstattungsanspruch auf die Behandlung bei niedergelassenen Ärzten begrenzt, hält einer Inhaltskontrolle nach § 305 ff BGB nicht (mehr) stand. Er belastet die Versicherungsnehmer über Ge-

bühr, da ihnen grundlos eine heutzutage anerkannte Möglichkeit ärztlicher Versorgung versagt wird.

H. Steuerliche Situation

Aussagen zur steuerlichen Vorteilhaftigkeit können pauschal nicht getroffen werden und müssen im konkreten Fall geprüft werden. Jedenfalls kann gesagt werden, dass, speziell nach der Unternehmenssteuerreform, in einigen Fällen die Definitivsteuerbelastung der Arzt-AG niedriger sein kann als bei einer freiberuflichen Praxis.

I. Vergleich zwischen den Ergebnissen der Arbeit und der aktuellen Rechtslage

Die Ergebnisse der Arbeit zeigen also, dass die berufsrechtlichen Anforderungen, die an ambulante ärztliche Berufsausübungsgesellschaften gestellt werden, in vollem Umfang durch die Arzt- AG erfüllt werden können.
Als letztendliche strukturelle Folgerung ergibt sich also folgendes:

- Gesellschafter einer Arzt-AG können sowohl natürliche als auch juristische Personen sein. Bis zu knapp unter 50 % der Gesellschaftsanteile dürfen von Nichtärzten gehalten werden, sinnvollerweise in Form von Vorzugsaktien. Eine berufliche Tätigkeit in der Gesellschaft ist nicht erforderlich
- Der Aufsichtsrat muss mehrheitlich mit Ärzten besetzt sein, eine Beschlussfähigkeitsklausel ist erforderlich.
- Der Vorstand kann entweder mehrheitlich, oder muss im Falle der funktionalen Einzelgeschäftsführung an den medizinisch relevanten Positionen, mit Ärzten besetzt sein.
- In der Wahl der Firma unterliegt die Ärztegesellschaft nur den allgemeinen handelsrechtlichen Vorschriften. Lediglich eine Namensfortführung ausgeschiedener Gesellschafter ist unzulässig.

Demgegenüber stellen sich die derzeit gültigen- davon abweichenden- Anforderungen der Berufsordnungen (basierend auf der MBO) wie folgt dar:
- Die Beteiligung juristischer Personen ist unzulässig. Die Gesellschafter müssen in der AG beruflich tätig sein. Neben Ärzten sind nur bestimmte andere Berufsgruppen zugelassen, z.b. Angehörige medizinischer Ausbildungsberufe etc.
- Ausschließlich die Namensfirma ist zulässig.
- Die Möglichkeiten einer funktionalen Einzelgeschäftsführung im Vorstand ohne Ärztemehrheit ist nicht vorgesehen.

Die Regeln der MBO und der darauf basierenden Berufsordnungen stellen sich daher als eindeutig zu restriktiv dar und können nicht mit dem Schutz berufs-

rechtlicher Belange gerechtfertigt werden. Sie sind daher insoweit verfassungsrechtlich nicht haltbar.
Eine ausdrückliche Regelung, die die oben gemachten Vorschläge zur Sicherung berufsrechtlicher Belange aufgreift, aber nicht darüber hinausgeht, ist sowohl aus verfassungsrechtlichen Gründen als auch aus Gründen der Rechtssicherheit in allen Bundesländern wünschenswert.

J. Ausblick

Die Arzt-AG wird sich in den kommenden Jahren als eine attraktive Rechtsform speziell für größere Ärztekooperationen erweisen. Einfache Beschaffung mit Eigenkapital, Haftungsbegrenzung bei der Aufnahme von Finanzierungskrediten, klare Führungsstrukturen sowie unbürokratischer Gesellschafterwechsel lassen die Aktiengesellschaft als eine Rechtsform erscheinen, die auch für Ärzte von Interesse sein kann. Dies dürfte speziell in solchen Bereichen gelten, in denen hohe Investitionskosten entweder aus medizinischen oder repräsentativen Gründen erforderlich sind.
Bis die, aus verfassungsrechtlicher Sicht überfällige, gesetzliche Anerkennung der Abrechnungsmöglichkeiten erfolgt ist, werden jedoch kaum Ärzte die Unwägbarkeiten einer Kostenerstattung in Kauf nehmen. Die Arzt- AG ist daher rechtswidrigerweise zunächst auf den Selbstzahlerbereich festgelegt. Sie kommt also vorrangig für die plastische Chirurgie, die Zahnbehandlung sowie in den übrigen Selbstzahlerbereichen in Betracht. Über kurz oder lang wird, ggf. durch einen Spruch des BVerfG, der Arzt-AG die gesamte Bandbreite ambulanter medizinischer Behandlungen zu Verfügung stehen. Die aktuelle Lage im Gesundheitswesen und der dringende Bedarf einer Reformierung, bedingt durch Ärzteflucht ins Ausland und Kostenexplosion durch fehlenden Wettbewerb im Inland, erfordern neue Versorgungsformen. Diese müssen den Ärzten die nötige wirtschaftliche Flexibilität gewährleisten, ohne dass sie im Falle des Scheiterns vor dem persönlichen und finanziellen Ruin zu stehen befürchten müssen. Einen Beitrag dazu kann die Rechtsform der Aktiengesellschaft leisten.

Literaturverzeichnis

Ahlers, Dieter
Die GmbH als Zusammenschluss Angehöriger freier Berufe zur Gemeinsamen Berufsausübung
Festschrift für Rowedder
1994 München

Andreas, Manfred/ Debong, Bernhard/ Bruns, Wolfgang
Handbuch Arztrecht in der Praxis
2001 Baden- Baden

Andreas, Manfred
Medizinische Versorgungszentren
-Chancen und Risiken für Krankenhaus und Chefarzt-
ArztRecht 2005, S. 144

Asmussen, Ute / Fürstenberg, Rudolf
Einleitende Anm. zum Beschl. SG Hamburg v. 31. 3.2005
MedR 2005, S. 429

Attermeyer, Elke
Die ambulante Arztpraxis in der Rechtsform der GmbH
2005 Berlin, Heidelberg

Bach, Peter/ Hütt, Stephan
in Bach, Peter/ Moser, Hans
MB/KK Kommentar
3. Auflage
2002 München

Bachmann, Gregor
Juristische Person und freier Beruf
NJW 2001, S. 3385

Bachof, Otto
in Bettermann, Karl August/ Nipperdey, Hans Carl/ Scheuner, Ulrich
Die Grundrechte
Band III, 1
1958 Berlin

Badura, Peter
Staatsrecht
3. Auflage
2003 München

Bahner, Beate
Das neue Werberecht für Ärzte
2. Auflage
2004 Berlin u.a.

Ballerstedt, Kurt
Das Mitbestimmungsgesetz zwischen Gesellschafts-., Arbeits- und Unternehmensrecht
ZGR 1977, S. 133

Balzer, Miriam
Aktuelle Probleme aus dem Arzt- und Klinikwerberecht
KHuR 2003, S. 87

Barz, Carl Hans
in Großkommentar Aktiengesetz
3. Auflage
Band I/2
1973 Berlin, New York

Basedow, Jürgen
in Münchener Kommentar BGB
AGBG
Band I
4. Auflage
2001 München

Bassenge, Peter
in Palandt
BGB Kommentar
63. Auflage
2004 München

Battis, Ulrich/ Gusy, Christoph
Einführung in das Staatsrecht
3. Auflage
1991 Heidelberg

Baums, Theodor
Der fehlerhafte Aufsichtsratsbeschluss
ZGR 1983, S. 300

Bayer, Walter
in MüKo AktG
2. Auflage
Band II
2003 München

Beater, Axel
Der Gesetzesbegriff des § 134 BGB
AcP 197 (1997)
S. 505

Becker-Eberhard, Ekkehard
in Fezer, Karl-Heinz
UWG
Band I
2005 München

Bedei, Burkhard
Der Arzt in der vertragsärztlichen Versorgung
Zentralinstitut für die kassenärztliche Versorgung in der BRD
2005 Köln

Berger, Christian
in Stein/ Jonas
ZPO Kommentar
21. Auflage
Band IV 2
1999 Tübingen

Bezzenberger, Gerold
Zum Bezugsrecht der Vorzugsaktionäre
FS für Karlheinz Quack
1991 Berlin, New York

Bezzenberger, Tillmann
Der Vorstandsvorsitzende der Aktiengesellschaft
ZGR 1996, S. 661

Bicanski, V./ Caesar, R.
Die Finanzierung der Arztpraxis
Beratungsservice für Ärzte Band IV
2002 Köln

Bonvie, Horst
Die Umgehung des ärztlichen Werbeverbotes – Von der Rechtsprechung sanktioniert?
MedR 1994, S. 308

Borchert, Günter
Zur Unwirksamkeit der Schweigepflichtentbindungserklärung in Versicherungsverträgen
NVersZ 2001, S 1

Bork, Reinhard
Allgemeiner Teil des BGB
2001 Tübingen

Brändel, Oliver C.
in Großkommentar zum AktG
4. Auflage
Band 1
2004 Berlin

Brandner, Hans Erich
in Ulmer, Peter/ Brandner, Hans Erich/ Hensen, Horst-Diether/ Schmidt, Harry
AGBG Kommentar
9. Auflage
2001 Köln

Braun, Susanne/ Richter, Jörg
Gesellschaftsrechtliche und steuerrechtliche Grundfragen der Ärzte-GmbH
MedR 2005, S. 685

Brenner, Günter
Arzt und Recht
1983 Stuttgart u.a.

Breuer, Rüdiger
in Handbuch des Staatsrechts
Band VI
1989 Heidelberg

Broglie, Maximilian G.
in, Ehlers/ Broglie
Arzthaftungsrecht
2. Aufl.
2001 München

Büscher, Wolfgang
in Fezer, Karl-Heinz
UWG
Band II
2005 München

Butzer, Hermann
Verfassungsrechtliche Anmerkungen zum GKV-Gesundheitsmodernisierungsgesetz 2004
MedR 2004, S. 177

Cierniak, Jürgen
in Münchener Kommentar StGB
Band III
2003 München

Clemens, Thomas
in Umbach / Clemens
GG Kommentar
Band I
2002 Heidelberg

ders.
in Umbach/ Clemens
GG Kommentar
Band II
2002 Heidelberg

Coester, Michael
in Staudinger
AGB Kommentar
13. Auflage
1998 Berlin

Dahm, Franz-Josef
in Rieger, Lexikon des Arztrechtes
„Therapiefreiheit“ 5090
2. Auflage
Stand 2005 Heidelberg

ders.
Ärztliche Kooperationsgemeinschaften und Beteiligungsmodelle- im Spannungsfeld der Berufsordnung („MRT-Koop“ u.a.)
MedR 1998, S. 70

ders.
Vorbemerkung zum Urteil des BayObLG v. 6.11.2000
MedR 2001, S. 206

Dahs, Hans
in Löwe-Rosenberg
StPO Kommentar
25. Auflage
Band I
1999 Berlin, New York

Dalichau, Gerhard
Wesentliche Neuerungen des GKV- Modernisierungsgesetzes aus der Sicht der Rechtsprechung
MedR 2004, S. 197

Damrau, Jürgen
in Münchener Kommentar ZPO
2. Auflage
Band II
2000 München

Dauner-Lieb, Barbara
Durchbruch für die Anwalts-GmbH
GmbHR 1995, S. 259

Degener-Hencke, Udo
Integration von ambulanter und stationärer Versorgung- Öffnung der Krankenhäuser für die ambulante Versorgung- Rahmenbedingungen nach dem GKV-Modernisierungsgesetz (GMG)
NZS 2003, S. 629

Degenhart, Christoph
Staatsrecht I,
20. Aufl.
2004 Heidelberg

ders.
in Umbach/ Clemens
GG Kommentar
Band II
2002 Heidelberg

ders.
in Sachs
GG Kommentar
3. Aufl.
2003 München

Deutsch, Erwin/ Spickhoff, Andreas
Medizinrecht
5. Auflage
2003 Berlin u.a.

Dreher, Meinhard
Die ärztliche Berufsausübung in Gesellschaften und § 4 Abs. 2 S. 1 MBKK
VersR 1995, S. 245

Eckardt, Ulrich
in Geßler, Ernst/ Hefermehl, Wolfgang/ Eckardt, Ulrich/ Kropff, Bruno
Aktiengesetz
Band I, II
1973, 1974 München

Edenfeld, Stefan
in Ermann BGB Kommentar
11. Auflage
Band I
2004 Köln

ders.
Recht der Arbeitnehmermitbestimmung
2. Auflage
2005 Heidelberg

Eichelbrönner, Nicolas
Die Grenzen der Schweigepflicht des Arztes und seiner berufsmäßig tätigen Gehilfen nach § 203 StGB in Hinblick auf Verhütung und Aufklärung von Straftaten
2001 Frankfurt a.M. u.a.

Eisenberg, Judith
Ärztliche Kooperations- und Organisationsformen
Frankfurt a.M., 2002

Eisenberg, Ulrich
Beweisrecht der StPO
3. Auflage
1999 München

Eisenhardt, Ulrich
Gesellschaftsrecht
12. Auflage
2005 München

Emmerich, Volker
in Scholz
GmbHG
9. Auflage
Band I
2000 Köln

Engelmann, Klaus
Zur rechtlichen Zulässigkeit einer (vertrags-)ärztlichen Tätigkeit außerhalb des Ortes der Niederlassung
MedR 2002, S. 561

Erle, Bernd
Das Vetorecht des Vorstandsvorsitzenden in der AG
AG 1987, S. 7

Eser, Albin
in Schönke, Adolf/ Schröder, Horst
StGB Kommentar
26. Auflage
2001 München

Eylmann, Horst
in Henssler, Martin/ Prütting, Hanns
BRAO Kommentar
2. Auflage
2004, München

Feuerich, Wilhelm E.
in Feuerich, Wilhelm E./ Weyland, Dag
BRAO Kommentar
6. Auflage
2003 München

Fiedler, André / Weber, Tilman
Medizinische Versorgungszentren
NZS 2004, S. 358

Fitting, Karl/ Wlotzke, Otfried/ Wißmann, Hellmut
MitbestG
2.Auflage
1978 München

Fitting, Karl/ Engels, Gerd/ Schmidt, Ingrid/ Trebinger, Yvonne/ Linsenmaier, Wolfgang
BetrVG
23. Auflage
2006 München

Flume, Werner
Allgemeiner Teil des Bürgerlichen Rechts
Band II, Das Rechtsgeschäft
2. Auflage
1975 Berlin, Heidelberg, New York

Freis, Gerhild/ Kleinefled, Annette/ Kleinsorge, Georg/ Voigt, Burkhard
Drittelbeteiligungsgesetz
2004 München

Gach, Bernt
MitbestG
in Münchener Kommentar zum AktG
Band III
2. Auflage
2004 München

Ganster, Günther
Freier Beruf und Kapitalgesellschaft- das Ende freier Professionen?
2000 Berlin u.a.

Gehre, Horst/ von Borstel, Rainer
Steuerberatungsgesetz
5. Auflage
2005 München

Geßler, Ernst
in Geßler, Ernst/ Hefermehl, Wolfgang/ Eckardt, Ulrich/ Kropff, Bruno
Aktiengesetz Kommentar
Band II
1974 München

Gitter, Wolfgang
Versicherungsschutz bei ambulanter Untersuchung in der Deutschen Klinik für Diagnostik
NJW 1980, S. 2745

Godin, Freiherr von/ Wilhelmi, Hans
Aktiengesetz Kommentar
4. Auflage
Band I
1971 Berlin, New York

Goette, Wulf
Anmerkung zum BGH Beschluß v. 28.09.1995
DStR 1995, S. 1722

Götz, Heinrich
Der Wirkungsgrad verfassungswidriger Gesetze
NJW 1960, S. 1177

ders.
Zustimmungsvorbehalte des Aufsichtsrates der Aktiengesellschaft
ZGR 1990, S. 633

Gosch, Dietmar
KStG
2005 München

Greger, Reinhard
in, Zöller
ZPO Kommentar
25. Auflage
2005 Köln

Grömig, Ursula
Schweigepflicht der Ärzte untereinander
NJW 1970, S. 1209

Gropp, Walter
Anmerkung zum Urteil des BayObLG v. 8.11.1994
JR 1996, S. 479

Groß, Wolfgang
in Marsch-Barner, Reinhard/ Schäfer, Frank A.
Handbuch börsennotierte AG
2005 Köln

ders.
Kapitalmarktrecht
3. Auflage
2006 München

Grunewald, Barbara
Gesellschaftsrecht
5. Auflage
2002 Tübingen

dies.
in Müchnener Kommentar HGB
Band III
2002 München

Gubelt, Manfred
in Münch, Ingo von/ Kunig, Philip
Grundgesetz
5. Auflage
Band I
2000 München

Güroff, Georg
in Glanegger, Peter/ Güroff, Georg
Gewerbesteuergesetz
6. Auflage
2006 München

Hasselblatt, Gordian N.
in Gloy, Wolfgang/ Loschelder, Michael
Handbuch des Wettbewerbsrechts
3. Auflage
2005 München

Hartmann, Peter
in, Baumbach, Adolf/ Lauterbach, Wolfgang/ Albers, Jan/ Hartmann, Peter
ZPO Kommentar
62. Auflage
2004 München

Häußermann, Daniel / Dollmann, Michael
Die Ärztegesellschaft mbH
MedR 2005, S. 255

Heberer, Jörg
Das ärztliche Berufs- und Standesrecht
2. Auflage
2001 Landsberg

Hefermehl, Wolfgang
in Soergel
BGB Kommentar
12. Auflage
1988 Stuttgart

ders.
in Geßler, Ernst/ Hefermehl, Wolfgang/ Eckardt, Ulrich/ Kropff, Bruno
Aktiengesetz
Band II
2. Lieferung
1973 München

ders.
Band IV
16. Lieferung
1993 München

Hefermehl, Wolfgang/ Spindler, Gerald
in Münchener Kommentar zum Aktiengesetz
2. Auflage
§§ 76-117
2004 München

Heider, Karsten
in Münchener Kommentar zum AktG
2. Auflage
Band I
2000 München

Heidner, Hans-Hermann
in Bunjes, Johann/ Geist, Reinhold
UStG
7. Auflage
2003 München

Heinrichs, Helmut
in Palandt, BGB Kommentar
63. Aufl.
2004 München

Hencke, Ulrich
in Peters
Handbuch der Krankenversicherung, SGB V
19. Aufl.
Band III
Stand 1999 Stuttgart

Henn, Günter
Handbuch des Aktienrechtes
7. Auflage
2002 Heidelberg

Henssler, Martin
in Henssler, Martin/ Prütting, Hanns
BRAO Kommentar
2. Auflage
2004 München

ders.
PartGG
1997 München

ders.
Die Freiberufler GmbH
ZIP 1994, S. 844

ders.
Die gesetzliche Regelung der Rechtsanwalts-GmbH
NJW 1999, S. 241

ders.
Gemeinsame Berufsausübung in der Anwalts-AG
NZG 2000, S. 875

Herfs, Achim
in Münchener Handbuch des Gesellschaftrechts
Band IV
1999 München

Hess, Rainer
in Kasseler Kommentar Sozialversicherungsrecht
Band 1,
2005 München

Heßbrügge, Georg
Medizinische Versorgungszentren- Viel Lärm um nichts?
Deutsches Ärzteblatt 2005, S. A 1830

Heublein., Joachim
Die Rechtsanwalts-Aktiengesellschaft vor Eintragung ins Handelsregister
AnwBl. 1999, S. 304

Heurung, Rainer
in Erle, Bernd/ Sauter, Thomas
Körperschaftssteuergesetz
2003 Heidelberg

Heyde, Rolf
Mit im Boot – ÄKN- Kammerversammlung plädiert für eine modifizierte Mitgliedschaft von Heilkunde-GmbH
Niedersächsisches Ärzteblatt 2005, Ausgabe 10, S. 8

Hiddemann, Till-Christian / Muckel, Stefan
Das Gesetz zur Modernisierung der gesetzlichen Krankenversicherung
NJW 2004, S. 7

Hildebrandt, Rolf
Entwicklungen und Rechtsprobleme freiberuflicher Zusammenschlüsse im ärztlichen und anwaltlichen Bereich sowie der Formwechsel der Partnerschaft in die GmbH
2000, Frankfurt a.M.

Hirte, Heribert
Kapitalgesellschaftsrecht
5. Auflage
2006 Köln

Hölters, Wolfgang
Die zustimmungspflichtigen Geschäftsführungsmaßnahmen im Spannungsfeld zwischen Satzungs- und Aufsichtsratsautonomie
BB 1978, S. 640

Hörnemann, Gerd
Kassenarzt als freier Beruf
1994 Konstanz

Hommelhoff, Peter
Satzungsmäßige Eignungsvoraussetzungen für Vorstandsmitglieder einer Aktiengesellschaft
BB 1977, S. 322

Hommelhoff, Peter/ Schwab, Martin
Anmerkung zur Entscheidung des BayObLG vom 24.11.1994
WiB 1995, S. 115

Hoffmann, Alexander
Die Anwaltliche Kapitalgesellschaft- insbesondere die Anwalts-AG
2003 Frankfurt a. M.

Hoffmann-Becking, Michael
in Münchener Handbuch des Gesellschaftsrechtes
Band IV
2. Auflage
1999 München

ders.
Zur rechtlichen Organisation der Zusammenarbeit im Vorstand der AG
ZGR 1998, S. 497

ders.
Organisation und Zusammenarbeit im Vorstand
ZGR 1998, S. 499

Hoffmann-Goldmayer, Achim/ Langsdorff, Udo von/ Altmiks, Christoph
Leitfaden GMG für Ärzte- Die wichtigsten Änderungen des Gesundheitsmodernisierungsgesetzes
2003 Frankfurt

Hollmann, Angela
Formularmäßige Erklärung über die Entbindung von der Schweigepflicht gegenüber Versicherungsunternehmen
NJW 1978, S. 2332

Hopt, Klaus J
in Baumbach, Adolf/ Hopt, Klaus J
HGB Kommentar
32. Auflage
2006 München

Horn, Norbert
in Wolf, Manfred/ Horn, Norbert/ Lindacher, Walter
AGBG
4. Auflage
1999 München

Huber, Michael
in Musielak
ZPO Kommentar
4. Auflage
2005 München

Huber, Peter
in Sachs
GG Kommentar
3. Aufl
2003, München

Hueck, Götz/ Fastrich, Lorenz
in Hueck, Alfred/ Baumbach, Adolf
GmbHG
18. Auflage
2006 München

Hueck, Götz / Windbichler, Christine
Gesellschaftsrecht
20. Aufl.
München 2003

Hüffer, Uwe
Aktiengesetz
7. Auflage
2006 München

ders.
Gesellschaftsrecht
6. Auflage
2003 München

ders.
in Geßler, Ernst/ Hefermehl, Wolfgang/ Eckardt, Ulrich/ Kropff, Bruno
Aktiengesetz Kommentar
Band V
1986 München

ders.
in Münchener Kommentar AktG
2. Auflage
Band VII
2001 München

Hufen, Friedhelm
Grundrechtsschutz der Leistungserbringer und privaten Versicherer in den Zeiten der Gesundheitsreform
NJW 2004, S. 14

Husmann, Eberhard
in Rau, Günter/ Dürrwächter, Erich
UStG
8. Auflage
1997 Köln

Immenga, Ulrich
Zuständigkeiten des mitbestimmten Aufsichtsrates
ZGR 1977, S. 249

Isensee, Josef
Kassenarztmonopol und nichtärztliche Leistungserbringer
1995 Köln u.a.

Jaeger, Renate
Informationsanspruch des Patienten- Grenzen der Werbung im Gesundheitswesen
MedR 2003, S. 263

Jansen, Kirsten
Das Zeugnisverweigerungsrecht aus § 52 StPO für besondere persönliche Nähe- und Vertrauensverhältnisse
2002 Berlin

Jarass, Hans
in Jarass / Pieroth
GG Kommentar
8. Aufl.
2006 München

Kamps, Hans
Die Beschäftigung von Assistenten in der Arztpraxis
MedR 2003, S. 63

ders.
Der Verkauf der Patientenkartei und die ärztliche Schweigepflicht
NJW 1992, S. 1545

Kannengießer, Christoph
in Schmidt-Bleibtreu, Bruno/ Klein, Franz
Grundgesetz
10. Auflage
2004 München

Katzenmeier, Christian
Kapitalgesellschaften auf dem Gebiet der Heilkunde
MedR 1998, S. 113

Kempter, Fritz-Eckehard/ Kopp, Stephan
Hinweise zur Gestaltung einer der Satzung einer Rechtsanwalts-AG
NJW 2001, S. 777

dies.
Die Rechtsanwalts-AG – eine Anwaltsgesellschaft sui generis außerhalb des anwaltlichen Berufsrechts?
NJW 2000, S. 3449

dies.
Die Rechtsanwalts-Aktiengesellschaft- Vertretungsbefugnis kraft Verfassungsrechts?
NJW 2004, S. 3605

Kiesecker, Regine
in Rieger
Lexikon des Arztrechtes
Stand 2005 Heidelberg

Kilian, Matthias
Kapitalgesellschaften als Organisationsformen anwaltlicher Berufsausübung-
Rechtsberatung in Aktiengesellschaft, holding- und konzernähnlichen
Strukturen
NZG 2001, S. 150

Kirchhof, Paul
in Handbuch des Staatsrechts
Band V
1992 Heidelberg

Kittner, Michael/ Köstler, Roland/ Zachert, Ulrich
Aufsichtsratspraxis
5. Auflage
1995 Köln

Kittner, Michael/ Fuchs, Harald/ Zachert, Ulrich/ Köstler, Roland
Arbeitnehmervertreter im Aufsichtsrat
Band I
3. Auflage
1978 Köln

Kleine- Cosack, Michael
BRAO Kommentar
3. Auflage
1997, München

Kleinwefers, Herbert/ Wilts, Walter
Die Schweigepflicht der Krankenhausleitung
NJW 1964, S. 428

Klückmann, Harald
in Hauck/ Noftz
SGB V Kommentar
Band II
Stand 1999, Berlin

Köhler, Helmut
in Hefermehl, Wolfgang/ Köhler, Helmut/ Bornkamp, Joachim
Wettbwerbsrecht
24. Auflage
2006 München

Kohlhaas, Max
Medizin und Recht
1969, München u.a.

Kopetsch, Thomas
Dem deutschen Gesundheitswesen gehen die Ärzte aus!
www.kbv.de, Stand, 27.08.2003

Koppensteiner, Georg
in Rohwedder/ Schmidt-Leithoff
GmbHG
4. Auflage
2002 München

Kotthoff, Jost/ Gabel, Detlev
in Ekey, Friedrich L/ Klippel, Diethelm/ Kotthoff, Jost/ Meckel, Astrid/ Plaß, Gunda
Wettbewerbsrecht
2. Aufl.
2005 Heidelberg

Kraft, Alfons
in Kölner Kommentar zum AktG
2. Auflage
Band I
1988 Köln u.a.

ders.
Gesellschaftsrechtliche Probleme der Vorratsgründung einer Aktiengesellschaft und einer Gesellschaft mit beschränkter Haftung
DStR 1993, S. 101

Krauskopf, Dieter
in Laufs, Adolf/ Uhlenbruck, Wilhelm
Handbuch des Arztrechtes
3. Aufl.
2002 München

Krauskopf, Dieter/ Feuerstein, Manfred
Krankenhausfinanzierungsgesetz
2. Auflage
1999 Sankt Augustin

Krebs, Walter
in Münch, Ingo v./ Kunig, Philip
GG Kommentar
5. Auflage
2000 München

Kremer, Arnold
Freie Berufe in der Rechtsform der GmbH
GmbHR 1983, S. 259

Kreuzer, Arthur
Die Schweigepflicht von Krankenhausärzten gegenüber Aufsichtsbehörden
NJW 1975, S. 2232

Kropff, Bruno
in Semler, Johannes/ v. Schenck, Kersten
Arbeitshandbuch für Aufsichtsratsmitglieder
2. Auflage
2004 München

ders.
in Geßler, Ernst/ Hefermehl, Wolfgang/ Eckardt, Ulrich/ Kropff, Bruno
Aktiengesetz Kommentar
Band VI
1976 München

ders.
in Münchener Kommentar AktG
2. Auflage
Band 9/2
2006 München

Kubis, Dietmar
in Münchener Kommentar zum Aktiengesetz
2. Auflage
Band IV
2004 München

Künnemann, Ulf
Medizinische Versorgungszentren- Rechtliche Rahmenbedingungen
Deutsches Ärzteblatt 2004, S. A 1151

Künzl, Reinhard
in Kasseler Handbuch zum Arbeitsrecht
Band I
1977 Neuwied u.a.

Kunig, Philip
in v. Münch/ Kunig
GG Kommentar
5. Aufl.
2003 München

Lang, Hans-Ulrich
Steuerliche Aspekte der Praxisführung
Zentralinstitut für die kassenärztliche Versorgung in der BRD
2003 Köln

Langkeit, Jochen
Umfang und Grenzen der ärztlichen Schweigepflicht gemäß § 203 I Nr. 1 StGB
NStZ 1994, S. 6

Larenz, Karl
Methodenlehre der Rechtswissenschaft
6. Auflage
1991 Berlin u.a.

ders.
Schuldrecht Allgemeiner Teil
13. Auflage
1982 München

Larenz, Karl/ Wolf, Manfred
BGB AT
9. Auflage
2004 München

Laufs, Adolf
in Laufs/ Uhlenbruck
Handbuch des Arztrechtes
3. Auflage
2002 München

ders.
Arztrecht
5. Auflage
1993 München

ders.
Arzt und Recht im Umbruch der Zeit
NJW 1995, S. 1590

ders.
Die Ärzte-GmbH und das Berufsrecht
MedR 1995, S. 11

ders.
Krankenpapiere und Persönlichkeitsschutz
NJW 1975, S. 1433

ders.
Die Entwicklung des Arztrechtes 1993/ 1994
NJW 1994, S. 1562

ders.
in Festschrift für Erwin Deutsch zum 70. Geburtstag
Zur Freiheit des Arztberufes
1999 Köln

ders.
Immer weniger Freiheit ärztlichen Handelns
NJW 1999, S. 2717

Lenckner, Theodor
in Schönke, Adolf/ Schröder, Horst
StGB Kommentar
25. Auflage
1997 München

Lieb, Manfred
Arbeitsrecht
8. Auflage
2003 Heidelberg

Lindacher, Walter
in Wolf, Manfred/ Horn, Norbert/ Lindacher, Walter
AGBG
4. Auflage
1999 München

Lippert, Hans-Dieter
in Ratzel, Rudolf/ Lippert, Hans- Dieter
Kommentar zur MBO
4. Auflage
2006 Berlin u.a.

Ludwig, Rüdiger
in Becksches Rechtsanwalts-Hanbuch
8. Auflage
2004 München

Lüderssen, Klaus
Missbräuchliche aktienrechtliche Anfechtungsklagen und Strafrecht
Festschrift für Theodor Heinsius zum 65. Geburtstag
1991 Berlin u.a.

Lutter, Marcus/ Bayer, Walter
in Lutter/ Marcus
GmbH-Gesetz
16. Auflage
2004 Köln

Lutter, Marcus/ Hommelhoff, Peter
in Lutter/ Hommelhoff
GmbH-Gesetz
16. Auflage
2004 Köln

Lutter, Marcus/ Krieger, Gerd
Rechte und Pflichten des Aufsichtsrates
3. Auflage
1993 Freiburg

Marcus Lutter,
in Kölner Kommentar AktG
2. Auflage
Band V/ 1
1995 Köln u.a.

ders.
Europäisches Unternehmensrecht
ZGR Sonderheft 1
4. Auflage
1996 Berlin u.a.

ders.
Information und Vertraulichkeit im Aufsichtsrat
2. Auflage
1984 Köln u.a.

Manssen, Gerrit
in v. Mangoldt, Hermann/ Klein, Friedrich/ Starck, Christian
Bonner Grundgesetz
GG Kommentar, Band I
5. Aufl.
2005 München

Martens, Klaus-Peter
Allgemeine Grundsätze zur Anwenbarkeit des Mitbestimmungsgesetzes
AG 1976, S. 113

Maydell, Bernd von/ Pietzker, Jost
Begrenzung der Kassenarztzulassung
1993 Baden- Baden

Mayer-Maly, Theo/ Armbrüster, Christian
in Münchener Kommentar
Band I
4. Auflage
2001 München

Meier, Norbert/ Pech, Andreas
Bestellung und Anstellung von Vorstandsmitgliedern in Aktiengesellschaften und Geschäftsführern in einer GmbH
DStR 1995, S. 1195

Mertens, Hans-Joachim
in Kölner Kommentar zum Aktiengesetz
Band II
2. Auflage
1996 Köln u.a.

Meurers, Th.
in Kuhls, C./ Meurers, Th./ Maxl, P./ Schäfer, H./ Goez, Chr./ Willerscheid, K.
StBerG
2. Auflage
2004 Berlin

Meyer-Goßner, Lutz
StPO Kommentar
45. Auflage
2001 München

Meyer-Landrut, Joachim
Aktiengesetz Großkommentar
3. Aufl.
Band I / 2
1973 Berlin, New York

Meyer, Justus
Neue und alte Mäntel im Kapitalgesellschaftsrecht
ZIP 1994, S. 1661

Meyer, Justus / Kreft, Volker
Die Arzt GmbH auf dem Prüfstand
GmbHR 1997, S. 193

Michalski, Lutz
Das Gesellschaft- und Kartellrecht der berufsrechtlich gebundenen freien Berufe
1989 Köln

Michalski, Lutz/ Römermann, Volker
PartGG
3. Auflage
2005 Köln

Moser, Hans
in Bach, Peter/ Moser, Hans
MB/KK Kommentar
3. Auflage
2002 München

Munte, Axel/ Ehlers, Alexander/ Walter, Ute
Kooperative Berufsausübung zwischen Ärzten und anderen Heilberufen
Beratungsservice für Ärzte- Band 8
3. Auflage
2005 Köln

Musielak, Hans-Joachim
Grundkurs BGB
8. Auflage
2003 München

Muthers, Christof
Gemeinsame anwaltliche Berufsausübung in der Kapitalgesellschaft- Die Anwalts-AG und – KG aA
NZG 2001, S. 930

Mutius, Albert
in Bonner Kommentar, GG
Band IV
Zweitbearbeitung
1979 Bonn

Naendrup, Peter-Hubert
Mitbestimmungsgesetz und Organisationsfreiheit
AuR 1977, S. 268

Narr, Helmut
Ärztliches Berufsrecht
2. Aufl.
Band I, II
Stand 2005 Stuttgart

Nerlich, Jörg
Rechtsprechungsbericht: Die Entwicklung des Anwaltsrechts seit der Novelle der Bundesrechtsanwaltsordnung von 1994
WiB 1996, S. 1149

Nickel, Egbert
in Ensthaler, Jürgen
Gemeinschaftskommentar zum HGB
6. Auflage
1999 Neuwied u.a.

Niedermair, Harald
in Roxin, Claus/ Schroth, Ulrich
Medizinstrafrecht
Verletzung von Privatgeheimnissen im Interesse des Patienten? Aus der neueren Rechtsprechung zur ärztlichen Schweigepflicht
2. Auflage
2001 Stuttgart u.a.

Oechsler, Jürgen
in Münchener Kommentar AktG
2. Auflage
Band VII
2001 München

Oetker, Hartmut
Anmerkung zum Beschluss OLG Hamburg v. 4.4.1984
BB 1984, S. 1766

Olzen, Dirk/ Wank, Rolf
Zivilrechtliche Klausurenlehre mit Fallrepetitorium
4. Auflage
2003 Köln, Berlin, Bonn, München

Orlowski, Ulrich / Wasem, Jürgen
Gesundheitsreform 2004
GKV- Modernisierungsgesetz (GMG)
2003 Heidelberg

Orlowski, Ulrich
in Maaßen/ Schermer/ Wiegand/ Zipperer
SGB V Kommentar
Band II
Stand 2002

ders.
in Ziele des GKV- Modernisierungsgesetzes (GMG)
MedR 2004, S. 203

Ossenbühl, Fritz
in Isensee/ Kirchhof
Handbuch des Staatsrechtes
Band III
1988 Heidelberg

Overlack, Arndt
Der Einfluss der Gesellschafter auf die Geschäftsführung in der mitbestimmten GmbH
ZHR 1977, S. 125

Palm, Heinz
in Erman
BGB Kommentar
Band I
11. Auflage
2004 Köln

Papier, Hans-Jürgen/ Petz, Helmut
Rechtliche Grenzen des ärztlichen Werbeverbotes
NJW 1994, S. 1553

Passarge, Malte T.
Die Aktiengesellschaft als neue Rechtsform für anwaltliche Zusammenschlüsse
2003 Bonn

ders.
Anforderungen an die Satzung einer Rechstanwalts-AG
NJW 2005, S. 1835

Peltzer, Martin
Die Haftung des Aufsichtsrates bei Verletzung der Überwachungspflicht
WM 1981, S. 346

Pentz, Andreas
in Münchener Kommentar Aktiengesetz
2. Auflage
Band I
2000 München

Pestalozza, Christian
in v. Mangoldt/ Klein / Pestalozza
Das Bonner Grundgesetz, Band 8
3. Aufl.
1996 München

Pfeiffer, Gerd
StPO Kommentar
5. Auflage
2005 München

Pieroth, Bodo/ Schlink, Bernhard
Grundrechte, Staatsrecht II
13. Aufl.
1997 Heidelberg

Piper, Henning
Zur Wettbewerbs- und berufsrechtlichen Bedeutung des Werbeverbotes der ärztlichen Berufsordnungen
FS für Hans Erich Brandner
1996 Köln

Pitschas, Rainer
in Schmidt, Reiner
Öffentliches Wirtschaftsrecht
Besonderer Teil II
1996 Berlin u.a.

Pluskat, Sorika
Die Ausgestaltung der Rechtsanwaltsgesellschaft
AnwBl 2003, S. 131

Präve, Peter
in Beckmann, Roland Michael/ Matusche-Beckmann, Annemarie
Versicherungsrechts-Handbuch
2004 München

Preißler, Reinhold
Verzahnung, Vernetzung und andere neue ärztliche Kooperationsformen
MedR 1998, S. 90

Priester, Hans- Joachim
Mantelverwendung und Mantelgründung bei der GmbH
DB 1983, S. 2291

Prölss, Jürgen
in Prölss, Jürgen/ Martin, Anton
VVG Kommentar
27. Auflage
2004 München

Prütting, Dorothea
in Pant/ Prütting
Krankenhausgesetz NRW
2. Auflage
2000 Köln

Putzo, Hans
in Palandt, BGB Kommentar
63. Aufl.
2004 München

Quaas, Michael/ Zuck, Rüdiger
Medizinrecht
2005 München

Quaas, Michael
Zur Berufsfreiheit des Freiberuflers, insbesondere der Ärzte
MedR 2001. S. 34

Raisch, Peter
Juristische Methoden
1995 Heidelberg

Raiser, Thomas/ Veil, Rüdiger
Das Recht der Kapitalgesellschaften
4. Auflage
2006 München

Raiser, Thomas
in Hachenburg
GmbHG
8. Auflage
Band II
1997 Berlin u.a.

ders.
Mitbestimmungsgesetz
4. Auflage
2002 Berlin

ders.
Satzungsvorschriften über Beschlussfähigkeit und Vertagung eines mitbestimmten Aufsichtsrates
NJW 1980, S. 209

Ratzel, Rudolf
Zivilrechtliche Konsequenzen von Verstößen gegen die ärztliche Berufsordnung
MedR 2002, S. 492

ders.
in Ratzel, Rudolf/ Lippert, Hans-Dieter
Kommentar zur Musterberufsordnung der Deutschen Ärzte
3. Auflage
2002 Berlin (nur für § 27 II S. 1 MBO 2000)

ders.
Ratzel, Rudolf/ Lippert, Hans-Dieter
Kommentar zur Musterberusfordnung der deutschen Ärzte
4. Auflage
2006 Berlin, Heidelberg

ders.
Der Arzt in der Informationsgesellschaft
ZMGR 2005, S. 241

Ratzel, Rudolf / Lippert, Hans-Dieter
Kommentar zu Musterberufsordnung der Deutschen Ärzte (MBO)
2. Auflage
1998 Berlin, Heidelberg

dies.
Das Berufsrecht der Ärzte nach den Beschlüssen des 107. Deutschen Ärztetages in Bremen
MedR 2004, S. 525

Rau, Stephan
Offene Rechtsfragen bei der Gründung Medizinischer Versorgungszentren?
MedR 2004, S. 667

Richardi, Reinhard
in Münchener Handbuch zum Arbeitsrecht
2. Auflage
Band I
2000 München

ders.
in Staudinger BGB Kommentar
§§ 611- 615
13. Bearbeitung
1999 Berlin

ders.
in Richardi
BetrVG
10. Auflage
2006 München

Rieble, Volker
Zukunft der Unternehmensmitbestimmung
2004 München

Rieger, Hans- Jürgen
in Rieger
Lexikon des Arztrechtes
Stand 2005, Heidelberg

ders.
Postöffnung und Postversand in medizinischen Einrichtungen
DMW 116 (1991), S. 1569

ders.
Anmerkung zum BVerfG- Beschluss v. 2.7.2000
MedR 2000, S. 525

ders.
Informationsfreiheit versus Werbeverbot unter besonderer Berücksichtigung der Klinikwerbung
MedR 1999, S. 513

ders.
Die Heilkunde- GmbH in der Rechtsprechung unter besonderer Berücksichtigung des Verfassungsrechtes
MedR 1995, S. 87

Ring, Gerhard
Werberecht der Ärzte
2000 Baden-Baden

Rittstieg, Helmut
Alternativkommentar zum Grundgesetz
2. Auflage
1989 Neuwied

Röhricht, Volker
in Großkommentar zum AktG
4. Aulage
Band I
2004 Berlin

Römer, Wolfgang
in Römer, Wolfgang/ Langheid, Theo
VVG
2. Auflage
2003 München

Römermann, Volker
Entwicklungen und Tendenzen bei Anwaltsgesellschaften
1995, Köln

ders.
in Hartung Wolfgang/ Holl, Thomas
BRAO Kommentar
2. Auflage
2001 München

ders.
Gesellschaftsformen für Rechtsanwälte- Berufsrecht, Gesellschaftsrecht, Steuerrecht
NZG 1998, S. 15

ders,
Erste Praxisprobleme mit der Neuregelung der Anwalts-GmbH
GmbHR 1999, S. 526

Römermann, Volker/ Schulte, Mark
Werberecht und Verbot der überörtlichen Gemeinschaftspraxis nach der neuen ärztlichen Musterberufsordnung
MedR 2001, S. 178

Roloff, Stefanie
in Erman
BGB Kommentar
Band I
11. Auflage
2004, Köln

Roth, Gregor
in Anwaltkommentar AktG
2003 Bonn

Roth, Wulf-Henning
in Koller, Ingo/ Roth, Wulf-Henning/ Morck, Winfried
HGB Kommentar
5. Auflage
2005 München

Roth, Herbert
in Staudinger
BGB Kommentar
§§ 134-163
2003 Berlin

Ruß, Werner
in Heidelberger Kommentar zum HGB
6. Auflage
2002 Heidelberg

Sack, Rolf
in Staudinger, BGB Kommentar
13. Bearbeitung
§§ 134-163
1996 Berlin

Säcker, F.J.
Zur Beschlußfähigkeit des mitbestimmten Aufsichtsrates
JZ 1980, S. 82

ders.
Die Anpassung der Satzung der Aktiengesellschaft an des Mitbestimmungsgesetz
DB 1977, S. 1791

Saenger, Ingo
Gesellschaftsrechtliche Gestaltung ärztlicher Kooperationsformen
NZS 2001, S. 234

ders.
Gesellschaftsrechtliche Binnenstruktur der ambulanten Heilkundegesellschaft
MedR 2006, S. 138

Sannwald, Rüdiger
in Schmidt-Bleibtreu / Klein
GG Kommentar
10. Aufl.
2004 München

Schaal, Hans-Jürgen
in Münchener Kommentar AktG
2. Auflage
Band IX/ 2
2006 München

Schallen, Rolf
Zulassungsverordnung
4. Auflage
2004 Sankt Augustin

Schanz, Kay-Michael
Börseneinführung
2. Auflage
2002 München

Schaub, Günter
in Schaub, Günter
Arbeitsrechtshandbuch
11. Auflage
2005 München

Scheffler, Wolfram
Besteuerung von Unternehmen
Band I
8. Auflage
2005 Heidelberg

Scheler, Fritz
in Festschrift für Erwin Deutsch zum 70. Geburtstag
Von der Unabhängigkeit des Arztes und über die Arzt-Patienten-Beziehung
1999 Köln

Schenck, Kersten von
in Semler, Johannes/ v. Schenck, Kersten
Arbeitshandbuch für Aufsichtsratsmitglieder
2. Auflage
2004 München

Scheuffler, Wolfgang
Die steuerrechtliche Behandlung der „Heilkunde-GmbH“
MedR 1995, S. 99

Schilken, Eberhardt
in Münchener Kommentar ZPO
Band III
1992 München

Schilling, Wolfgang
in Großkommentar AktG
3. Auflage
Band III
1973 Berlin u.a.

Schirmer, Horst-Dieter
Berufsrechtliche und kassenarztrechtliche Fragen der ärztlichen Berufsausübung in Partnerschaftsgesellschaften
MedR 1995, S. 341

Schlaich, Klaus/ Korioth, Stefan
Das Bundesverfassungsgericht
6. Auflage
2004 München

Schlund, Gerhard H.
in Laufs, Adolf/ Uhlenbruck, Wilhelm
Handbuch des Arztrechtes
3. Auflage
2002 München

Schmid, Jürgen
in Münchener Handbuch des Gesellschaftsrechts
Band I
2. Auflage
2004 München

Schmidt, Karsten
Gesellschaftsrecht
4. Auflage
2002 Köln u.a.

ders.
in Scholz
GmbHG
9. Auflage
Band II
2002 Köln

ders.
in Münchener Kommetar HGB
Band II
2004 München

Schneider, Günter
Handbuch des Kassenarztrechts
1994 Köln u.a.

Schneider, Uwe H.
in Scholz
GmbHG
Band I
9. Auflage
2000 Köln

Schoenfeld, Christian/ Kalis, Bernhard
in Bach, Peter/ Moser, Hans
MB/KK Kommentar
3. Auflage
2002 München

Schürmann, Beate
Rechtsformwahl freiberuflicher Zusammenarbeit am Beispiel der rechts- und wirtschaftsberatenden Berufe
1997 Münster

Schütte, Heinz
Die Schweigepflichtentbindung in Versicherungsverträgen
NJW 1979, S. 592

Schütz, Carsten/ Reger, Gerald
in Schütz, Carsten/ Bürgers, Tobias/ Riotte, Michael
Die Kommanditgesellschaft auf Aktien
2004 München

Schumacher, Jörg
Rechtsanwaltsaktiengesellschaft
AnwBl 1998, S. 364

ders.
Rechtsanwaltsaktiengesellschaft- nach deren Anerkennung durch das BayObLG
AnwBl 2000, S. 409

Schulte, Wilfried
in Erle, Bernd/ Sauter, Thomas
Körperschaftssteuergesetz
2003 Heidelberg

Semler, Franz-Jörg
in Münchener Handbuch des Gesellschaftsrechtes
Die Aktiengesellschaft (Band IV)
2. Auflage
1999 München

Semler, Johannes/ Spindler, Gerald
in Münchener Kommentar Aktiengesetz
Band III
2. Auflage
2004 München

Semler, Johannes/ Perlitt, Johannes
in Münchener Kommentar Aktiengesetz
Band VIII
2. Auflage
2000 München

Semler, Johannes
in Geßler, Ernst/ Hefermehl, Wolfgang/ Eckardt, Ulrich/ Kropff, Bruno
Aktiengesetz Kommentar
Band V
1986 München

ders.
Leitung und Überwachung der Aktiengesellschaft
2. Auflage
1996 Köln u.a.

ders.
in Semler, Johannes/ v. Schenck, Kersten
Arbeitshandbuch für Aufsichtsratsmitglieder
2. Auflage
2004 München

Senge, Lothar
in Karlsruher Kommentar StPO
5. Auflage
2003 München

Sickor, Jens Andreas
Normenhierarchie im Arztrecht
2005 Berlin, Heidelberg

Siebel, Ulf
in Semler, Johannes/ v. Schenck, Kersten
Arbeitshandbuch für Aufsichtsratsmitglieder
2. Auflage
2004 München

Sodan, Helge
Freie Berufe als Leistungserbringer im Recht der gesetzlichen Krankenversicherungen
1997 Tübingen

ders.
Verfassungsrechtsprechung im Wandel- am Beispiel der Berufsfreiheit
NJW 2003, S. 257

ders.
Verfassungsrechtliche Anforderungen an Regelungen gemeinschaftlicher Berufsausübung von Vertragsärzten- Zum Spannungsverhältnis von Berufs- und Sozialversicherungsrecht
NZS 2001, S. 169

Sommer, Michael
Anwalts-GmbH oder Anwalts-Partnerschaft
GmbHR 1995, S. 249

Spickhoff, Andreas
Die Entwicklung des Arztrechtes 2003/ 2004
NJW 2004, S. 1710

ders.
Die Entwicklung des Arztrechtes 2004/ 2005
NJW 2005, S. 1694

Stabreit, Monika
Die Rechtsanwalts-Aktiengesellschaft
NZG 1998, S. 452

Stadler, Astrid
in Jauernig
BGB Kommentar
11. Auflage
2004 München

Starck, Christian
Mangoldt, Hermann v./ Klein, Friedrich/ Starck, Christian
GG Kommentar, Band I
5. Aufl.
2005 München

Stark, Philipp
in Umbach, Dieter C./ Clemens, Thomas/ Dollinger, Franz- Wilhelm
BVerfGG Kommentar
2. Auflage
2005 Heidelberg

Stein, Axel
in Soergel
BGB Kommentar
Bd. 21
13. Auflage
2002 Stuttgart

Stein, Ekkehart/ Frank, Götz
Staatsrecht
18. Aufl.
2002 Tübingen

Stein, Ursula
in Münchener Kommentar AktG
Band VI
2. Auflage
2005 München

Strotmann, Sabine
Der Zusammenschluss von Rechtsanwälten
1998 Bonn

Taupitz, Jochen
Die Standesordnungen der Freien Berufe
Berlin, New York 1991

ders.
Das apothekenrechtliche Verbot des „Fremd- und Mehrbesitzes“ aus verfassungs- und europarechtlicher Sicht
1998 Heidelberg

ders.
Zur Verfassungswidrigkeit des Verbots, ärztliche Praxen in Form einer juristischen Person des Privatrechtes zu führen
NJW 1996, S. 3033

ders.
Die GmbH als Organisationsform ambulanter heilkundlicher Tätigkeit
NJW 1992, S. 2317

ders.
Zur Zulässigkeit von Freiberufler-GmbHs
Heilkunde-GmbH: ja, Rechtsberaungs-GmbH: nein?
JZ 1994, S. 1100

ders.
Berufsständische Satzungen als Verbotsgesetze im Sinne des § 134 BGB
JZ 1994, S. 221

ders.
Prozessuale Folgen der vorzeitigen Vernichtung von Krankenahusunterlagen
ZZP 100 (1987)
S. 287

ders.
Die Ärzte-GmbH und das ärztliche Werbeverbot
Festschrift für Karlmann Geiß zum 65. Geburtstag
2000 Köln u.a.

ders.
Das Nachfragepotential von Heilbehandlungs-GmbHs aus dem dem Blickwinkel der gesetzlichen und der privaten Krankenversicherung
VersR 1992, S. 1064

Tettinger, Peter J.
in Sachs,
GG Kommentar, 3. Aufl
München 2003

ders.
Kammerrecht
1997 München

ders.
Grundfragen zahnärztlicher Freiberuflichkeit
MedR 2001, S. 287
Thamm, Manfred/ Pilger, Gerhard
AGBG Kommentar
1998 Heidelberg

Tröndle, Herbert/ Fischer, Thomas
StGB Kommentar
52. Auflage
2004 München

Uhlenbruck, Wilhelm
in Laufs/ Uhlenbruck
Handbuch des Arztrechtes
3. Aulfage
2002 München

Uhlenbruck, Wilhelm/ Schlund, Gerhard H.
in Laufs/ Uhlenbruck
Handbuch des Arztrechtes
3. Aulfage
2002 München

Ulmer, Peter
in Hanau, Peter/ Ulmer, Peter
MitbestG
1981 Köln

ders.
in Ulmer, Peter/ Brandner, Erich/ Hensen, Horst-Diether
AGBG
9. Auflage
2001 Köln

Ulsenheimer, Klaus
in Laufs, Adolf/ Uhlenbruck, Wilhelm
Handbuch des Arztrechtes
3. Auflage
2002 München

ders.
Arztstrafrecht in der Praxis
3. Auflage
2003 Heidelberg

Umbach, Dieter
in Umbach/ Clemens
GG Kommentar
Band II
2002 Heidelberg

Volhard, Rüdiger
in Münchener Kommentar AktG
Band IV
2. Auflage
2004 München

ders.
in Semler, Johannes/ Volhard, Rüdiger
Arbeitshandbuch für die Hauptversammlung
1999 München

Wallner, Rainer
Der Unternehmensgegenstand der GmbH als Ausdruck der Unternehmensfreiheit
JZ 1986, S. 721

Weber, Christoph
in Wiese, Günther/ Kreutz, Peter/ Oetker, Hartmut/ Raab, Thomas/ Weber, Christoph/ Franzen, Martin
BetrVG
8. Auflage
Band II
2005 München, Neuwied

Weimer, Tobias
Anmerkung zum OVG NRW Urteil vom 12.03.2003
MedR 2004, S. 112

Wendeling-Schröder, Ulrike
Autonomie im Arbeitsrecht
1994 Frankfurt a.M.

Wertenbruch, Johannes
Die vertragliche Bindung der Kassenarztzulassung eines Gesellschafters an die Ärzte-Personengesellschaft
NJW 2003, S. 1904

Westhoff, Stefan
in Anwaltshandbuch Arbeitsrecht
4. Auflage
2005 Köln

Wieczorek, Bernhard
ZPO Kommentar
2. Auflage
Band II
1976 Berlin, New York

Wiesemann, Herbert
Grundfragen der Unternehmensverfassung
ZGR 1975, S. 386

Wiegand, Dietrich
in Maaßen, Hans-Joachim/ Schermer, Joachim/ Wiegand, Dietrich/ Zipperer, Manfred
SGB V Kommentar
Band II
Stand 2004, Heidelberg

Wieland, Joachim
in Dreier
GG Kommentar
Band I
1996 Tübingen

Wieneke, Laurenz/ Fett, Torsten
in Schütz, Carsten/ Bürgers, Tobias/ Riotte, Michael
Die Kommanditgesellschaft auf Aktien
2004 München

Wiesner, Georg
in Münchener Handbuch des Gesellschaftsrechtes
Band IV, Die Aktiengesellschaft
2. Auflage
1999 München

ders.
Anmerkung zum Urteil LG Frankfurt v. 3. 10. 1978
AG 1979, S. 205

Wigge, Peter
Medizinische Versorgungszentren nach dem GMG - Zulassung, Rechtsform, Trägerschaft
MedR 2004, S. 123

Wolf, Manfred
in Wolf, Manfred/ Horn, Norbert/ Lindacher, Walter F.
AGBG Kommentar
4. Auflage
1999, München

Wolf, R. R.
Rationelle Praxisorganisation
Zentralinstitut für die Kassenärztliche Versorgung in der BRD
Köln 2004

Wriede, Paul
in Bruck, Ernst/ Möler, Hans/ Wriede, Paul
VVG Kommentar
Band „Die Krankenversicherung“
8. Auflage
1990 Berlin, New York

Würdinger, Hans
Aktienrecht und das Recht der verbundenen Unternehmen
4. Auflage
1981, Karlsruhe

Ziermann, Karin
Sicherstellung der vertragszahnärztlichen Versorgung durch Medizinische Versorgungszentren
MedR 2004, S. 540

Zimmer, Daniel
in Ebenroth, Carsten Thomas/ Boujong, Karlheinz/ Joost, Detlev
HBG Kommentar
Band I
2001 München

Zimmermann, Norbert
in Happ, Wilhelm
Aktienrecht
2. Auflage
2004 Köln u.a.

Zipperer, Manfred
in Maaßen, Hans-Joachim/ Schermer, Joachim/ Wiegand, Dietrich/ Zipperer, Manfred
SGB V Kommentar
Band I
Stand 2004, Heidelberg

Zöller, Wolfgang
in Kölner Kommentar AktG
Band I
1985 Köln u.a.